家在桂林

郁钧剑

著

广西师范大学出版社 GUANGXI NORMAL UNIVERSITY PRESS

·桂林·

图书在版编目（CIP）数据

家在桂林 / 郁钧剑著. —桂林：广西师范大学出
版社，2016.10（2016.11 重印）

　ISBN 978-7-5495-7988-4

　Ⅰ．①家… Ⅱ．①郁… Ⅲ．①郁钧剑－回忆录
Ⅳ．①K825.76

　中国版本图书馆 CIP 数据核字（2016）第 061213 号

广西师范大学出版社出版发行

（广西桂林市中华路 22 号　邮政编码：541001）
　网址：http://www.bbtpress.com
出版人：张艺兵
全国新华书店经销
桂林广大印务有限责任公司印刷
（桂林市临桂县秧塘工业园西城大道北侧广西师范大学出版社集团
有限公司创意产业园　邮政编码：541100）
开本：720 mm × 1 010 mm　1/16
印张：27.75　　字数：356 千字
2016 年 10 月第 1 版　　2016 年 11 月第 2 次印刷
定价：39.00 元

如发现印装质量问题，影响阅读，请与印刷厂联系调换。

目　录

自　序

我出生在桂林，一座风光旖旎的城市，一座小富即安的城市。

千百年前有古人吟诵它："桂林山水甲天下。"

新中国后有诗人歌唱它："愿做桂林人，不愿做神仙。"

一座城市，能让外乡人评价如此高，还拥有流芳人间的诗句，家喻户晓的赞美，足矣。

外乡人是这么看桂林的，看的都是它的"表"，不知的是它的"里"。

那么，桂林人又是怎么看自己的呢？

桂林人说桂林有"三宝"：辣椒酱、豆腐乳、三花酒。

桂林人也说自己有"三多"："卯哥""卯妹""夜屎佬"。这三多是什么意思？无从考证，无法言传，但可以意会。我问过许多桂林人，老的、少的、学堂里的、市井上的，大概的意思是，朋友聚会抢着买单，自己又没有太多的钱；朋友遇事抢着帮忙，自己又没有太大的权；有胆量仗义却不在"道"上，喜张扬自我却不在"理"上，让旁人一眼就知道他的半斤八两，这种人属于卯哥。见了大款认干爹，见了靓仔叫哥哥；拿起麦克能唱，端起酒杯能喝；你说她傻吧她又不傻，你说她精吧她又不精，这种人属于卯妹。而夜屎佬呢，大事做不成，小事不肯做；肚中半吊子，满嘴跑火车；张家长、李家短，"好心"

实挑拨。

哈哈，敢于自嘲和拿自己调侃，这还真是桂林人的一种风格，一种幽默，一种胆识，一种文化。

如果要我来说说桂林，恕我嘴馋，最先想到的那就是桂林米粉，其次是腐竹。还有一个是柿子，那种蜡黄蜡黄的、硬邦邦的、切开以后里面有脆脆的"心"的柿子。

如果还要我说说，桂林还有什么让我感受最深，嗯，那就是桂林的"风水"。我一直觉得桂林这座小城的地理环境有点问题，桂林城的东西方向"弱"，南北方向"强"。一条漓江由北向南，造成了整个桂林市的城镇走向。沿经市区的漓江两岸，应当说都是些小山小水，山不峻峭、水不湍急。人们依水而居，沿山而作。如此平平坦坦、悠悠缓缓的山水自然正与桂林人的性格相呼应：清秀有余，雄浑不足；散淡有余，进取不足；精明有余，成事不足。而桂林城的东西方向却是有大山大水的，如东面有"大不过尧山"的尧山；西面有"高不过侯山"的侯山，以及在明朝以前隐山一带有方圆七八百亩水面的西湖。这些本来可以平衡阴阳、平衡刚柔的东西方向的大山大水，却在历史上都被桂林人忽略了。

好在近二三十年来这种忽略得到了一些补救。上世纪90年代初桂林两江机场选址筹建时，我就随当时的桂林市规划局局长李向前兄去过那里。面对着一片片杂草丛生、坑洼起伏的坡岭，向前兄一手叉着腰，一手"挥斥方遒"地比画着对我说："以后你回来，迎接你的将是一座世界水平的机场！"我被他感染了，兴奋了，新机场建设在桂林西部，将会有多大的一片土地被桂林划进去啊。

果然新机场建成后，桂林市区便将临桂县吞并了，桂林城市的版图向西扩张了许多，市区的格局就不再是一条狭长的江滩了。城市方正了，更加丰满了，整个"风水"也就变了。这几年回桂林时一出机场，当车辆行驶在宽敞的机场路上，目睹着楼盘林立的临桂新区，心胸也随之宽敞了起来。

宽敞起来的心胸会滋生起一种幸福感，会让我觉得因自己是桂林人而感到自豪。于是，我想我该写写我在桂林的曾经了，该写写我的桂林了。

1985年间，我去向大画家吴作人求学，曾好奇地问过他："吴先生，您究竟是安徽人，还是苏州人？"因为传媒上既有说老人是安徽人的，也有说老人是苏州人的。面对着我的疑问，吴作老答："我是安徽苏州人。"我一愣，满脸疑愕。他笑了："安徽是我的祖籍，苏州是我的出生地，如果我说我是安徽人，苏州人会不高兴，他们会讲你生在我们苏州，喝我们苏州的水、吃我们苏州的粮长大，却不认自己是苏州人，这不是忘恩负义吗？如果我讲自己是苏州人，安徽人也会不高兴，他们会说，没有我们安徽，哪会有你父母啊？又哪会有你啊？他们会觉得我这是忘了祖宗。"

我顿悟，极佩服吴作老的睿智和幽默。

我告诉他，我和他在这方面也有点像，我出生在桂林，可是我的父母却出生在江苏南通。因此南通才是那个被我填入籍贯的地方。

吴作老依然一笑，称我为"江苏桂林人"。

在我人生的六十年间，屈指算算，掐头去尾只有三分之一的岁月是在桂林度过的。离开桂林的四十年里，很少甚至几乎不再说桂林话。但很奇怪的是，在我写文章、看书读报心中默念的时候，竟都是桂林话。很多次，我试图强迫自己改用普通话默念，但又总是在不知不觉中回到了桂林方言之中。

什么是根？也许这就是答案之一。

母亲生我时的医院叫"桂林市妇幼保健院"，桂林人叫"保健院"，它可以说是我人生的起点。该医院离我家居住的东镇路很近，走路也就十来分钟。它的大门前，有我童年时桂林市区仅有的一条公共汽车线路上的一个车站，那是

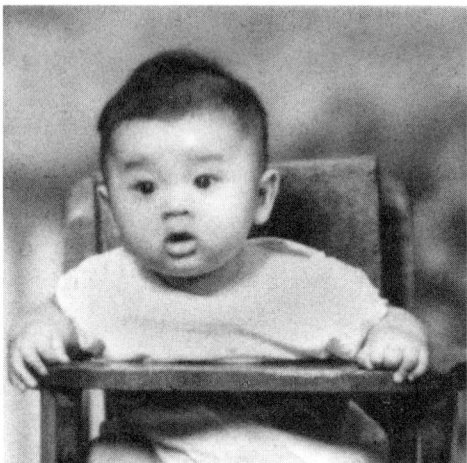

百日纪念

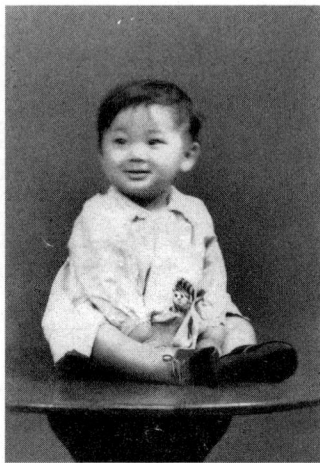

两周岁纪念

我家出行的起点与终点。

那时的桂林很小，就靠这一条线路的公共汽车，在火车南站至火车北站的区间，来回往返，沿途串联起汽车站、南门桥、五美路、阳桥、十字街、凤北路、保健院、观音阁、虞山庙、北极路、抗战路等这十来个民生聚集点，便使这座因山清而休闲，因水秀而慵懒的小城增添了流动，焕发了生机。

保健院又像是一根扁担，挑起了整个桂林。

如果再把它比作一个轴心，那么我在桂林的童年与少年时代，可以说都是围绕在它的身旁消磨流逝的。

我读的三皇幼儿园，在它大门前的马路正对面。我读的中山北路第一小学，在它左前方的叠彩山前，我读的广西师范学院附中，在它背后的宝积山下。就连我家在桂林一共居住过的三个地方，东镇路、八角塘、骝马山都在它辐射的东西南北间，都不过二十来分钟的路程。

　　唯有 1971 年我考上了桂林市文工团学员队，驻队到了当时已经被停办了的依仁路"群众文化馆"里时，才算稍稍偏离了它的视线。

　　彻底挣脱掉桂林的束缚，是在 1979 年 3 月，那年我考上了中国人民解放军总政治部歌舞团，随后离桂赴京，踏上了一条甘洒热血写春秋的奋斗之路。

　　从此桂林离我的生活越来越远，但逝去的日子像秤砣加码一样，在我的心头越来越重。父母在世的时候，桂林是我情感中的寄托与依靠，父母去世了，桂林是我情感中的惦念与牵挂。

　　母亲早父亲一年去世。父亲去世后的第二年清明前，我在武汉有两场演出，上午一场，下午一场。上午演出时的节目顺序安排我在"倒二"的位置。中午吃饭时我向主办单位提出，能否在下午演出时将我调换到前面。坐在一旁的董文华、解晓东、许戈辉等其他演员没等我说完就打断了我的话，开玩笑地嚷嚷："不行不行，郁哥你要是先出场唱了，火了，我们就没法接了。"

　　我向他们解释说因为有事，必须要在清明赶回桂林，而武汉又没有飞往桂林的航班，我只能赶下午六点由武汉飞广州的班次，再换乘晚上九点广州飞桂林的班次，如果我还在倒数第二个唱，就赶不上飞机了。

　　大家听我说完后纷纷问我："什么事这么着急呢？"

　　我说："是去看父母啊。"

　　"看父母？"他们听我这么一说都愣住了，因为大家都知道我的父母已经去世。望着他们善良的目光，我点点头："是去看父母。明天就是清明节了，我想回桂林去上坟。"说这话时，心里特别伤感。

　　那天我就是特别伤感地孤独一人从武汉飞到广州，又从广州飞到桂林。飞机降落时已近半夜，也许是航班太晚的缘故，飞机上的乘客寥寥无几。等下了飞机后，已停止了一天喧闹的桂林机场更显得空空荡荡。站在故乡空空荡荡的黑夜里，一种真真切切的游子心绪，一下子就翻涌了起来。

　　父母不在了，家就不在了。尧山上他们的坟茔，成了我今生今世每次往返桂林的起点与终点。

　　前些年有一位湖北人，姓李名金早，来桂林做官。他做官做得蛮好，任职市长期间将宋代桂林的护城河，即今天的杉湖、榕湖、桂湖、木龙湖与漓江和桃花江贯通勾连起来了，形成了当今桂林的新地标"两江四湖"。又很幸运和碰巧的是，我在桂林的那些年里就一直生活在两江四湖边上。童年的家傍叠彩山下的木龙湖，少年的家依漓江旁伏波山下的八角塘，参加工作后，学员队和歌舞团分别邻近杉湖和榕湖，离开桂林时，父母住在骝马山下的桂湖边。

　　唯一的遗憾是，在李金早先生"两江四湖"的宏大工程中，拆除了我家在木龙湖畔东镇路上的故居。

　　家在桂林，就从东镇路说起。

东镇路上有"艺庐"

东镇路，位于桂林北门口附近，是一条东西方向、夹在叠彩山与铁封山之间长约一两里路的短街。

小时候我们把叠彩山也叫作"风洞山"，那是因为叠彩山的半山腰有一个东西贯通的洞穴，名叫"风洞"。这里一年四季的风都特别大，据说它的风还有清、和、冷、暖之别。可在我小时候，只能感觉到夏天时这里的小风飕飕吹，让人倍感凉爽。冬天时这里的风大得呼啦啦的，让人张不开嘴。

另一座铁封山也有别名，叫作"马鞍山"，因为它东西各有一峰，中间凹了下去，便成了马鞍形。铁封山的山体绵长，西北面峭壁如削。在它的东面，是沿着山体下来的南宋年间的静江王府城垣，城墙上修筑有一个城门洞，叫"东镇门"，东镇路由此而得名。那么东镇门的名字又是怎么来的呢？民间有传说，古时候有一位两次平定岭南的将军叫马伏波，曾在抗击南蛮胜利后，由此门班师回朝，为了纪念其英勇事迹而叫此名，甚至说伏波山也因他而得名。但据我查阅，古时候确有两次平定岭南并叫马伏波的将军，真名叫马援，成语"马革裹尸"就出自他的故事，可是马将军是东汉人，东镇门南宋时期才有，二者的年代相差太远。所以说，传说传说，就是传过来传过去的你说我说，姑且听之任之。但不管怎么说，民间有这样的传说，足可以证明桂林人崇尚正义，景仰先人。

宋静江府城墙——东镇门的西出口。

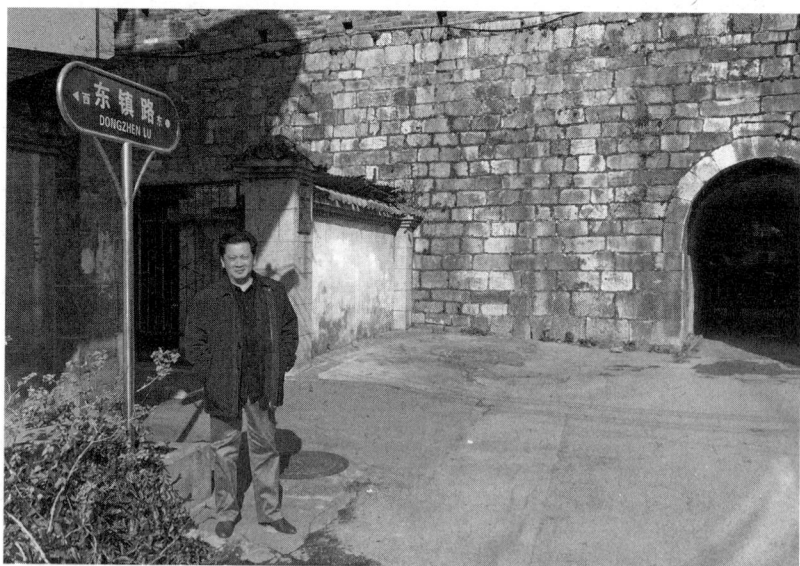

2014 年元月，我重游东镇路时，于东镇门西出口摄影留念。

穿过城门洞，便是漓江。

正对着城门洞的漓江上，有方圆十里八里都闻名的"棉花石"。顾名思义，那就是几块裸露在江面上的、极似棉花的礁石。说它是礁石，其实就是叠彩山延伸到漓江里的一节山脉。说它闻名，主要还是因为每到盛夏，同样有方圆十里八里的"小把爷"（桂林人对孩子的俗称）相邀到漓江来"游水"（桂林人对游泳的俗称），再爬到位于江中央的这块石头上去跳水嬉戏。同时，它还有一个很离奇的故事，那就是在 1965 年夏秋之交，桂林满城都疯传它石头开花了，天下要大乱了。我也曾跟随着如潮的人流拥挤到江边翘首眺望，果真见过棉花石的石壁上有一朵脸盆般大小的五彩斑斓的苔藓。不久，"文革"爆发了，天下真的大乱了。

从城门洞的东头往西走，用不了十几分钟，就能走到西头的中山北路。我家的居所就在西头路口附近，是东镇路 23 号至 25 号。由此，从东镇路的门牌号码上可见，整条短街上也就有三十余户人家。

说是我家的居所，其实是我祖父留下来的产业。上个世纪 90 年代，我在上海曾听抗日战争时期与祖父一同从上海逃难到桂林的他的学生陆焕文伯伯说，祖父迁居桂林落户东镇路前，一直居住在上海。1937 年 11 月上海沦陷了，祖父就与他的好朋友，当时国民政府经济委员会的翁文濠先生一起到武汉谋事了一段时间。1938 年 10 月，武汉又沦陷了，他便离开了那里。在此期间他还辗转于福州、香港等地，并于 1942 年左右来到了当时被称为抗战大后方的桂林，出任了全国厂商界迁桂联合会主任。他还告诉我：到桂林两三年后，日本鬼子打过了长沙，沿着湘桂铁路南下，1944 年 9 月，桂林开始了大疏散，他们好几个学生又跟着祖父跋山涉水，经过贵州、云南到了重庆。抗战胜利了，祖父因惦记着桂林的产业，重又返回了桂林。

母亲也对我说过，她听祖父说，1944 年桂林大疏散之前，由于大批的江

祖父郁鼎铭，摄于上世纪40年代，桂林。

浙人、北方人为了躲避战火，来到了桂林，城市人口一下子从几万膨胀到了几十万。其中有不少从各地来的达官显贵，都住在了东镇路上。比如从我家倒数过去，在桂林地区食品公司院子里面就有一栋楼，据说是当时广西省主席黄旭初的"行宫"。在他的旁边，是东镇路上唯一保留下来的豪宅，东镇路11号。时任国民党军委会办公厅主任，新中国成立后曾任全国人大副委员长的李济深先生的家就安在那里。我上小学时，每天上学、放学都要经过他家四次。因为他家用青砖砌成的米字格院墙的东侧有一条约五六百米的东镇路西巷，这条巷子的顶头就是叠彩山。而那山边就是我就读的小学——中山北路第一小学。

李济深先生家的前院与我家的前院同在东镇路的南侧，相隔也就是三四个院落。他家的后院与我家的后院又同在木龙湖边，当时木龙湖叫城公寺塘。

那时的城公寺塘实际上有一大一小两个塘，其间还有一条土径相隔。不涨水的秋冬季时，可以抄此近道到我的小学校，而春夏季雨多，土径便被水淹没了。

塘边有一片菜地，一年四季泥土芬芳、蜂蝶蹁跹。

听母亲说，祖父与李济深先生曾在这里做了三四年邻居，两人多有交往。李先生爱骑马，我祖父也爱骑马，并都爱喝现挤的新鲜马奶，两人都酷爱京剧，还一起认了一位从上海来的姓李的名旦为干女儿。新中国成立后，祖父回上海，在外滩的和平饭店娶三姨太，李济深先生还出席了他的婚宴。1995年年底，桂林老乡文氏姐弟在北京开了家经营桂林风味的酒楼，开业庆典时置席，李济深先生的公子，当时也是全国人大副委员长的李沛瑶先生与我同被邀请，推杯换盏之际我们聊起邻居之情，沛瑶先生既意外又惊喜，还相约有机会一定要同返故里，同游东镇路。不料祸从天降，月余后沛瑶先生被其武警卫士杀害，实为一大遗憾。

再往里去，在桂林自来水厂的斜对面，是做过国民政府代总统的李宗仁先生的"行宫"。这个小院我曾去过一次，记忆中是我小学三年级时，一位父母是军人的同学在这里住过。印象中小院里面有一座颇为洋气的T字型平房，多间居室都是玻璃敞亮的木格门窗，外墙与我祖父居所的外墙相似，是一种拉毛式的装饰效果。但是祖父家是米黄色的，他们家是雪白的。小院里有很多花草树木，吱呀一声，推开院门，扑面而来的是阵阵鸟语花香。小学同学姓姜，与我同班不到半年，又跟着父母随军走了。

再往里去就到东镇门口了，在紧挨城门洞的北坡上，有一栋两层的小楼，是当时国民党第四战区司令长官兼桂林行营主任白崇禧在桂林时警卫们驻扎的营房。在营房的斜对面，还有一条小巷，那就是东镇路的东巷。东巷的顶头也是叠彩山，而白崇禧的府邸就在此处山脚下。母亲说，新中国成立初期这里做过解放军的医院，我想应该就是解放军第181医院的前身吧。后来这里又成了桂林轴线厂的家属区，我也有小学同学在那一带住过。印象中白公馆门前还有"罗马柱子"。其子白先勇先生在他的《明星咖啡馆》集《我的寻根记》里写道："抗战时我们在桂林有两处居所，一处在风洞山下（白先生所称的风洞山，就是叠彩山），另一处就在榕湖。因为榕湖附近没有天然防空洞，日机常来轰炸，我们住在风洞山的时候居多。"

母亲还跟我说过，东镇路之所以有这么多达官显贵的豪宅，就是因为它夹在两座山麓之间，利于躲避日本鬼子的飞机轰炸。即便这样，我祖父还是在东镇路25号的院子里修建了一个钢筋水泥的防空洞。也许是防水工程做得不好，在我童年的记忆里，早已被遗弃了的它，年年灌满了春天的积雨，从四五月开始，这里就成了青蛙们的乐园，从早到晚蛙声一片。

夹在我家与李济深先生家中间有一家客栈在抗战时期很有名。新中国成立后改为广西师院附中教职员工宿舍。小时候我也去过那里玩耍，两层楼的客栈有几十间客房，中间围着一个偌大的天井。挨着天井的走廊四周都是木栏杆，与所有描写那个时代电影里的客栈、酒馆、青楼都如出一辙。

印象最深的是，这个客栈仅有的公共厕所就盖在城公寺塘的旁边。公共厕所男女不分，整个是座木头的吊脚楼建筑，用八根木柱子把一座厕所撑在塘面上。便盆就是在地板上挖了个洞，屙屎撒尿直接就到了塘里，据说吃屎尿长大的鱼，不仅肥，而且长得快。最可怕的是厕所的地板和壁板都是用一块块木板拼起来的，透过稀疏的缝隙可以看得见隔壁的人，脚下的缝隙可以看得见水，屎尿入塘时还能听得见叮叮咚咚的响声。

母亲说，抗战时祖父还有许多好朋友，如工商界的黄炎培先生及许多从上海来的京剧、话剧、电影演员都曾下榻于此。上世纪90年代，我曾随"中华杰出青年代表团"参访台湾，接待我们的是国民党青年组织的总负责人李女士，当她知道我出生在桂林时，特别高兴，她说她也出生在桂林，老家也是江苏的，也是抗战时期全家随父亲从南京南下。呵呵，还与我一样也爱吃炒腰花。更令我惊讶的是她甚至还知道东镇门街（东镇门街是东镇路的旧称），问我那条街上的那座北伐纪念塔，还在不在。

在我家大门的正对面的确有一座北伐的纪念塔。可是不知为什么这么多年来，我所能看到的桂林史料中，对这座塔几乎都没有记载。

这座塔的园区占地应该至少有两三亩吧，它紧靠着桂林地区商业局的南墙，从南墙到纪念塔之间隔着约莫十米宽的野草带，这里面有比人高的艾蒿，有带刺的一球一球的小红果，小时候我们管它叫作小苹果，因为它特别像苹果的形状。这种野果在桂林的山野上随处可见，到了秋天，红彤彤的点缀在赭岩绿叶之间，特别好看。

这里面还有一种黄豆般大小的浆果，成熟后有红色有紫色，一捏则破，果汁滴在衣服上很难洗掉，小时候没东西吃，于是这种浆果也就敢往嘴里送，味道酸酸的，有点像"毛秀才"。桂林人把西红柿叫作毛秀才。

最高兴的是在这片野草地里，还长着一种野果叫"桃金娘"，这种乌黑色的果子，两分钱币般大小，卵状壶形。那时候在街上桃金娘是有得卖的，乡下的农民挑着竹箩担子沿街叫卖，一分钱可以买三四颗。它的味道还特别好，有一种跟任何水果都不相同的甜味，甚至还有点土腥味。唯一缺点是吃多了会屙不出屎，令人难堪。

小时候放了学，最喜欢和同学到这里来玩耍。因为除了可以摘野果，还可以捉蚂蚱、蛐蛐、蜻蜓、知了。桂林人管知了叫"四会牙"。春天的草地里有青蛙、癞蛤蟆、地狗仔（蝼蛄），夏天的晚上，这里能捉到萤火虫。最可怕的是这里面有蛇，而且有好几种蛇，最毒的叫"扁头风"，也就是五步蛇。大人们常常用此来吓唬我们，不让我们到这里来玩耍。

再回头来说塔吧，拾级而上的塔基应该有两到三层，每层都有汉白玉的栏杆。塔身是锥柱形的，至少也有六米高。纪念塔坐北朝南，正面镌刻着铭文，记载着孙中山领导北伐革命在桂林的光荣历史。题写铭文的落款是国民党的元老，不是胡汉民，就是蒋翊武或者廖仲恺。具体的状况因为当时自己年纪小，已经记不太清楚了。记得清楚的是当时几乎没有人来这里凭吊。每到酷夏太阳火辣的季节，附近的老百姓就把红薯啊，萝卜啊，茄子啊切成片，刨成丝丝，把辣椒啊，豆角啊，黄花菜啊编成串扎成捆，再拿到这石栏上台阶上晒成干菜以备冬时。令人痛心的是，这座装满童年乐趣的纪念塔和那片草地，在"文革"中都被彻底地捣毁了，铲平了。

在纪念塔的东面也有一个院落，母亲说过那是当时的广西交通银行行长的居所。因为我家在东镇路的南面，南面临水，纪念塔是在东镇路的北面，北面挨着铁封山。所以大凡在东镇路北面的房子都是依山坡而筑。

进北坡行长居所的大门，要上十几个石阶。高高的青石堤坝上的围墙里种着几棵当时桂林十分少见的热带植物芭蕉，它那宽阔翠绿的蕉叶常常伸到围墙外面来，迎风摇曳，每年的盛夏，总有一朵两朵猩红色的芭蕉花在绿叶之间时隐时现。我每天上小学经过这里时，总会伫立凝望片刻。那时年少，只知道眼前的这种景致很美，但却说不出来它为什么美，美在何处。当然长大后就懂了，其实它就是一种诗情画意，是一种氛围，一种情调。

我从出生起就生活在东镇路上，十年有余。从小父母就要我牢记住我家的门牌号是东镇路23号，可能是以防我走失吧。但从我记事起，我家却是由东镇路25号的大门进出的。25号院是个厂区，我家在厂区的后面，它与23号院都是祖父郁鼎铭的产业。祖父刚从上海来到桂林时，先是在这里筹建了"中华铁厂"，到了抗战胜利后，祖父回到桂林与几位江浙籍的企业家，又在"中华铁厂"废墟上重新组建了"西南纺织厂"。据近年来出版的《桂林市志》介绍，当时该厂就已具相当规模，有16锭细纱机38台。然而新组建的西南纺织厂虽然机器好、规模大，但经营一直不太景气。上海的陆焕文伯伯告诉我原因有二。其一是抗战胜利后的桂林元气大伤，疏散前在桂林的那些文化人、商人、行政人员绝大部分都没有回来。其二是桂林不产棉花，当时交通又极不方便，生产材料自然极度缺乏，有的股东就认为与其远离江浙家乡、远离桑麻产地而在桂林建厂，还不如迁回当时战事已经平定，生产资源又丰富的江南去。陆伯伯说，由于办厂方针的不和谐，导致另一位叫蔡声白的大股东撤资去了香港。从此西南纺织厂一蹶不振，摇摇晃晃地经营到了1952年，祖父将其遣散。

新中国成立前夕，去台湾的飞机在桂林瓦窑机场等候着祖父及我父母兄长赴台，之所以有飞机等候，是因为祖父的弟弟，我的叔公郁鼎勋，新中国成立前就是国民党的中央航空学校校长和沈阳的东北飞机制造厂厂长。那时候的飞机没有自动化的仪器，常常要凭发动机启动的声音来判断机械是否正常。连当时蒋介石出行，有时都要叔公去听过发动机的运转是否正常，才决定能否起飞。

临解放，叔公郁鼎勋带着郁鼎彝、郁鼎和、郁鼎熹等几位兄弟一同去了台湾。后来他们在台湾和美国等地繁衍了子孙后代几十人，在事业上多有建树。其中有一位抗战时生在重庆的堂叔叔郁有增，还是台湾"经国号"系列飞机的设计师之一。我曾问过父母，后来你们辜负了叔公的深情厚谊啊，没有跟他们同行去台湾，那是为什么呢？母亲想了想说，当时除了祖父不排斥共产党外，很重要的原因是舍不得西南纺织厂，犹犹豫豫之中就拖到了1952年。

正当祖父在此事业飘摇之际，他接到了时任民盟中央主席和政务院副总理黄炎培先生的邀请，要他赴京共商国是，还告诉他，拟聘任他为北京人民机器厂总工程师。黄炎培先生在信中说，人民机器厂新建在北京的大北窑，一共有两位总工，一位是祖父，一位是苏联专家。父亲说那封邀请信是用毛笔写在一张宣纸信笺上的，信封也是中式竖排的，有现在的档案袋那么大，左下角印制着"中央人民政府"几个鲜红的大字。祖父接到信后非常高兴。父亲说，祖父

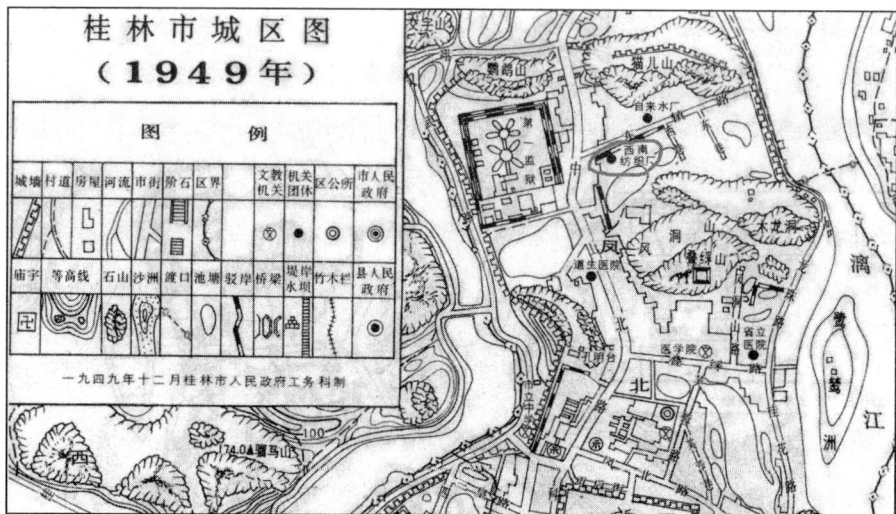

地图中圈内的"西南纺织厂"即为我家的产业。（摘自《桂林市志》，桂林市地方志编纂委员会编）

特别愿听黄炎培先生的话，因为黄炎培先生与国共两党首领的关系都非常好，甚至还到过延安，曾与毛泽东主席彻夜长谈。祖父羡慕他会处理人脉关系。另外黄先生还是上海川沙人，川沙话与祖父家乡的海门话声调一样，所以两人语言相通，交谈起来如鱼得水。加上两人都喜欢纺织工业，又都喜欢做职业教育，祖父不仅在黄炎培先生的中华职业学校教过书，还做过战时福州中华职业学校的校长，因此俩人的关系一直很好。唯有一点差异是两人对党派团体的认识不一样，陆焕文伯伯说过，当年翁文濠劝我祖父加入国民党，祖父不愿意，后来黄炎培先生成立"民盟"，祖父也不愿意参加。因为我祖父那时的认识是，任何党派团体都有着"纲领"，都有一己之念，任何党派团体的首领都有家长作风。在民国时代，政治生态比较平和，好朋友之间政治观点不一样，但友情笃诚都很平常。另外，俩人还长得特别像，都是胖胖的，圆圆的脑袋，圆圆的身躯，大鼻子大眼睛。因此，祖父基于事业之追求、友情之报答、爱国之信念，马上就同意北上北京。

那么为什么祖父后来又没有去成北京呢？我也问过父母。他们告诉我，祖父离开桂林准备去北京，自然是要先回上海，而此时他的"抗战夫人"二姨太因患肺结核已在桂林病逝。我的父母觉得在桂林有大房子住，也能自食其力，加上从小就不跟他生活在一起，颇有点生疏感，也就错过了跟他回上海的机会。于是祖父只能孤身一人回上海了。

不料到上海后，祖父的众多老友、学生见他孤单，立马就给他介绍了一位当教师的三姨太，我还记得三姨太长得小巧玲珑，名字叫汪瘦云。祖父与她一见钟情，很快就结婚了。父母说，正是因为爱情的缠绵，致使祖父失去了上北京高就的机会。

我十岁那年回上海时，小姨曾带我去外滩玩，路过外滩边的和平饭店，小姨说有一年她与她的爸爸，也就是我的外祖父路过和平饭店时，外祖父指着这座绿顶的高楼告诉她："你大姐的公公娶三姨太，就是在这家饭店里办的婚宴，当时热闹得不得了啊，李济深、胡厥文他们都来庆贺过的啊。"从而印证了我在此二十多年后，从父母那里问到的祖父的往事。也是在那次问祖父时父母告诉我，他们是1946年年底，带着两三岁的哥哥从海门乡下来到桂林的。刚到桂林时，祖父给父亲在西南纺织厂安排了一个很轻松的工作——保管员。因为祖父与他在乡下的原配夫人，即我的奶奶是包办婚姻，相处一直不怎么和睦，此时他在桂林就娶了那个我在前面提到过的"抗战夫人"二姨太。父母来到桂林后，二姨太正患肺结核，这在当时可是个有传染危险的不治之症。她与祖父没有生育，因此病中的她，就特别喜欢我的兄长，这个喜从天降的孙子。

那时候的大户人家，每天早起晚睡时，儿孙们都是必须要去向长辈请安的，而由于二姨太没有生育，就特别喜欢我三岁的兄长，每天请安时，必定要抱抱他，亲亲他。这下子可把母亲给吓坏了，她害怕二姨太太的传染病，所以不愿带我兄去早晚请安，这下子就与祖父的关系搞僵了。正好老人家又信奉儿女长大后就当自立自强的观念，于是就给了父亲三百块大洋，让他去自谋职业，自食其力。母亲说这三百块大洋在当年就创业来说，说大也大，说小也小。当时已有了我兄长的父母拿到钱后，商量来商量去，觉得这钱总不能全拿去投资创业吧，总还得存一点备急吧，于是决定只做些小本买卖。

父母在三多路附近开了家修理自行车的铺子，做些只图谋生计的小本买卖。辛辛苦苦、平平安安地经营了好几年，一直到祖父离开了桂林。这家铺面上世纪 80 年代还在，也就九到十平方米，是那种在旧时电影里可以见到的，用一块块木门板开启的那种铺子。小时候父母带我上街，但凡经过那里总要敲开已改成裁缝铺的铺门，进去看看房东孤寡老太太。老太太有一个独生子，姓侯，我叫他侯哥哥，当过解放军，我从小就羡慕当兵的他。

二姨太最终不治逝世在东镇路。

祖父为了治好二姨太的病，用尽了良药偏方。当听说多吃鱼汤有好处，几乎天天让我母亲给她熬鱼汤，当又听说熬汤的鱼要多用鲫鱼，就让我母亲天天买鲫鱼。母亲说，就是在那段时间里，从祖父那里学到了很多吃鱼的讲究，如鲫鱼刺多，但有一个地方的两小块肉是刺少肉厚的，那是在鲫鱼的背脊上。祖父还有吃鱼的顺口溜："鲫鱼背、鲤鱼嘴、鲢鱼肚皮、青鱼尾；胖头鱼的头、巴鱼的肝肺，桂鱼清蒸是美味。"

祖父对二姨太好，对工人也好。母亲说有一次她看见一个工人一直在我们家门口转来转去，祖父就问他有什么事，工人一开口，说的竟是江苏家乡话，他说他母亲在乡下死了，想回去奔丧，但没有钱，实在没有办法了，才斗胆来求先生，想借十块大洋。祖父二话没说就给了，母亲急了，说您认识他吗？他

上世纪 40 年代于桂林，时父母携兄长由上海到桂林
后不久。

要不还怎么办？他要骗您怎么办？祖父回答："我不认识他，他却认识我，危
难之中他找到我，就是相信我有能力帮助他啊。至于他是不是骗我，老天有眼，
在上看得见。"

祖父的这个回答，给我一生的做人做事影响很深，教育很大。

祖父在离桂赴京前，把东镇路 23 号留给了他的独子——我的父亲。原来
的 23 号院门，有一条数百米长的宽敞汽车通道，能绕到 25 号院后面的我家。
祖父走后，父母为了表示有觉悟，响应政府号召支援国家建设，主动封闭了
23 号门，将汽车通道赠送给了政府，让蜜果厂扩建为车间用，这就是我家改

走 25 号门的缘由。至于 25 号院子这么大一个西南纺织厂怎么变成了"公家"的制药厂了，后来又怎么变成蜜果厂，这段历史我不清楚，一是因为当时我还没出生，二是懂事后我问过父母，父母也是二丈和尚摸不着头脑。但父母亲说过，这全是因为当年与祖父的关系不太融洽所造成的后果，祖父离开桂林时，他们知道祖父手上是有地契的，是有"股权证"的，但不敢去问老人是怎么处理的。等 1956 年末祖父去世后，父母曾斗胆去问过政府，而政府总是支支吾吾。一来二去，老实巴交的父亲觉得这些都是生不带来死不带去的身外之物，加上当时社会对私有财产的鄙视和厌恶，父母也就不再提起，从此，这一大片连桂林市地图上都标有过的产业，也就成了"千古之谜"了。父母也从来没有与我提起过。

除了留下房子，老人家也怜悯我父亲的自行车修理生意一直不好，毕竟父亲是他的独子，才又拿出了很少的一点钱，"公私合营"到桂林电机厂，即后来的桂林机械厂，让父亲代替他做了资方代理人，这才解决了父亲的工作。没想到"文革"来了，这个资方代理人原本只是一个因谋求工作而将就的称谓，莫名其妙地变成了资本家的头衔。而当时的"资本家"这个成分，是与"地主""富农""反革命""坏分子""右派"这些在社会上要被管制监督的"黑五类"同类的。尽管没有被划进被管制范围，自我感觉上会稍微好一些，但在世人面前，仍属于被人歧视、被人侮辱的家庭成分。不出所料，我家就因此蒙受了被赶出东镇路 23 号与 25 号的灾难。而搬住的地方，谁也想不到的也是个修理自行车的铺子。这与父亲初到桂林，独自创业，开的同样是个修车铺子，竟是如此巧合。

我祖父将其在桂林东镇路的居所取名为"艺庐"。大凡文人墨客达官显要都喜欢将自己的居所取个或吉祥如意或文雅倜傥的名字，如毛泽东主席在中南海的居所叫"菊香书屋"，国画大师齐白石的居所叫"寄萍堂"，曾写过《死水微澜》小说的作家李劼人的居所叫"菱窠"，蒋介石和宋美龄在庐山的居所叫"美庐"，大书法家沈鹏的居所叫"介居"，大画家范曾的居所叫"抱冲斋"，诸如此类，数不胜数。我们光从这一屋一堂一窠一庐一居一斋的名字中，不难看出或者品味出其主人的喜好、志向、性格和情趣。

当时艺庐的面积很大，除了有小轿车的专用通道、车库外，还有大大小小的房间十多间。那带有木栏杆四周回廊的丁字形主楼是会客室和几间卧室，主楼是砖木结构，因为南方潮湿，主楼在地面上还建有近一米高的台基，整栋房子都铺设着防潮防湿的木地板。院子里还有一排平房，是厨房、餐厅。平房前面就是城公寺塘，即现在桂林"两江四湖"之一木龙湖。在塘边上还有祖父的书房、客房若干。这些厨房、餐厅、书房、客房都是竹子房，也就是以木头做房子的框架，用竹片编别成墙壁，然后在上面批上纸筋灰（用纸筋与黄泥和水拌成浆），刷上白石灰水，装上玻璃窗，它们就变成了像模像样的西式洋房了。

建在塘边上的祖父的书房，有两间建在水上，推开窗，迎面是葱茏欲滴的叠彩山，窗下是碧波荡漾的木龙湖。院子也很大，有石桌、石凳、石径。院子也很雅，有不少花草果木：柚树、梅树、夹竹桃、竹子、芭蕉，还有两丛两人合抱大小的茉莉花。花色一丛淡紫，一丛雪白。

祖父离开桂林时，将书房里几面墙壁的书柜全部都搬运走了。懂事后的我，常常面对着空空如也的四壁给自己立下了一个心愿，长大后我一定也要有一个几面墙壁书柜的书房。

祖父的书柜搬走了，当然书也少有留下，但留下了不少他所收藏的名人字画。父母告诉我，那是因为他们喜欢，就死缠硬磨地让祖父留下，开始祖父不同意，母亲就激将他："您不是说过'居家无字画，必是俗人家'吗，您老人家不愿意我们是俗人家吧。"祖父笑了，便割爱了一小部分字画留在了桂林。

每当春天来了，父母就会把一幅或是紫藤小鸟，或是牵牛鸡雏的中堂画轴

1957 年，桂林。

挂在房屋中间的墙壁上。母亲告诉我，春天在哪里？春天在盛开的鲜花里，春天在小鸟和鸡雏的叽喳声里。到了夏天，就会听见母亲叫父亲："有声（父亲名叫郁有声），咱们该换换画了吧。"只见他马上忙着从家中一只平时紧锁着的铁柜子里拿出一幅或是群鱼戏水或是荷萍双翠的挂轴，将紫藤与鸡雏换下，又让我体味到了酷暑中的一丝清凉与静谧。到了秋天呢，换上的必定是一幅猛虎下山图，其蒿草凄凄的萧瑟和虎视眈眈的威猛画面，至今我还历历在目。到了冬天，母亲又会协助父亲，将墙壁上的画轴换成或是大雁南飞，或是孤帆远影，我知道这是父母睹物念旧，想念他们的家乡了。我家还曾有过一轴出自名家的梅图，图中之梅虬枝盘曲、红梅万点，堪称梅图精品。我曾问过母亲为什么一次也没挂过？母亲展开画轴指着一枝梅花说，你看它的枝干是倒着往下长的，谐音"倒霉"呢！

于东镇路旧居的花园里。图中是童年的我与父母、兄长。两侧是我在书中描写过的两人合抱大小的茉莉花。石台阶下是菜地及城公寺塘（即如今的木龙湖）。

祖父将居所起名为"艺庐",一直是我心头的一个谜,因为在他丰富的阅历中,列数投身过教育,从事过设计,也听闻过他当过官,经过商,唯独从未听说过他从艺。

曾在总政歌舞团政治部任干部干事的好友张跃对我说过,他看过我的档案,里面记载着祖父确实曾经当过官。祖父在上个世纪20年代,任职过老家南通的建设局局长和黑龙江省的建设厅厅长等等。后来我也是在上海的陆焕文伯伯那里得到了证实,他说,你祖父思想活络,变革很快,那时候就知道顺应时代潮流,崇尚实业救国,于是弃官经商,从东北回到上海后开了家锁厂,这可是个在当时很时髦很赚钱的买卖啊。锁生产出来了,上市了,就是不知为何这锁老是卖不出去,赶紧派伙计四处打听,才知道同时有个很知名的胡厥文先生(祖父后来与其也成了好朋友,抗战期间还与他在武汉共事过,武汉沦陷后,胡厥老曾去重庆担任了全国厂商会迁川联合会主任,解放后曾任全国人大常委会副委员长)也开了个锁厂,产品价格要比我祖父的便宜。伙计回来将实情一报,祖父说马上降价!结果仅仅好了一两天,转眼又不灵了。再派伙计去打听,才知道人家胡家的锁价也降价了。如此这般的拉锯战,我祖父终因敌不过资金比他更雄厚的胡家,败下阵来。

陆伯伯说,败下阵来的祖父去过他的好朋友黄炎培先生的中华职业学校教书,抗战时还短暂地去过福州,做过福州中华职业学校的校长。后来我在祖父上海的故居里,还真发现了不少他在福州职校授课时用的巨幅机械设计图,以及与学生一起画的水墨花鸟和素描写生。在上海的故居里,我还见到了祖父曾用过的琵琶、围棋。也是在那一年,陆伯伯介绍我去拜访过我祖父学生的学生,曾任上海轿车总厂的张旭厂长,是他告诉了我祖父的另一面:"郁老夫子业余时间里一般都沉浸在琴棋书画中。"哦,我终于明白了,或许,这也就是他将桂林的居所取名为"艺庐"的原因之一吧。

　　除了在老照片上，我没有见过他老人家，因为他在我出生后不久就去世了。但是我的名字是祖父取的，据说取名字时他已经在上海摔坏了身子，脑溢血了。然而他还是写了信来，为我取了"钧剑"这个在大千世界里不太容易重复的名字。

　　我出生前艺庐就已经经过了"社会主义房屋改造运动"，艺庐里的十多间房屋大部分改造给了国家。正如此文前面所提到的，父母为了表示觉悟，还额外地将艺庐千余平方米的大门门厅、汽车通道统统赠送给了政府，让蜜果厂改建成厂房。后来发现自己的出路都没有了时，已经来不及了，只好把自己建在厂房后面的院墙拆掉，寄人篱下地改走蜜果厂的大门。

　　走人家的大门，就得归人家管。那时蜜果厂的厂长姓樊，老家也是江苏的，并且跟祖父认识，听说他也是抗战时期南下到桂的"下江人"。当时桂林人把因抗战疏散逃难来桂的江浙一带人，统称为下江人。为什么叫下江人？我琢磨着应该与古诗句"我住长江头，君住长江尾"有关，江浙在长江的下游呢。因为有这几层关系，樊厂长一直对我们家十分关照。只要看见我在厂区里玩，总会走过来逗逗我，或者送我两颗蜜果、一只李饼，顺便给我讲讲这个院子的典故。

　　有一次，他对着被水泥封掉的艺庐大门，指着门楣上镌刻着的，已经斑驳褪色的"艺庐"两个字对我说："这个厂、这个院子过去都是你爷爷的啊。"当时他倒是有嘴无心地随口说说，可幼小的我却是有心地牢牢地记住了。后来不久爆发"文革"了，蜜果厂的"造反派"将艺庐断水断电，前厂后院的墙壁上到处糊满了大字报、大标语，并要把我家扫地出门。那时候我十岁，年纪虽小，胆子却大，敢跟他们吵，说凭什么你们要赶我们走？"造反派"说，你们是剥削阶级，走我们无产阶级的大门，我们决不答应！我说，谁说是你们的大门？这大门、这院子过去还是我爷爷的呢！吵着吵着，我把樊厂长告诉我的话说了

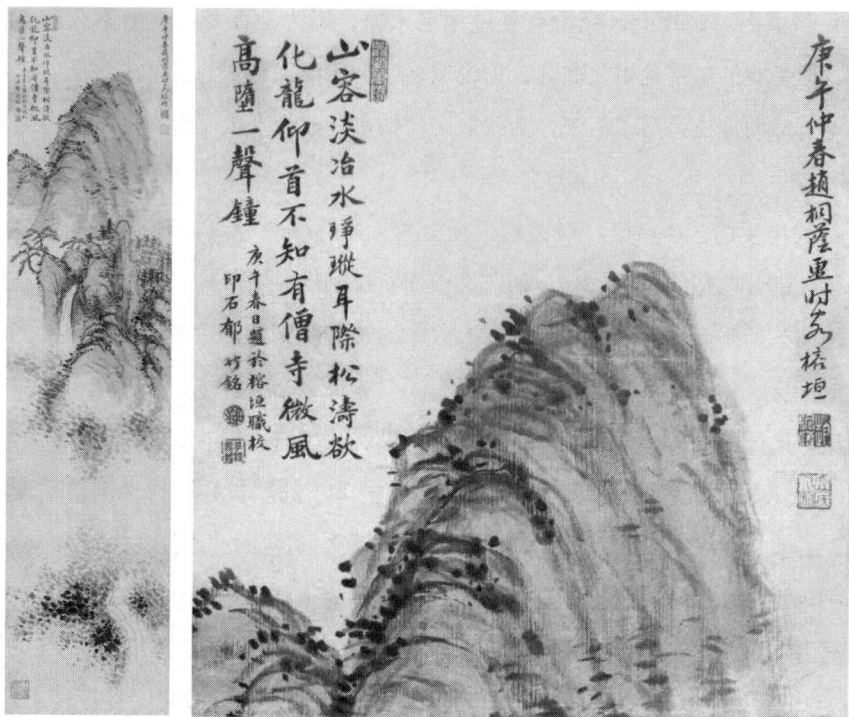

祖父毛笔书写手迹："山容淡冶水琤瑽，耳际松涛欲化龙。仰首不知有僧寺，微风高堕一声钟。庚午春日题于榕垣职校印石郁鼎铭。"据祖父的学生介绍，老人家不仅能填词赋诗，亦擅金石篆刻，所用印章均为其亲治。

祖父 1942 年春任福州中华职业学校校长时仅存的书画作品（局部）。
右上方题跋为：庚午仲春赵桐荫画时客榕垣。左上方为祖父所作题画诗。

出来。"造反派"一听，好啊！这还了得，这分明是剥削阶级教给下一代的变天账嘛！于是他们要抓来我父母质问、批斗。我觉得委屈啊，就说不是父母告诉我的，而是樊厂长告诉我的。话虽是真话，却害了当时也是被"文革"打倒的挨整对象樊厂长。

时光瞬间过去几十年了。这几十年来，我也只是在上个世纪70年代末见过樊厂长一次。当时中央统战部的乌兰夫部长批示桂林要落实我家的房屋政策，桂林市政府也准备为我家在骝马山下重新建房，而这牵涉到要落实当年艺庐的房屋质量、占地面积等问题。为此，我去找过樊厂长，请他为艺庐作证。那次樊厂长见到我很热情，依旧充满着对我童年时的那种慈爱，只字未提当年我对他的伤害。

如今我父母已经去世二十多年了。但愿与我父母年纪相仿的樊厂长还健在。这么多年来，每当我想起东镇路，想起艺庐，我都会想起这一段往事，都会想起他，这位脸上写满了善良与真诚的老人，想起当年十岁的我对他的这份愧疚。

"艺庐"邻居五六家

　　听父母说，解放初期祖父北上，将秘书、保姆、司机等都辞退后，家中只剩有我奶奶、父母、兄长四口人，艺庐院子里的那十多间房子，住起来就绰绰有余了。正在此时，政府推行了一场社会主义房屋改造运动，父母一是响应号召，二是害怕运动，只给自己留下了四五间"自留房"，剩下的房子就都归公了。那些房子由房管所出租给了租户。最热闹的时候，院子里住下了五六户人家，尽管我当时才刚刚懂事，但那种热闹的场面、邻里的情谊一直维持到上个世纪 60 年代初，给童年的我留下了十分难忘的回忆。

　　厨房旁边，住在我家储藏室那间屋里的是姓曹的住户，江苏常州人。常州的梳篦全国有名，老曹浪迹到桂林，就是专营常州梳篦的。那时候老曹的经营模式有点像前店后厂，自己买来材料自己在家里生产，然后再自己挑到街上吆喝着卖。我祖父在抗战期间为防日本鬼子飞机轰炸修的防空洞，就在他家的窗下，那防空洞上的水泥平台，自然就成了他的厂房，成了他油漆和晾干梳篦的天然工场。印象中老曹总是蔫蔫的，大部分时间总是挑着个担子早出晚归，担子里放着他那几分钱、几毛钱一把的梳篦。偶尔风天雨天，出不了门，待在院子里，也是凡人不理，面对着所有同一屋檐下的邻居，满脸都是陌生。邻居们都说他只认得钱，不认得人，是典型的"闷头鸡啄白米"。

　　曹太太的脾气却有点暴。当时我们院子里的那一大片菜地里有她种的菜，曹太太喜欢将院子里公用的自来水管扳起来翘得老高，浇她自己的菜。母亲看见了就会说她，一个是懒，一个是自私自利，说她懒是因为她不愿意去近在咫尺的塘里舀水浇菜，说她自私自利是万一扳坏了水管，大家都无法用水。曹太太往往假装听不见，实在装不下去了就和母亲吵，边吵边照样扳水管，让你无可奈何。

住在祖父原来书房旁边休息间里的是一对新婚夫妇，新郎姓董。新婚那晚最吸引我的是他家有一台手摇的留声机，我能从留声机上的唱片里听到一首首美妙动听的歌曲。这种留声机需要先用手柄给唱盘上发条，然后给唱头换根钢针，靠钢针在唱片上的划动发出声音。那时候的唱片有黑胶木的，这种比较贵，要块把钱一张。也有刚面市的塑料薄膜的，这种比较便宜，才三毛钱一张。如今这种留声机已经绝迹了，想想岁月真是无情啊，当年那么时尚的娱乐工具，一眨眼就被淘汰了。

过去我家也有一台祖父留下的手摇留声机，因为是进口货，坏了配不上零件，修过多次后再也修不好了，于是父亲就把原来留下的京剧唱片、越剧唱片、相声唱片统统都拿到董叔叔家里去听，耳濡目染，我至今还能哼几句京剧的《三家店》、越剧的《梁山伯与祝英台》。但是最喜欢的还是董家新买的歌曲唱片，像那首西藏风格的男女对唱《逛新城》，其音调至今萦绕在耳旁。

住在董叔叔旁边书房里的是一对老年夫妇和他们的独生女。前面我说过，祖父的这个书房是很讲究的，两间屋子，半间盖在岸上，另一间半盖在水上。水上的屋子，推开窗，三面环绕着城公寺塘里清悠悠的流水，迎面辉映着叠彩山仙鹤洞上的彩霞。这对有文化的老夫妇很喜欢这里的环境，经常能看到他们老两口坐在临塘的窗前，一个读书看报，一个缝补浆洗。

老夫妇也是江苏人，男主人姓黄，新中国成立前在邮政局当差做事。我把老夫人叫"好婆"，这是我们江苏人对老人最亲昵的称呼。好婆对我极好，父母工作忙时常常义务照看我。有一次我吃桃金娘吃多了，拉不出大便，好婆不嫌脏，硬用肥皂水一遍遍地帮我把大便给抠弄了出来。还有一次很晚了，父母还没回家，好婆把我抱在怀里，一边等候着父母，一边数着天上的星星逗我，对我说："将来好婆老了，小钧剑大了，还记得好婆吗？"刚懂事的我，抚摸着好婆脸上的皱纹，懵懵懂懂地说："将来我大了，要买一架好大好大的飞机，飞机里面有床、有厨房、有电话，请好婆住在天上。"好婆听后笑了，笑得眼里溢出了泪花。

好婆的独生女我叫她黄姐姐，与我哥哥是广西师院附中的同学，也比我长十几岁，当然也就玩不到一起。与我能玩到一起的是住在我家北隔壁宁波人的孩子，姐姐叫小胖，妹妹叫毛毛，她俩的父亲叫李节守。平时与李伯伯见面时，他总是笑，当年四五十岁就有了白花花的长长的寿眉。母亲说他也是抗战时到桂林的"下江人"，当时自己开了个小小面粉厂，做了个小老板。新中国成立后他的小面粉厂也被公私合营了，他成了原来属于自己的桂林北门面粉厂的仓库管理员。

小胖和毛毛的母亲是湖南人，是带着另一个女儿改嫁给老实巴交的李伯伯的。李伯母气质优雅，总喜欢穿一件旗袍。母亲说她原来的丈夫是国民党军队的一个连长，临解放时因战乱失去了联系，于是才带着这个女儿嫁给了既少钱又少貌的李伯伯。小胖和毛毛的这个同母异父的姐姐，刚来到李家时正值十八九岁的芳龄，超过了其母的优雅和容貌，但十分可惜的是因为上大学时失恋而疯了。

疯姐姐平时不吵也不闹，整日躺在床上，可每当见到我，总有十分善良的笑，甚至还知道拿糖给我。但她发起疯来却不得了，会打人，力气还特别大。院子里的男子汉，如我爸、我哥、老曹、小董都会去帮李伯伯的忙，把她按在地上捆起来。每到这时候我都会被吓得躲得好远好远，我会难过得流眼泪，我

于东镇路旧居的菜地旁。照片中后排右起：父亲、奶奶、母亲、
李伯母、曹太太。前排右起：小胖、我、毛毛。
照片后面为我家住房，有长长的回廊围绕，屋顶上露出的山廓就
是铁封山。

觉得疯姐姐好可怜好可怜。

小胖和毛毛比我略大两三岁，因此能玩在一起。其实我也只能与她俩玩在一起，因为院子里其他的小孩正嗷嗷待哺。每到星期天黄姐姐在家，她就成了小孩王，她把小胖和毛毛吆喝在一起，再加上小董叔叔的新婚妻子，四个女人凑一台戏，院子里便热闹非凡。当时我才两三岁，她们就拿我做玩具，当然是善意的，一会儿给我涂脂抹粉，一会儿给我披纱穿裙，黄姐姐把她的裙子一直穿到我的胸前，把她家的台纱披在我的肩上、头上，然后还以这个模样打闹拍照。生活在女孩子的氛围里，我小时候的性格很文静。再加上母亲管得又严，甚至不让我出院门，我也就只好成为她们的跟屁虫。

可是她们在院子里时是愿意跟我玩，一旦要上街了，却又嫌我小，烦我跟在后面。有一次小胖和毛毛要去看电影，刚要出门就被我发现了，我非要跟着去，她俩就骗我，说我头上有跳蚤，要我洗十遍头，还要用花露水杀死跳蚤后才带我去。那时我小啊，害怕跳蚤啊，信以为真了，把头发洗了又洗，真的偷出了母亲的花露水，恨不得往头上洒了半瓶。正当我忙碌着呢，哥哥回家了，他问我是怎么回事，没等我解释到一半，他扬手就给了我一巴掌。

住在我家西隔壁的一家有四口人，男主人叫桂来国，女主人唐干珍。他们有个嗷嗷待哺的女儿叫许英，还有个儿子稍大一两岁，叫许亮，不知为何都不随其父母姓。他家居住的屋子，曾经是我祖父的餐厅，有长廊与我家连接在一起，因此我家的任何鸡毛蒜皮他们都熟知。当时我们两家的感情很好，但凡有一点好吃的，都会你来我往。穷苦人出身的桂叔叔，身手矫健，力气很大。有一次，桂叔叔徒手捉了一条快两米的扁头风蛇，他把蛇宰了，再宰了一只老母鸡，合在一起炖了，他说这叫"龙凤斗"，并盛了一大碗给我家，美味得不得了。后来，迫于形势，穷苦人出身的桂叔叔与"剥削阶级出身"的我家划清了界线，让我第一次体味到众叛亲离的滋味。庆幸的是"文革"结束后，我家被

于东镇路旧居的"防空洞"上。前面是城公寺塘。可清晰地看见湖边用青石块垒砌的古堤岸，岸堤上亦可见山道边军分区弹药仓库的库房。我时年约两岁，抱我者为我兄。

于东镇路旧居的"防空洞"上。左侧是菜地，茂盛地长着母亲栽种的玉米。后面是城公寺塘。湖后是叠彩山。山下有小道、仓库。我时年约三岁。邻居的黄姐姐把她的裙子一直套到我的胸前，再将她家的桌布披在我的身上头上，照片中的我特别老实听话，一脸委屈。

上世纪 60 年代于桂林，邻居小胖、毛毛离开桂林时合影留念。

落实政策，当年我家被抄家，被占房的许多事件需要有人作证，都是桂叔叔站出来的。我们找到他们时，早已不住在东镇路 25 号的唐阿姨与母亲相拥而泣。

　　言归正传，到了上世纪 60 年代初，社会上又搞了次私房改造运动。听父母说过，政府当时又来人了，说原来归公的那些房子，虽然表面上是归公了，但实际上你们还是收取了一些租金的，这是资产阶级不劳而获的剥削行为，在社会主义的新中国是绝对不允许的。从现在开始，租金是绝对不允许再收了，而且所有的房子要真正地归国家所有。当时父母都有工作，心想也不缺收房租的这几个钱，再掂量掂量政府来的人说过的话，顿时觉得这是件做也得做、不做也得做的事情，归公就归公吧。房子一归公，就听说蜜果厂要改造成集体宿舍，不久，昔日的邻居就被通知要往外搬了。热闹的院子一下子就寂静了下来。

　　小董叔叔的那间房正好也快塌了，他家便搬到了乐群路口的王城旁边，我随母亲还去串过一次门，小董叔叔夫妇像久别的亲人，端茶倒水，热情得不得了。好婆一家搬到了芙蓉路，那是我常去的地方。因为如果我有一段时间没去了，好婆就会托人捎话来，要我去她家给我做好吃的。后来一直到我参加工作，还时常去看看她老人家。虽然我无法给她买好大好大的飞机，但我第一次发工资时，是买了糖果糕点送给好婆的，记得那天她也笑了，笑得眼里溢出了泪花。

　　常州人老曹搬走得最早，再加上他的梳篦生意不好，就搬回老家去了。李伯伯一家搬走得最晚，因为他老在犹豫是继续留在桂林呢，还是趁此回到老家去。但是最后还是走了，回到了浙江省嘉善县。他们离开桂林时，我们全家都去火车站送行，李伯伯送给我一个十分精美的笔记本，上面写着"祝钧剑小朋友好好学习、天天向上，将来成为国家的栋梁"。那天母亲很伤感，对李伯母说："桂林蛮好的，为什么偏要走呢？"李伯母叹了口气："唉！老头子说，这叫落叶归根啊……"

杂货铺名"原来强"

　　"原来强"是个杂货铺的名字。确切地说，这应该是它的读音。因为从我懂事起，一旦遇到了要买些油盐酱醋、针头线脑的事，就会从母亲的嘴里不断地听到她说去"原来强"去"原来强"。母亲说这家杂货铺新中国成立前就有了，她叫的就是解放前的铺名。解放以后虽然经过了"公私合营"，"原来强"的名称早已改成了桂林市糖业烟酒门市部，可是母亲以及周围所有的街坊，对它的称呼却都没有改变。

　　我估计最容易弄错的是这个"原"字，它或许应该是姓氏的"袁"。因为既然这个店是经过了公私合营的，那它必然有私人业主的一方，而这一方的店老板或许就姓袁。旧社会商场店铺都是私人的，用自己的姓氏做商铺的名字是很普通寻常的事情。

　　对于"原来强"，从我懂事起就能不仅熟记它的读音，甚至熟记它的位置，可以毫不夸张地说，我闭着眼，都可以从东镇路的家里摸到它的店堂里去。"原来强"杂货铺坐落在东镇路与中山北路交界南口，从东镇路出来往南拐，经过墙壁上写着"公共食堂"和"北上街居民委员会"几个斑驳大字，再往前走个两三百米就到了。

　　"原来强"的面积不大，但在桂林，却是北起观音阁、南至叠彩路这么长的街区里唯一的杂货铺。它的店堂门脸朝西，进门靠北面的一边是两张有玻璃橱窗的柜台，这是卖糖果、糕点的地方。小时候就经常趴在这玻璃橱柜外，看着玻璃里面的蛋糕、沙琪玛直流口水。除了卖这些香甜诱人的美食，这里也兼卖些信封、信笺、邮票、"公仔"。靠南面的一边也有一张有玻璃橱窗的柜台，和一张是木头做的柜台，玻璃柜台卖烟、肥皂、火柴、煤油等等。那时候把火柴叫"洋火"，把煤油叫"洋油"，可见它们最早都是舶来品。而木柜台上专卖酱油、盐、醋和酒。那时候酱油、酒、醋很少有成瓶的，都是用一个个的大瓦缸装着，放在木柜台的后面，售货员用竹筒子锯下一截做的捞舀从缸子里往外"打"出来散卖，五分钱一大舀，三分钱一小舀。像"原来强"这种摆设风格的杂货铺当时在桂林比比皆是，一直到70年代末我离开桂林时，在一些偏僻小街上还能见到，要是遇上站在木柜台后的售货员是一位穿着对襟褂子的老者，那就是活脱脱的一个关于旧社会的电影镜头了。

　　我有生以来第一次为母亲做事，就是去"原来强"打酱油，年龄可能也就是三四岁。记得当我怀抱着装满酱油的瓶子，回到家里时，母亲高兴得手舞足蹈了好长一段时间，逢人就说，钧剑这个乖仔会打酱油了。受到夸奖的我当然就在日后包揽了所有去"原来强"买杂货的工作。在这些工作里最使我高兴的是去帮父亲打酒。那时候的酒也多是零散卖的，也是用竹捞舀从大瓦缸子里打出来卖的，三花酒便宜的才几毛钱一斤，最贵的好像是一块一毛八。每到父亲发工资时，必定要我去打一斤最贵的三花酒（平时都喝便宜的），他会给我一块二，剩下的两分钱，父亲就非常慷慨大方地送给我了。当时的两分钱可以买到两块水果糖，或者两颗话梅，或者一小袋染成五颜六色的糖豆，或者两张画着孙悟空、鲁智深、关云长等人物的"公仔"。

　　要是哪天父母高兴给了我五分钱，"原来强"便是我流连忘返的地方。刚上小学的我会站在玻璃柜台前反复地挑选那些摆放在里面的也只是仅有的几种糖果糕点。像蛋糕、沙琪玛这样的要五六分钱一块的糕点我是断然不敢买的，往往能下狠心买的糕点是一种只有小孩巴掌大的，叫"猪耳朵"的一种饼，三分钱一块。我会把这饼吃掉一半，剩下的一半用纸包好，等晚上妈妈回来留给她吃。当然，母亲总是象征性地咬掉一点点，第二天一早，依然放在我的床前。

"原来强"是我幼小心灵中充满甜蜜的地方。

十岁那年，"文革"开始了，蜜果厂的"造反派"要将我们一家人赶出东镇路的家。在1966年的初夏，他们开始将我家的电线剪断，从此家里天天晚上都得点煤油灯，于是我就常常去"原来强"买煤油。当年我虽然年纪小，但也懂事，知道家里落难了，丢丑了，走在街上连头也不敢抬，到了"原来强"买完煤油就低头匆匆离去。这时候卖煤油的一位胖妈妈总是十分怜爱，又十分迷惑地望着我，终于有一天她问我："把爷仔，你们家总买煤油做什么呀？"我哪好意思说实话啊，憋不住就哭了，流着眼泪拿起煤油瓶子就往外跑。我听见背后有人告诉她："他爸是个资本家，蜜果厂把他们屋里的电线给拔了，没得电灯点了。"从此每次灌油时胖妈妈总把油瓶子给我灌得满满的。后来"造反派"又将我家的自来水管也掐断了。十岁的我，便让父母买来了两只锑桶，天天由我到蜜果厂外挑水回家用。开始几天，我是去东镇门外的漓江边挑水，后来早出晚归接受"运动"的父母实在没有时间顾家，又见我挑水挑得他们心疼，就四处求人，才终于联系上了街道居民委员会，同意我家可以去"原来强"旁边的一个居民院子里的公用水站挑水，一分钱一担水。当时我的个子也就是两只锑桶加一截桶绳的高度，因此桶底常常磕碰到地上。有一次经过"原来强"杂货铺门口，一不小心滑倒在地，水湿了一身，我委屈得直哭，这时也是"原来强"里那位卖煤油的胖妈妈跑了出来，默默无语地扶起了我，并重新帮我去买了两桶水。

"原来强"也是我幼小心灵中充满感激的地方。

到了1966年的七八月，我家终于被赶出了东镇路，搬到了离"原来强"

仅有四五百米的那个原来是修理自行车的铺子里。在那间四处漏风的房子里，我家住了不到三四个月。

这时比我长十多岁的哥哥的一位叫"小胡子"的好朋友，也是二十来岁，老家是湖南的，到桂林打零工、铺沥青、修马路，那段时间正好将沥青铺到了我家的门前，他不嫌弃我家的处境不好，常到家里来坐坐。有时候就搬两张板凳坐在家门口的大马路边上，与哥哥胡吹乱侃。又因为他修马路做苦工有钱，便常常带我去"原来强"买吃的。小胡子哥哥知道我爱吃沙琪玛，每次都花一毛钱给我买上两块。后来马路修远了，他还常常回来，专门再带我去"原来强"买沙琪玛吃。再后来马路修完了，他又在别的建筑工地上找了份临时工，却不料被工地落下的水泥预制板砸死了，据说，压在下面都没有了人形。从此，每当我吃到沙琪玛，我都会想起他，想起"原来强"。

"原来强"还是我幼小心灵中充满伤感的地方。

那时我上幼儿园

在我童年的那个年代，能读上幼儿园应该是件十分奢侈的事情。那时候大多数桂林的父母都会觉得小孩子只要有老人在家看管就行了，去上什么幼儿园呢？与其说花钱让自己的孩子去那个叫幼儿园的院子里，在仅有的几间房子里跑来跑去、疯疯癫癫的，还不如省下这份钱让孩子在自己家的房前屋后跑来跑去、疯疯癫癫就可以了。

像大多数桂林的孩子一样，我三四岁时也是待在家里由奶奶照看的。我奶奶姓宋，也是江苏海门人，娘家是海门乡下的大地主，据说与我们郁家还带故沾亲。老家的长辈曾告诉我：“虽说你奶奶是大家闺秀，可她从小就不大爱上学读书。性格上大大咧咧的，马虎得很。”她与祖父的婚姻纯属旧社会的那种父母包办，因此婚后与祖父一直不大和谐。后来祖父走南闯北，奶奶也不愿跟随，独自在海门乡下生活。甚至祖父在外面又娶过两房有文化的姨太太，奶奶也不放在心上。新中国成立初期，祖父离桂北上，奶奶才从海门乡下来到桂林，投奔她唯一的儿子——我的父亲。

我对奶奶的印象不少是从父母的讲述中获得的。母亲告诉我，自我出生以后，奶奶一直是“木托托”的，“木托托”是我们江苏老家的方言，就是有点傻里傻气的意思。比如在 1960 年我国三年自然灾害期间，一次春节前，我的外婆托人从江苏老家千里迢迢带一罐猪油到桂林，这在当时可是十分稀罕之物啊，母亲收到后，将凝固了的猪油又热了一遍，放在厨房里冷却，可奶奶在洗碗时将它当作脏水一起倒掉了，这事着实让我母亲心疼了好久。母亲说，我不上幼儿园，原也是以为奶奶可以照看我，未曾想到奶奶对我基本上是采取放任自流的政策，只要在天黑父母下班回来之前我先行回家了就行。直到有一次我在城公寺塘边玩，为捡一只小玻璃瓶而陷进塘边淤泥里，差点被淹死，父母才发现了平时奶奶根本看不住我这一"秘密"。母亲说那次幸亏塘边有路人经过，才救起我一条小命。可就是这样等父母都接到消息赶回家里了，据说奶奶还全然不知。

其实，用现在的医学眼光看，奶奶在当时恐怕是患了老年痴呆症。但是当时的人们好像都不知道有这样一种病，因此对奶奶医治不力，不久，她便离开了人世。

奶奶去世后，父母的工作很忙，尤其是母亲，还响应了干部下放农村挂职锻炼的号召，去柘木公社的一个生产队当副队长。那个村子我还跟母亲去过，是在去尧山的路上，村前有条满是鹅卵石的小河，流水潺潺，河里有成群的鹅鸭，河岸边有桂林独特的形态高挑的乌桕树、苦楝子树，风景秀丽得很。而父亲当时也在搞所谓的技术革新，研究什么机床上的钻头，因此，去幼儿园便是我唯一的出路了。

我上的幼儿园叫三皇幼儿园，位于我出生的桂林市妇幼保健院的斜对面。三皇幼儿园的条件，在当时整个桂林市城北地区都算是很大很好的了，幼儿园有一座牌楼式的大门，经过一个短短的斜坡，可来到一片算是操场的开阔地。操场的背后紧挨着叠彩山岩石，依石而建的是操场上的小小主席台，老师每天站在台上领我们做操，给我们训话。操场的南面是幼儿园的办公室，正面和北面分别是两三间教室。教室后面还要再上一个斜坡，那是厕所。教我的女班主任叫黄美玲，还有一个瘦瘦高高的李老师也是女的，幼儿园的女园长姓俸，一个很稀少的姓氏。

上幼儿园后，外婆在江苏海门老家去世了，我便跟母亲又回过一次老家。路经上海时，与母亲一道去徐家汇的祖父旧居看望过姨奶奶，并在那里下榻歇息。繁华的上海在我幼小的心灵里留下了不可磨灭的印象。回到桂林，我能在黑板上凭着记忆画出上海高高的楼房、宽宽的马路，马路上还有拖着两条"辫子"的无轨电车。当黄老师来到教室看见了我的杰作时，不由一阵惊呼，并马上跑出去把俸园长、李老师她们都叫来了，老师们看了也大加赞赏。

从此黄老师对我刮目相看，以至于母亲挂职下放农村后，家里实在无人照顾我时，黄老师就毫不犹豫地同意我住到她家里去。黄老师的家在工人医院，丈夫叶伯伯是医院的药房主任。她家有四个孩子，最小的女儿小玲恰巧与我是幼儿园的同班同学，这样正好可以每天与小玲结伴而行。我在黄家住了多久已经记不住了，但记得他们全家人对我的亲善，尤其是叶伯伯，半夜里我曾拿他的脑袋误作痰盂要小便，他也不生气。我还记得那一年的夏天，我跟着工人医院的孩子们一同去木龙洞游水，可刚走到漓江边我突然就想大便了。这时候同行的小伙伴们都劝我到山边或者江边的草丛里屙掉算了，可我这时却想到了在幼儿园里老师一直教育的"好孩子不能随地大小便"，于是就夹着这泡屎拼命往回跑，但还没等我跑到公共厕所，就实在憋不住拉在了身上。当时大家都笑我傻，可叶伯伯不笑我，他不仅帮我洗弄干净，还夸奖我说，听老师的话，就是好孩子，而且一个人从他小时候的品行就可以看到他的将来。

父母把我寄宿在黄老师的家里，每月付应付的饭钱。但是星期天和节假日是要回自己的家过的，这样每逢星期六的下午和节假日，父亲就会到幼儿园接我回东镇路，挑起了照看我生活的重担。那时候比我大十多岁的哥哥正当成熟，早就走向社会了，因此偌大的东镇路的家里，就只剩下了父亲和我。

父亲懒得做饭，于是就带我出街下馆子。桂林人把上街玩耍叫作"出街"。

我后来能喝点酒，除了有父亲的遗传，更多的原因是在那段我俩相依为伴的日子里，出街练出来的。

那时候桂林的饭馆子屈指可数，都集中在十字街一带。最有名最大的饭馆在十字街与解放东路的口子上，名叫"老乡亲"，楼上还有雅座，也就是现在所称的包间。还有一家叫"广州酒家"，在十字街北面原来叫"大光明电影院"后来改叫"人民电影院"的旁边。我晓事后第一次进饭馆进的应该就是这两家中的其中一家，也是父亲带我去的，因为价钱贵，去的次数极少，但记忆很深。记得当时这两家大饭店里都有跑堂的，当父亲点完菜后，跑堂的就会大叫，某桌某号来一盘炒腰花哎！其嗓音高亢嘹亮，如同唱歌一般。父亲带我去得比较多的是三多路口的一家小饭馆，兼营馄饨。经常光顾这家小饭馆，应与父亲是下江人，爱吃馄饨有关。记得那家店很窄很逼仄，靠墙的一边依墙放着几张桌子，另一边有一条仅能侧身而过的过道。父亲带我来到这里后，一般总会要上二两三花酒，一大一小两碗馄饨，再炒一荤一素两个小菜，其中荤菜必定是我爱吃的炒腰花。

父亲抿酒时，我总会拿起筷子，把它伸到父亲的酒杯里蘸一蘸，然后再放进嘴里吸吮掉。吸吮的次数多了，酒量也就大了，酒量渐渐地大了，酒胆也会见长。记得有一次父亲自己去灶口端馄饨，我趁他不在，猛地端起了他的酒杯大喝一口，惊得邻桌的几位食客一阵大叫："这个小把爷怎么这么能喝？长大了不得了！"父亲回来闻言笑了："男子汉不喝酒，将来长大了，怎么能在社会上闯荡呢？"

在我小时候，父亲把吃东西叫"吃东"，省略掉了一个"西"字。这大概是为了迎合我当时年龄段的儿童言语吧，现在想想，父亲虽然是省略掉了一个字，换来的却是用千百个字也描述不尽的父子之情。那时候每到要出门上街了，父亲就会嚷嚷："钧剑，爸爸带你出街买吃东啰。"这时我就会欢呼雀跃，兴奋不已。

　　父亲爱带我出街买"吃东"的地方，除了饭馆，另一个地方是水果店。那时候桂林的水果店也少得可怜，十字街上有一家，还有乐群路口有一家。水果店里不但品种少，而且也很有季节性，夏天除了西瓜就是西瓜，秋后才偶见苹果，稀罕得很。大多数的时间里，水果店柜台上空空荡荡。因此，一旦遇上店里有水果卖，父亲总会让我饱餐一顿。我特别爱吃一种桂林当地产的黄心西瓜，叫"马铃瓜"，其形状像橄榄球一样大小，这是我到了北方以后再也没见过的一种瓜。记得马铃瓜很脆，一不小心掉在地上可以摔成好几瓣，记得马铃瓜也很甜，要是遇上一个是"沙心"的，更是妙不可言。父亲也爱吃马铃瓜，但每次都是他让我先吃后，再接过我剩下的皮说："看你多浪费啊，还剩下这么多可以啃的地方。"说完他再接着啃一遍。到了秋天北方运来苹果了，父亲又会带我去水果店，总是要售货员给我挑选一只最红最大的。而父亲又总会接过吃剩的说："看你多浪费呀，还剩下这么大的核。"然后他再接着啃，完了还连核一起扔进嘴里，嚼掉。

　　父亲除了带我出街买"吃东"，也爱带我逛商店。那时候十字街一带聚集了桂林市最有名的、最繁华的各种商号店铺。这些商号店铺又大都聚集在十字街的骑楼底下。骑楼就是跨在人行道上面的楼房，人行道在楼房下面，就像一条长廊。行人走在骑楼下，雨雪天可以躲雨雪，暑寒天可以避暑寒。靠里边的铺面还可以让行人边走边享受着购物的愉悦。

　　这种骑楼在广西的南宁、梧州都很常见，尤其在旧时的广州，整条街整条街的都是用骑楼连接起来的。在桂林，除了十字街周围有不少骑楼外，剩下的就是在凤北路口有一段比较长的。可惜的是，如今这些具有南国风情的建筑，在桂林一点痕迹都没有了。

　　当时十字街有好几处这样的骑楼，最长的一段从解放西路东口南侧的邮政局开始，一直可以走到三多路口。骑楼下面有连通几家铺面的百货公司，也有文具店、体育用品店、唱片店、五金交电商店等等。那时候这些店里的收款很有特点，一个收款台设在墙角处，无数条铁丝通到各个柜台前面，当顾客挑选好自己满意的商品后，就把货款直接付给售货员，售货员开好发票，将货款与发票夹在一起，挂到铁丝上，"哗啦"一下甩到墙角的收款台。片刻，再看见找回的零钞余款的夹子，"哗啦"地一下又从收款台甩到了柜台前，让童年的我感到特别神奇。

至今我仍记得十字街周围高悬着"张永发绸布店""熊同和药房"，卖文房四宝的"八桂斋"，卖钟表眼镜的"亨德利"等知名牌匾。还有在桂林最早装上霓虹灯牌匾的"土特产商店"。

父亲当时没有太多的余钱，每个商店里也就是走走看看。我小时候特别不理解他，一个大老爷们怎么爱逛商店，长大后才理解他了，他的性格，他的处境，他的方言，这一切都造成了他在桂林没有朋友。没有朋友也没有钱的父亲，除了带我逛商店，偶尔再看场电影，他还能有什么乐趣？记忆中如此孤单的父亲从来没有给自己买过任何东西，却给我买起"吃东"来出手大方。有一年我过生日，他还带我出街给我买礼物，是两盒积木。给我积木时问他，为什么是两盒？他说两盒的积木合在一起搭，可以增加你的设计能力，提高你的创造力。尽管那时候我不懂什么是设计能力，什么是创造力。

有点扯远了，再扯回来吧。

终于有一个星期天，父亲没带我出街买"吃东"。我吵着闹着要他带我去，他当时工作有压力，一整天伏在桌前画他的钻头图纸。可我小，不懂事，坚决不依不饶，一直吵到了天黑，甚至向他发出了威胁："你要是再不带我出街，我就自己去，而且我要到好远好远的地方去！"父亲苦笑了："好远好远的地方？你去呀！"他没想到我真的拔腿就走，走出东镇路，走过"原来强"杂货铺，走到了妇幼保健院，然后我就不敢再往前走了，因为我怕黑、怕鬼，也因为我毕竟才只有四五岁啊。

当然我不会想到父亲竟偷偷地一直跟在我后面。

当然我也不会想到，儿时的一句戏言，竟应验了我长大后的远行。

二十年后，当我终于离开桂林，踏上了北上北京的火车，日见衰老的父亲站在八角塘口幽幽地对我说："小时候，就说要到好远好远的地方去，如今你真的要到好远好远的地方去了……"

红萝卜与卤鸡蛋

在黄老师家住了一段时间后，童年的我格外地想妈妈，我常常躲到黄老师家前面的一个小池塘边上哭，次数多了便被人看见了。黄老师和叶伯伯与母亲商量说，尽管钧剑回到家里孤单，但晚上毕竟还能见到父亲，这样孩子的心理状态就会健康些。于是母亲就把我接回了自己的家。

那时候家里正准备添置当时号称是"大件"的两件生活日用品，一件是一辆凤凰牌自行车，另一件是一个座式的闹钟。当时父母虽然都有工资，但工资颇低，仅能开销日常家用。因此，为了买这两大件，家里还得要省吃俭用好长一段时间才行。在这段时间里，我的糖果糕点之类的零食是一概都被取消了的，家里除了饭菜，唯一可吃的就是一罐"黄砂糖"，当时也叫"古巴糖"。这古巴糖还真的是从遥远的北美洲的古巴运来的，政府说我们国家多买了古巴的糖，就能反对美国对古巴的封锁，就能支持古巴的卡斯特罗政府。当时中国除了古巴糖流行，还流行一句口号，"要古巴，不要美国佬"，还流行一首歌，叫作《美丽的哈瓦那》。

五六岁的年纪，是最想吃零食的年纪。想得实在不能再想的时候，就央求母亲给我舀一勺古巴糖放在嘴里。有时候趁母亲不在家，我还会搬张凳子，爬到母亲原以为我够不着的柜顶去偷古巴糖吃。当然我偷得很有技巧，每次都往糖罐的中间舀，这样从玻璃糖罐的外表看，它依然是满的，而中心呢，却被我舀空了。好几次母亲发现了，都会"臭骂"我一顿，但我仍在没有零食吃时去偷古巴糖。其实，母亲骂我也是假的，一次她正骂我时父亲说，钧剑没东西吃，吃点砂糖你还这么凶？母亲顿时住口了。

看着父母省吃俭用地为买这两大件，小小年纪的我也懂得体贴他们。母亲那段时间还在柘木公社参加干部下放农村的挂职劳动，只有我和父亲在家相依为命。每天早上父亲叫我起床后，留给我四分钱就上班去了，四分钱可以买一两素米粉当早点。晚饭常常是五六岁的我自己做，有时候就是请邻居桂叔叔和唐阿姨帮助我。每次父亲会再给五分钱，让我自己买点萝卜干炒韭菜下饭，我却尽量地不花它或者少花它，而把少花和不花的那点钱攒起来。少花的办法是早点不吃米粉，改吃发糕，发糕是三分钱一点（桂林话将"块"叫作"点"），这样可以省下一分钱。不花的办法是不去买什么萝卜干炒韭菜了，而改吃酱油拌饭。晚上放学回家，自己把饭煮好了，倒一调羹酱油，再放一点熬好的猪板油，把饭拌在一起就可以吃了，其实味道还挺香的呢。然而终于有一天，从乡下回来的母亲发现酱油少了许多，装猪板油的油罐子里中间的坑越来越大。那天晚上，母亲向父亲述说了她的发现后并说："难道会是老桂他们用掉啦？"正在做作业的我，当然不愿意让桂叔叔他们蒙受如此不白之冤，于是从书桌中属于我的那个抽屉里拿出了我攒下的几毛钱，忐忑不安地向父母承认，酱油和猪板油是我偷吃的，我拿它拌饭吃了，为的是省下钱，给你们买两大件。当我把那几毛多钱纸币和硬币交到父母手中时，怔了半晌的父母，一下把我搂在了怀里。

其实，我童年的那些年里没有东西吃，除了家里想买两大件外，更重要的原因是当时国家正在遭受着"三年自然灾害"，全中国老百姓的日子都过得很艰难。当时社会上还流行着一种浮肿病，得了这种病的病人身上、脸上都显得"猫肿猫肿"的，用手指一按一个坑，而这个坑要隔好几秒钟才能浮平起来。

上世纪 60 年代初，于桂林东镇路家中。当时母亲正参加干部下放农村运动，难得回来一次，能见到母亲，并与其合影，是一件特别幸福的事情。照片中的母子俩脸上充满喜悦。

据说这种病就是因为缺少吃和缺少营养才发生的，这时有人说了，有一种可以人工养殖的植物叫"小球藻"，人吃了它可以增加营养和治愈浮肿病。于是全社会又很快地掀起了一股养小球藻的风。当时蜜果厂就在位于我家院里祖父在抗战期间建造的防空洞上砌上了两个池子，并派了专人来养小球藻。那时候我小，常好奇地爬到池子边，看工人师傅在伺候那满池子漂在水面上绿盈盈的球藻，并央求师傅："等小球藻长熟了，你能不能给我们家一碗？给我爸爸、妈妈、哥哥和我都吃一点，也增加点营养啊。"

那时候市面上除了吃小球藻，似乎什么东西都能吃。木薯当粮、红薯藤当菜是司空见惯的事。邻居李伯伯在北门的面粉厂工作，我家就经常托他走后门，托他买些糠回来，和上些切碎的青菜叶子，做糠粑粑吃，而且吃得也蛮香。还有花生麸，是一种花生榨完油后剩下的皮和渣压成的饼状物品，一般都用来喂猪、喂鱼或是做肥皂之类的工业原料，但在我们幼儿园一直到小学同学之间，却是常见的零食之一。

还在柘木公社参加干部下放农村运动的母亲，要每隔一个礼拜甚至半个月才能回家一次。有一回生产队大概给她发了十来个红薯，她就赶紧叫我哥哥去农村把它拿回家。当时哥哥正十七八岁，年轻力壮，骑上父亲的自行车就去了。半月后母亲回家问父亲："带回来的红薯收到了吗？"父亲诧异，说什么红薯？连皮也没见到啊。这时我哥在一旁笑了："嘿嘿，那天在路上我开始想吃一个，吃光了一个心里就说再吃最后一个，再吃了一个以后又想再吃最后一个，不知不觉就全部吃光了。"父母见他说了实话，也无可奈何，因为他此时正是在长身体的年纪，而且也没有什么东西吃啊。

母亲见我站在一边可怜巴巴的，遂带我上街，母亲问我想吃什么，我好久没见母亲了，就对她撒撒娇，说想吃水果。可那时候哪有什么水果卖啊。我们母子俩就走啊走啊，从东镇路一直走到十字街，终于在乐群路口发现了有一小贩在卖红萝卜。只见母亲赶紧上前问小贩："这红萝卜怎么卖？"小贩头也不抬："五毛钱一根。"这价钱顿时把母亲吓了一大跳。要知道当时五毛钱的购买力不会比现在几十块钱的购买力少啊。而且关键是本来工资就不高的父母对五毛钱买一根红萝卜根本是舍不得的。母亲开始与小贩讨价还价，可小贩绝不动摇。相持不下，母亲只好对我说："钧剑，这红萝卜不算是水果对吗？"我懂事地点了点头。母亲拉着我继续往前走，走了没多远，路过"广州酒家"，我站了了食品橱窗前，死活不肯再走了，眼睛死死地盯着橱窗里那唯一的一个卤鸡蛋，什么话也不说。母亲左拉右拽地见我不肯走，突然像触了电似的掏出了钱包，给我买下了那个一块钱的昂贵的卤蛋，又拉着我飞跑到红萝卜小贩面前，再买了同样昂贵的五毛钱一根的红萝卜。

　　当她看见我狼吞虎咽地将这红萝卜和卤鸡蛋都吃干净了，还继续吸吮着手指上的卤汁时，两行眼泪，夺眶而出。

童年玩法有多少

民间有不同的说法，有说七岁以前为童年的，有说十岁以前为童年。

我的童年，没什么好玩的。诸如电视、迪士尼、电脑游戏等等，都是在当年《二十年后早知道》的那本书里读到过的"幻想"。在那时候，如果要问什么是"未来的美好生活"，最大众最朴实的回答是："楼上楼下，电灯电话。"

那时候，也没有儿童乐园，小孩子们大都在大马路上玩，因为只有大马路是沥青路面，桂林人叫作"巴麻油路面"。除此之外，在桂林其余地方的路面，都还是泥土的，每逢下雨下雪，便成了泥潭，满城的泥潭。

在大马路上玩，似乎危险也不大。在我读小学的时候，经常在夜幕降临后，约上一些同学一起，到中山北路桂林机床厂前面的那段马路上去玩。那时候马路上要好久好久才有一辆汽车开过来，我们看见远处有车灯扫射过来了，才跑到路边躲避一下。大家玩得特别过瘾的游戏是"官兵捉贼"和"捉蒙蒙跟跄"。"捉蒙蒙跟跄"是地地道道的桂林话，在北方就是"捉迷藏"。而"官兵捉贼"这个游戏，就是男男女女一大堆孩子聚在一起，推选出一个"头子"，由"头子"分边，一边是官，一边是贼。贼在前面跑，官在后面捉，捉着了的还可以营救，如此这般煞是好玩。孩子们一个个跑得满头大汗，喊得声嘶力竭。很多同学都喜欢跟我在一边，因为我从小跑得快，如果我们这边是官，就能捉住贼；如果我们这边是贼，官就捉不住我们。

我上中学时曾经参加过学校田径队的考试，百米跑出了 12 秒多，也许就是玩"官兵捉贼"练出来的。

我还喜欢玩一种叫"滚兜"的游戏，这个游戏需要两个人玩，玩的器具很简单，首先是要用两块半截砖头架成一个斜面，第二是两人各需要有一枚铜钱，桂林人叫"垒子"。然后"锤子剪刀布"猜，输者先用铜钱往半截砖头上的斜面一磕，赢者的铜钱就要追着输者的铜钱滚，如果正好滚到输者的铜钱附近，越近越好，再捡起来瞄准前者的铜钱扔出去，只要能沾着输者铜钱的边沿就算是赢了。如果沾不着边沿，那么反过来输者再扔赢者，直到沾着边者为最后的赢者。又如果正好是后者的铜钱压在了前者那枚铜钱的上面，那就是大赢了。这种大赢，桂林话也有说法，叫作"扣卡满崽后颈窝"，也就是恰恰合适得不能再合适了的意思。

现在看来，我们童年时候的玩法，绝大多数是不需要花钱的，绝大多数也是可以自己制作的。比如说"斗陀螺"用的陀螺，我就自己削过。做陀螺最好的木材是柚木，柚木的木质紧，不容易开裂，况且桂林城乡皆盛产柚木。削好的陀螺还可以用彩笔在它身上涂画上一圈圈的五彩，当你用鞭子抽转它时，五彩也会不停地旋转，好看得很。常常是在涂画得越斑斓的陀螺旁边，传来的叫好声越多。"滚铁环"的铁环也是可以自己做的，其实不叫做，而是叫"偷"，那时候家家户户没有澡房，只有洗澡木盆，把木盆上的铁箍偷偷地拆下来，就是一个现成的铁环。倒霉的是邻家父母，木盆的铁箍没了，洗澡盆自然也就散成一片片木块。

在众多的童年游戏中，还有一种是要赌的，那就是"板三角"。桂林话"板"的意思应当就是"摔"。比方讲，桂林人说你板了一跤，就是摔了一跤。"板三角"的制作材料一个是香烟盒子，一个是"公仔"。这个游戏的规则是，先把香烟盒子折成三角形，放在地面上，然后两个小孩，还是锤子剪子布，谁赢了谁先板。而什么是公仔呢？要问现在桂林的小孩，大概十有八九还都能回答，"公仔"就是画呗。我小时候喜欢画画，常有人夸奖我："这个小把爷的'公仔'画得好。"其实呢，"公仔"并不是专门指画画，"板三角"用的"公仔"，杂货铺里有得卖，一种类似邮票大小的图片。那时候，这种图片一般都是用"马粪纸"印刷的，质量很差，但上面的图案很漂亮，有动物类的、花卉类的，还有像《三国演义》啊，《水浒传》啊，《西游记》里的人物类的。出版商把这种各类图案的公仔印成一大张，上有二十四小张或是十二小张，可以合在一起卖，也可以剪成一小张一小张来卖。这样对小孩来说就极有吸引力了。

买公仔得要花钱啊，可这钱从哪里来呢？父母平常偶尔给个五分、一毛的零花钱，都解决嘴馋去了。想来想去，突然想到了父亲的"八宝箱"。何谓"八宝箱"呢？那就是过去父亲开铺子修自行车时，用来装改锥、钳子、扳手等修理工具的地方。箱子里除了这些工具外，还有不少气门芯、螺丝帽、门扣门环、水龙头等家常的日用维护品。而正是因为这些用品中，不少是铜的，可以拿去找走街串巷"收破烂"的换钱！当然换钱的目的除了买公仔，还要继续解决嘴馋的问题。咳！我们的童年真苦啊！

那时候，我隔三岔五都会去光顾一下父亲的八宝箱。一会儿两分钱卖掉一个气门芯，一会儿三分钱卖掉一个门扣门环，最贵的卖掉过一个水龙头，那还是个黄铜的进口货，卖到了一块钱。由于丢失了这个目标太大的水龙头，父亲终于发现了他那个八宝箱失盗的秘密。生怕挨揍，惊恐万状的我躲到了门后，万万没有想到的是，父亲只是嘀咕了几句，又叹息了几声，便盖上了八宝箱，从此也不再有下文。

盯着家里的牙膏，也是我童年的糗事。因为那时候的牙膏壳都是铝皮，每个铝皮牙膏壳可以卖两分钱。因此每当牙膏快用完时，我就会央求母亲："姆妈，这个牙膏壳留给我啊。"

咳！我们的童年真寒酸啊！

由于"公仔"都是花钱买来的，"板公仔"的输赢就有了经济价值。大家玩起来往往就斤斤计较，也极容易变成争吵，甚至斗殴。这也是我后来放弃这种游戏的根本原因。

"板公仔"的游戏规则与"板香烟盒"是一样的，板时，手里拿着一个三角的香烟盒或者"公仔"朝地上的三角香烟盒或者"公仔"板去，如果刚好板在地上那张的旁边，角度正确所产生的气流就有可能将其掀翻，这样被掀翻的就算输了。这"板香烟盒"里还大有学问呢，有的高级香烟的烟盒，如牡丹、大前门、中华等牌子的，盒子里衬有锡纸，它重，又硬又坚挺，一板在地上产生的气流就大，碰到那些质量差的烟盒，如漓江、大生产、转运等牌子的，对方肯定就惨了，马上就会被掀翻。那时候高档香烟又少又贵，谁的手上能有几个名牌烟盒做成的三角板，就会让周围的孩子羡慕得不得了。

现在桂林的孩子应该已经不玩这样的游戏了。这么多年来，我走过北京、上海、广州等很多地方，都没有发现街头还有"公仔"卖。但我在香港和台湾的街头是遇到过的。随处可见的书报摊上一般都挂有"公仔"的大字招贴，旁边则是一溜仍然印有各式各样图案的"公仔"，还是过去那样的大小。

生活质量越高，往往就越注重保存传统。

桂林人称的"公仔书"，也就是连环画、小人书。平心而论，我童年时最喜欢去玩的地方，就是去出租"公仔书"的店里看书。进入21世纪后有一段时间，报上不断发表文章，对中国式小人书的命运感到担忧和抱不平。这些文章说现在孩子们看的"公仔书"都是海外传来的卡通式人物，而且书里图与图的连接方式也不是中国习惯的。依我看这种担忧主要担忧的是画法，因为我女儿从她开始懂画人物起，就爱画那种大大眼睛、长长睫毛、穿着类似婚纱裙一样服装的美姑娘，一个个都雷同于芭比娃娃。开始我觉得挺稀奇的，因为我们小时候画人物，一般都喜欢画穿着盔甲、佩着宝剑的古代英雄，即使要画个美女，也必定是像"刘三姐"那种装束的仙女。而现在的孩子怎么会画这种生活中并不普通的形象呢？后来看了女儿看的"公仔书"，才恍然大悟，原来书里的人物连画法都不一样了，中国式"公仔"画法已经被卡通式"公仔"画法基本替代掉了。

　　这应当也算是一种令人担忧的文化侵略吧。

　　小时候桂林出租"公仔书"的店还真不少，凡是有杂货铺的地方，一般都会有"公仔书"店，起码也有个摊子，在临街的骑楼底下，树荫底下，经常可以遇见这样的摊子，在一排排隔断的木架上，放着十几二十本"公仔书"，旁边的竹椅子上坐着一位守摊的老太婆或者是老头子，摇着把蒲扇，端着个茶壶，等着小孩子来看书。大有点守株待兔的味道，而我常常就是那只兔子。

　　每逢节假日，父母好不容易给了几分钱，我都会拿着钱站在杂货铺和"公仔书"店门前犹豫半天，往往最后进的还是书店。那时候看"公仔书"是一分钱看一本。而一分钱进杂货铺是可以买水果糖的啊。这在没有什么东西吃的年代里，对一个喜欢吃零食的年纪来说，选择看书是需要一定的毅力的啊。

　　在我家东镇路"原来强"杂货铺旁边就有一家很小的"公仔书"摊，由于是摊，它的书就少，我去的次数也少。叠彩路口倒有家很大的店，除了临街的是铺面，其他三面墙上全是放满了"公仔书"的架子，在店堂的中央摆着七八条五六十厘米高的长条木凳。孩子们在木凳上挑选好了想看的书，给坐在门口的胖阿姨交了钱，就坐到了条凳上乖乖地看起书来。常常偌大的店铺里都坐着十几或几十位小孩，能听见"沙沙"的翻书声。但该店离家太远，我去的次数也少。去得最多的是城公寺路口的一位孤寡老太太开的店，老太太还曾做过几天我的幼儿园老师，也熟，因此只要口袋里有几分钱，就会去她那儿。那时候看"公仔书"是很有吸引力的，甚至我觉得有点像现在看电视连续剧一样，像

《三国演义》《水浒传》《西游记》《红楼梦》这样的四大古典名著，当时都被编成了小人书，一出就是好几十本，而且好像还故意不是一次出齐，往往要等一个礼拜才能出一本新的，仿佛是要吊足了小孩子们的胃口。这时候盼看新书的心情，就会像热锅上的蚂蚁。

而那老太太老师呢，待我又特别好，每当新书到了，总会留着等我先看过了，然后再摆出来让别人看。老太太对我还有一个很特殊的优待，就是常常允许我两分钱看三本"公仔书"，这当然也会常常引起与我同去看书的孩子们的不满，会叽叽喳喳地对老太太说："我们也要两分钱看三本！"面对着这些抗议，老太太不急也不恼，笑眯眯地回答："人家是'三道杠'（指少先队大队长的标志）啊！你们什么时候也三道杠了，我就给你们一分钱看两本。"

然而，我在后来做过一件很对不起她的事，就是有一次我将她的一本新到的《三国演义》揣进了自己的口袋，也就是偷回家了，因为我太喜欢里面的"公仔"了，太喜欢赵云了，喜欢他单骑救主、七进七出；喜欢他血战长坂坡，斩将五十二员，夺槊三条。我想偷回家照着画赵子龙。也许是第一次偷书吧，心虚得很，那天我对老太太大献殷勤，看完书后还帮她扫扫地、擦擦凳子，弄得老太太很高兴也很奇怪。结果等我一走她马上发现少了一本新书，然后马上追到东镇路我的家里，见我正坐在房门口照着那本"公仔书"画"公仔"呢。于是正好擒贼拿赃。好在那天父母都不在家，老太太后来也没向我父母告状，但从此以后，我再也不好意思到她那里看书了。

政治学习是那个年代的主流，每天夜晚父母都会在单位学习到很晚才能回家，我常常是一个人待在家里。虽然我有个兄长，但他和我相差十多岁，我七八岁时，他就二十了，早就不着家了。因此很少有跟他一起玩的时候。

有一回，也许是他突然觉得我一人在家很孤单可怜吧，便领我来到了叠彩路口那家最大的"公仔书"店，花了两块钱一下子给我租了十本"公仔书"（包

上世纪60年代，桂林。

括押金），而且这十本书可以拿回家去看。我乐不可支地揣着书独自回到了东镇路，锁好房门，把电灯移拉到床前，偎在被窝里度过了一个在我童年时代里为数不多的非常欢愉的夜晚。而这种为数不多的兄弟间的温馨情谊，也就长留在我的心头。

其实童年还有一种值得回忆的玩法，是去蹭看露天电影。记得从懂事起，我就去东镇路上我家门口马路对面的桂林机床厂蹭看露天电影。这个工厂当时在桂林是个很特殊的单位，它有一个不是秘密的秘密，就是它还有一个名字叫"桂林监狱"。因此，小时候我觉得这个单位壁垒森严，不敢靠近。

桂林监狱有两道大门，第一道大门在中山北路的街边上，第二道大门得穿过两幢办公楼，那是一道有哨兵站岗的，缠着铁丝网的漆黑大铁门，哨兵还挎着枪。据说在机床厂里面上班的除了管理人员和技术人员外，其余都是被判了刑的"劳改犯"。

由于单位的特殊，也就有了特殊的待遇。每到星期六，机床厂就会免费安排露天电影给他们的职工家属和站岗的干部战士们看看。这时方圆十里的老百姓，尤其是小孩子们都会闻风而来。放电影的地方是在机床厂靠老人山的塘边的一个家属区院子里，这个院子也有高高的围墙、厚厚的大门。像我这种不属于该厂的子弟，要想进入那道厚门，可是件很令人头疼的事。

好在机床厂里有我父母的熟人，无锡人顾伯伯。顾伯伯当时在厂里是一位工程师，也是在新中国成立前来到桂林求职谋生的，但老婆和子女远在无锡。父母看他孤身一人在桂，又念我们江苏同乡之情，所以逢年过节，肯定要请他到我家来吃顿便饭。顾伯伯每次来我家都很有江浙人的情调，虽然他从宿舍到我家只需要十来分钟，而且又是常来常往的熟人，但他的衣衫必定是新浆洗的，皮鞋必定是擦得锃光，头发梳得瓦亮，手里不是拎着一小包点心糖果，便是采来一束他们厂院子里盛开的桂花。他的那种情调、那种儒雅，实际上也是对我的一种文明启蒙，在我幼小的心灵里，留下了很深的印记。

由于顾伯伯是独居，一般情况下他都会带我进入那道厚厚的门。不了解他的门卫总以为我是他家的孩子。因此，我在那群不是机床厂的子弟却又特别想混进去看露天电影的孩子中间骄傲得很。

顾伯伯后来眼睛坏了，俗话说是得了"光眼瞎"的病。也就是说他的眼睛是睁着的，但是越来越看不见了。他来我家的次数也因此而减少了。有好几次父母觉得他一个人可怜，让我去接他到家里来吃饭，我就真像是他的孩子一样搀扶着他穿街过巷。再到后来他几乎什么也看不见了，工程师的职业也就难以胜任。他的心绪越来越差，我曾听他对我父母发过牢骚，说厂里养着他就如同养着一个废人。在这种情况下，我去找他带我看电影，他往往都会拒绝，弄得我心里很不痛快。后来有一次他邻屋的同事看见我被拒绝后嘟噜着嘴，站在墙角里生闷气，便笑嘻嘻地对我说："小把爷，你让顾瞎子带你去看电影，他去看什么？"哦，我终于明白了他拒绝我的原因了，心里也就不恨他了。大概又过了半年，顾伯伯的女儿从无锡来把他接回了老家。从此，我再也没有见到过他。

顾伯伯走了，我特别伤心，因为我能在机床厂名正言顺地蹭看电影的那点骄傲便荡然无存了，从此我也只能像所有的街边孩子一样，在大门旁转来转去，只能找准机会如泥鳅般地溜过那道厚门去蹭电影看了。

上小学时，每到星期六下午学校都不上课。只要中午一放学，我的心就早早地飞到了机床厂的操场上。我在焦急中做完作业，再扒几口晚饭就往那家属院跑，有时候自己还端张小板凳。没有了顾伯伯，我便死皮赖脸地央求每一个有可能带我进入那道厚门的叔叔阿姨、伯伯伯母。说来有缘，也常常会有叔叔阿姨或者伯伯伯母对我这个干干净净、满嘴甜言蜜语的孩子发个慈悲，把我领进大门。

偶尔看门的门卫也会善心大发，敞开大门让人随便进，遇到这种情况的那天，电影肯定不会精彩，往往会是戏曲片，不过我也照样看得津津有味，如王文娟演的越剧《追鱼》、常香玉演的豫剧《朝阳沟》，至今仍回味无穷。不少时候还会遇上下雨，只要不是电闪雷鸣，几乎所有的观众都会异口同声地大喊："不许停演！"于是放映员也只好冒雨将电影放完。我呢，则往往会被淋成一只落汤鸡，回到家里会被母亲一顿臭骂。有时候去晚了，银幕前早已坐得满满当当了，我也可以能屈能伸地坐到银幕后面去，尽管那些人呀，物呀都是反的，却又同样是其乐陶陶。最沮丧的时候是某个星期六露天电影被取消了，父亲见到垂头丧气的我回到家里，就会调侃地说："今天的电影叫什么名字？是不是叫'英雄白跑路'啊？"

蹭电影看的日子一直延续到 1960 年代初，当所有的电影都被作为"反革命修正主义文艺黑线"的反动作品封掉后，露天电影也就没东西放了。

但是记忆里看电影最激动人心、最令我难以忘怀的回忆，还是在机床厂的操场上。它诱发过我童年乃至成年后太多太多的梦幻和憧憬。二十多年前，我曾与毛阿敏一道由北京去上海电视台录制节目，飞机上我们从现在的电影聊到了过去的电影，令我俩都感到吃惊的是，我们都曾迷恋过露天电影，都有过非同一般的露天电影情结。当又谈起小时候最喜欢的电影是叫什么名字时，又令我俩感到吃惊的是，我俩竟不约而同地说出了《英雄儿女》。我说我是在桂林的一个机床厂的操场上看的这部电影，我说我特崇拜王成和王芳。我崇拜王成的英勇壮烈，崇拜王芳的军人演员的职业。我还说也就是因为王成和王芳，才使我从小在心田里埋下了一颗好男儿要当兵的种子。毛阿敏听我说完一愣："怎么回事？我也是最崇拜他们兄妹俩啊！我甚至还想过，长大了也要当王芳那样的文艺兵，也敲打着鼓儿去前沿为战士们演唱，然后敌机来了也不跑，也能有从山坡上滚下来的英雄壮举……"

童年的心田是一片最利于播种与浇灌的土地，似乎也因此，我终于有了参军做文艺兵的经历。

母亲年轻爱唱歌

我母亲嗓门大嗓子好，性格开朗随和，待人热情大方，年轻时还爱唱歌。在这几方面，我有她的遗传。

母亲的大嗓门与她在家里排行老大有关，她下面有两个弟弟，三个妹妹，家里凡事都要她张罗吆喝。

母亲的父亲叫邓棋樑，早在上个世纪三、四十年代，就在南通海门的常乐镇上开了家染布店谋生，专染那种在南通一带非常有名的靛蓝花布。

染布在旧社会是个很吃香的行业。那时候棉布都是农家自己生产的，江南人世世代代都是自己种棉花、自己养蚕、自己纺纱、自己织布。而染布就是在做成衣衫之前的最后与最重要的一道工序了。母亲说过，在乡下小镇上的染布店一般都吃得香，吃得开。加上外祖父的小店技艺精湛，经营实在，对客实惠，老话不是说和气生财嘛，因此，外祖父的店在常乐镇上很有好口碑。

这样的好口碑，自然也会在常乐镇附近的村镇中传扬，自然也会传扬到仅在隔壁的长兴镇上去，而长兴镇就是我父亲的老家。母亲就是借着好口碑的春风，经人介绍嫁到长兴镇上去的。当时邓家的大女儿嫁到了家大业大的郁家，在十里八乡可是个大新闻了。

我一直认为母亲就是海门当地人，但她在晚年的时候，不止一次十分自豪但又十分惆怅地告诉我，她的老家在南京。

上世纪 50 年代，母亲回老家探亲时部分亲属合影。

前排左起：外婆武玉生、表姐杭金鑫、外公邓棋梁。

后排左起：小姨邓慧觉、二姨父黄达仁、二姨邓惠馨、母亲和我、大舅母陈雅茹、大舅邓可浩、二舅邓可清。

上世纪 40 年代初，江苏老家。为结婚年龄时的父母亲。

　　母亲对我说："你外公邓家在没有搬到海门前，在南京可是个人丁兴旺的大户呢。而你外婆家也在南京，也是个大户。外婆叫武玉生，是武则天之后。小时候，我还在你外婆家里，读过厚厚的武氏家谱呢。"母亲还说，她随她妈妈回武家时，见到过客厅里有两人合抱的楠木柱子，是用水晶石铺的地。我说不会是水晶石吧，充其量是大理石而已。母亲笑笑："大理石和水晶石都一样，滑滑的，揩拭干净了能照出人影来。"

　　我也问过她，南京可是个大城市啊，你们大地方不待跑到乡下来，是破落了吧。母亲依然笑笑，没有回答我。

　　由于外祖父染布店开得好，家境自然也好。母亲在家乡是上过学的，一直读到初中毕业。当时她与中国近代史上最后一个状元张謇的一个孙子还是同学。名扬四海的张謇也是常乐镇人，他很多的家眷当年就生活在常乐镇上。母亲说："当时我的成绩很好，张状元的孙子就经常来找我一起做作业，呵呵，当然目的是有的，就是可以照抄我正确的答案。"母亲还说，后来真可惜啊，她的这个同学，一不小心掉进河里淹死了。

因此也可以说母亲是个文化人。

《三字经》里说过："子不教，父之过；教不严，师之惰。"似乎一个孩子的成长与做母亲的没有太大的关系，但是在我家恰恰相反，母亲一直在言传身教。

小时候家里来了客人，我是绝对不可以上桌的，母亲会让我自己搬张方凳，再搬张小椅子坐在一旁，由她不时地往方凳上我的菜碗里夹些菜肴。如果客人是父母的长辈，母亲自己也不上桌，而会一直在厨房里劳作，端茶送饭。但餐桌上的碗筷摆放，如同如今餐厅里服务员的"摆台"，却是要我来完成的。至于吃饭时的规矩，母亲要求的就更多了，如夹菜要夹自己面前的，不能乱翻挑食；吃饭不能吧唧嘴；不能捧着饭碗；不能把鱼刺、肉骨吐在地上，而是留在饭碗里；等等。

我四五岁时开始用毛笔描红，也是母亲要求的。四五岁的孩子练毛笔字，最害怕的是墨汁，有一次我一不小心将墨汁打翻在身上，衣服顿时黑了一片，自己吓得赶紧去洗，没想到越洗越花，好端端的一件衣服就这么废了。正当我吓得不知所措之时，母亲回来了，非但没有责骂，反而和颜悦色地安慰我。她常说要想做大事情，首先要写好字，字如其人啊。她认为一个人长得再漂亮但字写得不好，便一丑百丑。母亲在世的年代，通讯方式大都是写信，她老人家给我写信，抬头往往都是同一句话："见字如面。"长大后，我渐渐地懂得了这其中包含的多层意思。

一如所有的母亲，爱给孩子的幼时讲故事。像《孔融让梨》《孟母择邻》《岳飞刺字》《凿壁借光》《囊萤映雪》《悬梁刺股》，甚至《刘备卖草鞋》《韩信胯下之辱》等等，都是母亲至今教给我做人做事的行为准则。

　　因此，小时候我特别崇拜母亲，崇拜她肚子里怎么会有这么多的故事，这么多的警句格言。遇到我的学习成绩稍有下降时，她会说"少壮不努力，老大徒伤悲"；在饭店里吃饭遇到菜的味道好时，她会说"中国的厨子、日本的娘子、西洋的房子为世界三绝"；聊天聊到住房时，她会说"住房是有一间时想两间，有两间时想三间，房子永远少一间"；我上中学特别喜欢地理，是她告诉我"世界是三山六水一分田"；兄长从小顽皮，常常使母亲长吁短叹，于是她又会说"世界上一共由三种人组成，无论出身是贵胄还是草民，只要是上等胚子的上等人，不教自成人，中等人，教教便成人，下等人，教死不成人"。

　　母亲也很信"宿命"，因为外婆信佛，因而也常常从她嘴里能蹦出"生死有命，富贵在天"的感叹。

　　母亲生前一直是在桂林五金交电化工批发站工作，直到退休。我上中学时，需要用笔记本，母亲就把她年轻时荣获过先进生产工作者时得到的奖品，好几本笔记本赠送给我，那扉页上盖着红印章的单位有桂林地区商业局、桂林生产资料公司等等。应该说那都是母亲工作单位的前称。我最早跟她去上班的地方是在三皇路口的一个大院里，那时好像的确是叫生资公司，第一次听母亲唱歌也是在这里。听歌的那天晚上先开了场舞会，然后在中间休息时表演文艺节目，节目里有母亲的独唱。

　　当时她唱的那首歌，我至今还能从头至尾地唱下来。那是一首用山西民歌调子填词的《妇女翻身歌》，此歌一开头唱的就是："旧社会，好比是黑格洞洞的枯井万丈深，井底下压着咱们老百姓，妇女在最底层。"1996年，中央电视台做我的专访节目，我说了我歌唱的启蒙老师之一还有母亲，启蒙的歌曲是《妇女翻身歌》的这段往事，并现场演唱了几句，没想到节目播出后，居然收到了好几位老年观众的来信，问我母亲是不是老革命？来信者还说，当年他们在解放区时就经常唱这首歌。

　　我母亲当然不是老革命，追溯她的革命生涯，最早也就是在新中国成立初期，做过桂林市北上街居民委员会的妇女委员或者是调解委员。不过早些年我还真问过她，为什么会喜欢唱这样一首很革命的歌曲？她对我说，她会唱这首歌是因为有过十分难忘的经历。她说她与我父亲结婚是在上世纪40年代初的抗战时期，地点在江苏海门乡下。那时候苏北乡下是新四军十分活跃的地区，当地盛行这样的说法，说这里白天是日本鬼子和伪军的统治，晚上则是新四军的天下。郁家在当地富甲一方，但很开明，对日本侵略者也恨之入骨，新四军觉得像这样的人家往往能"灯下黑"，日伪军都不会太注意，能更好地掩护他们，于是晚上便常有新四军的人在父亲家出没，甚至有时还住在家里。母亲说当时经常出没家里的有一对新四军夫妇，他们觉得父亲忠厚老实，而且像父亲这样身份的人，若是参加了新四军，在当地一定会影响极大，因此他们就动员我父母参加革命。我问母亲，那后来为什么你们没有参加新四军呢？母亲说了实话，说一是你爸爸胆小，二是谁知道革命能有今天？母亲还说若干年后，她与父亲在桂林迎来了解放，当时有不少南下的部队在桂林做短暂的休整，也有部队临时驻扎在我家东镇路25号前院的西南纺织厂里，而在这支部队里，居然会有当年的那对新四军夫妇。母亲说，《妇女翻身歌》就是那位新四军大姐教唱的。当部队继续南下时，大姐看母亲年轻干练，开朗随和，就再次动员父母参军一同南下。然而父母还是犹豫再三谢绝了。我又问，这是为什么呢？母亲说的仍是老实话："你爸爸一是觉得有家有口了（当时我兄已六七岁了），二是觉得桂林有这么好的生活条件，有好房子住，还出去奔波劳累干什么？"母亲说这话时，我感到她有点言不由衷，尤其是紧接着的一句感叹："人啊，生活上不能太安逸富足了，一旦讲究享受了，就不思进取了。"

　　知母莫如子，我知道母亲一辈子好强，一辈子想做大事情，她有点后悔错过了当年选择道路的机会了。在好强和想做大事这两方面，我似乎也有她的遗传。

后来因为母亲有文化，刚建立的共产党新政府正需要这样的人才，再加上母亲有了"后悔"过后的"政治觉悟"，所以她把街道上的妇女工作、调解工作都做得风生水起。几年后，政府便直接安排她参加了工作，还因为她有初中文化的底子，保送她进了桂林市财会学校学习。

1960年代初，母亲的单位搬到了解放东路，正式冠名为桂林五金交电化工批发站。那时候五交站在桂林是很牛的单位，它不仅经营的项目涵盖广、品种多，而且业务范围管辖到桂林地区的十二个县。除此之外，当时站里还有一个叫"特派员"的官衔，一个听都没听过的官衔。据说这个特派员是由自治区派来的。母亲带我见到他时，让我叫他何叔叔。当时他穿着一身褪色的军装，一看就知道是从部队转业下来的，是一个五大三粗的北方人，腰里还挎有手枪，他嗓门也大，性格也特别开朗随和，因此与母亲很投缘，张口闭口管母亲叫"邓大姐"。他时常还会拿出没有子弹的手枪来逗我、吓唬我，他原本想以此来赢得我对他的亲热，没想到反而让我见到他如同老鼠见了猫。

由于管辖的缘故，经常有十二个县下属单位的办事人员、会议代表从各地乡下来市里开会。会议期间或是逢年过节，站里都要搞个聚餐或者联欢。母亲多是负责接待，自然会十分热情地关照他们。亲切热情换来的是千金难买的人缘，大家见到她，上上下下都随何特派员叫她邓大姐。又都知道她嗓子棒会唱歌，所以每次聚餐联欢都少不了要"大姐"唱几句。母亲也不怯场，亮开嗓子就唱。我记得这个时期母亲爱唱的歌有两首，一首是邓玉华老师唱的《毛主席来到咱农庄》，一首是马玉涛老师唱的《众手浇开幸福花》。可奇怪的是，1989年，马老师到桂林演出，我请她到家里吃汤圆"喝螺蛳"，母亲居然不知道马玉涛是干什么的。

母亲在单位唱，在家里也唱。有母亲歌声的岁月，是我生命中最灿烂的岁月。有母亲歌声的岁月，也是我家最和谐幸福的岁月。陶醉在母亲的歌声里，

上世纪 60 年代初，喜欢说说笑笑、唱唱
乐乐的母亲。

我从小就不知道什么是忧愁和烦恼，感受到的尽是亲情的温暖与甜蜜。

　　唱歌也使母亲浑身焕发出极大的干劲与热情，在单位工作卖力，乐于助人；在家里高朋满座，人来人往。那时候每到节假日，总有三男三女六位上海青年来到被他们称之为"大哥大姐"家的我家。三位女青年里领头的叫施雅珍。母亲认识施雅珍非常偶然巧合，母亲说，那是一次在叠彩路口的邮政局里办事，突然听见旁边有人用启东话对营业员说，要寄钱回老家。这可是母亲到桂林后二十多年来从没听过的乡音啊，因为启东和海门两县相邻，语言相通。母亲顿时大有他乡遇故知、相见恨晚的感慨，赶紧上前与说启东话的施雅珍搭讪，并很高兴与其相认为姊妹。

不久，施雅珍小姨就领着她的两位女同学来到了我家，又过了不久，她们三人又带来了三位男青年，其中有一位小陈叔叔，后来与施小姨喜结姻缘，幸福成家。另外两位男青年与小陈叔叔一样，也是从上海分配到桂林工作的同学。

老乡见老乡，两眼泪汪汪，父母对六位年轻老乡的到来特别高兴，只要他们来了，必定要煎、炒、烹、炸、炖，弄几样上海菜或是"郁家菜"来犒劳犒劳他们。后来发展到每到节假日他们都来，当然少不了要带来些新鲜的时蔬瓜果，大家在一起洗菜的洗菜，切瓜的切瓜，煮饭的煮饭。那真是老乡见老乡，心里喜洋洋了。

年轻人在一起，少不了说说笑笑、唱唱跳跳，高兴时连父亲都会来几句老戏，什么越剧《梁山伯与祝英台》啊，什么京剧《打金枝》啊，等等。而母亲的唱歌也是少不了的，她受来桂林度暑假的、正在南京师范大学上学的小姨邓慧觉的影响，学会了《洪湖水浪打浪》《看天下劳苦大众都解放》和《红梅赞》之类的时髦歌。

最可喜可贺的是，这六位上海青年后来相继结缘成了三个家庭，他们说，这是母亲的歌声给他们做的媒。

1970年代后期，母亲不唱歌了，甚至很少听见她开怀大笑。她常挂在嘴边的一句话是："咳，今天的嘴巴里真苦哇。"实在太苦了，就拿着牙刷牙缸去漱漱口，因此，在很长的一段时间里，我经常看见她满腹心事地在漱口。极偶然的时候，她也会自言自语似的哼哼曲子，哼的必定是那首《妇女翻身歌》，其声音是那么的迷茫无奈和低沉凄凉。

后来我工作到了文工团做学员，照理说学员的家长们，经常会去看看自己的孩子，但在记忆中父亲一次也没去过，母亲倒是去过两次。一次是母亲的好友，在市教育局工作的王阿姨从山东老家带来了一些苹果，母亲连家也没回，一个都没舍得吃，全部送到艺术馆给了我和同事。还有一次是她经过艺术馆，听同事说我在琴房练钢琴，便偷偷地来到窗外听我弹琴。当我弹完蓦然回首看见她时，只见她的眼里闪烁着一种我从没有见过的青春光彩。

事后她第一次告诉我，她从小就喜欢音乐啊，可是年轻时怎么就不懂得去追求自己的理想呢。她说，在新中国成立初期，有一次经过木龙洞，听见山边别墅里传来了钢琴声，她竟然默默地站在楼下，不知不觉地听到了天黑。她说她一生为没有学过弹钢琴而遗憾。

1995 年夏，母亲第二次脑溢血，医生说很难再恢复如前了。但我心底里依然祈祷着能有母亲出院的奇迹发生。我与侄女梅梅凑钱买了一台立式钢琴，企盼有一天母亲能回家，哪怕是躺在床上，也有悠扬的琴声与她做伴。然而病后的母亲一直处于昏迷状态住在医院里，身上的几根管子直至她去世，都没能摘掉。

母亲去世后的那些年，每次回桂林，看见静静地伫立在母亲卧室墙边的钢琴，我就会想起她，一位满腔抱负却又没能实现的女性。于是我都会在钢琴上弹一段《妇女翻身歌》，弹出我对母亲的敬仰，弹出我对母亲的歉疚，弹出我对母亲的思念。

没有母亲歌声的岁月，生活再灿烂也会感到孤单。

小学老师和同学

我是 1962 年秋就读于中山北路小学的。其实这所小学并不是建在中山北路上，而是建在从东镇路的西巷拐到叠彩山底下的一个角落里。

在我读三年级的时候，它在"中山北路"与"小学"之间加上了"第一"两个字，以区别于新建立在城公寺路口的中山北路第二小学。

说来一小很小，整个面积就是两幢两层的教学楼，和两排平房围着的一个篮球场。在篮球场的顶头，有一方土堆的小舞台。舞台南面靠叠彩山的那幢教学楼的一层，由东往西数的第二间教室，就是我读一年级的地方。教室门上挂着块白底红字的小木牌，上面写着"一年级 25 班"。教室门前还有两棵很高的树，每到秋天会结一种像黄皮果一样的果子，但是不能吃，老师说，它叫苦楝子。

学校门前的东镇路西巷很短，右手边是轴线厂。不长的围墙一直砌到路口的桂林水厂门前。轴线厂的围墙里有几棵枣树，枣树在桂林很少，所以印象很深。每到秋天，枣树上结满了红红的枣子，虽然果实小得可怜，但诱惑极强。我年年都有爬上墙头去摘枣的念想，但年年都羞于"偷窃"，从未实现。直到现在老了，还常常在梦中的童年里摘枣。

西巷的路口是桂林水厂，清澈的漓江水从"棉花石"那边抽上来，就是在这里变成自来水供应市民。

1995 年于中山北路第一小学校园。当年中央电视台、北京电视台拍摄我的专题，摄制组专程来到桂林，亦来到小学。我坐的地方是当年学校篮球场顶头的一方土堆小舞台的台沿。在这个舞台上，七岁的我曾表演了从艺生涯的处女作——诗朗诵。小舞台还是当年的大小，唯一改变的地方是贴上了彩色的瓷砖。如今，中山北路第一小学也已经消失在木龙湖里了。

　　校门的左手边是依着叠彩山边西去城公寺路口的一条山道，山道下面就是城公寺塘，站在山道上可以与我家和李济深家隔塘相望。山道上面有两个由山洞改建的截然不同的"存蛋"仓库，一个是储藏水果鸡蛋的，另一个是储藏枪支手榴弹的。储藏水果鸡蛋的仓库属于食品公司管，储藏枪支手榴弹的仓库属于军分区管。军分区仓库的门前一年四季壁垒森严，食品公司仓库的门前却不时人群如织。人多的原因是因为每当鸡蛋呀，水果呀坏了，就会往这塘边倒。倒臭鸡蛋烂水果的日子，简直就是这一带贫困居民高兴无比的日子。因为臭鸡蛋捡回去依然可以炒着吃，一筐烂水果里，总会捡出个把好的，所以时常塘边会出现大呼小叫、推拉挤搡的场面，热闹得不得了。

我跟同学们也曾背着老师和父母，放学后去塘边捡过烂水果，要是捡到像柚子这样的大个水果，我们会非常高兴，因为把烂柚子的皮剥掉以后，里面往往会留下好几瓣好的，比苹果呀，梨呀之类的小水果要收获得多许多。我们会把捡到的水果烂的部分抠掉，用自来水洗洗就吃了。奇怪的是，我们居然从来没有吃坏过肚子。

我们的童年时代，已经习惯了物质生活的贫乏，根本不敢也不可能想象得出，物质生活的富有究竟是什么样的一个状态。捡烂水果吃，不仅仅因为年幼、贪玩、嘴馋，而是常常以为我们的物质生活，也就是这个样子了。

现在想想有时候活得不明不白，才是最好。

在校园里，我最喜欢的地方是教室后面紧靠着叠彩山的那块坡地，坡地一分为二，一半是菜地，一半是乱石岗。

那块菜地原来是归住在学校里的老师家属栽种的，后来有一阵子被分到了各个班里，每一个班一小块，让学生们实践种菜。为了挣表现，我还问母亲要过钱，过解放桥去东江菜市场买过菜籽捐献给班里。至于种下的菜究竟收获了没有已经记不清楚了，但那块菜地里的茄子、豆角、辣椒、黄瓜、南瓜、冬瓜、番茄等秧苗，我至今分辨得明明白白。

菜地旁的乱石岗，则是我们课余时间嬉戏玩耍的地方。乱石岗上有一块需要攀爬才能登上去的巨石平台，那是我的最爱。我常常攀登上去，望着湛蓝深邃的天空、绚丽斑斓的云彩、山顶盘旋的岩鹰、展翅远飞的大雁，对未来的前程浮想联翩。

我读一年级时，第一个班主任是位女老师，姓吴，叫吴婉玉。如果没有记错的话，她与我一样，老家是江苏的。吴老师有点胖，而胖人一般五官都大，慈眉善目的，吴老师当然也不例外。她还有个特点跟我母亲一样，嗓门也大，笑声也大。

　　由于我母亲跟吴老师的母亲认识，才给我报名到中山北路小学读书，指名到了吴老师的班上。进小学的第一天，是母亲手牵着手把我送到教室的。在这个尘世间，估计所有的孩子进学堂的那一天都一样，都是父母送去的。到了参加工作，父母再送到单位，结婚成家时，父母还会再送，渐渐地，孩子就离开父母臂膀的港湾了。

　　吴老师在苦楝树下，从母亲的手里接过了我，预示着从此在我的生命中融进了老师的心血。也许是我知道母亲与她们一家都熟悉的原因，先入为主地就对吴老师有一种亲近感。吴老师是班主任，教的是语文。只要是她的课，我都很认真地听写，并善于在她的面前表现自己，有发问必举手。于是吴老师便夸我聪明伶俐，马上让我做了班长，做了学习委员。当然小孩子需要的就是老师的喜欢，因此我也就不会辜负老师的希望，科科成绩基本都是一百分，尤其是语文。不知道这与我后来一直喜欢文科，一直喜欢写诗写文是否有关。但起码可以说，是吴老师的启蒙，使我迈出了喜欢文学的脚步。由此也可见，小孩子的未来，往往取决于他受到了什么样的启蒙教育。

　　我刚进小学后不久，父母因为工作忙，家中无人照顾我，母亲也是通过吴老师帮忙，让我中午在学校的教工食堂里搭伙，每天自带二两米，用饭盒装好了，请食堂的厨师帮我放在老师蒸饭的蒸笼里一起蒸。下饭的菜也要自己带，我的饭盒里自然也不会有什么可以下饭的菜。因为那时候，全民都在响应"大跃进"运动，全国上下大炼钢铁，报纸广播号称要赶超英国美国，动员老百姓将家里所有的铜铁锡铝上交国家，加上当时又赶上百年不遇的三年自然灾害，昔日的良田沃野一片荒芜，弄得老百姓都穷得叮当响，有饭吃就不错了，哪儿还讲究什么下饭的菜？

　　有一天我正端着饭盒，就着半块豆腐乳在一旁吃饭。一位并不熟悉的任教高年级的女老师经过我身旁，仿佛是无意中看了一眼我的饭盒，就不由自主地站在了我的面前，再看看四下，趁无人注意，一把拉我到食堂的外边，从提包里拿出一罐煮黄豆，这黄豆在当时可是高级营养品啊，然后飞快地舀了一调羹倒在了我的饭盒里，又听见她叹了口气说："咳，你们正是需要营养的年纪啊。"

就是这一调羹黄豆，让我刻骨铭心地记住了这样一位不知姓名的女老师，也让我从此知恩！在小学，让我同样知恩的还有一位刚从师范学院毕业的，头上扎着两条辫子的小王老师，在她给我们班代课的短短时间里，曾经借给我一本当时风靡全国的长篇小说《欧阳海之歌》。坦白地说，在那个年代，正是这本书，在我的心灵里播撒下了革命的英雄主义情怀。欧阳海舍身推马，挽救了一列火车乘客的生命的英雄壮举，让我第一次朦朦胧胧地接受了生与死的价值观教育。从此视"学习欧阳海，要当解放军"为我人生的理想。

吴老师在教了我们一年之后，改去教下一轮的一年级了。接替我们二年级的班主任，是位名叫申济友的男老师。申老师教我们的时候还是个大小伙子，单身汉，充满青春活力，是我童年时代的偶像。他酷爱体育，喜欢穿一双雪白的回力牌球鞋，在篮球场上，他的三步上篮、胯下运球特别利索漂亮，常常赢得师生们的喝彩。尤其是他远投的三分球，更加令人叫绝。只见说时迟那时快，"嗖"的一声，球从手出，一道闪着光的弧线直下篮筐，让我们羡慕不已。用现在时髦话说就是"酷毙了"。

申老师还会唱歌，还会搞播音，当时他住在学校里，宿舍就是楼梯拐角下狭小的楼梯间，那里还兼做学校的播音室，每天做广播操时，他就忙着给大家放广播、喊口令，童年的我，觉得他本事大极了。

申老师对学生们也好，有一次我们班上几个学生在星期天去他父母家玩，他还请我们在他家吃午饭。唯一不方便的是他家住得太远，我得问母亲要钱，先坐公共汽车到火车北站下了车，再走上十来分钟的路程，才能走到八里街附近的他家的住址——木材加工厂。申老师的父亲是该厂的老工人、劳动模范，家境应当说并不富裕，但那次我们五六个学生去了，也让我们吃饱喝足了回来。

能赢得老师喜欢的学生，一般都是学习成绩比较好的。在小学三年里，不是吹牛，我在班上的成绩年年都能数一数二。每到期末发成绩单时，令父母高兴的是成绩表上总有一串串的一百分；令父母难堪的地方是，成绩表旁的评语栏里总也少不了一句："希望克服骄傲自满。"

尽管评语里总说我有点骄傲自满，但班上的同学们依然爱跟我玩。那个时候，在每个星期三的下午，学校经常不上课，老师就让班干部领头，带着大家自由组合成若干个自学小组在一起做作业。结果有不少的同学还都愿意参加由我领头的自学小组。一是因为我家有个院子，宽敞的院子里有石桌石凳，又有花园，可以一边做作业，一边玩"捉蒙蒙跟跄"和"官兵捉贼"；二是因为我成绩好，可以辅导同学们啊。由此可见，条件的优越，同样是容易产生骄傲自满的原因。

我这个自学小组，除了到我家来，还有另一个去处，就是去老人山下的桂林地区防疫站，去徐成继和张友东两位同学的家里。在防疫站院子里，养了好几只个头比我都大的牧羊犬，让我们又爱又怕。每次去了，第一件事必定是隔着笼子逗狗，有时候逗着逗着，饲养员就逗我们，冷不丁地就把牧羊犬放了出来，吓得我们吱哇乱叫地飞逃。眼看就要被牧羊犬咬着了，只听得哈哈大笑的饲养员一声口哨，听话的牧羊犬立刻就停住了追逐。就这样，每次都是被狗吓死了，还要再逗它，一旦再逗狗，又要被吓死。

他们院子里还有几棵能结一种叫"鸡爪莲"的野果树，这种长得还真有几分像鸡爪的果实，赭色皮皱，不好看，但好吃，滋味独特甘甜。

去他们的家里自学，除了有玩有吃，还有一个很重要的原因是可以找张友东借杂志，当时她姐姐订有一本令我牵肠挂肚的名叫《电影文学》的杂志，每月一期，里面刊登着新电影剧照和刚发表的电影文学剧本，简直让我着了迷。

记得刚开始向张友东借杂志时，她非要我猜对一个字后才肯借给我，她说，这是一个由"王白石"三个字组成的字。没想到居然被我猜对了，我说这是个"碧"字，张友东一下子就瞪大了眼睛望着我，因为这个字老师还未曾教过我们啊。接着我还颇为得意地告诉她，我是从爱看的电影小人书《碧海丹心》上学到的。

后来我才弄明白了张友东为什么要我猜这个字，那是因为杂志的主人，她的姐姐名叫张友碧。事后张友东也很守信用，从此每期都借给我。

与我住得最近的小学同学是戴贻贵。他住在我家东镇路 25 号对面的一条小巷子里，他家旁边的那座纪念塔，就是我在前文提到的那座纪念北伐的纪念塔。戴贻贵家门口有棵很大的蚕叶树，学名叫桑树。到了夏天，同学们会去找他要桑椹吃；到了春天，同学们会去找他摘桑叶。在我们童年的生活里，养蚕可是一大乐趣，小学的老师还会提倡我们养蚕，说希望我们通过养蚕来观察蚕宝宝，去了解它们打籽产卵、由蛹变虫、吐丝结茧的过程，让我们从小懂得，这穿在身上的衣服来之不易。现在的孩子们，可能连蚕宝宝是什么样子的，都不知道了吧。

母亲知道我爱去戴家玩，只要找我，十有八九会去戴家。小时候我还有个好习惯，就是每逢外出，总会留张字条放在家里，把去哪里了，干什么，几点回来都写得清清楚楚。可是有一次我去机床厂看露天电影时走得匆忙，忘记写字条了，偏偏那天厂里又是连放两个片子，父母回家没见到我的字条，便心急火燎地赶去戴家找，已在梦乡中的戴贻贵迷迷糊糊地说了声："钧剑下午去漓江游水去了！"顿时把我母亲吓得半死，连夜要与父亲去漓江边找人。当然结局是刚好碰见我电影散场回家。

我至今仍能记住的小学同学还真有不少，如住在机床厂的陆泉铭，住在轴线厂的郭佑云，住在地区商业局的王安娜、廖丽筠、凡苏桂，还有住在北门口的段五七、李水桥、唐自爱，住在保健院旁边的吕新华等等。住在城公寺路口的谷小萍，她家前面有家米粉店，但凡我上学，不管风吹雨打，酷暑严寒，做早点的四分钱一碗的米粉，都是在那里吃的。读三年级时从外地转来个同学叫姜泓，父母都是军人，刚刚与我熟识并成为好友时又转学走了，走的时候我去告别，他紧拉着我的手，从口袋里掏出了五分钱，硬塞在了我的手里。

小小的年纪，那是第一次品尝到了别离的伤感。

那时候能随便掏出五分钱的同学在班上很少，大多数同学的家境都比较贫寒。说句实在话，当时我家的生活水平还算是富裕的，因此老师经常要我向一个叫李小弟的同学看齐。老师说你看人家李小弟，家庭生活虽然比较困难，但在学习上从不骄傲自满，成绩同样出类拔萃，而且不比你差。我知道老师说这话是在鞭策我。于是，暗地里与李小弟在学习上较劲，可较着较着，我俩竟成了好朋友。由于他家也是住在东镇路上，算是街坊吧，我便常常去叫他一起上学。我记得他家是住在水厂旁边的，一幢住了好几户人家的比较破旧的大房子里，全家只占大房子里的一间屋。记得他应该还有兄妹，一家人的生活来源主要靠母亲卖菜，至于他父亲是做什么的，在我脑海里没有一丝印象了。生活的环境让他养成了坚忍不拔、勤奋好学的品行，也形成了少言寡语的性格。我常邀请他去我家，可是在记忆中他去得很少。但我母亲记得他，前几年母亲在世时我回桂林探望，有不少小学同学到我家聚会，母亲就说：“我还记得钧剑小学同学里的一个人，他叫李小弟。”

小学四年级时的班主任叫张远玺，也是个男老师，因为他的名字，让我认识了这个平时少见的、也没学过的表示是皇帝印章字义的“玺”字。也许是四年级属于高年级了的缘故吧，张老师比前面的两位班主任要来得更严肃些，因此我们在张老师面前也显得略为拘谨。其实，在他还没当我们班主任前，我就认识他了。那是在我二年级加入了少先队后，又当选了少先队大队长（俗称

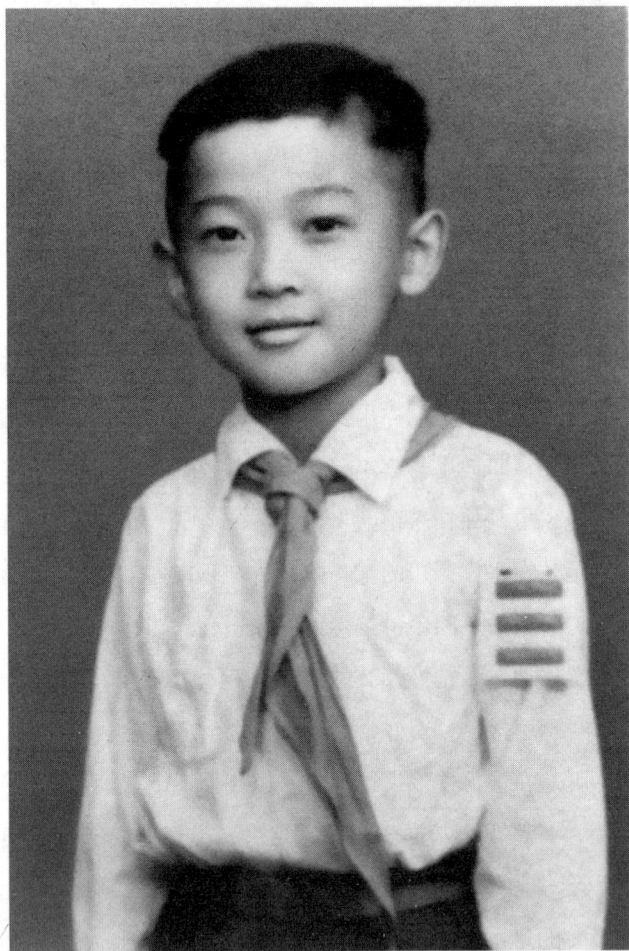

1964 年，桂林，小学二年级。

"三道杠")的时候。我是当时学校大队长里面年龄最小的一个。记得在全校大会上宣布我的名字时,因为个矮,后面的同学看不见,是张老师一把抱起了我,举起来让大家看清楚的。

说是跟同学们在一起度过了小学六年,实际上也就是四年多一点。

1966年5月,在我们临近四年级末尾,也是在张老师当了我们四年级的班主任不到一年之时,社会上就开始搞"文革"了。席卷全国的"造反"浪潮同样波及到了叠彩山下的旮旯里。

在此之前的1966年4月间,全校按惯例要组织一次春游,地点是尧山。等到了出发的那天,同学们都兴高采烈地带好了饭菜来到学校,却因为天一直在下着蒙蒙雨,迟迟没能出发。眼看时间都快到中午了,天一点放晴的迹象都没有,同学们的情绪越来越焦躁,大有坐在火药桶上,一点就炸的趋势。当时好像已是学校什么负责人的张远玺老师,不断与其他几位老师商量,犹豫再三还是决定宣布春游取消了。这一宣布顿时使全校炸了锅,大家觉得好不容易才有的一年一次的春游,怎么能因为这丝丝细雨而说取消就取消了呢?于是五六年级的同学,就开始学社会上已经逐渐泛滥起来的红卫兵的造反行为,围住张老师质问他为什么言而无信,为什么出尔反尔地欺骗革命小将。一向在老师眼里是个乖学生的我,受到了高年级同学的激情感染,也一反常态,跟着他们高喊:"打倒张远玺!"那天张老师从混乱的同学中间叫住了我,说了些什么我记不住了,但他那既责备又无奈地望着我的目光,让我刻骨铭心。

到了1966年9月学校开学后,果真马上就开始"打倒"老师了,首当其冲的是要揪出曾经被划为"右派"的廖老师。廖老师是个风度优雅的女老师,教过我的数学和体育。那天也是被高年级同学起头揪斗的,将她从办公室里"揪"了出来,往她身上泼墨水,挂牌子。当时虽然我家也已经落难,已经被扫地出门,赶出了东镇路25号,但我还是天真幼稚地想,如果我也能在同学们面前表现出我的革命热情，表示我愿意与剥削阶级家庭划清界线，或许能得到同学们的赞赏。于是我也混在其中高呼"革命口号"。披头散发正弯腰挨斗的廖老师突然抬起了头，很失望很痛心地望着我说："郁钧剑，你怎么也会这样？！"她那同样是既责备又无奈的目光，同样让我刻骨铭心至今。

没想到的是，就在批斗廖老师的那几天后的一个下午，我家在被赶出东镇路25号后，刚住进的新家被红卫兵抄了。被抄家的第二天，我怀着胆战心惊的心情走进了学校。果然，昔日的同学不再对我微笑，而是用扔石头和吐口水来迎接我。我赶紧往教室里跑，关上教室门，然后用瘦小的身子死顶着。可是门外的学生越集越多，我根本不是他们的对手，顷刻之间，教室门就被他们推开了，他们蜂拥而上，为首的高年级大孩子们，一个一把抓住我，另一个还大叫了一声："给这个狗崽子'戴高帽子'游街！"顿时就有人用旧报纸做了顶高帽子戴在了我的头上，然后就要推我去校园里游街示众。那时候我不懂得哭，也不叫喊，只知道死命挣扎着不走，我被他们按倒在地上，被他们用脚狠狠地踢……还是匆匆赶来的张老师把我从地上扶了起来，又把我从人堆里拉出来送到了校门外，说："你赶快回家吧，这几天你就不要来学校了。"

出了校门是城公寺塘，我默默地走到了塘边，用塘水洗去了身上的唾液和泥痕。我知道今天发生的事是万万不能告诉父母的，我不能再让他们为我担心。因为在此前几天，还发生过一件让父母魂不附体的事情。

那是在几个月前，全国各地来势凶猛地到处都在"大批判"。首当其冲的是拿文艺界开刀，一时间，全国掀起了一场声势浩大的围攻、声讨京剧《海瑞罢官》和《三家村札记》《燕山夜话》两本书的暴风骤雨，拉开了"文革"的序幕。

几个月前的四五月份我家暂时还没有受到冲击。早熟的我，觉得自己也应该义不容辞地投入到"大批判"的革命洪流中去。加上我从小爱写写画画，于是斗胆也写了篇批判文章，批判大作家乔羽先生的一句歌词："我们推翻了多少铁壁铜墙。"

这是当时非常流行的一首歌曲中的一句词，那段歌词应该是这样的："敬爱的毛主席，我们心中的太阳，不论我们走到什么地方，到处都闪耀着你的光芒。跟着你，我们踏破了多少惊涛骇浪，跟着你，我们推翻了多少铁壁铜墙。"在批判文章里，我"怒斥"乔羽先生是明目张胆地反对毛主席，说他敢公然违背毛泽东的教导，把敌人喻为铜墙铁壁，实为美化敌人。因为毛主席对"铜墙铁壁"是有专指的，当时他有一段经常被引用的很时兴的语录："真正的铜墙铁壁是什么？是群众……"

我把这篇批判文章背着父母和老师寄给了《桂林日报》，没料到《桂林日报》又转给了《广西日报》，《广西日报》再转往了北京的《光明日报》，而且各级的报纸或刊登或来函表示坚决支持我的革命行动，甚至还表示特别钦佩一位小学生竟有如此的革命觉悟和革命胆量。

就在这过程中，短短的几十天时间里，桂林市到处是一片革命大批判的火海。熊熊的烈火，同样烧到了我们这所山边的小学。高年级的同学也学着社会上那种"破四旧"（"四旧"指"旧思想、旧文化、旧风俗、旧习惯"）的样子把"中山北路第一小学"的牌子给砸烂了，改名叫"群建小学"，寓意为人民群众建设的小学。为此父母还十分紧张，一再嘱咐我在这些革命的砸烂行动面前，要躲得远远的。结果是我不仅没有躲远，而是大有挺身而出之态。

很快学校多方面知道了这件事的来龙去脉，紧张得不得了，马上派了一位不大熟的老师去我家告状，正好看见我家墙壁上被蜜果厂的造反派贴满了大字报。这位年轻的老师一见就更来劲了，气势汹汹地训斥我的父母（估计他自己也害怕）："你儿子这么小就给学校闯祸，自己是什么东西还不知道吗？！要是再到处写文章，就抓你们去坐牢！"

等老师走后，母亲一把抱住我，泪流满面地说："钧剑，你不要再写了啊，家里已经是这样一塌糊涂了，真要是抓我们去坐牢，那该怎么办啊。"触景生情，我也紧紧地抱住母亲："妈妈，我再也不写了，再也不写了啊！"

就这样，我被"戴高帽"的那天回到家里，什么也没对父母说，早早地就睡下了。也许是受到了惊吓，第二天竟发起了高烧。这样正好可以不去学校了。没过几天，全国都搞停课闹革命，书就读不成了。

那年，我刚刚十岁。

快活日子在少年

童年有童年的游戏，少年有少年的玩法。等到了小学二、三年级的年纪，就有点不屑"板香烟盒""滚兜""官兵捉贼"等一类的游戏了，还自以为那些游戏，有点太小儿科了。

小学二、三年级的时候，喜欢得更多的是集体活动。甚至还喜欢以班长的身份领头带同学一起玩。那时最高兴的事，是每年春天全校组织的春游。小学四年，四个春天，三次春游。一年级年龄太小，老师没有组织。二年级时去的是泗洲湾，三年级时去的是西山，四年级时去的是尧山。

在桂林北门口虞山脚下的漓江中，有一块南北狭长、东西窄短的滩渚叫蚂蝗洲。在蚂蝗洲的西岸，有一条顺着漓江蜿蜒南下的古风老街驿前街，它因古代在此地建有驿站而得名。据历史记载，早在秦始皇于兴安开凿沟通了湘江与漓江的人工运河——灵渠之后，这条街上就建立了"望秦驿"。一直到宋代这里都有驿站。

当地的居民也把这里叫作新码头，叫新码头，我估计与新中国成立前这一带是桂林的竹木柴炭集散地有关。桂林人用煤球、蜂窝煤来烧火做饭，应该是上个世纪 60 年代才开始的事情，在此之前，一直都是用竹木柴炭的。

那时候驿前街与蚂蝗洲中间的漓江岔道里不时挤满了一长串一长串的竹排、木排，这些都是漓江上游兴安一带的山民们砍伐下来然后扎成的，顺着小溶江等山区小河放排出来，归入漓江，再漂流到桂林，汇集到这里的。除了这些竹排木排，不少带有拱篷船舱的渔船，也经常在这里停泊。因为这里不仅有蚂蝗洲滩渚这样的天然避风港，还有驿前街上的酒肆小馆，自然而然这里就成了山里来的放排工和漓江上捕鱼晚归的渔夫们的歇息地。

而泗子湾，又是在蚂蝗洲上的一片三面环水、布满了"马卵鼓"（桂林人对鹅卵石的称呼）的沙滩。

四、五月的泗子湾景色很美，很寂静，很神秘。

说它美，美就美在它独一无二的依虞山傍漓江的地势。

一过新码头，就能看见婆娑摇曳的凤尾竹林和许许多多枝繁叶茂的树木，印象中不是苦楝子树就是乌桕树，这两种树在桂林常见，枝干大都扭曲，树杈丰满，树形瘦高瘦高，特别适画家们入画。再加上滩渚旁停泊着不少渔船，缥缈的炊烟与漓江的雾霭缭绕在一起，远远望去，好一幅水墨图画。

说它寂静，是因为它的四周都是农田，稻香蛙声、牛群牧笛交融在一起。如能身临其境，便可以体会到书上所描绘的那种好一处世外桃源的佳境。

说它神秘，神秘在它有故事。

传说北门城门口的铁封山上有一个装满了金银财宝的石洞，有一天，一个砍柴的穷人迷了路，他四下寻路，极偶然地发现了这个宝窟，兴高采烈的他并没有贪得无厌，只是每天取一小块金或一小锭银拿回家去谋生、接济邻里。然而邻里中却有贪婪之人，当这贪婪之人探听到其秘密后，便偷偷摸进宝窟大肆掠夺。这样一来神仙不愿意了，一怒之下就把这石洞门关了起来，贪婪之人自然也就葬身于洞中了。石洞门锁了，那钥匙呢？于是就有了民谣："桂林有座铁封山，钥匙埋在泗子湾，若是被你找到了，金银财宝由你搬。"

去泗子湾春游，全班同学除了带着能找到金钥匙的幻想外，还带着锅碗瓢盆去野炊。当时我们全班有四个组，也就自然地分成了四个大家庭。组里的同学又都有分工，你带锅，我带柴火，他带油盐酱醋。愿带米的带米，愿带菜的带菜。那时候我家院子前面还有棵很高很大的麻叶树，春天雨水多，树上便长出了许多碗一样大的菌子，父亲知道我们第二天去春游要自己做饭，就爬上树去，给我采下来了好几朵大菌子。

当第二天我们肩挑手提地沿着木龙洞的漓江边朝泗子湾走去时，路人皆又好奇又羡慕地说："这帮把爷仔还真的去办酒酒娘了呢！"桂林人把北方人称做"过家家"的儿时游戏叫办"酒酒娘"。

到了泗子湾，同学们挖灶的挖灶，淘米的淘米。在我们的童年时代，所有的家庭都有个灶台，用柴禾煮饭炒菜。所以一般那时候的孩子到了七八岁，都会生火煮饭。

挖灶不难，在沙滩上挖个坑，再捡几坨大些的鹅卵石，搭个灶台就行了。淘米洗菜也容易，走几步路就是现成的漓江水。那时候的漓江水又清又纯，捧起来就能喝，"污染"这个词连听都没听说过。

灶台搭好了，米菜洗好了，真正遇到点麻烦的是生火，因为春天天气潮湿啊，加上柴禾也潮湿，点起火来就不容易了，弄得抢在前头想表现自己的那个同学，被烟熏火燎得直咳嗽。我那时也爱耍点小聪明，等他们呛得不行了，我才说让我来吧，然后再慢条斯里地从兜里掏出一根"油柴"来。这种"油柴"在桂林的菜市场里都有得卖，三五分钱一捆，一捆七八根，每根七八寸长，是农民从山野里的松树上砍下来的带有松香油脂的枝杆，易着易燃，桂林人都喜欢用它来生火。

因为我从小在家自己煮饭，懂得"油柴"的妙处，便偷偷地带在了身上，没想到还真在关键时刻派上了用场。火点着了，自然会引得同学们的欢呼，这样又让我增添了一份骄傲。父亲那天摘下的菌子也大受欢迎，我们用它来打了个汤，大家都说这汤因为有了菌子而甜。桂林人管鲜叫作甜，管做汤叫作"打汤"。

　　我还自告奋勇地掌勺炒了两个菜，一个是萝卜干炒韭菜，那是我的拿手好戏，自我懂下厨以后，这便是我的最爱。那时父母早出晚归，无暇管我，经常是每天清早临上班时，给我留下五分钱菜金，让我到北门口的菜市场去买菜回来自己炒。那时候菜很便宜，一分钱两分钱的都可以买。卖主也不用秤，一分钱葱一分钱姜随手抓给你。我基本上每次都是买两分钱韭菜，三分钱萝卜干。卖主看我人小，却不欺负，随手抓一把韭菜，往往比给大人的还多。

　　回到家里，把韭菜洗干净，切成段。而萝卜干却为了保留上面的辣椒粉，随便用水一冲就行，切成丁，再点火、倒油，先炒韭菜白色的梗和萝卜丁，加盐、加糖、加点料酒，临起锅前加入韭菜叶翻炒几下即可食了。

　　第二个菜是凉拌马齿苋。马齿苋在桂林随处可见。它贴在地面上长，红紫色的梗，水灵灵的，梗上对称地长着片片小叶。清炒凉拌均可，味道有点酸，但非常爽口。其实马齿苋还是一种很好的跌打药，记得小时候我的脚崴了，老中医就将马齿苋捣成泥状敷在患处，说它具有化淤消肿的作用。我第一次吃马齿苋是在四五岁时，是儿时的朋友乐乐的奶奶做的。她领着我和乐乐去铁封山边的坡地上挖了不少的马齿苋，回家洗净晾过，用开水一焯即捞出来，加醋、糖、盐、姜末、蒜末、麻油，味道好极了。

　　那天的韭菜和萝卜干是我带去的，马齿苋是同学带去的，他说是他母亲一大早在家门口的野地里采的，又肥又嫩，我便想起了乐乐奶奶的做法，虽然只是开水一焯，仅加了点盐和酱油，既没有醋也没有糖，也没有加姜蒜麻油，却依然得到了老师和同学们的交口称赞。

　　去泗子湾春游是在二年级的时候，三年级那年去的是西山。去西山时没有再带锅碗瓢盆，而是自带饭菜去的。母亲在那天早早地起床了，用头天晚上专门剩下的大米饭加酱油，放点葱花用猪板油炒好，装进一个搪瓷茶缸里，再用一块毛巾包紧，说是这样可以保温。母亲爱面子，知道同学们都带饭，而吃饭的时候又少不了会互相攀比所带的饭菜，便给我煎了两个大大的荷包蛋。能吃到鸡蛋，这在我们童年时代不仅是奢侈的美味佳肴，而且还是只能在逢年过节时，才能享受到的美味佳肴。或许就是因为这个缘故吧，一直到今天我还有爱吃荷包蛋的习惯。

去西山我们走的是一条近路。从城公寺出来，穿过中山北路，从机床厂前的职工大食堂边，经过老人山脚底，再走到军分区的打靶场，在打靶场的对面，就是西山的背后了。西山的背后过去是一片坟地，我的奶奶就葬在这里。好多年后，这里盖起了工厂，据说新盖的工厂曾通知过要迁坟，但我家早就不在东镇路住了，工厂当然找不到我们。我们当时不知道，等知道后再去时，已经找不到奶奶的坟墓了。后来母亲不止一次地告诉我，父亲直到他的晚年，还经常独自一人去西山背后找他妈妈的坟，每次空手而归都会在家里黯然垂泪。

言归正传吧。到了西山背后，老师便要求我们"向解放军叔叔学习"，向他们冲锋陷阵一样地从坟地这边冲到半山腰的亭子上面去，然后再要求我们从这亭子处如凯旋般地下山，山的那边就是苏军烈士墓了，也就是我们那次春游的目的地。此外再插一句题外话，山腰的这座亭子很怪，据说曾经被雷劈倒过两次。

站在苏军烈士墓前先要扫墓。老师很庄严肃穆地告诉我们，这些苏联军人是为了帮助我们打日本鬼子而牺牲的。说心里话，少年的我还真是觉得苏联人挺国际主义的，对他们敬仰得不得了。但很快就不行了，在我们春游后不久，就听说有人把纪念碑上"苏军烈士"几个字给刮掉了，原因是毛主席说了话，说苏联已经变成修正主义，变成社会帝国主义了。

扫完墓后才能吃饭，吃完饭，春游也就此结束。相比起泗子湾的春游来，缺少了那么多的感情，缺少了那么多的趣味。

最没有趣味的是四年级那次的尧山春游，那时候"文革"已经开始了，去的那天一直下雨，老师就宣布说为了同学们的安全而临时取消春游。平心而论，介于当时社会上的乱象，老师多少有点多一事不如少一事的想法。而刚刚接受了"造反有理"思潮影响的高年级同学，顿时就"反叛"了，在学校里高呼老师欺骗学生，要打倒某某老师的口号。后来，学校被闹得没有办法了，就说，去就去吧。于是全校师生就在蒙蒙细雨中从木龙洞过渡，抄电科院旁边的近道上了尧山。当大家一身雨、一脚泥地到了尧山脚底，哪还有什么爬山的兴致？采了几束被风雨吹得已经凋零的映山红，便打道回府了。

这就是小学三年里的三个春天，三次春游。

在小学的三年级和四年级，还有件特别令我快活的事情，那就是戴着红领巾参加过桂林庆祝中华人民共和国成立十五周年国庆庆典的游行队伍。我们红领巾方队的游行方队，是由整个北门地区的小学联合组成的。能参加队伍的，一般是品学兼优的学生，而我被挑选上了，除了快活还很得意。

那一年游行我是敲小队鼓的。小队鼓也就是小军鼓，用根绳挂在脖子上，鼓面顶在腰前。游行时，十几面小队鼓跟在一面大鼓后面行进，气势还颇为壮观。60年代的桂林好像特别喜欢游行，除了国庆，一有点喜事，诸如北京召开什么大会啦，伟大领袖发表什么指示啦，马上就要敲锣打鼓上街。我母亲的单位五交站，当时有个特别稀罕的铜管乐队，特别的牛气，往往都会走在全市游行队伍的前列。

那时候，桂林的小孩子一看见游行的队伍，就会叫着毛重重来了！毛重重来了！指的就是游行队伍中大鼓与镲的敲击声音。孩子们还会按着鼓镲的节奏跟在游行队伍后，边叫边跑："毛、重、重、毛重重、毛重重，毛重乙重重。"

当时我们敲的小队鼓要比大鼓的节奏稍许复杂一些，它会在行进中出现一些变奏，它的节奏是这样的："达、达、达、达达达、达达达、达达乙达达，达达达达达达达，达达乙达达。"还别说，这种简单的练习，在我后来考文工团学员队，甚至读音乐学院，上音乐理论课中的视唱练耳时，都起到过潜移默化的作用。

到了国庆节的那天早上，五六点钟就得起床了。父亲会用自行车搭着我赶到北门口的集合地点。从北门口走到阳桥边的体育场，这段路程对于我们这群八九岁的孩子来说，可谓不短了。但那时候大家都不会觉得长。

时间在兴奋面前，总不会显得长。

走到体育场的时候也就是太阳刚刚升起的时刻，大家会静静地坐在地上再等上两个小时。那一年好像是要等北京先开完庆祝大会，我们这边才开始。大家都站在广场中，先从广播里聆听北京的实况，完后才召开桂林自己的庆祝大会。当时的市委书记黄云、市长冯邦瑞通常都会发表一篇歌功颂德的热情洋溢的讲话，然后就鼓乐鞭炮齐鸣，白鸽、气球齐飞。这时的我，会目不转睛地望着越飞越高、越飞越远的白鸽与气球，心儿也随它们渐高渐远。

最激动人心的时刻是会后的游行。老师会一再对我们说："现在是练兵千日，用兵一时啊！大家一定要操练出我们北区所有小学的风采，把别的方队比下去！"这时我就会把小胸脯挺得高高的，小嗓门吊得高高的。当昂首阔步地走过检阅台时，我会觉得台上的黄云、冯邦瑞等领导一定会看见我。

游行队伍经过检阅台后出体育场南门，绕到正阳路，再拐到解放东路上往十字街行进，这时候的十字街真是欢乐的海洋，观者如云，欢声如潮。而我们在行进的队伍中，最盼望的是有熟人或者同学把自己认出来了，要是他们在人群中再喊一声你的名字，咳！那心情简直就是像喝了蜜糖水，咳！别提有多甜多美啦！

参加游行的服装是要由自己准备的，规定红领巾方队一律要穿白衬衣、蓝裤子、白球鞋，这对当时收入一般都不高的家庭来说，还真是个负担。我身边就有同学因为凑不齐这三件套而退出了游行方队。更多的同学是临阵擦枪，四处找亲朋好友去借。我当时的白球鞋就是捡哥哥穿剩的，母亲到街上买了一盒现在已经在市面上绝迹了的白鞋粉，将白鞋粉稀释后刷在旧鞋上晾干，瞬间能变旧成新。蓝裤子也是母亲买回染料，把一条旧裤子重新染蓝。这样一打扮，立马精神抖擞，焕然一新。

成长在那个年代的人，人人对破旧都不在意，衣服裤子上打个补丁是常事。大家都不在乎物质生活上的享受，崇尚的或是一种所谓精神的力量。

在我所有小学的快活记忆当中，桂林市红领巾歌舞团也是不可漏缺的一页。

我是在1964年考进隶属于桂林市少年宫的红领巾歌舞团的，说是考进去的一点也不假，当时少年宫的辅导员到中山北路小学来挑选新人，老师推荐了不少喜欢唱歌跳舞的同学去应考，我很幸运地被老师推荐去唱了一首当时每个小学生都会唱的《歌唱二小放牛郎》。也许那时候我就已经有点显露出先天的乐感了，在唱到这首歌的"敌人把二小挑在枪尖，摔死在大石头的上面"时，竟然热泪盈眶。就凭这点，少年宫的辅导员一下子就看中了我，果然说我有乐感有天赋，很快就通知我去少年宫了。

红领巾歌舞团在依仁路上的桂林市少年宫内。大门对着体育场，是座只有两三层楼的仿古建筑，屋顶有琉璃瓦，大门外有两根大圆柱，拾级而上的台阶旁有两尊少先队员的石膏雕塑，一尊是吹小喇叭的，一尊是敲小队鼓的。进大门后，正前方是个小礼堂，礼堂里面又有个极小的舞台。礼堂周围有好几个活动室，分别是歌唱小组、舞蹈小组、器乐组、曲艺组等各个小组的活动场所。当时我被分配在歌唱小组，除了负责独唱，也要参加表演唱、合唱，也要学习舞蹈，学习曲艺，我就曾经向一位来自北极路小学的、祖籍是山东的、会讲一口流利山东话的大同学，学过"当里个当、当里个当"的山东快书《夸小象》。

红领巾歌舞团一个星期集中一次，一般都是星期天。那时候全市的小学星期三下午都不上课，歌舞团有时也利用这个时间，我们当然特别乐意，因为在这里可以学到很多新的好听的歌。像《听妈妈讲那过去的事情》《让我们荡起双桨》《小松树快长大》等等，都是在少年宫里学会的。还有一首据说是我们少年宫自己创作的歌唱春天的歌，词与曲调至今我都还能唱得完完整整："是谁吹起了金唢呐，呜哩呜哩哇，是谁吹起了小喇叭，哇啦哇啦啦，看蜜蜂在舞蝴蝶在飞，飞在花丛中，看劳动的旗帜在田头上呼啦啦啦啦……"

1965 年的儿童节，我在少年宫的那个小舞台上终于表演了独唱，唱的仍然是《歌唱二小放牛郎》。演唱时还穿着放牛郎的衣服，戴着顶草帽，手持着放牛鞭唱的呢。遗憾的是，1966 年，红领巾歌舞团解散了。

能轮到我上台演出，哈哈，纯属"媳妇熬成了婆"。因为当时有不少老团员升高中了，还有好几位老团员考进了广西军区文工团。我还在阳桥头看见过红领巾歌舞团的陆辅导员正领着一个叫全荃，一个叫孙冬秀的老团员，穿着崭新的草绿色军装经过，让我羡慕得不得了。事后，还忍不住与陆辅导员说，等明年广西军区再来招文艺兵，您一定要介绍我去啊。

说到这里，还真可以说我与《歌唱二小放牛郎》这首歌有缘。1982 年已到北京总政歌舞团的我，在中国唱片社广州分社录制了我的第三盒独唱专辑磁带。音乐编辑黄美娟老师对我说："你在香港录制的专辑里，和我们给你录制的第一盒专辑里，因为有《送别》《弹起我心爱的土琵琶》《康定情歌》《可爱的一朵玫瑰花》《牧羊姑娘》等这些老歌，所以才发行得很好，因此这一盒新专辑，我们再挑些老歌吧。"

我当然同意黄老师的建议，在选曲目时，鬼使神差，我突然想到了当年在桂林少年宫唱《歌唱二小放牛郎》的那些往事，于是我向黄老师建议录这首歌，不料她仅"噢"了一声，马上就同意了。之后是录音、出版一路绿灯。盒带出来后，黄老师带我去见她的老朋友、当时中央电视台文艺部的主任金敏捷老师，并向她推荐了这盒新带子。金主任听完带子后很感兴趣，当场决定为我拍摄专题，拍摄的五首歌里又选中了《歌唱二小放牛郎》这首歌，同时，金主任还在1983年的"五四"电视晚会上，再次让我演唱了这首歌。

然而就在这风风火火的后面，我们都忽略了一个大问题，就是此歌的曲作者劫夫，在当时80年代初，仍在接受政治上的审查。我们大家都知道劫夫老师是很著名的作曲家，像《我们走在大路上》《革命人永远是年轻》等歌曲都是出自他的笔下。当年，许多毛主席语录歌也是出自他的笔下。

这时候，电视上播出的节目使劫夫老师所在的沈阳有点像"炸锅"了，在那个年代一般人都知道，只要是电台广播、电视里重播了谁的作品，就标志着这个艺术家被解放了。因此在沈阳，很多同情支持劫夫的人都认为，既然中央电视台都播《王二小》了，劫夫就该没问题了。而审查他的人也蒙了，怎么没有任何迹象，"上面"就突然宣布他没问题了呢？

于是，有"上面"的人来找我了，很客气地问我为什么要唱这首歌？是谁要你唱这首歌的？你与劫夫有什么关系？我当时倒很镇定，说是我自己要唱这首歌的呀，我说我童年在桂林市红领巾歌舞团的时候就唱过这首歌呀。来人看我说得确实诚恳，最后笑笑说："小郁，你还太年轻，政治上不成熟啊。"

特殊的年代容易发生特殊的事。仔细想想，在政治上还真有点不成熟，但转过头来又一想，管他成不成熟呢！我童年时代的愿望如今成熟了，这就是最大的成熟。后来还听说，通过《歌唱二小放牛郎》的播出，还真的对结束劫夫老师的审查起到了极大的加速作用，也正因为此，我与劫夫老师一家都成了朋友。

快活的记忆说不完，在说不完的快活里，还有一页也是不可缺漏的，那就是少年的我特别爱捉鱼。甚至"鱼老板"还是我读小学时的绰号。

真正的鱼老板是我们小时候称呼那些公家养鱼的人。那时候桂林的塘很多，而这些塘里都养着公家的鱼，因此经常可以看见鱼老板们，开春时往塘里放鱼苗，初夏时给鱼苗喂茶麸、豆饼等鱼食饲料。秋尽冬临了，鱼老板们便穿着从头套到脚的不透水的橡胶衣服，在塘边的这一头站好，扯起一张大网，然后兵分两路，沿着塘两边张开网往那一头"刮塘"。等一直刮到头了，网里便有了好多好多的鱼，一年的养鱼生计也就结束了。

小学同学叫我"鱼老板"，我想大概除了都知道我喜欢捉鱼外，还因为我家也是住在城公寺塘边的缘故吧。再有就是因为我这个郁姓，用桂林话读起来与"鱼"是一个音。

不过很奇巧的是，我家在桂林一共住过的三个地方，门前都有水，读到这里大家已经都知道了，最早我家住在东镇路，是在城公寺塘边；其后住在八角塘，是在八角塘塘边；后来搬到了骝马山，出门又是壕塘，也就是今天的桂湖。说句玩笑话，我怀疑我是属鹭鸶的。

我捉鱼最佳记录是在五六岁时，在东镇路塘边捉到过一条十几斤重的大草鱼，当时我抱不起来，就用整个身体将鱼压在塘边的草丛里，高兴得直叫哥哥来帮着拎。1966 年，我家搬到了八角塘，那时候又不用上学，捉鱼的时间多了，捉鱼的伙伴也多了，捉鱼的本事当然也高了。

当时在八角塘，十来岁的同龄人里捉鱼捉得"狠"的有不少，有住在巷子口的大鬼三、奔头儿俩兄弟，有住在我们后院的老九，有好友"弟仔"和他的弟弟"黑皮"。印象中最"狠"的还是我们邻居仇小弟，因为只要他往塘边一站，就没有见过他空手而归的。

我那时候懂得自己家里的成分不好，胆特小，所以不敢明目张胆地去捉公家鱼塘里的鱼，只能跟在他们的身后看他们，实在看得高兴了，才会偷偷摸摸地去捉两把，但一般都是空手而归。

我从他们那里学到不少捉鱼、钓鱼的本事，比如鱼饵很重要，在所有的鱼饵中又数蚯蚓为最好。因为把蚯蚓挂在鱼钩上扔进水里后，蚯蚓还会动，会主动引鱼上钩。那时候塘边的空地几乎都是菜地，拿根棍子朝地里一掘，就能掘出蚯蚓来。菜地里还有南瓜，我用过南瓜叶钓草鱼。我还学会把烂米饭包在布里，捣成分辨不出米粒的饭团子，再割成一小块一小块像大拇指盖般大小的鱼饵，用此来钓鲤鱼。鲢鱼不吃钓，要用带钩的尼龙线去"飞"它。这种"飞鱼"的办法就是在一根长长的尼龙线头上绑上无数锋利的鱼钩，再在线的顶端坠一块铁砣之类的重物，然后将此重物往塘中心一甩，再快速地将尼龙线一尺一尺地收上来，以期绑在线头上的鱼钩在收回的过程中，碰巧能钩住在水中游动着的鲢鱼。这种"飞鱼"要有很高的技巧，首先要观察水面的气泡，知道哪里有鱼，哪里没有鱼，再根据气泡的走向，判断鱼往哪走，最后把鱼钩往判断准确的方向甩出去。这种"飞鱼"我不敢学，一是体力不足，二是胆量不足。"飞鱼"的目标太大，也太肆无忌惮。因为塘里的鱼毕竟是公家的，我怕被真的鱼老板抓住，怪丑的。

最有情趣的捉鱼是用一个畚箕，在其中搭几块瓦片，撒上饭粒，浸到塘边的浅水里，骗些贪食的小鱼小虾入内。这样每隔十几二十分钟起畚箕一次，总会有几条"苦伶子"小鱼儿被捕获。如果是在黄昏时将畚箕放在塘边，第二天一早再去起获，畚箕里的"苦伶子"会更多，不少瓦片上还有它们打的"籽"。最要胆量的捉鱼是在塘边的石头缝里用手掏，常常能从石缝里掏出些黄鳝、螃蟹来，甚至能掏到甲鱼。但这也是大人们最担心的捉鱼方式，万一被甲鱼咬住手指头怎么办？石缝里万一有水蛇又该怎么办？

最让大人小孩都喜形于色的捉鱼是"翻塘"。每到仲夏，桂林老爱下几场瓢泼大雨，大雨带来的凉气把烈日的热气压到水里了，憋在塘底的鱼儿此时就会蹿到水面上呼吸。于是乎，这一场酷日、一场暴雨就会导演出一场鱼儿"翻塘"的好戏。这可是天赐捉鱼的良机啊，许许多多的男女老少都会"奋战"在塘岸线上，拿着各式各样的捞舀捞鱼。当然战利品都归自己，那个年代，公家的鱼店里，连片鱼鳞也没有卖啊。

　　我还见过一种最"毁灭性"的捉鱼方法，就是在临近冬天塘快干涸的时候，一个人在塘的东面，一个人在塘的西面，撒下一道好宽的网拦住塘的一角，然后还有第三个人吆喝着，不停地朝水里扔砖块，以惊吓鱼儿自己扑挂到网里去。这个方法还真不错，还真有不少傻乎乎的鱼儿就范，鱼儿遭殃，尚能理解，因为鱼的生存价值就是要被人吃；而砖头的遭殃，塘的遭殃呢？撒一次网，扔十几块半截砖，如果撒十次、二十次呢……

　　告别少年的年纪，也就是告别了去塘边捉鱼摸虾的年纪。时至今日，但凡看见江海湖泊边有人在钓鱼、捉鱼，又总忍不住流连驻足。因为我能从那些钓鱼、捉鱼人的背影中，寻觅到当年快活的我。

"扫地出门"那一天

　　"扫地出门"是在"文革"期间的一句常用词。许多所谓的"走资本主义道路的当权派"和地、富、反、坏、右以及资本家，在国民党时代做过警察、当过兵的等社会上的"牛鬼蛇神"，以及他们的父母、子女甚至亲朋好友，在当时都有被赶出自己原来居所的可能。有的进了被监督改造的"牛棚"，有的被关进了监狱，有的被下放到农村。这一切，都可被统称为"扫地出门"。

　　1966年的初夏，北京来的红卫兵南下串联队，把这一股"扫地出门"的暴风骤雨刮到了桂林，他们在十字街的桂剧院门口搭起了台子，装上了高音喇叭，还从桂剧院的楼顶上，往下垂挂着多条大幅标语。大标语上的口号在高音喇叭里被呼喊得震天动地，而且还特别的"煽情"，例如"革命无罪，造反有理"，例如"革命不是请客吃饭，不是做文章，不是绣花，革命是一个阶级推翻另一个阶级的暴力行动"，例如"天下者我们的天下，国家者我们的国家，我们不说谁说，我们不干谁干"，等等。这些口号配上高音喇叭里的那些字正腔圆的"京片子"普通话，让人立刻就能血脉贲张，亢奋不已。

　　整个十字街头，几乎每天都被亢奋激情的人流挤得水泄不通。我也曾好几次像"挤老米"一样挤在这人流中。这"挤老米"是我们儿时玩的一种游戏，桂林的冬天天冷啊，小孩子们不分你我他地紧紧挤在一起，推搡过来推搡过去，直挤得满头大汗，方才罢休。而在十字街头的"挤老米"，虽然也是满头大汗，却没有丝毫的乐趣，充满的尽是紧张和恐慌。再听着四处声嘶力竭的口号声、呐喊声，争抢从桂剧院楼顶上如天女散花般撒落下来的彩色传单，更有了一种也想参与打、砸的冲动涌上心头。

跟在红卫兵后面，我看到他们将十字街的"张永发绸布店""老乡亲饭店"等老店堂的牌匾统统砸烂，看到他们将这些老店堂的老板们拉到大堂门外挂牌示众，他们的脸上都写满了被羞辱的痛苦表情。

这种痛苦的表情，有一天我突然发现在父母的脸上也呈现出来了，明显地感觉得到不是工人、贫下中农出身的父母，经常在一起垂头丧气、愁眉苦脸地说着悄悄话，真有点惶惶不可终日的味道。

不久后的一个星期天中午，我与父母、哥哥正在吃饭，突然听见门外人声喧哗，顿时心跳加速，一种恐惧感顿时袭来。我知道这不会是过去客人光临的情景了，因为自从《五一六通知》发表后，家里所有的客人都不往来了。那么，门外究竟是何许人也？哥哥胆大，开门出去看，只见是一群蜜果厂的青年工人"造反派"，手里拿着糨糊桶，正用扫帚蘸着糨糊往我家的墙壁上贴大字报，大字报的标题很醒目，碗口大的字写的是："郁有声，立即滚出蜜果厂！"当时哥哥还想上前与他们争辩，父母惊吓得赶忙将他拉进屋里。

"造反派"在贴大字报的同时，就把我家的电线给剪断了。没几天，又将自来水管给掐断了。那时候父母整天都是提心吊胆的。受他们的影响，我的胆子也变得小极了，尤其害怕那些贴在门口的大字报被人家看见，于是我就自以为聪明地在大字报前拉了条绳子，以晾衣服为幌子，企图将大字报挡住。其实我这种"小儿科"的动作太容易被人识破了，"造反派"马上来人连绳带衣一起没收掉。那时候我家的隔壁已经成了工厂的单身汉宿舍，原本常来我家要杯开水、讨根针线的大哥哥、大姐姐们，这时不仅人人都变得凶神恶煞，而且每次走过我家的门口，都要将木地板蹬得震天响，好像不蹬穿它绝不罢休。因为我家屋里的木地板与屋外走廊的木地板是连在一起的。

每到这个时候，母亲就会把我搂在怀里，捂住我的嘴巴，连连说："勿响，勿响。"这是我们江苏老家的方言，意思是千万不要出声。

在那段日子里，我们度日如年。

当时在祖父过去的塘边书房里，还住了一个上级派到蜜果厂的工作组。工作组旁边的那块菜地，母亲哪还有心思打理，早已荒芜了，长满了半人高的野草。有一天我突然在那里面发现了一窝鸭蛋，足有十来只，便连忙拾起来送到了工作组，我希望能得到他们的表扬，甚至又"小儿科"般地幻想他们会因为我的拾金不昧，给处境不好的我家多一点怜悯，不再赶我家走了。不料工作组的一位叔叔收下鸭蛋后连眼皮都没抬一下，还说："行了，狗崽子还蛮会装。"

我哥哥当时已经谈恋爱了，对象是后来成为他夫人的许姐姐。许姐姐从小没有父母，因此跟我家很亲。她刚与我哥认识不久，赶上了九岁的我出水痘，是她把我从东镇路一直背到叠彩路的工人医院拿药看病。后来她看见我家断水断电，年幼的我每天还要到漓江边去挑水，于心不忍，就偷偷地来帮我挑水。但很快又被蜜果厂的"造反派"发现了，他们就在东镇路 25 号厂门口的马路边贴出一张"勒令"，禁止狗崽子许姐姐进入工厂。原来许姐姐的家庭出身也不好，其父亲毕业于保定军校，抗日战争时期就拥有国民党中将军衔，指挥过保卫杭州等一系列战斗。许姐姐没理会这"勒令"，还是来帮我挑水。没想到这下闯了大祸，造反派冲到我家，反扭着她的手就把她往外推。我心疼许姐姐，加上心里委屈，便扑上去拉住许姐姐哭喊着："许姐姐你不要走，不要走啊！"造反派急了，一脚把我踹在一边。望着渐渐被拽走的许姐姐，我突然从地上爬起来，回屋里拿出一只馒头。这馒头还是邻居桂来国叔叔见我自己做饭可怜，刚刚送给我的。我知道许姐姐要来挑水，便留着等她来时一起吃。而此时我只能哭喊着拿着馒头追了过去："许姐姐，你把这馒头带走吧！"许姐姐听见我的叫声停了下来，接过馒头掰下了一半，将另一半重又塞回到我的手里。我看见此时许姐姐哭了，好多造反派也都哭了。

那时候真是"屋漏又遭连夜雨，船逆还遇顶头风"。哥哥让我转给母亲买米的五块钱，又被厂里的一个家属小孩来我家玩时偷去了。我去找他妈妈要，他妈妈不但不承认，反而让我站在大庭广众之下辱骂我，说我诬蔑工人阶级的后代，工人阶级的后代绝不会偷你们这些狗崽子的钱，当时我只有默默地流着泪，离开了人群。

从此我的胆子就更小了。我坚决不肯一个人待在家里，常常是下午放了学，不惜走上一个小时到母亲的单位吃顿晚饭，到了晚上，再坐在她自行车后面的货架上回家。靠在母亲的背上，是我一天里最温暖的时刻。

有一天晚上，母亲要政治学习到很晚，她要我自己先回家。我就独自从解放东路的五交站步行到东镇路，回到家里已经八点多钟了。当我摸着黑打开房门时，身后突然传来一个很温柔的河南口音："小钧剑，你回来啦。"回过头，我看见是蜜果厂的一位阿姨，我知道她是军人的妻子，是当时厂里造反派的头头，我心头一热，因为好久好久没有人这样称呼我了。我赶紧把她请进屋里，点亮了煤油灯。阿姨说："那天别人在大庭广众之下那样骂你，我都看见了，骂人是不对的。今天阿姨等你回来，就是想了解一下你哥哥的钱，被偷走的经过，不要怕。"望着她那慈爱的眼睛，我的泪水止不住地流了下来。我突然觉得这个世界上好人还是多数。阿姨问完情况要走了，她帮我在脸盆里倒上水，说时间不早了，洗洗先睡吧。我说不，自来水管断水了，水要省着用，我等爸爸妈妈回家一起洗。阿姨听完我的话愣了半晌，摸摸我的头出门了。夜幕中我听见她自言自语地说："咳，这孩子这么小就受这么多苦啊。"尽管声音很小，却如洪钟般地撞击着我的心扉。

在蜜果厂的"造反派"把我家门口贴满了大字报和贴了要我家立即滚出蜜

果厂区的"勒令"后不久，我家被赶出东镇路 25 号院的事终于发生了。在搬出这已经居住了二十多年的老屋之前，父母居然连一点要被扫地出门的信息都没有告诉过我。所以当那天早上我被早早叫起床，并被告知赶紧整理好自己的东西准备搬走时，十岁的我第一次强烈地感到了一种被人抛弃的伤心。

父兄是搬家的重劳力，一切扛箱打包的体力活都是他俩的事。原来奶奶住过的那间房子里有一个木制的小阁楼，说是阁楼，其实也就是一个用几根木料搭在房间半空中的架子，将平时不常用的什物和箱子之类的东西堆放在上面。母亲嫌这个架子笨重，说不要了，可我舍不得，因为有多少次我的小朋友到家里来"捉蒙蒙跟跄"，都是因为藏在了小阁楼上而没被发现的。因此我竭力地劝说父母把它拆下来带走，我说到了新家，仍可以再搭起它。父母苦笑了，他们知道未来的所谓新家哪能再搭起一个阁楼啊。后来还是哥哥请来帮我们搬家的一位朋友解了围，他说："拆走吧，将来搭不起阁楼，放在地上当块防潮的床垫也好哇。"

院子里那张石桌，桌面是水磨石的。据说是我祖父当年在桂林时请人品茗、喝酒、下棋的地方。每逢到了夏秋时节，我们全家人也都是围坐在这石桌旁吃饭、待客的。尤其是我的小学同学要到家里来过学习小组日，大都也是在这石桌上做作业。父亲看我舍不得这石桌子，就说："要拆，就把这石桌面和阁楼一起拆走吧。"望着这两件我家家产里的"庞然大物"被搬上借来运输的木板车，我知道父亲同我想的一样，想把这里所有温馨的记忆，都统统带走。

带不走的却是石桌旁母亲酷爱的花草，尤其是那两丛母亲精心伺候的、需要两人才能合抱的，在桂林都罕见的茉莉花。多少日子里，母亲都将淘米水浇到树下。偶尔家里有点开荤的鸡鱼内脏的下脚料和洗肉的血水，母亲也必定将其埋在或浇在花下。母亲说："养花如养人，它也需要营养呢。"

母亲爱花，花也知报答，印象中我家的茉莉一年四季都绽开着沁人心脾的花朵。每当到了花儿开得最烂漫的盛夏时，母亲就会用白线将花朵串成一个个花环，送给左邻右舍和蜜果厂里爱美的年轻姑娘。住在隔壁院子附中宿舍的陌生人，时常也会来向母亲讨摘一两束茉莉，而母亲又总是大方地让他们尽情采摘……搬家那天，我看见母亲围着那茉莉花转了好几个圈子，幽幽地自说自话："今天不能将你们带走了……"

茉莉花丛旁边有一棵柚子树，是吾兄小时候吃柚子时，柚籽落地发芽而自然成长起来的，十几年了，长成了一棵伟岸的大树。那棵树结果子最茂盛的是在 1964 年，树上黄灿灿的柚子足有好几十个。也就是从那时候起，我学会了摘高挂在枝头上的柚子。摘柚子其实根本不用爬上树，只要用一根长竹篙或是棍子，对准熟柚子的底心轻轻一顶，它就会离枝而落，这就叫瓜熟蒂落吧。可惜的是，那柚树从 1965 年开始就生虫了，父亲与兄长用尽了所有的杀虫剂，甚至找来了土药方子，都不能令其起死回生，冥冥之中预示着我家将会面临一场不可逆转的灾难。

在柚子树旁边的那块菜地里，每当到了春末夏初，开满了粉的、紫的、黄的各色瓜花豆花，艳丽的花朵会引来好多的蝴蝶和成群的蜜蜂。尤其是到了夏天的晚上，更有一闪一闪的梦幻的萤火虫。幼稚的我一有时间，就用好奇的目光徜徉在菜地里流连忘返。一有机会，我也特别乐意寻觅在瓜藤豆蔓之间许多许多的小生命，与螳螂、金龟子、牛角冲、鼻涕虫、地狗仔等小宠物们窃窃私语。我喜欢在这里捉蜻蜓与知了。用手捉，用从桃树上找来的浆，俗称"桃胶"裹在棍子尖上去粘它们。蜻蜓中个子最大的叫老虎蜻蜓，那是因为它身上有老虎一样的花纹而得名。老虎蜻蜓停歇在什么地方没有规律，叶片上、花朵上、树干上，它哪儿都能停，不太容易捉。而个头较小的红蜻蜓，一般都停在枝干的顶尖，所以比较好捉。最难捉的是一种身材苗条的长着一对幽蓝色翅膀的"鬼蜻蜓"，它好像永不知疲倦地老是在水面上飞，偶尔飞到岸上也不停歇。

1966 年初夏，被"扫地出门"搬出东镇路旧居前。兄长刚结婚，第一次全家合影。

在三年自然灾害时，母亲曾在那里种过苞谷、红薯、蚕豆、荷包豆、丝瓜和南瓜，对当时青黄不接的困难生活略有接济。那三年里，老百姓的生活苦啊。在这种情况下，父亲用他省吃俭用存下的私房钱，买回来过一只羊。卖羊人骗他说是只小母羊，还说养好了它就能产奶产崽。父亲善良地认为自己这下可以发"羊"财了，不仅有羊奶喝，还可以期待来年有小羊，这下度过这困难时期就不成问题了。于是，便自作主张地花私房钱把羊牵了回来。不料懂行的人看了说，这哪里是头小母羊啊，分明是头老公羊嘛！大失所望的父亲被家人和邻里讪笑后，也只能把这烦恼往自己肩上扛。每天上班前，必须先把他昵称为"羊先生"的老公羊牵到菜地旁，让它自由活动，晚上回家了，再把它牵回厨房关好。还别说，那羊还真通人性，见到我们都不理，唯独见到父亲，它才会亲热地"咩咩"地直叫唤。不料有一天，"羊先生"自己把牵在它头上的绳索缠绕到了菜地旁边建筑的柱子上，又一脚踏空被吊死了。记得那晚正好停电，父亲和哥哥点着蜡烛忙着杀羊烧肉，虽说是在那个家家户户都没有丁点油腥的年代，我家解了馋，但母亲埋怨，说那铁锅膻得月余都没法再用。

菜地旁边就是城公寺塘了，这里也是我朝夕厮守的地方。多少年来每当放学后，我都会跟一些同学先在塘边玩会儿，玩些捉鱼摸虾的勾当再回家。而这时又总会有别的同学使坏，大叫一声"鱼老板来了"，也就是管鱼塘的管理员来了。说时迟那时快，只见塘边的我们"呼啦"一下，顿时作鸟兽散，跑得无影无踪。

被"扫地出门"的那天，城公寺塘正在翻塘，水面上无数鱼儿的嘴"扑哧扑哧"地张开着呼吸空气。要是在平时，正是我乐不可支地拿着捞舀奔跑在塘边的时候。可此时我只是呆呆地看着这一切，甚至觉得我就是一尾缺氧的鱼，也正张嘴"扑哧扑哧"地在乞求活路呢。

"钓剑，我们该走啦！"母亲在已经枯死了的柚树下呼唤着我。不知为什么，当我走到母亲身边，看着她那忧愁的面容，眼泪又止不住地流了下来。然而，没想到平时十分温柔的母亲，此时却给了我重重的一巴掌："哭什么！有什么好哭的！"

这时候，只见许多蜜果厂里戴着红袖章的"造反派"和没戴红袖章的职工们，密密麻麻地围在一旁，有看热闹的，有幸灾乐祸的，更多的是毫无表情的。我赶紧擦掉了泪水，默默地跟着父母，跟在装满了行李的木板车后面，离开了我的家。

当时最令我痛心的是，往常这些十分亲热、十分熟悉的叔叔阿姨、大哥哥大姐姐们，现在怎么一下子都变成了陌生人一样？我赶紧低下了头，不敢看他们，只顾望着脚下这条自己从蹒跚学步起，就跌跌撞撞走了十年的路。我知道这次一走，就不会再回来啦！

凄然告别东镇路

我家被蜜果厂"扫地出门"，赶出了东镇路25号之后，北门房管所给我们安排了一个新的住处，当然这个新住处绝不是新的房子，而是东镇路口与中山北路交叉处的一个原来修理自行车的铺面。既然它原来是铺面，当然就具备了做铺面的一切条件，如临中山北路大街的那一边，全是一块块可装卸的木门板。几十年前的商店大都是这样的，早上开门营业了，营业员将一块块木门板卸下来，晚上关门打烊了，营业员再将这门板一块块地装上去。那时候的商店哪有现在这么风光，一按电钮，什么推拉门、弹簧门、卷帘门、感应门等就会自动打开了。

店铺让我们住下了，原来修理自行车的生意自然也就歇业了。好在这店铺的面积不算太小，有个二三十平方米吧，所以我家那好几间房子的家什，也就摞起来堆着，基本能安顿下来了。那时候所有店铺的地面都很糟糕，一般都是泥巴地，什么水磨石、大理石的地面连听都没听说过，就连木地板、水泥地面都十分罕见。新搬进的这个修理铺自然也不例外，甚至更糟糕，到处都是坑坑洼洼的。不过那个原来不准备要了的，在东镇路旧居里是阁楼的木架那时可真还派了用场，放在坑坑洼洼的地上，用碎砖垫平了，还真做成了个床垫，上面放张床像铺了层地板，平稳得很。最麻烦的是临街的那排木板门，每块木门板之间缝隙很大，父母只好找来旧报纸，把这些缝隙都糊上。

　　修理铺的楼上是住家，是家湖南人，纯正的工人阶级出身。他家儿女成群，在我家面前不时会流露出极强的优越感。但男主人不一样，从未对我家流露出半点歧视，总是笑呵呵的。母亲觉得光凭这点，就能看出这家男主人良心好，便想方设法与他们搞好关系。家里做点什么好吃的，宁愿自己少吃点，也要盛一碗给人家送去。

　　唯一有点别扭的是，他家的楼梯依我家的墙壁而上，有一个拐角处，可将我家一览无余。后来父母也是用旧报纸把这个拐角的缝隙糊住了，但又总是会发现时不时有一双眼睛，从旧报纸被捅破的窟窿里露出闪烁的目光。经过"侦查"，才知道这是他家那个与我几乎同龄的小儿子。说实在的，他好奇时要是我家正在吃饭倒还好办，要是正在洗澡那可就惨透了。

　　搬到新家后不久，我上五年级的新学期开始了，当时小学还没有完全停课，因此我家被蜜果厂赶出来的消息在学校里不胫而走。出身于工人、贫下中农等"红五类"家庭的同学，已经不屑一顾我这个"狗崽子"了，更有一些高年级的学生朝我身上吐口水、扔块小石头，这都是寻常之事。母亲对我十分担心，每天早上出门上学时都要千叮咛万嘱咐的，叮嘱我要打不还手、骂不还口。十岁的我牢记了母亲的教诲，每天到了学校后，早早地坐在教室里，到了放学，又等大家都走后，我再最后一个离开教室。这样就避免了与同学的正面接触。走路也必定是避开同学，低着头，顺着马路边的墙根，独自一人早出晚归。

　　新学期的课没上几天，一天下午放学回家，远远地就看见了我家周边围满了人，受惯了惊吓的我顿时又把心提到了嗓子眼上。我赶紧跑上前去，只见一些身穿黄军装、腰扎武装带、臂戴红袖章的桂林第五中学的红卫兵正在我家翻箱倒柜。我拨开人群冲进屋去，看见父母不知何时已回到了家中，正默默地站在墙角，目睹着那群红卫兵在肆无忌惮。我知道这叫"抄家"，因为自"文革"开始以来，这种行动在社会上已经司空见惯了，母亲见我回来了，赶紧一把将我搂在怀里，我懂事地望着母亲，对她说："我不响，也不哭。"

五中红卫兵抄家抄得很仔细，我看见父母用来装字画的那口大铁皮箱子也被抬放在屋中央，它的周围依次摆放着家里所有的箱子，统统被打开了，里面的物品全部都被翻得乱七八糟，不少被随便地扔在地上。我看见还有两个扎着"牛角冲"辫子的女红卫兵，正将堆成一堆的书籍一本本地逐页翻过，说是很有可能会在其中发现有"变天账"或是国民党的"委任状"之类的黑材料。五斗衣柜也被打开了，只要沾点呢绒绸缎的衣物也统统被摊甩在地上，甚至连唯一的一床红绸子被面也被扯了下来，只剩下棉絮扔在地上。蚊帐上有一对母亲的小妹妹刚从上海托人带来的、当时很时髦的、涂着假金粉的帐钩，他们以为它是金子的，也毫不留情地拽下来了。

最让人不寒而栗的事情还在后头，一个红卫兵翻出了一个小空铁桶，这种铁桶是母亲的单位五金站化工门市部装油漆的，油漆卖完了，母亲便把它要了回来洗干净，用来装面粉、花生豆子一类的食物用。当时这个红卫兵一打开桶盖，顿时如同发现了地雷一般大叫了起来，只见所有的红卫兵"呼啦"一下，都蜂拥而上。父母吓坏了，赶紧挤上前去一看，糟了，桶里有张毛主席的画像，而且是一张四周破损了的毛主席画像。这在当时可是犯了滔天大罪的事啊，要是上纲上线，那可不得了。因此，明事理的父母吓得直打哆嗦，连连辩解："我们不知道，我们真的不知道啊。"而我上前一看，明白了这是我闯的祸。

那个时候，父母就知道居家挂字画是属于资产阶级情调了，于是把字画从墙上都取了下来，并买回了这张毛主席像贴在屋中央。在我家被赶出东镇路那天，父母忙着装箱打包，谁也没注意我用小刀将贴在墙上的画像给揭了下来，我的主观愿望是想拿到新家去再贴上。揭下来后，没有地方放，再加上四周被我揭得不齐，又害怕给蜜果厂的"造反派"发现，东找西找，就找出了这个空桶藏了进去，想以后到了新家，将画像的四周剪齐了再贴到墙上去。没想到藏到桶里后就忘了。面对着红卫兵的大喊大叫，那天我出奇地十分镇静地说出了这段经历。奇怪的是，一位高高大大的大哥哥样的红卫兵头头，在默默地听完我的述说后看了我片刻，竟很平静地对他的部下们说："这事就这样了，由我来处理吧。"

抄完家后，天已经很黑很黑了。他们用木板车和三轮车将他们认为是属于"资产阶级"范畴的所有的"战利品"都被拉走了，那床红绸子被面，那副镀金的蚊帐钩，那些沾点呢绒绸缎的衣物被拉走了，成捆成捆的书籍、成兜成兜的工艺品被拉走了，那口装满了名人字画，连同全国人大常委会副委员长黄炎培先生在新中国成立初期亲笔书写邀请祖父赴京共商国是信函的铁皮箱子，统统都被拉走了。这其中，还包括我积攒多年的邮票、香烟盒子、"公仔"！

我和父母关上了房门，大家似乎都觉得不饿，一家三口就这样依偎在没有开灯的屋里。半晌，母亲长长地叹了口气说，事情已经过去了，就顺其自然吧，还是把眼前的事做了，打扫打扫吧。说完便与父亲收拾起那些裸露的棉絮、倒空的箱柜，散摊四处的大件杂物。我乖巧地拿起扫帚，扫着地上残留的垃圾。

扫着扫着，我突然发现了地上的一摊瓷片，哦，我想起了，那是年年用来插机床厂顾瞎子伯伯送来的桂花的那只青花瓷瓶啊，竟然被他们砸得粉碎。在我童年的眼里，这只父亲说过的大清雍正年制造的青花云龙纹瓶，可是了不起的啊，它不仅贵重，而且还特别硕大。顾伯伯每年采折来的桂花全是大枝大枝的，只有它能插下。（桂花因花朵小，开放时成团簇状，折枝小了，花瓶无法插）我还想起了，每当八月十五中秋来临之时，顾伯伯把桂花采折来了，父母会小心翼翼地从阁楼上把祖父留下的这只瓶子搬下来，揩拭干净了，插上桂花放在五斗柜上，半个五斗柜都会被它们占满。由此可见瓶子真的不小。

看见地上的碎瓷片，心头一阵哽咽。它使我想起了祖父留下的另一只血红血红的瓶子。父亲也对我说过，那只瓶子叫"祭红"，它比青花云龙纹瓶可要贵重得多。我赶紧去找"祭红"，我清楚地记得，搬出东镇路的那天，是我亲手将它装进另一个小油漆桶里的，还用旧报纸将桶里的瓶子四周塞得严严实实。因为桶短瓶口高，也是我一直亲手拎着裸露着瓶口的油漆桶，并把它放在了新家的床底下。想到此我又赶紧去找，趴在地上一看，床底下没有了，找不到了，"祭红"就这样丢了。

我当时就流泪了，那可是我最喜欢的瓶子啊，母亲说过，等我结婚时，就把这只瓶子送给我……

更让我止不住泪水的是那满地被撕碎的照片。太祖父母的、祖父母的、外祖父母的、父母兄长的、亲朋好友的、还有我童年的，统统被撕成了指甲盖大小的碎片，撒满了一地。我终于委屈地哭出了声来。

父母闻声回过头来看着我，我赶紧擦掉了眼泪，说："爸爸，姆妈，刚才他们人在时，我没响，也没哭。"我明显地感到一阵颤栗后的母亲把我搂得更紧了，她长叹了一声后说："小钧剑啊，让你出生在我们这样的家庭里，父母对不起你啊！……"

从搬家到抄家也就是半个月左右吧，在这短短的时间里，我家接二连三地遭受到了如此大的变故，父母像是被霜打过的瓜苗一样，蔫得抬不起头来。尤其是新家挨着马路太近，每晚睡在床上，汽车如同从头上驶过。糊在门板上的旧报纸，经常是上午刚刚糊好，下午就会被路人从外面捅破，以图看看我们的困窘取乐。当年十岁的我，居然能想出这样的句子："我们一家人就像被剥得精光一样，裸露在世人面前。"

大概住了三个月吧，又接到了房管所要我们再搬家的通知。全家都特别高兴，尤其是我，因为我知道这次搬家，意味着从此就远离东镇路这块令我们饱受羞辱的地方了。

本来想偷偷摸摸地搬走，但重感情的母亲还是悄悄地告诉了为数极少的亲朋好友。记得临搬家的那两天，他们大都也是偷偷摸摸地来看一看，说几句安慰的话就匆匆走了。

　　住在商业局里的邓小玲姐姐也曾来过，她算是我的朋友吧，但比我要大五六岁，是我在东镇路度过的童年时光中给予我最多友爱的人。认识她的机会很偶然，那时也是因为父母工作忙，单位离家都远，中午无法照顾我吃饭。先前在小学的教师食堂搭伙，因教师食堂倒闭而无法继续。为了解决这一难题，母亲就去找了曾一起在财会学校学习过的同学——邓小玲的妈妈（时任地区商业局会计），请她帮我在商业局的食堂里买点饭票。去她家时正好邓小玲在场，于是她母亲就让她带我去买了饭票，认了食堂的门。从此以后好长的一段时间里，我都有一副碗勺放在邓家。每当我中午或是下午放学了，总是先去她家拿了碗勺去食堂吃完了饭才回到自己的家里。他们一家待我都很好。要是遇上她家做了点好菜，邓姐姐会悄悄地告诉我，让我去食堂打了饭假装什么都不知道地去她家蹭菜。我人小嘴馋，也就不懂事地去了，而她家父母兄妹也不嫌弃。有一回下大雨，我没带伞，从学校跑到她家拿碗时已被淋得像只落汤鸡。邓姐姐一见，马上要我脱下湿衣服并拿去煤炉上烤干，为此还耽误了他们全家的晚饭。还有一次我与同学打架，衣服撕破了，书包的背带也被扯断了，我十分沮丧不敢回家，也是邓姐姐拿来了针线一点点地帮我缝好。那时候，邓姐姐才十二三岁。

　　邓姐姐是在十五六岁时告别人世的。她是在1968年时响应毛主席"知识青年到农村去，广阔的天地大有作为"的号召，下放到农村后染病不治而终的。事隔了好几年我才听到她的噩耗，这让我难过了很久，因为自我家搬出了东镇路后就没有再见过她，可是她的音容笑貌至今都还留在我的脑海里。

　　搬家的前一天，蜜果厂传达室看门的蒋伯伯也偷偷地来过我家。蒋伯伯是我在东镇路度过的童年时光中给予我关照最多的人。印象中他的妻儿都在乡下，仅他自己孤身一人住在厂里的传达室。每当下午工厂一下班了，偌大的厂区里就只剩下了他孤单的身影。而在这偌大的厂区里也常常只有我一个小孩在玩耍。因此，我俩一老一少的笑声也就常常回荡在这被夕阳染透了的寂静的黄昏中。小时候我身体弱，腿软缺钙，有一阵母亲就给我订了一份牛奶，可是我偏偏不爱喝，母亲便把逼我每天喝牛奶的任务交给了蒋伯伯。蒋伯伯忠于职守，每当我上学的那个时辰到了，他总会站在传达室门口严阵以待，像老鹰捉小鸡一样，随时能把准备偷偷溜出厂门的我，抓到传达室里去把牛奶喝掉。

那时候蜜果厂生产的产品主要是冬瓜糖、柚子皮糖、李子饼等。突然有一年生产蜜枣了，新鲜的枣子加工成蜜枣后，还要拿到太阳底下去晒干。估计是当时没有烘干设备的缘故吧，于是工厂院子里，经常晾晒着一簸箕一簸箕的蜜枣。被蜜枣熏甜了的空气招来无数的苍蝇，也招来了不少嘴馋的小孩。记得有一次，当我正抓起一颗蜜枣要往嘴里塞时，被蒋伯伯看见了，只听得他大喝一声，仍像是老鹰捉小鸡一样一把捉住了我。我吓得浑身直打哆嗦，赶紧吐掉蜜枣求饶："蒋伯伯，我真的从来没吃过这种东西呀……"蒋伯伯盯着我那惊恐的小脸看了好一阵，放开我走了。

第二天上学，他把我叫到传达室，趁四下无人时从抽屉里拿出一个旧信封。他把这鼓鼓囊囊的信封塞在我手里，说："这种东西叫蜜枣，伯伯给你弄了几颗，你拿到厂外远远的地方再吃……"

蒋伯伯来我家时我没在，等我回来母亲才告诉我他老人家来过了，并且说他只讲了一句话就匆匆地走了。蒋伯伯说："知道你们又要搬了，我是来看看小钧剑的。"

听完母亲的述说，第二天一大早刚一起床，我就往蜜果厂跑，我想去看看蒋伯伯。可是走了一半我又不敢了，我怕遇见厂里的"造反派"。只好从地区商业局旁边的一条泥泞小巷，绕到蜜果厂对面的那座已经被红卫兵砸烂了的北伐纪念塔前，在这里可以远眺东镇路 25 号蜜果厂的大门。

大门是紧闭着的，可大门上那扇可供一人出入的小门却开着。小时候我最高兴站在这扇小门上了，让蒋伯伯把那扇大门推过来推过去，而我站在这小门上便有了荡秋千一样的快乐。此时此刻，我多么希望蒋伯伯会从门里走出来，再推我在小门上晃来晃去啊。

一生的遗憾是，从此我再也没有见过他。

远处传来了母亲唤我的声音。我拔腿往回跑，只见我们这个被抄得七零八落的家，已经被装好在木板车上了。

十一月的桂林快要有点秋风扫落叶的味道了。可我仍是赤着脚，跟在哥哥拉的木板车后，帮他推车。当我走过从小帮母亲打酱油、帮父亲买烟打酒的"原来强"杂货铺时；当我走过总把我剃成"马桶盖"的剃头铺时；当我走过城公寺路口那间卖四分钱一碗米粉、三分钱一点发糕的小吃铺时；当我走过生我的妇幼保健院、教我的三皇幼儿园时，年少的我居然也会十分强烈地喷涌出一阵阵难舍难分的凄切的失落之感。我甚至似乎还懂得了，今天，我是在走过自己的一个时代，一个不会再有的孩提时代。

落寞搬进八角塘

在秋风扫落叶的 1966 年 11 月，我家搬进了八角塘。

八角塘是位于伏波山西北面的一口塘，清代的时候叫八桂塘。我在搬进八角塘后，曾有意无意、十分好奇地访问过不少老街坊，欲解它名字的由来，在众多的传说当中，较靠谱的说法有两个。一个是说，从前的八角塘不是圆的，而是有八个角；另一个说法是，从前的八角塘四周还有八个小塘。桂林人说八角的"角"，其读音就是"国"，八个塘的"个"，桂林人读起来也是"国"，年久日深，把音读白了，"八个塘"就读成"八角塘"了。

凡事喜欢"打破砂锅问到底"是我少年时的脾气和秉性。为了把"八角塘"弄个水落石出，我还真的偷偷地去实地考察过。我发现，八个角倒也可以牵强附会，因为塘的本身就是曲里拐弯的，要找出八个角来非常容易。而如果按有八个小塘的说法，当年却只能见到四个了。工人医院宿舍后面有一个，很小，在大塘的北面，中间有民居相隔；军分区里有一个，在大塘的东面，解放军筑起了一道水泥堤坝相隔；我们家门前有一个，在大塘的西面，有一条约半米宽的土径相隔；还有一个在我家的后面，在大塘的西北面，每到春天发大水，相隔的渚头便被淹掉了，要等到冬天退水了，才能显现出来大塘与小塘。

我家搬到那里时，八角塘已经是这条巷子的名字了。

其实一直到 1966 年，这条巷子还有另外一个很美丽的名字，叫芙蓉巷。

1972年于八角塘家门前。背后为伏波山，右侧为桂林地区大礼堂，左侧为桂林军分区宿舍。拍此照时我已考入桂林市文工团学员队。母亲不再担心我会被下放农村，或去广西边境生产师种橡胶的去向了，脸上挂满了久违的喜悦。

将芙蓉巷改名八角塘，我估计是芙蓉巷之名涉嫌资产阶级情调，而被"破四旧"破掉的。老名字破掉后，取什么新名字合适呢？大概因为巷子旁边正好就是八角塘吧，所以，以塘易名，应运而生，得来全不费工夫。

早年的芙蓉巷应与芙蓉路有关，因为八角塘巷子北头连接的就是芙蓉路。芙蓉路，芙蓉巷，那时候还真有芙蓉树，每当芙蓉花开的季节，红的、粉的、白的花朵随清风摇曳，能让心情好的路人心情更好，也能让苦闷的路人短暂地远离苦闷。

八角塘旧影。

上世纪 80 年代伏波山一带的
景色。画圈的地方为八角塘，
画三角的地方为我家的居所。

八角塘巷子窄，一条数百米的青石板路，曲径通幽，蜿蜒古朴。巷子最窄
的一处拐弯角，只能并行三两行人而已。由于巷子窄，巷内无树。但不乏浓荫
遮阳，那些从巷子两边的院墙里，"冲"出来的高挺枝叶，使八角塘北边好长
一截巷子一年四季都在绿荫之下，一年四季那墙角都长满了青苔，爬着鼻涕虫。

尤其是在夏天，打起赤脚在这里的青石板上走过，顿时能透心凉爽。

八角塘巷子里还有一大特点是青石板路两旁的院落多，高大围墙里居住的
住户，应该都是旧中国有头有脸的人家。由于我的童年也是在这种高墙大院里

度过的，因此也就有了一种院落情结。我会常去偷窥这些紧闭着大门的院落，特别想看看里面的人和景，强烈地流露出在自己的潜意识里，一种失掉了自己院落的失落感。

巷子里的好院子有好几座，一座在巷子口三皇民办小学的北边，是独门独院的西式小洋房，此家姓王，有两个姐姐一个弟弟，但姐弟仨从来不与巷内的孩子们玩耍，只是每当路过偶遇时，点点头致意。另一座在三皇民办小学的南边，平日里绝对紧闭门户。我在八角塘居住好几年后，才偶然有一次从那开启的门缝之中惊讶地发现，整洁的院子里居然种有五颜六色的花花草草，这在当时的形势下，绝对罕见。记得那天回家后我把这一发现告诉了喜欢花草的母亲。母亲说，大概是家文化人吧。后来才知道，这户人家确实是文化人，而且在桂林是资深的文化人，主人姓林。

林家斜对面的院落也不错，里面的两户人家我父母早就认识，一户住在院里那栋小洋楼边上的偏房，房主是我幼儿园时的李老师。住在小洋楼里的当然就是房东了，女主人也是江苏同乡，母亲说他们之间在新中国成立前就认识了，可是不知为何在我们搬到八角塘后，却从来没见过母亲与她有过来往。现在想起来，那应该是"避嫌"吧。

那家院子里的柚子树、柑橘树特别多，鸟儿也多，终日叽叽喳喳。最有特点的是，它那大院门的半腰上，还有一扇半圆形的小木门，这样即便是大木门敞着，只要小木门是关着的，路人也看不见里面。

八角塘的中段是一面至少有三米高的青砖围墙，桂林人俗称"封火墙"。墙边有一扇两米多高的大木门，门框上也有像我家在东镇路旧居大门上镌刻的"艺庐"一样的石匾，此时也已剥落。一进大门，有个不大的天井，三两釉盆中栽种着桂林常见的花木，旁边有用桂林山石做成的假山盆景，盆景里的水中游曳着几尾金鱼。天井过后，是两层楼的楼房，楼下有开敞的厅堂，左右是厢房。这是我搬到八角塘四五年后唯一进过一次该院的记忆。这户人家姓白，平时也不多与街坊邻里来往，记忆里白家人丁兴旺，抱团齐聚，所以成全了院落的完整与温馨。

　　那时候桂林类似白家院落这样的民居很多，似乎它有点像北京的四合院、上海的石库门一样，是比较典型的桂林民居。在建筑风格上，它又比较近似于徽派建筑。又由于南方盛产竹木，像这样的桂林民居，除了院墙外，室内一般少用砖石。基本上都是木制的楼梯栏杆，木制的板壁，木制的门窗。而如此这般的院落加两层木楼，一般都是"大户"人家居住。在我家后面也有一个院落，也有这么一栋与白家几乎完全一样的民房。但没有白家的幸运，院落在那个年代的风风雨雨中，失掉了院墙，失掉了釉盆花卉、鱼缸假山，成了大杂院。

　　想不到大杂院里住着一户也与父母相识的老熟人，男主人是当时广西师院附中的朱校长，朱夫人没有工作，赋闲在家做全职主妇，她还烟不离嘴，在那个年代给我留下了别样印象。我家搬到八角塘后，性格开朗的朱夫人与母亲倒常有往来。其小儿子叫朱小弟，长我两岁，曾花了几块钱买过一只口琴送我，这在当时可是不得了的厚礼。

　　与白家的青砖围墙紧相连的还有一个"洋房"院落，里面住着好几户人家。其中一户姓况。况家的女主人高高大大，为人豪爽热情，每次大老远地看见我都会叫我，让我感受到久违的亲热。后来听说此院落里的洋房，原是她家的物业，之所以买得起这栋房子，应该是她的丈夫新中国成立前在国民党军队里做过事，在1968年，他丈夫因此落难，死了。

　　要数印象最深的院落，还是巷子南头的熊家。据说当年桂林市最有名的私人药房"熊同和"就是他家的祖业。在那些年里，熊家的人几乎足不出户，虽然我也知道熊家有老有少，但经过时，他家的院子总是鸦雀无声。他家的大门总是紧闭的，临街的一侧院墙也全用青砖所砌，不过没有封火墙那么高。大门口有两株芭蕉树，翠绿修长的芭蕉叶常常伸出院墙，在巷子里婆婆起舞，与我家在东镇路时的邻居家景象一样。临八角塘的一侧是足有一人高的十几米长的蔷薇花树墙，每当春天花开时节，花团锦簇的蔷薇花就像一片花海，是我迄今为止再也没有见过的盛况。

　　八角塘的巷子南头，横向连接着凤北路，正对着的是中华路。

　　在巷子的南头也有一片民宅，虽然不像巷子里一个个都是独门独院，但也都是有厅堂有居室的正经房子。这里同样居住着我家的熟人，一位旧社会生活阔绰的姨太太，新中国成立后被迫改嫁给了一位经常为祖父拉黄包车的张姓车夫。那位姨太太老婆婆见到母亲后高兴得喋喋不休，连连对母亲说改嫁给了张车夫也蛮好的，这么多年来，日子过得倒也平安和睦。那时候男主人已经不拉黄包车，而改蹬三轮车拉客了，而姨太太也因生活所需，彻底放下了旧时的身份做起了保姆，后来还带过我哥哥的女儿，每当我去接小侄女回家，老婆婆都客客气气地让我"坐坐，喝杯茶"，风度和涵养都不减当年。

　　最差的房子是在巷子口，一间要弯腰低头才能进门的木屋，里面住着一位孤寡老太太。木屋虽然破烂，但门前巴掌大的地方却种着月季、凤仙、栀子、大丽、草菊一类的大众花卉。每到盛开的季节，爱花草的母亲都会花几分钱，向老太太买几支鲜花回家插插，母亲总说，生活再苦，心不能苦。

　　这就是当年的八角塘。

　　我的新家建在熊家院落的后面，那是一排盖在一块菜地上的"临时搬迁房"。这种临时搬迁房在这块菜地上一共盖了两排，另一排与我家形成了等边三角形。何为"临时搬迁房"呢？拆迁户搬来时，房管所说你们住在这里是过渡的，是临时住一阵子的，等不久的将来在别的地方盖上了正儿八经的新房后，你们就可以马上并优先搬进"高楼大厦"了。因此这房子相当简陋，它没有一块砖石，全用旧房子拆下的旧木板钉成隔断，盖上瓦就行了。房间里当然不会

2006年4月，桂林八角塘旧居。清楚地记得近四十年前的1966年11月，我家被"造反派"扫地出门，从东镇路的深宅大院里被赶到了八角塘。我身后的房门就是当年我家居住的"八角塘12之2号"。刚搬来时没有砖墙，墙壁是用废旧木板拼钉而成的。寒冬腊月门外风雪翻卷，屋内冷风嗖嗖。没有天花板，狂风暴雨之日，门外瓢泼如狂，屋内凉雨霏霏。

有天花板，稀疏的瓦顶可以透射进阳光。一到下大雨时，霏霏雨丝又必然会从稀疏的瓦顶飘进来，再一遇到刮大风，满屋子又会布满厚厚的尘土。后屋很黑，建筑工人便在瓦片之间安装上一块玻璃，称之为"亮瓦"。一年多后，实在是因为"屋外下大雨屋里下小雨"的现象，让所有的住户都忍无可忍，房管所才来给房顶内加钉了一层那种晒稻谷用的竹篾垫，虽然这样下雨刮风，雨丝和土灰砂粒不会直接洒落在桌上床上了，但依然听得见大风刮起时，那土灰砂粒打落在竹篾垫上的"沙沙"声。尤其是后来有了老鼠，经常半夜能听见老鼠在竹篾垫与瓦面之间的空间里追逐打闹。最不可思议的是，时不时会有老鼠尿滴滴答答地从天而降。

如今都过去快五十年了，这房子还在"临时"着。

言归正传，搬到八角塘那天很热闹，因为当天同时有五六户拆迁户搬来。分配给我家的是整排木房中的两小间，每间三米乘三米，也就是九平方米。母亲一看连连说东西放不下，面积太小啦！此时正好有一位房管所的负责人在，出乎意料的是他听完了母亲的牢骚后，竟当场又分给了我家一小间。由于这房子是木板钉成的，只要将几块木板一撬，隔壁的一间就打通了。

不久这一排临时搬迁房被定为八角塘12号。12号里都是北门一带的拆迁户，房管所的人对旁人说我家也是拆迁户，旁人也就心照不宣地笑笑，其实大家都晓得我家是被"文革"的"造反派"扫地出门，赶到这里来的。

12号这排房子一共有九套房，每套房是两间仅九平方米的小房，外加一间如果两个人同时进去就有可能转不过身来的小厨房。

12号的邻居里，第一户是在建筑公司当工人的仇家，依次而下的是拉板车的钟家、剃头师傅蒋家、做泥瓦匠的杜家、裁缝吴家和收破烂的吴家。我父亲由于在解放前开过修车铺。因此，在12号的邻居之间极平民化的职业分类里，我家自嘲为"修单车的郁家"。

听母亲说，在我们这排房子里，真正的工人阶级是仇家。仇叔叔从小就苦，他所做的"架子工"又是建筑行所有的工种里最重最累的力气活，因为那时候盖房子没有任何机械化，全是靠肩扛手抬，用一根根木料，一捆捆麻绳，人工先搭好脚手架，泥瓦工才能有用武之地。而餐风宿露、日晒雨淋对于架子工来说，是件十分寻常的事。搬来那年仇叔叔也该四十有余了吧，可夏天里他一打赤膊，那浑身古铜色的皮肤和凸起来的肌肉，仍像壮小伙子一般。仇叔叔的爱人彭阿姨，在旧社会里做过童养媳，她与我母亲一说起这段往事就会落泪，因此她从小也就具有反叛精神，性格刚烈豪爽。彭阿姨爱笑，嗓门大，这点与我母亲很像，所以她们很快就成为了好朋友。不过这对好友还有一个特点是过不了多久就会吵上一架，但吵得凶和解得也快。仇家有三女两男五个孩子，小儿子仇小弟是我小学的同学，很早就不读书了，小弟喜欢养狗，捉鱼摸虾，还是我捉鱼摸虾的老师。他家的老大也是个男孩子，让我特别敬佩的是，在那政治形态一边倒的"文革"期间，仇老大居然敢于收听敌台，敢于发表不同政见，敢于反对个人崇拜，因而被关了几年的时间。

拉板车的钟家是湖北人。因为户主钟伯伯旧社会在国民党的邮政局里做过事，属于当时要被"掌控"的人。钟伯伯很瘦，因瘦而驼背，好像还有气喘病，因此，每当他拉着板车收工回来，我都觉得他会累倒。钟伯伯实际上是个文化人，可以说在我们邻居之间是最有学问的，他是因为生活所迫才以拉板车谋生。住在八角塘那么多年里，我从未见过他到邻家串门，甚至大热的夏天，也鲜见他出门到场院里来乘凉坐坐。每次收工回家后，他总是静静地坐在屋里，戴副老花眼镜读报。一张报纸，他可以翻来覆去地读上好几个小时。他家还装有一个 12 号里唯一的"桂林人民广播站"的有线广播匣子，每天早晚都是他开关广播，早上是《东方红》的合唱唤醒四邻，晚上是《大海航行靠舵手》的音乐告诉大家一天过去了，该歇息了。

钟家有个长我五六岁的大男孩，是我童年时代最要好的伙伴，然而不知道他为什么当时不读书了，而跟随着父亲拉板车送货。

在我家右隔壁的是一对新婚夫妇，刚搬去时他俩还在热恋。我管男主人叫蒋哥哥，却管女主人叫肖孃孃，辈分整个叫乱了一辈，一直到他们结婚后也都没有改口。蒋哥哥那时候在三皇路口的剃头铺里剃头，肖孃孃在五美路口的甜品店里卖甜品，都是国营单位的人，在当时的年代里让人羡慕得很。但蒋哥哥觉得自己年纪轻轻做剃头师傅，实在是没什么意思，情愿辞职，出来在社会上打零工也不愿意人家说他是剃头的。可我母亲为了省钱，常常非要叫着蒋哥哥为我剃头。蒋哥哥心里老大不愿意，却又经不住母亲的死磨硬缠。现在想想，住在八角塘的那些年，我的头还真的都是蒋哥哥给剃的。

再过去的一家姓杜，据说旧社会也开过铺子的。户主年迈且耳聋，大家就都叫他聋子伯伯。迄今为止在我记忆里杜伯娘是最具有旧时代大户人家风范的媳妇，或坐或行或语都是不急不火，笑意盈盈的，而且再热的天，衣衫从不零乱。她有一套深咖啡色的母亲称之为"府绸"的衣裤，这种府绸从不打皱，夏天穿在身上又凉爽又挺括（笔挺）。母亲羡慕得不得了，常常叹息道，"我原来也有一件啊，被抄家抄掉了"。杜家有个做泥瓦匠的小儿子与父母同住，小儿子长得又瘦又小，加上家庭出身也不好，年纪蛮大了都没有成婚。后来经人介绍与郊区农村一高高大大的，同样是家庭出身不好的"地主"女儿李姓女子婚配。尽管是一个又矮又瘦，一个又高又壮，一个是城里人，一个是乡下人，身材相貌、生活经历都极不般配，但都是出身不好的"狗崽子"，门当户对啊。后来虽然结婚了，乡下人依然解决不了城市户口，小李只好往返于城乡之间。小李勤劳，每每总是一担粪桶不离肩，去时掏走 12 号后面厕所里的满满一担粪，来时再挑回娘家的些许心意，或几根白生生的萝卜，或几捆绿盈盈的青菜。

上世纪 70 年代中于桂林八角塘畔。我与母亲坐在家门口合影，塘边长满了水葫芦。

　　再过去一家是裁缝师傅吴伯伯，如果没有记错的话，他应当是无锡人，而且也与我父母早就相识，可见当年桂林的城市多小，满城都是低头不见抬头见的熟人。

　　吴伯伯那时是鳏夫独居，基本上是独往独来，少与街坊言语。他家窗户上一年四季都挂着一块严严实实的雪白的窗帘，让童年的我不由对他产生尊敬。他有一个女儿，但很少回来。有好几次当正在玩耍的我路过他紧闭的房门时，房门会突然打开，站在黑暗小屋里的吴伯伯会把我叫进去，塞给我两块饼干之类的小吃，然后拍拍我的脑袋，再把我推出房门。

裁缝吴伯伯的隔壁住的是 12 号的最后一户，收破烂的安徽人吴叔叔，他妻子腿有残疾，幼女尚在襁褓，所以生活一直十分艰辛。艰辛中的吴叔叔似乎不太合群，很少走到我们这边来寒暄聊天。

其实八角塘 12 号还有两户人家，是两间原本就有的平房，紧挨着仇叔叔家的路口。一户是旧社会做过邪教"一贯道"的孤老太婆，一户是当过国民党军队连长的被管制分子，姓黎。

我们刚搬到八角塘时，裹过小脚的"一贯道"就已经只能在地上爬行了，而且几乎每天都有顽童朝她扔石子，打得她头破血流。在她的那间屋子里，没有任何家什，衣不遮体的她整天卷缩墙角，席地而睡。在当时的年代，她似乎也只能承受被人唾骂的待遇。她不止一次地爬行到我们 12 号的每户人家门口，磕头作揖，用纯正的北方话哀求大家给她口水喝给她口饭吃。好在大家看她实在可怜，也就每次都给，"一贯道"死的时候是在我们搬去后不久的一个凄风苦雨的寒冬清晨，她孤身一人远离北方的家乡，没有任何亲人，是姓黎的那个被管制分子为她收的尸，下的葬。后来，没过几天，那位从来没有正面看过我们这些新邻居的姓黎的被管制分子，在家中自尽了。

新家的房子虽差，但房前的景色很好，宽阔的坪院上有许多柚子树、桉叶树、金橘树、大麻叶树。更有那条将八角塘分割成一大一小两口塘的林荫土径，蜿蜒在碧波荡漾的塘水之间，那时称八角塘的塘水碧波荡漾绝不过分。

土径两边都垒有桂林山上的那种岩石，因此留得住土。几棵高大挺拔的乌桕树，盘根错节在岩石的石缝里。11 月时的乌桕果也紫了，叶也红了，秋风一吹，红叶便飘落在碧波上，引来了好几只白鸭在嬉戏。我忙着在新家的木板墙上糊旧报纸，糊上厚厚的旧报纸，就可以抵挡住即将到来的严冬的风寒了。

我要与父母在这没有风寒的新家里，迎接新年。

钟哥死在十八岁

钟哥哥名叫钟宝林，是邻居钟伯伯的长子。

钟家和我们家是在同一天里搬进八角塘的，他家是八角塘 12 之 1 号，我家是 12 之 2 号。我们两家的房门挨着房门，是"有堵墙是两家，拆了墙是一家"的邻居。

搬到八角塘住下的第二天，就从隔壁传来了阵阵悠扬的竹笛声，那笛声如同一股清流，瞬间浸透了我的整个身心。我赶紧偷偷地从还未糊上旧报纸的木板壁的缝隙往隔壁看，只见是不认识的一位大哥哥，正坐在床沿看着歌本吹笛子。他吹的那首歌至今我还记得，叫《班长拉琴我唱歌》。

笛声为契，在短短的几天里，我俩便相识并成了朋友。后来知道了他比我大五六岁，母亲便让我叫他哥哥。据说他就是在我这个年龄，十一二岁时退学的。退学后，便跟着父亲以用木板车拉货谋生。父子俩每天早上天蒙蒙亮就出工了，一人拉着一架木板车离家挣钱去了。钟家一共四口人，妹妹当时刚上初中，母亲没有工作，是家庭妇女。每天为父子俩晚上收工回来做一顿好饭，就是母亲最大的幸福和快乐。

半年后，钟家父子所在的"运输联社"增添了一些"先进生产力"，也就是购进了一批脚踏的三轮木板车。因为钟哥哥年纪轻，身体又壮硕，"运输联社"便把这令同行羡慕的难得机会给了他，钟哥哥高兴啊。只要他一高兴，就会吹笛弹琴、放声唱歌。

体弱多病的钟伯伯咳嗽更厉害了，有时候住在隔壁的我，半夜都会被他的咳嗽声吵醒。可想而知，钟家全家对他的身体会有多么大的担心。于是钟哥哥就劝他，说自己长大了，又有了脚踏三轮车，出工货单多，挣钱也会多，您就在家歇着吧。如此三番五次，钟伯伯也几经"挣扎"，见自己的身体确实无法再干拉木板车这样的重体力活，就把木板车卖了。从此，就靠钟哥哥一人挣钱养活全家。

改用脚踏三轮车拉货后，速度快了，行程时间自然也缩短了。钟哥哥就不会像以前拉木板车那样日升而出，日落而归了，经常是太阳还没下山就可回家。他总是在洗完澡后端张竹椅子，坐到门前的那棵柚子树下吹吹笛子，弹弹秦琴———一种目前似乎已经绝迹了的类似月琴那样的两弦琴。

他唱歌唱得也好，当时广西师院红卫兵团在独秀峰顶上建了个广播站，高音喇叭一放，方圆好几里地都能听到。那个广播站每天除了广播批判文章、高呼革命口号之外，很多时间都是在播放当时很流行的毛主席语录歌、诗词歌或是一些革命性很强的老歌。钟哥哥对那些老歌都会唱。至于一些歌唱"文革"的新歌，只要让他听了几遍，也能马上就用秦琴自弹自唱起来，并且非常动听。用现在的行话来说，就是极富乐感。对于他的这些本事，自幼同样喜欢音乐的我，当然是佩服得五体投地。我常常坐在他的跟前，听他唱一首又一首的歌，也学会了一首又一首的歌。以至于在好多年后，我考取了桂林市文工团的学员队，唱的就是他教会我的一首为毛泽东诗词谱写的歌曲："茫茫九派流中国，沉沉一线穿南北……"

唱歌唱得最高兴的时候是在1967年的夏天，钟哥哥有个表妹从老家武汉来到桂林度暑假。表妹叫剑超，也爱唱歌。我们三个人几乎每晚都聚在一起吹拉弹唱。那时候哪有什么可玩的地方啊，哪有什么可以玩的形式啊，没有！只有这种自娱自乐，是那个年代年轻人的唯一。于是他表妹开玩笑说，我们就成立个桂林市八角塘广播站吧，当然这个广播站没有麦克风，也不会有发射台，从播音员到表演者到听众就是我们三个人。表兄妹俩还煞有介事地为我起了个艺名，叫剑涛。

每当吃完晚饭，我们三人就围坐在钟家仅有的一张方桌前，方桌的四面一面靠窗，剩余三面正好我们一人一面。钟哥哥那一面正好靠近他的床沿，因此每次都是他坐在床沿吹笛、弹琴担任伴奏，或者独奏，剩下的时间是剑超报幕，剑涛唱歌；剑超独唱时，剑涛主持。那真叫少年不识愁滋味，苦中作乐趣无穷啊。

在钟哥哥休息不出车时，他俩会带我去当时觉得路途很远的穿山、塔山甚至南溪山玩，这必然会让年纪比钟哥哥小两岁的亲妹妹好一阵生气。其实那时候我真不知道他和剑超正在恋爱呢，在那个年代，只要是男女在一起，都会被认为是一件丑事，一不小心还会被认为是作风不正派，更严重的是，很有可能还会被人说成这是在乱搞男女关系。所以钟哥哥谈恋爱，选的地点总是离家越远越好，离城里越偏僻越好。因此，他当然不会带已懂事的亲妹妹去，而让我这个懵懂少年做伴，为的就是避人耳目，让我傻乎乎地当了个"电灯泡"。

秋天的时候，表妹走了。为此钟哥哥还大醉了一场，昏睡了一天一夜。醉后醒来的他好像变了个人似的，本来说话不多的他话就更少了，琴声和歌声里也更多了几分忧郁与缠绵。渐渐懂事的我，朦朦胧胧地知道他与表妹吹了。

那阵子心情不好的他，常叫我跟他去出工。反正当时学校也经常停课，就是上课逃学也没人管，我也就常常乐不可支地跟着他去拉货玩。我从小喜欢打赤脚，跟着钟哥哥去拉货玩，可以光着脚在柏油路上满大街的跑，惬意极了。

车上装满货的时候，钟哥哥就让我坐在靠近他的货包上，只是遇到了一些上坡的地方，才让我跳下货包，在后面帮他推推车。卸完货了，车空了，他就让我挨着他，坐在他的背后，有意无意地要我回忆回忆他和剑超表妹在桂林时

1967年桂林，月牙山畔。图中右起：剑超、十一二岁的我、钟哥哥。

的那些往事情节，甚至细节。这时久违的甜蜜笑容就会在他的脸上灿烂。即便是在大街上，他也会目无旁人的放开歌喉，兴奋地吼上几嗓。

侃着钟哥哥的故事，听着钟哥哥的歌声，坐在钟哥哥的车上，从城北到城南，从城东到城西到处兜风，是我少年时代最快乐最浪漫的时光。

要是哪天拉的货是些旧书旧杂志，钟哥哥总会藏起两本带回家去，他看完后再传给我看。要是拉的货是些土特产，如板栗、柿饼、红薯干、金桔蜜饯什么的，他也常常会从那麻包里"偷"些出来塞进我的口袋，让我坐在车上的货包上慢慢吃。这时的我，望着他使劲地蹬着三轮车，赤裸的脊背上滚动着汗珠，一股无言的感动便噎住了喉咙，觉得从东镇路开始所遭受的歧视，所尝到的苦涩，在眼前的友情里，又算得上什么？可以这么说，与钟哥哥在一起蹬三轮车拉货的日子，滋润了我这颗过早地遭受了磨难的干涸心灵。

　　到了1968年，桂林市的两大"造反派"就开始了动刀动枪的真的武斗了。父母害怕，要把我送回老家上海。记得走的时候是四月初的一个下午，那天钟哥哥刚收工回来，母亲就央求他送我到火车北站，钟哥哥二话没说，蹬起三轮板车就走。到了车站，不知他从哪里买来了一袋饼干装进我的小书包里，望着我幽幽地说："什么时候我要是也能去趟上海就好了。"

　　那天，列车根本没有正点到达北站。下半夜时，好不容易来了一趟往上海方向的列车，与我同行的小陈叔叔、施小姨等拉着我，费了九牛二虎之力才终于挤了上去。从桂林到了上海后，母亲来信说，我走的那晚，桂林气温骤降，居然还下起了零星的小雪。第二天一早，钟哥哥就敲开了我家的门："郁妈，下雪了，我去给钧剑送趟衣服吧。"结果他还真的空跑了一趟北站。

　　后来钟哥哥死了。噩耗是他妹妹写信到上海告诉我的，就是在当年的7月13号，在北门乌石街的一次两派"武斗"中不幸中枪的。

　　钟哥哥死的时候刚十八岁。

　　后来我常想起他。无论是在桂林市歌舞团的第一次登台演唱还是在中国唱片社的第一次录音，我都想起过他。想起了这位我唱歌的启蒙老师，想起了相处不到两年的可亲可敬的大哥哥。

　　1987年庆祝中国人民解放军建军六十周年，解放军总政治部在人民大会堂举办了纪念演出，安排我唱的是一首老歌《铁道兵战士志在四方》，排练的时候，唱着唱着我突然泪如泉涌，在场的人全都惊住了。他们不知道，这首歌，是当年钟哥哥教会我的。

八角塘边过新年

"一贯道"的老太婆和她的邻居——国民党军队的黎连长相继去世后，房管所就在他们居住过的这两间平房的地方，又新修了两套与我们八角塘12号平行的房子。

头一家男主人与母亲同姓，也姓邓，与仇叔叔同行，都是架子工。他有两男两女四个孩子，长子叫邓建林，是继钟哥哥后我在八角塘时最好的少年伙伴。

邓建林有个绰号叫"弟仔"，当年打架很厉害，于是这个绰号就很响亮。只要一说到八角塘的弟仔，好像半个桂林城的男把爷都知道。弟仔爱打抱不平的性格应该像他妈，我管他妈叫简孃孃，简孃孃爱打抱不平，老幼皆知。

住在建林家隔壁的人家姓高，常年是奶奶带着孙子在这居住。老奶奶特别迷信，夏天只要看见有流星从天上划过，她就会自说自话地念叨："星子过斗，你穷我有；星子过户，你穷我富。"看见天上有时云彩像片片金光闪闪的鱼鳞，有时云彩又像扫把扫地时扫出来长长一串灰尘，她就会叫住我来看，并告诉我："天上出现鲤鱼斑，明天晒谷不用翻。天上出现扫把云，不出三天大雨淋。"

有一阵子她的大孙子给她添了个重孙，半夜老哭，她就觉得是因为原来在这个地方被拆掉的那个老房子里，曾经自杀吊死过国民党军队的黎连长，老人家觉得闹鬼。记得她就满巷子去贴帖子，上面写着什么"天皇皇地皇皇，我家有个赖哭王，过路君子念一遍，一觉睡到大天光"。

2006年4月，桂林八角塘旧居。我与少年伙伴邓建林合影留念。此处背景为当年我家的厨房，时光一晃过去了近四十年，没有想到厨房里还是旧时模样，从未粉刷过、修理过，令人不胜唏嘘。

民间有一种约定俗成的说法，说一般迷信的老太太大都很善良，高奶奶印证了这种说法。那时候12号的前面有一块坪地，家家户户的衣裳都晾晒在这里。桂林的夏天，经常有那种"过龙雨"，这种雨来得快去得也快，也无法预报。常常是一片乌云刮过来了，雨就跟了过来，乌云过去了，雨也就停了。这时候很多晾有衣物的人家，家里人都上班去了，每逢遇到这种情况，总是高奶奶赶紧把所有晾晒的衣物都收到她家去，再一件件的折叠好，等晚上邻居都回来了，她再一家家地送去。

建林家和高奶奶家的门前，正横着另一排临时搬迁房，不过这一排房子要比我们那一排房子晚盖半年多，因此他们的房子质量要比我们好，起码不是用废旧木板钉成的。住在那排房子的拆迁户，也都是平常人家，有做油纸伞的廖家，有卖酸菜的伍家，有扫马路的清洁工余嬢嬢家，有做居民小组长的毛奶家，还有盲人算命的李瞎子家。

我去得最多的人家是卖酸菜的伍家，因为买酸菜当零食是我们那个年代不多的享受。

桂林的泡酸菜是很有名的，它一点都不亚于四川的泡菜。不同的是，它不放花椒，因此酸甜得更加爽口。在桂林，许多瓜果蔬菜都是可以用来泡酸的，如豆角、刀豆、木瓜、萝卜、黄瓜、辣椒、莴笋、竹笋、蒜头、包菜等等。当年我也曾学过做泡酸菜，为的是父母不在家时，自己煮一小锅饭，夹两块泡菜就可以下饭了。泡酸菜的制作并不复杂，用一个陶土制作的坛子，置凉水，加粗盐、白酒即可。忘了是谁还教过我在坛子里要再放一把炒成焦黄状的生大米，据说这样可使酸坛子不发霉，泡出的酸菜更香。

在桂林，酸坛子几乎成了居家必备。炎炎夏日，一碗白粥佐以几许酸菜，开胃消暑，悠哉乐哉。虽然家家都有酸坛子，可泡出的口感、味道却大相径庭，比如说我们家泡的萝卜，想要它脆，往往泡的时间短了，入味就不够了，而想要它入味呢，往往泡的时间又长了，萝卜就太蔫了、糠了。但伍家婆婆的酸菜做得确实好，又脆又入味。所以有时候连我母亲，都让我去伍婆婆那里去买酸菜回来下饭。

住在那排房子末尾的李瞎子会算命，在这里我非常不应该称盲人为"瞎子"，但确实当时周围的邻里都是这么叫他的，因为连他的名字是什么大家都不知道。李瞎子算命的名声传得很广，在他门前经常能看见白天黑夜都有外来人偷偷地闪进他的家。约定俗成的惯例，找他算命是要给钱的，这是个公开的秘密。在当时这也是个可以被派出所抓起来的根据。可是他的妻子也是盲人啊，家里还有好几个孩子，不让他算命收钱，他一家都活不了。所以街坊邻里都睁一只眼闭一只眼，如果有警察来问，大家还会为他打掩护。

2006年4月，桂林八角塘旧居。当天我来到旧居时，邻居高奶奶的孙子高道坤拉我来到照片中我身旁的大树前对我说，这棵树还是当年你种下的呢，它使我蓦然想起了这棵树应该是我在1979年考取总政后种下的。那时感觉到快离开桂林了，种棵树做个纪念吧。当时我与树的后面就是八角塘，如今身后的房子已将八角塘完全挡住了。时间过得真快，一眨眼快四十年过去了，此树也该快四十岁了。

李瞎子算命在整个桂林市都小有名气，都源于传说他算得又神又准。我兄长不相信，大家就挑唆他去找李瞎子试一次，我兄不屑一顾地去了，李瞎子是听话听声，锣鼓听音，大概感觉出了我兄长不屑他的意思，心里不高兴，但也没有拒绝，随随便便地应付了一下。我兄回来说，李瞎子说了什么记不住了，想来想去，只是记住了他最后留下的那句狠话，"下个月的月底，你家有一难。"

我兄心想既然他打了这个彩头，当然就得注意啊，在那一个月里，处处小心谨慎，连我嫂嫂许姐姐晾衣服，一到黄昏他都要提醒，赶快收回来，莫让人给偷了。

这样居然平安无事的到了月底。我兄正为李瞎子的预言没有说中而高兴呢，然而事实却让你哭笑不得，不得不相信李瞎子的又神又准。就在那个月的最后一天，我母亲在煤炉上烧了一锅开水，她叫我小侄女："萍萍，你去给奶奶看看水开了没有？"当时三岁左右的小侄女正在门外的坪院上玩呢，听见奶奶的叫声，一边高声答应着，一边摇摇晃晃跑去看。由于是夏天，她穿着双木板屐，不知怎么就绊了一下，扑通一声扑在了滚烫的那锅开水上，顿时惨叫连连。小侄女一直到成人后，身上都有抹不掉的伤疤。李瞎子所说的"一难"，就这么巧合地应在了小侄女身上。

在那排房子里，住着一位也是我的少年好友，名叫毛荣生。他比我低一年级。小时候文笔就很好，长大后还真成了桂林城里颇有声名的大记者、大作家。那时候我就羡慕毛荣生有单独的一间小书房，还真的藏有不少的书。我有幸去过他那里几次，每当我到了他的小书房里，就会想起我祖父的书房，并憧憬着我未来的书房，所以，书房是我一生的情结。

荣生跟奶奶住在这里，奶奶是我们这两排房子的"街道小组长"，大家都亲切地管她叫"毛奶"。按道理她不应该姓毛，但因为孙子姓毛，于是大家就这么跟着叫了。人们常说"母以子贵"，而这也就似乎可以理解为"奶以孙贵"了吧。

　　毛奶对工作一丝不苟，特别严肃认真，特别有"政治觉悟"，尤其爱管邻里之间不团结啦，街道卫生搞得不好啦这等"闲事"，真有点电影里的"马列主义"老太太的味道。其实在现实生活中，在任何人流来往复杂、琐事烦事纷繁的居委会里，还真需要像毛奶这样的爱管"闲事"的老太太，社会才有安宁的基础。

　　在那排房子里，还有一户人家本应该是跟我家来往最多的，结果我家在八角塘住了十余年，却是来往最少的人家。这家姓刘，与母亲同在一个单位，刚搬来时特别亲热，不久他们与母亲狠狠地吵了一架，是什么原因完全不记得了。过了很多年，我家搬出八角塘了，我曾问过母亲，您与彭阿姨也经常吵吵闹闹，但一觉醒来就和好如初，为何跟同事老刘却十几年记仇，老死不相往来？咳，母亲叹口气说："一个单位的人住在同一条街上，相互知道的越少越好。况且当时不是经常在搞运动吗，不是你揭发我，就是我揭发你吗？真是人人自危啊。老话说，知人知面不知心，害人之心不可有，防人之心不可无。这些话你都要记住，等以后你工作了，慢慢就懂了。"

　　这是母亲给我在人际交往方面上的第一课。

　　1967 年后，我与八角塘的孩子们渐渐地熟识起来了，一起去漓江对岸的农民菜地里偷花生，一起在八角塘中偷鱼的事时有发生。父母对我的这些行为是非常担心的，首先他们认为这些都是有辱斯文、有辱家教的不耻行为。其次也害怕我不会游泳，万一掉进水里怎么办？不过他们也有放心的时候，最放心的是我和弟仔到门前塘边的那条土径上挖开一个小口子，撒些饭粒在畚箕里，再浸到水下，诱捞一些叫"苦伶子"的小鱼。母亲觉得这种行为既不算偷，又能成全我的玩兴，而且小鱼仔捞得多了，还可以把它用文火焙干，入酸豆角、番茄、红辣椒合炒，是一道省钱下饭的美味佳肴呢！

　　清苦的日子光阴似箭，1968 年的春节眨眼就来临了。这也是我们家搬到八角塘的第二个春节。可是这第二个春节与前一个春节完全就不一样了。1967年过春节时，社会上的"文革"正如火似荼、轰轰烈烈，大家谁也没有心思也不敢过节，生怕过节会被当做"四旧"来批判。可经过了这一年的风风雨雨，老百姓似乎也都适应了，也都熟视无睹了，无所谓了。虽然过年的大吃大喝、请客送礼还依然被当作理所当然的"四旧"来批判，可是到了年关，老百姓似乎又觉得这老祖宗留下来的"年"，总还是要过的吧。于是家家户户都心照不宣地在偷偷地准备年货，大有"冷水烫牛皮，你急我不急"的架势。

临近年关了，市面上依然很难见到鸡鸭鱼蛋的踪影。当时不仅这些大宗的年货要凭票供应，就连粉丝、腐竹、白糖、寸金糖、酥糖这些一般的年货，都要凭票供应。又由于货源太少，便产生了买任何年货都要排队抢购的现象，说是抢购一点都不过分。

只见从过春节前的十几天起，我就和八角塘的孩子们搭伙去排队抢购年货了。年货里像鸡鸭鱼蛋这类品种，本来就不是平民百姓家敢奢望吃到的东西，就是去排队也根本买不到。老百姓希望排队能够买得到的年货主要的无非就是两样，一是冻猪肉，二是豆制品。豆制品中又数油豆腐最紧俏。桂林人过年，家家都会有一道菜，叫做油豆腐酿肉。为了这道美味佳肴，我们这群孩子就得相约在凌晨两三点钟起床去排队买冻猪肉、油豆腐。通常是一家的闹钟铃响了，再相互敲敲板壁，叫唤一声相邻的小妹、阿打、长苟、小霞、雪雪、老九、弟仔等，爬起床三五成群的就往菜市场跑。

北门菜市场是当时从乐群路数起，一直到北站之间的最大的一个菜市场。城北的居民要想多买点年货，肯定就得往北门菜市场去。我们虽说是凌晨就起床了，可是等我们摸着黑（那时候路上有路灯，但经常不开，开了也不亮），冒着刺骨的寒风赶到北门菜市场时，在那些肉铺前、豆腐摊前，早已经有好多比我们住得更近的，起得更早的同龄人挤在那里了。他们在这铺前摊头，或摆上各式各样的菜篮子，或摆上一块块砖头占队。也就是说一个菜篮子和一块砖头就表示着已经有一个人在这里排了队。他们这样的做法当然会引起我们这些路远后到的孩子们的不满，发生争吵是难免的，在争吵中甚至会动拳动脚。在这种青春年少的躁动中，迎来了黎明时分抢购年货的最白热化时刻。

天刚蒙蒙亮，运送冻猪肉的三轮车和运送豆腐的木板车就相继来了，最先发现者往往会有一声划破黎明的、撕心裂肺的兴奋叫喊："冻猪肉来啦——！""油豆腐来啦——！"所有抢购者的亢奋，立即因此叫喊声而掀起。只见人群顿时骚乱起来，原先经过争斗而摆在地上占队的菜篮子、砖头顿时会被骚乱拥挤的人群踩烂或者踢开，与此同时，呼朋唤友、嬉笑怒骂此起彼伏。这场面哪里是在买肉买豆腐，简直是在抢肉抢豆腐。

我们八角塘去的一伙人当然会抱成团，大家都互相招呼着，后面的要使劲地搂住前面的腰！整个一个前胸贴后背，互相还叮嘱着、叫喊着："千万莫给外人冲开冲散！"大家此时只有一个心愿就是拼命往前挤，一直挤到得胜而归，方才罢休。

在初升的太阳中，当大家手提着似乎都不是用钱和用票买来的猪肉和豆腐制品，兴高采烈地返回八角塘时，一路上的行人看见这大块的冻肉和满篮子油光闪闪的油豆腐，总会赞不绝口，羡慕我们能买到这些"紧俏"的年货。这时候我们的心情，就如同凯旋的英雄，一路扬眉吐气。

还有一样东西过年也是非要排队抢购的，那就是蜂窝煤。刚刚问世的蜂窝煤，因容易生火，火力又旺，又比烧柴草要干净省事，而吊足了大家赶时髦的胃口。在八角塘的北口就有一家新开的煤店专卖蜂窝煤，只要做蜂窝煤的机器一响，就能看见蜂拥而来的抢购人潮，其惊险和激烈的程度绝不亚于买冻肉和油豆腐。

要是邻居中哪家有认得卖肉的、卖煤的、卖豆腐的那就牛气了，当然最牛气的要数家里有人当司机。司机是那个年代里最招人待见、最有地位的职业。

每到逢年过节的时候，司机就可以在出车时，去邻县郊区带点紧俏的过年的物品，如带一捆五通的甘蔗，或带一筐恭城的炭，或带几个荔浦的芋头，带一兜龙胜的冬笋，或带一只阳朔的土鸡……

像我家这个没有司机的家庭，亲友中也没有卖肉的、卖煤的、卖豆腐的，所以大部分的年货都是要靠我去排队购买的。那年过年，我除了排队买回了冻肉和油豆腐，买回了蜂窝煤，还买回了红红绿绿的粉利年糕和荷叶蒸的年糕，买回了寸金糖、酥糖……

当经历了一年的伤害，一家人终于又能够平平安安地过上了大年三十，当父母哥嫂围坐在炭火盆前，通红的炭火映红了父母已经满脸皱纹的面庞，空气中流淌着的尽是温暖与舒心；当父母哥嫂每吃到一样东西都称赞这是钧剑的功劳时，我的心里幸福极了。

风雨飘摇我逃学

1966 年的夏天，我在小学刚被高年级的同学"戴了高帽"，回家又遭受到了红卫兵抄家的惊吓，当晚就发高烧，梦呓不断。第二天，也就不怎么想再去学校了。

新搬去的那个家，由于原来是个铺面，所以临街的那边跟当时桂林城里许许多多的铺面一样，都是一块块可以启卸的门板。那一块块的门板中间自然会有宽窄不一的缝隙，由于头几天刚刚被"造反派"从东镇路"豪宅"里赶出来的郁家，在这里挨红卫兵抄家了，这一切在那个风吹草动，传言、谣言满天飞的年代，也算是个不小的新闻，迅速地疯传在附近的街坊邻里之间。

被抄家的第二天一大早，门外就人头攒动，甚至还有不少双手，不少双眼，纷纷地扒着门板的缝隙往里面看"西洋景"，满足着人们窥视的劣根性。

父母一早出门上班去了，高烧没退的我，蜷缩在床上，躲在蚊帐后面，心里非常害怕那木板门会被人群挤开，害怕家里会再次像昨天一样，被莫名其妙的人群涌入。就是在这样的焦虑和恐惧之中，我熬过了一天，嚎啕大哭地面对着夜里归来的父母。

病好了以后，十岁的我就不怎么敢出门了，也不怎么想去学校了，开始对从小要当好学生的理想叛逆了，开始想逃学。

那时候社会上的"文革"已经波澜壮阔，每天晚上父母分别从单位回来后，总要凑到墙角落里唉声叹气，当时已经结婚，另立门户在外的兄长只要一回家，他们也会在一起低声交谈，我隐隐约约地能听到他们在说，某某某、某某某在批斗时被打断了腿，被打折了腰；某某某、某某某跳河了，跳山了，自杀了。

面对着这些骇人听闻的消息，并从父母兄长的一声声叹息中，我开始有了思考，开始懂得了问"为什么"，思考着为什么这场运动会使这么多的人沉默了、消极了、毁灭了，又有那么多的人亢奋了、胆壮了、疯狂了。究竟是什么样的原因造成了社会的撕裂，弄得社会如此不安宁？

父母对我的想法瞠目结舌，他们十分害怕，一再说他们在我这个年纪时，岂敢有如此不合时宜的思想？更紧张更害怕我去学校会闯祸。在害怕与紧张之下，对我不想再去学校上课的行为，既没有表示反对，也没有表示赞同。

当时只有二十几万人口的桂林，基本上分成了两大派，每天大街上都充满了剑拔弩张的气氛，随时可以看见"地富反坏右"分子和"走资派"被游街批斗。

我第一次见游街批斗就是在逃学路上的中华路大街上，当时被批斗的人被许多红卫兵簇拥在一辆敞篷的解放牌汽车上，胸前挂着块硕大的木牌，上面白纸黑字写着其人的名字，名字上画着一个大叉。车上的高音喇叭里声嘶力竭地高喊着批斗口号。大街两旁站满了表情不一的老百姓，不少人流露出了一种不知所措的惊恐神色。我不禁想起了不久前自己也曾受过的如此遭遇，触景生情，顿时悲从心来。

那段时间里，父母时不时会小心翼翼地问我怎么不做作业？实在是怕他们太担心着急了，我才偶尔去一两次学校，每次去时，必定是要等上课铃响了以后，等到在操场上玩耍的同学们都已回到了教室里了，我才敢冷不丁地冲进教室。等到下课的铃声再一响，我又再一次箭一般地冲出教室，以避免与同学们有对峙挨骂的机会。

新搬到的八角塘里，与我年龄不相上下的小孩很多，因此很容易被欺生。每次只要我一出门，总有小孩尾随在我的后面，追赶着，咒骂我是"狗崽子"。记得有一天早上，父母刚出门去上班，突然听见有人急促地敲我家的房门，我赶紧打开一看，只见一群与我年龄相仿的孩子，正凶神恶煞地站在门前，其中领头的一位年龄稍大些，我看着还面熟，知道他是住在工人医院宿舍后面的那个小塘附近的。他们挥舞着一根军用皮带，勒令我跟着他们走。我胆战心惊地跟在他们后面，等到了八角塘边，他们把我围在中间，要我一天之内必须交出一份我家的剥削史，如果交不出，就把我推到塘里淹死。我满含悲愤地回家偷偷地写，一见父母回来就赶紧把书写的纸张藏起来。

第二天一大早，等父母前脚出门上班，我后脚就把写好了的剥削史送到了工人医院的塘边给那群孩子。他们让我跪在地上高声地念给他们听，我死活不肯跪，再加上我实在写不出父亲曾经剥削过谁，他们就说我不老实，真的硬要把我朝八角塘里推。我不会游水啊，挣扎着呼天喊地大叫，凄切的声音终于引来了大人的怜悯，将我从那群孩子中拉了出来，并斥退了那群孩子。

后来我每次出家门，都要透过房门的缝隙看看门外有没有小孩在溜达，如果有，我便死活不出门。有好几次母亲发现了这个奇怪的现象，几经询问、逼问，我才告诉了她实情，母亲难过得流下了眼泪。

从此母亲彻底地默认了我的逃学，但她不放心让我一个人待在家里，于是我每天早上就像被母鸡呵护的小鸡一样，跟在她的身后一道出门。一直等走出了八角塘巷子的南口，母亲才骑上自行车去上班，我便开始在街上流浪。

每天流浪的地方固定有几条路线，一条是沿着中华路由北往南直行，经过广西师院的校区，到达母亲的单位；第二条是经过凤北路、地区大楼、中山北路、十字街到达母亲的单位；第三条是经过地区礼堂、伏波山、盐街、解放东路到达母亲的单位。三条线路的起点都是八角塘巷子的南口，终点都是解放东路与正阳路交叉口附近的母亲单位。

　　日复一日地行走在这三条线路上，渐渐地养成了我至今仍然喜欢的周游习惯，每到一个地方我都喜欢东看看、西望望，观察世间百态。

　　我流浪的第一条路线是中华路，对于喜欢东看看、西望望的我来说，中华路是一条最没有看头又很乏味的一条路。因为它整条马路的西面，都是广西师院的围墙，马路的东面几乎也都是一个个关门闭户的宅院，只有到了路南的尽头，旧时靖江王府王城的东门，才有绿荫的生机。

　　王城的东门口外有一条青石板铺就的古巷叫东巷，巷子口有一家很像"原来强"的杂货铺，木制的柜台后按常规也有一口口装酒、装酱油的大缸。巷子两边是很典型的桂林民居，有好几处类似八角塘里白家那样的院落，青砖围墙，木柱木梁。而且大门修建得更有气派，用青条石或者大理石装修的门槛和门框将大门包围在中间，显得厚重敦实。门口还置放着石鼓或者石兽，以求镇宅辟邪。大门多用桂林特产的杉木，刷上厚厚的桐油。还有的人家在门外包上一层铁皮，铁皮上钉门钉，再在中间装两个大门环。记得这巷子里还有一户人家，用圆木在大门外做了一道栅栏，既有装饰美，也兼备防盗的功能。像这样的院子，一般都蕴藏着颇多的名人轶事。

　　清朝云贵总督岑毓英的家就在这条巷子里。其子岑春煊子承父业当上了两广总督，不仅寒暑假会居住在这里，而且他最后的隐居也都在此，维新变法的领袖康有为大凡来到桂林，都要到东巷来拜访他。

　　东巷，这条古朴的小街。对于喜欢东看看、西望望的我来说，是个很有滋味的地方。

　　如果不拐入东巷，直接进王城的东门，成片的参天古榕簇拥着现在的广西师范大学的大门（即早年靖江王府、定南王府的大门）。清朝的时候，这里又是广西历史上最大的贡院大门。此大门坐北朝南，正对面是王城的南门，还有左东右西两座门。这三座门的城门上都建有城楼，又因为清朝广西中举的多位状元都是桂林人，而且都是在这所贡院产生的，所以后人就在东、西、南三座门上分别镌刻了"状元及第""榜眼及第"和"三元及第"的石匾，以彰显桂林人的骄傲。

出了王城的南门，正对面的就是正阳路了。母亲的单位就在正阳路与解放东路的交叉口不远处。而出了南门如果往右一拐，则是另一条叫西巷的古旧巷子，与东巷隔街相望。西巷也有不少名人轶事，与李宗仁同是临桂人的原配夫人李秀文，在李宗仁另娶郭德洁为妻后，就曾在西巷自建的房屋里，度过了好几年孤单的生活。几十年后，老人还在《我与李宗仁》一书中温馨地回忆起当年的生活："这是我最为快活的几年。春暖踏青时，采花撷草；夏日小院纳凉，浮瓜沉李；秋日重阳，登高揽胜；冬日围炉，取暖聊天，真不知天下还有忧心事啊！"

我流浪的另一条路线是经过凤北路到达母亲的单位。当时的凤北路上槐树如盖，每到夏天连太阳也照不透，阴凉极了。路的南面同样是广西师院的围墙，围墙里有一栋栋的别墅，里面居住着师院的院长们和教授们，但那时的围墙上贴满了打倒他们的标语。

隔着围墙可以看见位于校园中心的也是市中心的独秀峰。叫此山为独秀峰恰如其分，因为它是整个桂林唯一的一座在城中平地峭拔、孤峰高耸、端庄秀整的山峰，古人誉为"南天一柱"。每当朝阳普照，晚辉满天时，便可见光耀山崖，灿若金紫，为此它又拥有了与南京"紫金山"的同名。独秀峰下还有"读书岩"，难怪古代广西最大的贡院和近代的广西大学、现代的广西师院（即如今的广西师范大学）都建立在这里。这里的摩崖石刻、亭台楼阁自隋唐起各朝各代的都有，文化积淀非常雄厚。而且在民国十年的十二月，也就是1921

年 12 月，孙中山到桂林督师北伐，总统行辕就设在王城。四年后孙中山逝世，桂系军阀白崇禧、李宗仁等在此建有"仰止亭"。纪念塔底座为五踏石阶，象征着国民政府的"立法权、司法权、行政权、弹劾权、考试权"的"五权宪法"，塔为三面锥柱形，象征着孙中山提倡的"民族主义、民权主义、民生主义"的"三民主义"。

凤北路上还有广西师院的后门，也就是靖江王府王城的后门。

在这条路上，不得不提的是桂林地区人民医院。提它的原由是父母告诉过我，祖父北上后，房管所来将东镇路的房子改造了，不少条案、办公桌等红木家具没地方搁置，就几块钱一件一件通通卖给了这家医院。母亲还说，那张用六块整板拼成的会议桌，医院买去后放在药房里当了工作台。曾经有好几次我都想为此去药房看看。

出了凤北路还有一排骑楼。骑楼下曾经有过水果铺、杂货店、百货摊子等一排铺面，在那里还有租看"公仔"书的，剃头修脚的，修补汽车、单车轮胎的，也有我与父亲"下"过的小酒馆。

从凤北路出来，沿着中山北路往南走公共汽车一站地，就到了桂林城中最热闹繁华的十字街了。顾名思义，十字街就像是一个"十"字，支撑起了桂林的东西南北。

小时候十字街的中心有一座石质的"解放桂林"纪念塔，记载着 1949 年 11 月桂林"改朝换代"的日子。逢年过节，纪念塔周围会放置许多鲜花，这里又成了桂林最靓丽最夺目的风景。"文革"中，为了拓展道路把它拆掉了，纪念塔一拆，道路虽然是宽敞多了，但人们心中的那份光荣感、神圣感却没有了。

十字街因此被改称为"十字广场"。有纪念塔时，总归有个坐标放在那里，南来北往的车辆可以围着它转行，纪念塔没有了，十字广场四通八达，交通指挥便要靠红灯绿灯。而一旦红灯绿灯坏了呢？一旦停电了呢？十字广场的车辆便互不相让，乱成了一锅粥。也许是领导想想还是当年有个纪念塔时，让汽车围着它绕着行驶好吧，过了不久，在纪念塔的台基上，又盖起了一座角铁架子支撑着伞形铁皮顶的交通岗楼。每天都有警察顺着直梯爬上爬下，老百姓戏称"看猴"。

也是在那个时候，桂林开始有霓虹灯了，仅有的四五处都在十字街周围，像解放东路的桂林电影院，中山北路的人民电影院在霓虹灯的闪烁中，更加人山人海。

十字街能看电影，听桂戏，能逛商场购物，能下馆子喝酒，应有尽有。除了最负盛名的"老乡亲""广州酒家"等高档酒楼，也荟萃了很多桂林的特色小吃。当年在乐群路口有一家碗糕店，是我经常光顾的地方，碗糕是桂林的传统小吃，它的原料与桂林米粉一样，也是米。它也要先把米淘洗干净，用水浸泡后再用石磨磨成浆，放点发酵粉，拌上甘蔗黄糖后，最后才把米浆舀到专制的陶碗里，放进蒸笼蒸熟。蒸熟了的碗糕出笼后，拱起的糕心会开花。当热腾腾、香喷喷、黄共共（桂林话，黄得很纯正的意思）的碗糕装在拳头大小的土赭色的小碗中摆放在面前时，口水早就流出来了。这时老板会手拿竹片刀往碗底一旋，我就会迫不及待地把糕儿塞进嘴里。当年的碗糕四分钱一个，好吃又好卖，常常供不应求，因此，我也会经常挤在碗糕店门口的人群中间，排队等候着店家的边蒸边卖。

还有一家卖酸泡菜的店，在人民电影院附近，也是我经常光顾的地方。酸泡菜店里有很多硕大的玻璃瓶子，里面泡着白萝卜、青豆角、红辣椒等各种时蔬，一种一件，五分钱一盘，再撒上些许芝麻，其色香味诱人呐，还没等摆在面前，口水又早就流出来了。

十字街附近还有卖油堆的，油堆就是北方的麻团，但桂林的油堆要比北方的麻团个儿大。十字街附近还有卖萝卜糕的，卖米豆腐的，卖油条、糊辣的，卖绿豆沙、芝麻糊的，卖大眼发糕的，卖甜酒鸡蛋汤圆的，应有尽有。所有这些桂林的小吃中最有特点的是糊辣，小时候我很爱吃这一口，因为我母亲会做。做糊辣其实不难，母亲把磨好的米粉加筒子骨汤放在锅里面熬，再将肉丝、木耳丝、腐竹丝、鸡蛋饼丝、墨鱼丝、黄花菜等精细佐料放进去均匀搅动，等各种配料煮烂熬成糊时，便可吃了。之后再撒入芫荽、香葱、胡椒粉、辣椒粉，味道便好得不得了。吃糊辣还可以蘸着油条吃，但我不太喜欢。

想想桂林的碗糕和糊辣我该有几十年没吃过了吧，不知道桂林现在还有没有？几十年来，桂林的碗糕我还真的在外地一次也没见过，但糊辣却在河南、陕西等地都吃过，做法跟桂林的差不多。我的老家江苏也有糊辣，不同于其他地方的是它加了海带丝、豆腐丝、粉丝，还有蚕豆瓣等，尽管种种糊辣吃在嘴里各有千秋，但在我的心里都是桂林的味道。

解放西路口，还有一家店叫"天忠云吞店"。"云吞"不应该是桂林的小吃吧？却由于是父亲母亲的最爱，所以我也把它归于至今令我回味无穷的桂林味道。

过了十字街，往解放东路走，经过工人文化宫，就到了母亲的单位。

我流浪的第三条路线是出了八角塘南口往左拐，首先经过的是地区大礼堂，当年我经常爬上这里的墙头，趴在窗口往里眺望桂林地区文工团的排练和演出。

最早让我感受到音乐舞蹈在舞台上的震撼是在这里获得的。当时地区文工团在排练一出北京空政文工团创作的音乐歌舞剧《井冈山的道路》，其中里面有一段载歌载舞的《八角楼的灯光》，优美高亢的旋律，气势磅礴的群舞，让我第一次体验到夜不能寐。

最早让我感受到崇拜明星的震撼，也是在这里获得的。有一年从北京来的"样板团"——中国京剧院到桂林来演出革命现代京剧《红灯记》与《平原作战》，那可是"样板戏"第一次来到桂林，又由于一个剧目只演出一场，能持票进场观看的人除了达官显贵，还是达官显贵。那么迎接演员进剧场的这段路程，能亲眼看一眼平时只能在画片上、电影里见到的明星，就成了桂林老百姓最大的心愿。

记得那天"样板团"几乎是在凤北路西口就下了大轿车，一路走向凤北路东口的地区礼堂。一里多路的路程啊，成千上万的老百姓夹道欢迎，用山呼海啸来形容其欢呼声也不过分。我一直在人群后跟着行进中的"样板团"奔跑，因为人小个矮，只看见了《红灯记》中"李奶奶"的扮演者高玉倩在人缝中一晃而过，就已经高兴得不得了了。

同样记得那天晚上我也是企图爬上墙头的，但因为戒备森严，根本无法靠近窗口。站在墙外，听见剧场里面传来的高亢的京胡与唱腔，铿锵的锣鼓镲声，竟也觉得无比的兴奋，无比的陶醉。

毫不隐瞒地说，地区大礼堂这里的墙头和窗口，让我接受了许多在艺术专业上的启蒙，也放飞了许多追求艺术的理想。

地区大礼堂的对面是伏波山，我自从搬到了八角塘，便与它结了缘。每天晚饭后只要有空闲，我都会来到伏波山登高望远，一直到我离开桂林，在这里，我斗胆撰写了近百首诗歌，它记录了漓江朝暮奔流的不息，大雁南归北返的坚持，四季春风秋雨的交替，四野红花绿草的枯荣带给我的激动与感伤。

在桂林，逢山必有洞。像所有桂林的名山一样，伏波山下也有名叫"还珠洞"的洞。每次来到伏波山，我都会下到伏波山的还珠洞里，随着现实中能奔流到大海的漓江水神往，对着神话传说中澄碧如镜的伏波潭水发呆。《桂林山水传说》的书里记载着伏波潭底有龙宫，我从小就听过百十遍这个传说，说的是一对贫穷的爷孙不贪不义之财，将捡到的夜明珠还给龙王的故事。这里有没有龙宫姑且不论，这里有地下泉水涌出汇入漓江却是真的。所以每当枯水季节，漓江水浅了干了，而伏波潭却总有清流汇入漓江。神往和发呆的我，此时多么想自己也是一股清流啊，汇入漓江奔向远方。

从小熟记还珠洞里的传说中，还有那根叫作"试剑石"的石柱，它长丈余，上粗下细，直垂地面。在距地寸许的地方有一条裂缝，相传那是皇帝试剑时一剑劈开的。还相传如果哪天这根石柱与地面相接了，桂林就该出状元了。

从小喜欢试剑石的原因是它有一个与我名字相同的剑字。大千世界里似乎用剑字的地方都特别少，因此但凡看见有剑字的地方，和有剑字的名字，我都感到亲切。尤其是"试剑石"还与出状元有关，所以打小我对这块石头都有一种说不出来的神秘感。每次到还珠洞里，我必须要去抚摸它一下，仿佛这样一来，我与这石头、这状元就联系在一起了，这就是我小时候的一种奇妙遐想。

不可否认，这龙潭、这试剑石都在我少年时，给予过我"励志"的力量。

由伏波山往南走，现在已是绿树成荫、鲜花飘香的滨江大道了。不过在我流浪的那个年代，这里破烂陈旧得很，仅是一条与桂林很多老街一样的用小青石板嵌铺的，整天湿漉漉的狭窄巷子，它有个一目了然的名字叫"盐街"。

靠着漓江西岸的盐街不长，从伏波山脚一直往前走，也就十来分钟就可以走到解放桥头。旧社会在这条街上开有几十家的盐铺子，专门经营食盐生意。盐街狭窄又潮湿，两边的店铺、民居密集拥挤，使其即便是晴天，太阳也很难照进来。而且这里的民居都是木柱木梁、木门木墙，一不小心真可以火烧连营。盐街上还有一景让我触目惊心，那就是一根根的竹竿在逼仄的街上空横穿而过，相互搭在对门邻里二楼的窗台上、屋檐下。竹竿上挂满了晾晒的衣物，风儿一吹，活像迎风飘舞的"万国旗"。

每到涨水季节，漓江水还经常会把整条街淹没，这时靠漓江边那一侧多是吊脚楼的民居，就像船一样浮在了水上。

盐街多是湖南人居住，我在附中"校宣"里的好朋友王顺瑶就住在这条街上。后来我在桂林文工团学员队时的学员班长谭玉明和厨房的赵师傅也是住在这条街上的，他们都是湖南人。

我喜欢在秋冬时漓江水干涸的季节走盐街，当然不是走在青石板的巷子里，而是走在盐街那些漓江边吊脚楼下的漓江江滩上。这时的江滩上，鹅卵石缠满了腥臭腥臭的水草，浅浅的江水里有人在捕捞着鱼虾。这时的我，多半又会发呆，多半又会神往，如果我是一条鱼，我会游向何方？

所谓我的流浪，不是在山畔江边发呆、神往，就是在大街上瞎逛。那时候满街的大字报、大标语，让人顾此失彼、目不暇接。

大街上时不时地会突然出现游行的队伍，每当锣鼓喧天、红旗招展的时候，便是"北京传来喜讯"的时候，这些突如其来的很多讯息还真会让人激动、亢奋。反之若是听见有歇斯底里的大喊大叫声，看见疯狂的人群蜂拥到一个地方，那就是又有什么坏人被揪出来批斗了。

我特别乐意看到的是，有人在大街上现场书写大标语，这些人有提着浆糊桶的，有往墙上刷浆糊的，贴纸的，有捧着墨碗的，最后必定是有一个人手持着大排笔，蘸着墨，往白光纸或者大红纸上上直接书写大标语。那个架势真是好来劲啊。

母亲单位里有一位写字写得极好的阳建业叔叔，就有这种本事，我对他崇拜得很。母亲知道后特别高兴，她知道这下我有"救"了，终于有一门功课可以让我做了，于是她马上去找了阳叔叔，告诉他我曾经有过四五岁时就开始描红的基础，这一两年中断了，母亲央求他继续教我写字，没想到阳叔叔满口答应了，并且偷偷地送了颜真卿、柳公权的两本字帖给我，还偷偷地传授我，习颜帖练"膘肉"，习柳帖练"筋骨"。

说到阳叔叔，他还真是我"逃学"那段时间给予我最多教育的人，他看之所以如此爽快地答应教我写毛笔字，就是见我每天都在大街上东逛西看"游手好闲"，怕我这样下去会学坏，正要把这种担心与我母亲说呢，没想到母亲却找上门来了。当他听完母亲诉说我不愿去学校的无奈以后，不断地叹气："咳，我来帮帮孩子吧。"于是他常常叫住跟着母亲到了单位后的我去他的办公室，然后手把手地教我写毛笔字。

那时候，全社会都时兴雕塑巨大的毛泽东立像，置放于单位的广场中间。没有广场空间的单位，也会画一幅毛主席的巨幅肖像，悬挂在大门口，母亲的单位临街，没有广场，阳叔叔他们就在单位门口搭起架子，在一块巨大的牌子上，画了比真人还要大的穿着军装挥巨手的毛主席彩色肖像。于是，我又总是缠着阳叔叔，要他教我画毛主席。后来他还真的买来了透明的纸，教我蒙在毛主席的画像上临摹。又因为我有毛笔描红的基础，还有初生牛犊的气概，真的像模像样地临摹出了不少毛主席像，许多大人看后都不相信这是出自一个十来岁孩子的手。

后来又时兴一种在纱网上，用各种颜色的丝线将木刻样式的毛主席像绣在网子上。这种纱网比较结实。绣的时候，用黑线绣出毛主席脸上的轮廓，用绿线绣绿军装，用红线绣红领章、红帽徽。当然，这活儿与其说在绣，不如说是在缝。因为这种纱网的网眼很大，绣工并不重要。记得这活儿也是阳叔叔教给我的。

偶尔星期天，阳叔叔还喜欢带我去他乡下的朋友家里玩耍，我记得他有过一个农民好朋友，住在木龙洞漓江对岸的村子里，他去的时候，要在木龙洞摆渡过江，八角塘是他的必经之路，因此，他也会捎上我跟他一块去。

他去农民朋友家的最重要一件事就是聊天喝酒，早上去，中午喝，下午归。喝酒当然要有下酒的好菜，我至今再也没有吃过如此美味的一道尖椒炒牛肉，就是在阳叔叔的农民朋友家吃的。那牛是当天清早宰杀的，肉质极其鲜嫩。尖椒是从屋后的院子里现采摘的，我们去时还能看见尖椒上的露水。在乡下，用来爆炒的牛肉还必须是黄牛肉，切牛肉也特别有讲究，纹理切对了，肉炒出来就能成片，纹理切错了，肉炒出来就会成坨。那天在这户农民朋友家里，主人端出了满满一大盘爆炒的尖椒黄牛肉，那绿椒与黄肉的相配，生姜与大蒜的异香，让人大快朵颐。

它使我想起了当今满大街的湘菜馆里的一道名菜，叫"小炒黄牛肉"。顿时有恍然大悟之感，哦，原来我在几十年前就品尝过此菜的正宗。

其实桂林的菜肴几乎就是"湖南菜"，桂林与湖南永州交界，在桂林人中，十有五六其祖籍是湖南人。因而湘人嗜辣，桂人也嗜辣；湘人嗜酸，桂人也嗜酸。湘菜中的酸豆角炒牛肉、酸萝卜炒腰花、酸辣椒炒干鱼仔等特色菜，在桂林就成了桂林菜。

在农民朋友家我们还吃过一道菜叫"柚皮嵌肉"，这道菜是典型的极有桂林风味的特色菜，它的原料是把柚子剥出瓤后把皮留下，用刀削去表面的那一层青皮，然后再把剩下的这部分皮肉放在开水锅中煮上四五分钟，再用清水泡洗，洗至苦味完全消失为止，再用香菇、葱头、生姜等与鱼肉或者猪肉剁碎成糜，酿入柚皮中，经油爆，加酒加糖加酱油加胡椒黄焖而成。据说当年李宗仁回桂林，还念念不忘要食其味。

阳叔叔与他的农民朋友都能喝几口，但喝的都是桂林当地的"三花酒"。因为桂林水好，所以桂林也出好酒。三花酒是以糙大米为主要原料的，不像茅台、五粮液是由多种粮食为原料，因此三花酒在酒类中也有独特的地位，独特的香型。它的米酒香型区别于茅台的酱香型、五粮液的曲香型。它还是中国米酒香型的代表。听说取名"三花"，是因为它酒色清澈透明，没有沉淀杂质，用手摇晃酒瓶，酒面就会泛起泡花，筛进杯里，泡花依然美丽。

小时候我父亲常喝的就是三花酒。那时候三花酒便宜，一块一毛八一斤，最重要的是它可以零拷，父亲常常给我几毛钱，让我去家门口的杂货铺里给他零拷酒，拷二两酒还可以剩下几分钱，我就可以"贪污"下来成为我的私房钱了。

一说起阳叔叔，自然就想起了这么多的话题，这些自然流露出来的话题，不正是我对桂林的父老乡亲，对阳叔叔的思念与崇敬吗？

还是继续说逃学吧。

"文革"中的一天，我独自流浪在大街上，又遇到了一群现场书写大标语的人马。走近一看，他们是广西师院附中的红卫兵，队伍里还有我的少年好友周小苏。周小苏的年纪比我大几岁，是我在东镇路时的邻居，与我在前面文章里写到的邓小玲姐姐同住在地区商业局一小院里，她的父亲是位转业军人，与邓小玲父亲一样，也是局长。自从我家搬到八角塘后，有大半年没有见过周小苏这位老街坊了，如今街头邂逅，自然十分高兴，再加上他们邀我参加我最喜欢的在大街上现场书写大标语活动，我便十分高兴地跟着他们刷起标语来。开始我只是打打下手，提个浆糊啊，捧个墨碗啊，干着干着我的手就痒痒了起来。周小苏知道我写字写得还可以，就鼓动我小试牛刀。我有过阳叔叔曾经偷偷地让我在墙壁上试过笔的经历，想想也就胆敢真的去小试牛刀了。没想到这刀还真试对了，当我刚写了几个字，便引来了围观人群的一阵阵赞叹声。因为我在他们这群中学生里个子最矮，一看就知道年纪最小，再加上字写得确实有模有样，大家便称赞道："这个把爷仔字写得硬是了得。"

从那次以后，只要他们再上大街刷写大标语，就经常把我叫去。

记得有一次我们从凤北路的地区大楼，一直刷写到火车北站，累得都走不动了，才发现不知不觉地居然走了十几里路。这时，我往回走的力气实在是没有了。

在这群人中间，有一位叫吴桂梅的同学，与周小苏同岁。她的父亲是在"文革"初期第一批被打倒的"走资派"，当过桂林地委书记。当时"造反派"把她家赶出了地委宿舍，还在她的家里搞了个抄家展览。凡是带点绸子的衣服，就算是绫罗绸缎，几包虾干蛤蜊，就算是山珍海味。最让我记忆深刻的是，还展览了她家的许多书籍，其中有一套《金瓶梅》，一旁还专门撰文，说他堂堂的地委书记居然还看如此淫秽的小说。

那时候我家尚未落难，我是混进参观的队伍去到她家看展览的。当我回家与父母谈起观后感，说起了不少参观者对吴书记居然看《金瓶梅》的义愤填膺后，父母毫无表情地对望了一眼，少许，父亲说了两个字——"无知"。

吴桂梅对我说她有个弟弟跟我长得特别像，觉得真是难得，因此，只要我去帮他们写标语，就会与她一起起聊天，自然也就比她们队伍里其它的人要熟悉些了。此时此刻，当她知道我实在走不动了，回不了家了，便拿出了做姐姐的样子，掏出了六分钱，让我坐公共汽车回家。当然她也没忘记说"好借好还，再借不难"。

就这样，有将近一年的时间，除了我自己在街上流浪街头，就是跟着钟哥哥走四方送货物，跟着周小苏、吴桂梅一伙满大街的刷标语。如此的流浪与游走，算不算是我少年时的虚度与荒废呢？

然而，在我所有的少年记忆里，直到现在回忆得最多的还是那段其实在小学里也学不到任何东西的逃学的日子，感伤着那段虚度与荒废的时光。

不过，我的毛笔字却是在那个年代的社会大课堂里练就进步的，我的文艺心，是在那个年代的社会大旷野里萌芽滋长的。在这大课堂与大旷野里，我懂得了思考，懂得了发问，懂得了感悟，懂得了同情，世界观也是在那个时期潜移默化地形成的。

人生真的很奇妙，所有的经历都不会亏待自己。

父亲不幸摔断腿

父亲摔断了腿，是在 1968 年的春节刚过后，那两年我家真是祸不单行啊。

父亲摔断腿的原因很简单，那是他所在的工厂，要在车间里悬挂促进两派群众组织大团结的标语。而两派的年轻人都较着劲呢，谁也不服谁，谁都叫不动谁，而没有参加任何一派的父亲就说："让我来吧。"

一贯以来，父亲为人老实忠厚，只要别人不肯做的脏事累事，他都会默默地去做。所以那天这种谁也不肯做的高空挂标语的危险差事，似乎也理所当然地由他来做了。这一做还真危险了，架起的梯子没有人去扶，父亲背着大标语往上爬时，梯子打滑了，连人带物狠狠地砸在车间的水泥地上。

送到医院后，接待治疗的那位医生听说父亲的出身不好，看都没看一眼就说："不用治了，反正腿已经断了，就把这条腿锯掉算了。"母亲听后特别生气，一边是不给治疗还非说要锯腿，一边是摔断腿的人躺在床上疼得满头大汗。母亲着急啊，一着急，冒出了一句话，说他这叫"草菅人命"！这一句话更不得了了，"你们自己还不知道自己是什么人呐，还敢跟我们无产阶级革命医生作对？"那医生说完后，头也不回地扬长而去。

天无绝人之路啊，正在此时，有两位穿着白大褂的医生从一直在哭诉着的母亲身边经过，其中一位停留了下来，听了一会儿，他用与母亲相同的江苏老家方言对话了。啊！遇到老乡了！母亲这回可真是老乡见老乡，两眼泪汪汪了啊。

这位老乡医生是临时来这里会诊骨科的，完全没想到能听到母亲的乡音哭诉，一下子牵动了他的恻隐之心。他跟着母亲来到了满脸蜡黄、大汗淋漓、依然在疼痛之中的父亲的担架前。掀开了盖在父亲腿上的床单，仔细察看并用手轻轻地捏拿着父亲受伤的部位说："真是扯淡，这腿要锯吗？"他果断地让母亲将父亲转院到他所在的桂林中医院，改用接骨打石膏等疗法，想方设法要保住父亲的腿。

母亲千恩万谢，迅速地将父亲送到了桂林中医院。

可见那个年代多么荒唐，"家庭成分"就是套在人脑袋上的一个紧箍咒，不仅能决定一个人的命运，而且能决定一个人的生存。

很多年以后，有一次我从北京回桂林探亲，偶尔与父亲聊起了他的家庭成分，我说你当时填的是什么成分呀？父亲说他填的是"地主"。我说不对啊，按照当时的规矩，你应该填的是你父亲的职业啊，而你父亲以他的阅历，你怎么都应该是教授或者工程师啊。父亲说："咳，不敢那么填啊，我爸爸和我妈妈的家不都是大地主吗？！"我说："那你父母他们本人并没做过地主啊。"

父亲木讷地望着我，无言。

我又说，新中国成立前三年，你是在自食其力地修自行车，按当时的规定，你个人的出身也应该是工人，充其量是小手工业者，这才是你应该填的"家庭成分"。可你为什么当时非要填"资方代理人"呢？你知道吗，资方代理人就等于是资本家啊。

片刻，父亲回答我："做人要老实。当初我从街头修自行车，到有了正式的固定工作，正是因为有了资方代理人的身份才解决的，否则我也许还在街头修自行车。一个人有祸，躲是躲不掉的……人家要打你的左脸，你就把右脸给他……"

这下轮到我木讷地望着他，无言。

　　仔细想想，在那个连国家主席刘少奇的性命都不能保全的年代，区区一介庶民，又有"家庭成分"不好的把柄被人握在手里，没有点忍辱负重的求生之道，根本是无法生存的。在"文革"中，父亲没有被批斗过，也没被监督管制过，这与父亲平日里与人为善当然有关，也绝对不排除他在当时的社会环境里，对"左脸与右脸"的顿悟。

　　我对父亲那一代人的如此顿悟，感到悲哀和心疼。

　　平心而论，作为儿子我是有缺失的。我对父亲并不十分了解，甚至至今也不知道父亲年轻时的经历。除了我没有问过之外，父母对他们的往昔也是滴水不漏。好比1975年我考取了总政军乐团，该团十分重视并曾相当迫切地要我，派出两位同志到桂林办我的调动手续，到了桂林的派出所，想直接拿走我的户口，才知道我有当时参军入伍的禁忌，这个禁忌不仅是"家庭成分"不好，还有更厉害的一条是有"海外关系"。总政军乐团因此算是白跑了一趟。他们回到北京后，似乎完全不相信已经十九二十岁了的我，真的完全不知道有这层海外关系？难道父母真的一点都未曾告诉过我？

　　事实上父母真的是一点都没告诉我。如今我所知道的父母往昔，除了是从亲友口中听到的只言片语，便是在我长大后，挤牙膏式地从父母那里了解到的点滴旧轶，和自己寻觅到的点滴故事。

　　父亲出身在江苏南通海门的一个世家，这点前文已说过。祖辈曾经显赫，是后来从海外传回来的《郁氏家谱》中才略知一二的。家谱上开门见山的记载着："孔子有弟子为鲁国相。封邑。有邑为姓，是我们的始祖。"家谱上还记载着，到了郁氏二十多代时从山东迁徙到江浙，分为若干支在苏北、浙北和上海一带繁衍。比如台湾的郁慕明先生就在前几年通过郁达夫先生的小女儿郁美兰与我联系过，要续上郁氏的"宗亲"。再有，在海外传回来的家谱上，与祖父同辈的"鼎"字辈兄弟，就有近十位。在这些叔公及其后辈中，既有参加了红

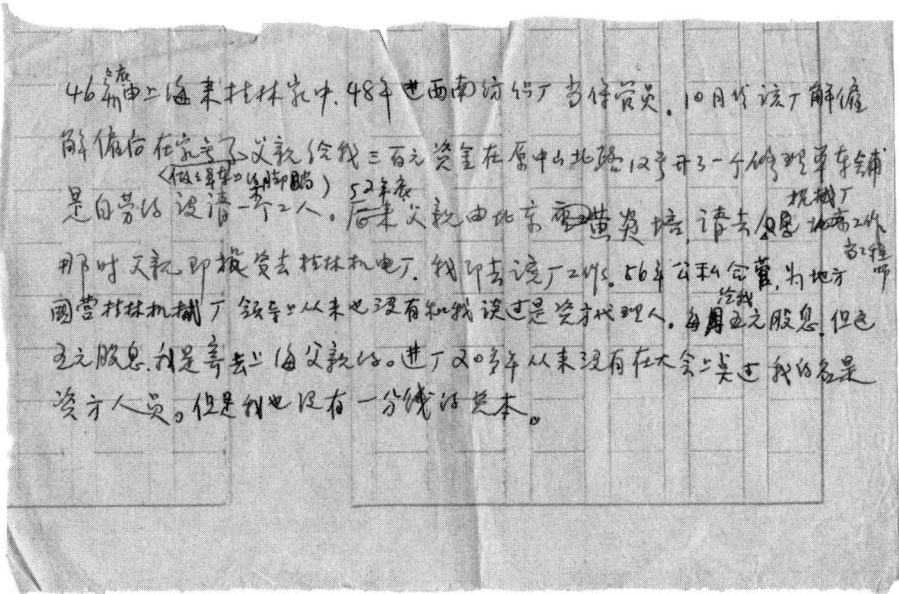

上世纪 60 年代末，母亲代父亲写的"说明材料"手稿。

"46 年年底由上海来桂林家中，48 年进西南纺织厂当保管员。10 月份该厂解雇，解雇后在家无事（做做单车上的脚踏），父亲给我三百元资金在原中山北路 12 号开了一个修理单车铺，是自劳的，没请一个工人。（后来）52 年底父亲由北京黄炎培请去（人民）机械（器）厂（北京）工作，当（总）工程师。那时父亲即投资去桂林机电厂，我即去该厂工作。56 年公私合营，为地方国营桂林机械厂，领导上从来也没有和我谈过是资方代理人，每月给我五元股息，但这五元股息，我是寄去上海父亲的。进厂 20 多年从来没有在大会上点过我的名是资方人员。但是我也没有一分钱的总本。"

军、八路军、新四军的多位共产党将军，也有多位国民党将军。既有多位民国时期的校长、教授，也有多位新中国成立后的校长和教授。不公平的是，也有一位叔公一生贫穷，终身务农。这种多元化的家庭构成，在上个世纪前半叶的中国所谓大户人家中十分普通。我们郁家算是一个缩影。

在海门乡下的长兴镇，郁家有四厅宅沟的东宅西宅两处。何为"四厅宅沟"？"宅沟"就是指宅子的四面都有壕沟相围，壕沟在宅子的正门建有吊桥。

2015 年 6 月，我随全国政协委员赴台参访团赴台访问，于台北圆山大饭店与郁慕明先生合影。

2003 年清明，于江苏南通祖坟墓地。

这吊桥我没见过，估计有点像电影里鬼子进炮楼的那种吧，母亲说正是如此，她说那时候乡下乱啊，尤其是抗战期间，鬼子汉奸说来就到，还有神出鬼没的土匪。大户人家一到天黑就把吊桥拉起来，以保平安。

而四厅是指其院落，即东西南北四面都有房子，很有点像北方的四合院，最大的区别在于北方是用砖石围墙将宅子围住的，而我们江南乡下是用芦苇、壕沟将宅子围住的。

　　新中国成立后郁家没有后人在长兴乡下了，西宅便改建成了"平乡小学"。十多年前我回海门老家给祖坟扫墓，平乡小学的校门还在，场院也还在，甚至我父母结婚的那间新房还在。近几年回去，整个西宅已经面目全非了，在停办了的小学校园里盖起了私人的小楼。年前我又回过老家上祖坟祭奠，遇到过这位私人小楼的主人，陪我同去的海门老乡开玩笑地对他说："你盖房子的这块地啊，按理说是人家郁钧剑的，赶紧掏钱吧。"弄得那房主还真有一丝尴尬。

　　西宅没有了，但东宅保存得还好，残留到现在的东宅，尚存有两面壕沟，依然有青葱的芦苇、翠绿的浮萍。当年正北面最后一厅的房屋，居然还有三四间没有倒塌，这种品字形的山墙，海门独有的大屋顶独梁的百年民居，据说现在整个海门也找不到了。它那白壁黑瓦，木门窗榈依然保存得很好。附近老人说这是因为解放后的"农会"驻在这里，后来又一直是生产队的办公室，所以破坏很小。

　　父亲生前一直想回海门祭拜祖坟，尤其是在躺在医院的那个横扫"四旧"的年月里，他居然会有这样的想法，我感到非常吃惊。可见人在病床上，对生死的在意。他告诉我在郁家的那片一望无际的稻田里，有三座祖坟，不知道是不是给平掉了。

　　祖坟确实是在"文革"中给平掉了，但在上个世纪90年代又被垒起来了。那是因为在美国生活的，已经九十岁高龄的大叔公经常挂念他的故乡，那段时间他常写信来对我说，他唯一牵挂的一件事，就是想把自己父母的坟茔重新修建起来，以弥补少小离家的愧疚。当时他也不断地给南通市委统战部写信，表达他的这一心愿，并希望我——我们郁家在大陆年纪最小的嫡系子孙，了结他的这一牵挂。

　　经过南通和海门两级政府的特批，郁氏三座分散的祖坟二十多年前在长兴镇郁家宅子前面的稻田里，被寻找到了，并归集在了一起。十分遗憾的是，当祖坟修好了以后，我祖父辈的那一代老人都先后去世了。后来，他们那些出生在大陆，而在1949年时随父母离国的孩子们，都曾先后回来扫过墓，但出生在海外的近十多位子孙，却一个也没回来过。我觉得他们就是典型的"香蕉人"，内心是白的，仅披着一张黄皮。好几年前我去美国时见过他们，都是些言不由衷的客客气气，似乎见不到什么真情实感，此后我再去美国也就懒得再与他们联系了，其实我知道他们也懒得与我联系。因此，将来指望我的这些堂兄堂弟、堂姐堂妹们回到故里来扫墓祭祖、彰显孝道几乎是不可能的，而年年扫墓的重任，终将落在我的头上。

说实在的，现在每到清明我都在想该上坟了，一个是要去桂林的坟上看望我的父母，一个是要去海门的坟上祭拜我的祖宗。在海门的祖坟前，每当我看见碑文上"鼎"字辈的祖父们的名字时，都会感到一股莫名的悲凉与压抑。我在想，此祖坟因我而有香火，但等我的百年后呢？此香火靠谁延续？

记得前些年回海门为祖坟扫墓时，还能见到许多"白发"的乡亲，他们纷纷叫着父亲和母亲的小名与我寒暄。里面有他们儿时的伙伴告诉我，那时候郁家就有私塾，哦，我明白了，因此我父亲有古文古诗词的底子。但不知为何除了他在我小时候教过我唯一一首"床前明月光，疑是地上霜。举头望明月，低头思故乡"外，几乎从来不露。我发现他有古文古诗词这个底子的秘密，是在那个不许读古典文学的"文革"中。当他在抄写古诗词（那时候古诗词没有出版物，只能手抄）时，他偶尔会冷不丁地在一旁说上几句。比如当我抄到"我住长江头，君住长江尾"时，他会说这是北宋李之仪写的；又比如，看见我抄到"君不见黄河之水天上来，奔流到海不复回，君不见高堂明镜悲白发，朝如青丝暮成雪"时，他又会说，这是李白五十一岁时写的，那时候李白刚在长安受贬，心里不痛快啊。父亲在世时，在诗词上留给了我一句"唯一"教育，是留给我读书的箴言："年少多读唐诗，老来多咏宋词。"

在我印象中，父亲应该是没有上过高等学府的。我似乎听到过母亲对他的数落，说他从小不爱读书，难怪祖父会看不起他，只给他三百块大洋去开个修自行车的铺子。母亲揶揄父亲，说他虽然不怎么爱上学，但从小手巧，喜欢机械手工，诸如拆拆装装自行车啊，甚至敢拆拆装装当时很稀有的家庭小汽车。哦，突然想到了一直想弄明白的一个问题，那就是为什么父亲晚年时对我表示过他还有个心愿，就是想去南京看看。我问过他，你去南京看什么呀？父亲言不由衷，说只是想去看看南京长江大桥而已。不料有一次他又提起了想去南京，无意中却说漏了嘴，说是想去看看南京大校场的老机场，我问他为什么，他却扭头转身走了。还是母亲为我解开了这个"谜"，母亲说在他们未结婚前，祖父曾把他送到了祖父那个时任国民党中央航校校长的兄弟手下，让他在国民党南京机场学修飞机。哦，我彻底明白了，知子莫如父啊，所以祖父才给他三百块大洋，让他如此创业。

青年时期的挫折与失败，可能是造成父亲话特别少的重要原因。他几乎从来不主动与人搭讪，跟他在一起只有你问他了，他才回答一两个字。我母亲说他是金口玉言，惜字如金。摔断了腿的他，躺在床上更是没话与母亲说了。母亲怕他孤单，正好我又逃学，便让我多去陪陪父亲，那是我一生中与父亲相处最长的一段时间。

早上，我会从八角塘流浪到大街上东看看、西望望，站在那些红红绿绿的大字报的百米长廊前发呆与遐想。中午，我会来到母亲的单位吃饭。下午两三点后，我再去医院，给父亲打打开水，倒倒垃圾。到了黄昏，母亲下了班赶到医院，赶紧用煤油炉煮晚饭，我再去医院食堂买一点，一家三口便聚在一起吃一口热汤热饭。然后母亲留下来陪床，我一个人再走一个多小时回到八角塘。

那是我的一生中，与父母相处最温馨的一段时光。

　　中国有句老话叫作因祸得福，父母住在医院里，就等于躲进了避风港。加上父亲是因挂革命的大标语而摔断腿的，他们厂里的"造反派"也就不再来找父亲的麻烦。医院让我们这条小小的乌篷船在那段时间里享受到了风平浪静的生活。然而，父母不止一次流露出焦虑难平的情绪，不止一次地流露出对我既不肯去学校上课，又不愿意在家读书的担心。同时，他们知道如果我不到医院来，也不跟钟哥哥去推三轮板车，就是在街上流浪，如此荒废的日子，让他们深感不安。

　　躺在病床上的父亲，虽然没有正面的批评教育我，却用他曾在私塾里读过的古训旁敲侧击我。母亲说那是她听到父亲说话最多的日子。

1967年夏，桂林八角塘畔。远处是叠彩山，近处是八角塘。不知是谁为父母亲拍下了这张照片，父母脸上充满了一种说不出味道的微笑。那也许是经历过了1966年饱受摧残、劫后余生的宽慰。

父亲说，少年不努力，老大徒伤悲，靠你现在的这点本事，将来怎么能支撑你的生活？三十年河东，三十年河西，现在虽然社会上很乱，但它不可能永远乱下去，如果十年后河东变成河西了，你该怎么办？他还说："我小时候我的父亲告诉我，三十而立，四十不惑，五十知天命，那么如果三十不立，四十就不富，五十将衰靠子助。我现在快五十了，觉得你爷爷说得真对啊。"

父亲的话让我感到了难堪，尤其是经过那段时间的发呆、洗礼，一种无形的压力也在逼近着我。夜深人静独自在家的时候，我也会扪心自问，将来我要干什么？将来我又能干什么？

渐渐地，独立奋斗便成了我的日常。我照着阳叔叔送我的颜真卿、柳公权的帖子，老老实实地在家里临帖，让我的书写进步。又用阳叔叔送给我的透明纸，在家里蒙在毛主席的画像上照葫芦画瓢。又无师自通地学到了一些素描的本领，我在绘画上也日益长进。

最有长进的是，在对诗词的格律上产生了爱好。那时候父亲劝导我多读些格律诗词，当然主要是读毛泽东的诗词，还有鲁迅先生的五言七言。竟这样慢慢地迷上了古诗词的平仄声韵。至今我还能倒背如流毛主席的不少诗词。

能倒背如流的还有鲁迅先生为数不多的几首五言七言，其中有一首《自嘲》特别喜欢，诗句是："运交华盖欲何求，未敢翻身已碰头。破帽遮颜过闹市，漏船载酒泛中流。横眉冷对千夫指，俯首甘为孺子牛。躲进小楼成一统，管他冬夏与春秋。"

喜欢鲁迅先生的这首诗词，原因当时有点朦胧，觉得虽然他是那个时代最受推崇的无产阶级革命战士，但他诗词的意境似乎跟赞赏他的毛泽东的诗词意境是很不一样的，觉得他是在发泄一种"不得志"的牢骚。我把这一感觉告诉过父亲，父亲瞪着一双吃惊的大眼望着我，半晌无语。

风平浪静的医院外，桂林市的"文革"正如火如荼，并且真刀真枪地干了起来。当时武斗双方以阳桥和榕湖、杉湖为界，两边都有武装人员把守，来往要用"通行证"。八角塘在阳桥的北面，中医院在阳桥的南面，父母非常害怕我来往于"敌我"之间，稍有不测便是大祸。正在这一筹莫展的时刻，母亲结拜的小妹施小姨夫妇决定到上海避难。父母把我交给了他们，让我赶紧离开了桂林。

半年后从上海回到桂林，父亲的腿治好了，但从此走路也就有点"路不平"了，瘸了腿的父亲依然每天骑着自行车去工厂上班，每当我看见他一拐一拐地，推着车子出家门去挣工资养家糊口时，眼前总会浮现出小时候父亲牵着我的手，带我出街买吃东的情景……

我对父亲是有愧疚的，随着年纪的衰老，这种愧疚日益压在心头，越积越厚，竟然累积成了一种"负罪"之感。

我常常责怪自己，母亲去世后，我就应该把父亲接到北京与我一起生活。有一次侄女打电话给我，很焦虑地说，爷爷一人上街，晕倒在街头了，引来了很多人的围观，但谁也不敢去搀扶他，后来还是他自己醒来了，自己走回了家。当时我只是让侄女更多地关注他的身体状况，怎么就没有想到把父亲接到北京来，好好地给他做个全身体检呢？尽管在桂林有我的兄长，在依山傍水的小楼里父亲有两个侄女的陪伴，但父亲去世后，我常常责怪自己。

父亲多次提出想去南京，想去看看长江大桥，看看他曾工作学习过的地方。但我总想等到自己工作不太忙的时候，再抽出一段时间带他好好地去玩一下，老觉得他还年轻，还来得及，没想到一年拖一年，突然有一天他去世了，就再也没有能带他去玩的机会了。

父亲曾两次来北京看过我，第一次来的时候我结婚了，小家住在总政歌舞团集体宿舍的筒子楼里。有一位同楼道的女中音郑新，在她没调到总政歌舞团之前，就随她所在的广州部队文工团到过桂林演出，那时候我们就认识了，所以她跟我的父亲很亲，在楼道里总是开口闭口"郁爸爸，郁爸爸"地叫着。我父亲第二次来北京时，也有几次提到想看看她。但因为当时我们都搬离筒子楼了，郑新搬去的地方还是团外的宿舍，加上我在独唱组，她在合唱队，俩人上班不在一个场所和时间段里，所以对实现父亲这点在我看来是可有可无的"愿望"，就有点有一搭无一搭了。再有当时母亲已经去世，我想从此以后，每年都会接一次父亲来北京，于是对他说，等您明年再来时，我提前约好郑新，请她来家里吃顿饭，到时再见也不迟。父亲张了张口，什么也没说。

那时候父亲已经衰老了，小便失禁尿在裤子里自己都不知道。更让我没有料到的是，父亲没有了"明年"，那次他从北京回到桂林后不久就去世了。每当我想起他，都会想起这两个遗憾，都会痛心不已，甚至泪流满面。

父亲走得很安详，他去世时是大年初四，那天我随中国艺术团慰问演出刚到美国，还来不及向家里报告行踪，是时任解放军副总参谋长的熊光楷将军，想方设法找到我们下榻的饭店，告诉了我这一噩耗。

父亲去世当天，是我们江苏老乡，当时的桂林市蔡永伦市长见我远离家乡，不能回家过年，就请孤独的父亲吃了顿饭。年近八十的父亲高兴啊，吃完饭后回家自己去上了个厕所，侄女给他倒了盆热水烫脚，他就这样坐在藤椅沙发中故去了。安慰的是，当时我的夫人和女儿正在桂林，在他的身旁。

母亲比父亲早去世一年，民间有说法，大凡恩爱的夫妻，都会一年内在天堂相会。母亲去世后，我听小侄女说，爷爷经常捧着奶奶的照片默默地看着，默默地流泪，不说一句话。

父亲在晚年唯一能去的朋友家，就是施小姨的家，也是小侄女告诉我，他去到施小姨家后，也没有话说，只是默默地在施小姨家里坐着，久而久之，或许是父亲自己也觉得没意思了，也就不去了。

父亲的生命真的是一朵默默无闻的小花，自生自灭在他的那一方土地里。

1968 雪纷飞

1968年一开头，桂林就下了一场好大的雪。

从我记事起，就没见过如此大朵的雪花，让我马上想到书本里写的那种鹅毛大雪。那漫天飞舞的雪花，飘飘洒洒、轻轻盈盈地在空中旋转着，再缓缓地落在地上，把大地铺成一片洁白。

桂林人把这种大朵大朵的飘洒轻盈的雪花，叫成"棉花雪"。他们嫌鹅毛大雪太拗口。实际上，桂林是不生长棉花的，因此也就看不到棉花。而鹅是有的，在漓江里，在池塘里，到处都有"白毛浮绿水，红掌拨清波"的鹅。可偏偏桂林人不愿把雪花喻为熟视无睹的鹅之毛，而愿把雪花赋予一种浪漫的想象。必须得承认，这透出了生长在精致山水中的桂林人的灵巧。

在那些天里，早上一出门，就能看见家门口的伏波山，完全被大雪覆盖住了，白皑皑地耸立在面前，着实还会把人吓一大跳。雪大，天气就冷，八角塘边有两棵高高大大的桉树，就是因为那场雪被冻死的。据说就是那场雪，把桂林满城的桉树全部都冻死了。从此，在桂林就再也看不见树皮像棕毛似的，树叶长长宽宽、肥肥厚厚、墨绿墨绿的，树干笔挺笔挺的桉树了。

那年的雪不止下了一场，冰天雪地的日子持续得特别长，气象预报时不时地报告有一股来自北方的强冷空气，让习惯生活在南方暖湿气候中的桂林人吓得不知所措。直到四月初，桂林还遭遇过一次寒流，居然还下了零星小雪。

从那年的三四月份开始，桂林就有了零星的武斗，住在医院里的父母害怕极了，正好赶上施小姨她们有一帮上海同乡要逃离桂林，父母便千恩万谢地托他们将我带走。那天我们在桂林火车北站等了近十个小时，才终于挤上了那趟据说是广西全面武斗爆发前最后一趟北上的列车。我是从已被敲得粉碎的玻璃窗，爬进列车硬座车厢的。上车后，还一直蜷缩在座位底下。

到上海不久，就传来了桂林全面武斗的消息。父亲治腿的中医院，因为离两派武斗交界的阳桥很近，便被要求疏散。母亲来信说，因为道路已经被封锁了，他们也没能回到城北的八角塘，而是求救于在桂林玩具厂工作的江苏老乡，请老乡收留他们。

由于当时交通和通讯的中断，所有避难到上海的广西人，每周有两次自发来到上海人民广场旁的人民公园大门口聚集，打探着来路不明的或是来自辗转书信的各种小道消息。孤单的我，也会挤在中间放长耳朵，那些耸人听闻的小道消息对我来说并不重要，重要的是我就想去听听桂林话，因为从桂林话里，我能感受到日夜想念的父亲母亲。

在上海避难的日子里，我觉得我最应该去的地方是祖父的家，而且应该住在他家。祖父是1952年由桂林回到上海的，当时他的老朋友黄炎培先生曾邀请他到北京工作，没想到祖父赴京经由上海时，与新的姨太太相识，很快又结婚了，便留在了上海，在衡山路与肇嘉浜路交界处有他自己的洋房。

那时候，郁家在上海是有众多亲眷的，如祖父有个堂妹妹就住在衡山路附近。他也有一个参加新四军的堂弟，一解放就在南汇县当书记。他还有一个侄女，是普陀区一所中学里的校长。在上海我有这么多的地方可去，可是父母却千叮咛万嘱咐地不让我去麻烦他们，尤其是祖父的那位姨太太。父母解释的原因是，祖父在与姨太太结婚后不久就脑淤血了，一直是姨太太在照顾的，直到给祖父送终。母亲说，他们远在桂林没能尽孝，对长辈深感愧疚，所以我们不

1968 年夏，上海人民广场。

去打搅他们。

父亲说，姨太太与祖父没有生育，其侄儿一家长期与她住在我祖父的房子里，如果我去他家居住了，就会让她产生嫌疑，是不是将来我们会对祖父的遗产有想法啊？我觉得，这才是父母当年为什么不让我去祖父家里居住的根本原因。

于是照顾我的责任，就落在了在上海闸北八中当教师的母亲最小的妹妹邓慧觉的身上。按江苏老家的习惯称呼，我叫她"小寄爷"。小寄爷就是小姨妈。

由于是逃离桂林，上午决定走，所以是下午回家拿了几件换洗衣物就赶往了火车站。临行前，也就来不及通知小寄爷了。到了上海的第二天，施小姨径直带我去了闸北八中。

闸北八中在哪？施小姨并不知道，我们就一路朝着大概的方向一边打听一边寻找着。突然，在共和新路熙熙攘攘的人流中，我发现了一位无论从身材到走路的姿态都与母亲十分近似的女士从我们身旁擦肩而过。啊！是她！她应该就是我五六年没见的小姨啊。因为小姨"文革"前在南京上大学放暑假时曾来过桂林度假，那时候我跟她睡在一张床上，每到晚上她都教我唱歌。唱《红梅赞》，唱《看天下劳苦人民都解放》，因此我对她的印象太深了。此刻我不管三七二十一，赶紧跑几步，一把拽住她大叫一声："小寄爷！"

等学校下午放学后，小姨在回家时顺路带我到南京路上走走，我兴奋不已。我从小就从电影《霓虹灯下的哨兵》中知道，南京路可是个花花世界，不仅热闹非凡，而且还是个资产阶级的大染缸啊。在那条路上，真的有那么可怕和危险吗？我又充满了好奇。

当我第一次流连在南京路上，看到车水马龙，灯火通明，看到百货公司里人山人海，还有滚动的电梯，完全成了刘姥姥进了大观园，乡巴佬见到西洋景。顿时从兴奋不已转变为惊愕不已。

晚饭是在南京路先施公司旁边的一家小面馆的二楼吃的阳春面，窗外那闪烁着五颜六色的霓虹灯光，店堂里飘浮着甜丝丝的浓油赤酱，人流中糯绵绵的吴侬软语，丝毫没有一点桂林的那种刀枪味道。

小姨问我要吃多少？我说："二两。"这下轮到小姨惊愕不已了。因为当时在全国各地吃饭吃面买点心都是要付粮票的。如在桂林就是一两粮票买一碗面，让我想不到的是，在上海却有面值"半两"的粮票，吃一碗面，只需半两粮票就行了，我说吃"二两"，就等于要吃四碗面，这能不把小姨吓着吗？

当时单身的小姨，借住在寿宁路的亲戚家。寿宁路是上海闹市区中的淮海东路与西藏南路之间的一条铺满了鹅卵石、比弄堂大一些又比马路小一些的特别典型的海派老街。寿宁路两旁有不少石库门的洋房院子。在路的西头与柳林路交界处，顶头的那座石库门的院子，就是小姨的亲戚家。当然也是我的亲戚家。

不过这家亲戚的"亲戚关系"有点远，房主是我母亲小弟弟邓可清的夫人的嫂嫂家，也就是我二舅妈的嫂嫂家。小姨让我管女主人也叫舅妈，管男主人

上世纪 60 年代初，桂林花桥。我与小姨在游玩时合影留念。

蒋敏也叫舅舅。按照中国的老观念，这门亲戚与我没有一点血缘，真有点八竿子打不着。可正是因为这不是舅妈却胜似舅妈，不是舅舅却胜似舅舅的亲情，让我相信了母亲的又一种说法，亲戚是走出来的，再远的亲戚，走走就近了，再近的亲戚，不走就疏了。

舅妈家的石库门很大，它不像上海其他的石库门只有一进，它有前院、后院，前院是一个大天井，天井除了大门，其余的三面都有两层楼的房子围着院子。大门开在寿宁路上，后门开在柳林路上。原先这个院子里的十几间房屋都是属于舅妈王家的，但它们如今的遭遇，与我家在桂林东镇路上的房子一样，在社会主义房屋改造运动和"文革"中被"革"掉了，只剩下楼上两间，楼下一间"自用"。

楼上两间房屋还算宽敞，里面一间住着舅舅、舅妈和长子大伟、次子大雄、小女梅梅五口。外面一间用来吃饭，会客，还住着小姨和孩子们的外婆。我去了，小姨就把她的床让给了我，自己打地铺。上海人对住房拥挤司空见惯，家家都是"螺蛳壳里做道场"。

楼下那间自用房，是整个石库门里最黑最小的一间。里面住着这个院子的真正主人，舅妈的父亲。小姨让我管他叫公公，上海人把爷爷和姥爷都叫公公。舅妈却对我说，可以不用叫他。原因我当然能猜到，因为他是房主，是剥削阶级，属于在那个年代里必须与之划清界线的坏人。

公公每天都待在那间白天几乎伸手不见五指的黑屋里，只是吃饭的时候才上楼来，不多说一句话，甚至连眼皮也不抬一下。月余后，有一回他的目光偶尔与我对视时，我赶紧轻轻地叫了他一声："公公好！"老人居然热泪盈眶。

舅妈偷偷地给我看过公公年轻时的照片，照片上是他扮饰梅兰芳拍的彩照。舅妈告诉我，公公当年还是很有名的京剧票友呢。舅妈说到她父亲，眼里也泛起了一层泪花。

　　到了那年的夏天，我便露出了在广西养成的陋习，赤着脚满街跑。楼下有户人家看不惯了，骂我是乡下来的蛮子。他这一骂我还真来了蛮脾气，心想我住在这里都跟着院里的大哥哥们到学校去贴大字报、大标语，唱样板戏了，还列队去淮海路迎接过阿尔巴尼亚的"同志加兄弟"了，你还不认同我是上海人？想着想着越想越气，就冲到人家门前把人家的锅给砸了。上海人胆小怕事，你要是凶狠了，即便是他原来比你更凶狠，此刻立马就蔫了。

　　不知不觉，我习惯了上海的生活。每天早上天刚蒙蒙亮，就被楼下柳林路的菜市场里此起彼伏的卖菜声、刷马桶声唤醒。说到马桶，这是我在上海生活的唯一不习惯。蒋敏舅舅家与所有上海人家一样，在屋里的角落用布帘子围起来，里面放只马桶，全家人轮流在此出恭。幸亏在寿宁路口的西藏路上有一座公共厕所，才解决了我不习惯坐马桶的难题。那时候公共厕所每隔几分钟就统一冲一次水，让我觉得上海真是先进极了。

　　小姨会时不时给我五毛钱，我便有了吃中午饭的银子和坐公共汽车的盘缠，我重蹈在桂林流浪的覆辙，继续在上海流浪，满上海的东看看、西望望。我去虹口瞻仰过鲁迅先生，去龙华凭吊过烈士陵园。青春的热血，曾在共产党"一大"的会址沸腾，自由的思想，也曾在孙中山故居前飞扬。

　　那时候我特别能走路，像延安东路和西藏中路的新华书店、黄陂路的图书馆、福州路的古旧书店和博古斋等，我都是步行去的。在那些充满翰墨书香的环境里，我可以不知不觉地消磨掉整个上午或者整个下午的时光。有时候回寿宁路时间早，我还会主动为蒋敏舅舅全家烧饭，炒菜，露两手在桂林学到的烹饪技术。隔壁的谢家姆妈看着高兴，也教会了我素炒青菜的上海炒法，放糖、放料酒，还要放酱油。

　　过了七、八月份，暑假放完了，大伟、大雄他们都去学校上课了，小姨感觉到我十分明显的寂寞情绪，她与我商量，让我趁此机会去南通、海门乡下等地去看看。

　　我去了南通，住在二寄爷也就是二姨邓惠馨家。二姨父在南通地区公安局做了个科长。官职不大，却因为家庭出身是贫下中农，便能与两位公安局的领导相邻，住在桃坞路上的一幢旧时张謇的两层楼故居里，记得其中有一位局长当时落难了，被当做走资本主义道路的当权派打倒了，常年不许回家。他们家里有两个跟我年纪不相上下的孩子，终日寡言少语，其忧伤的面容至今还在我的脑海里挥之不去。他们的母亲留给我的印象也很深，齐耳的短发显得干练精明，对人也彬彬有礼，即便迎面相遇的是我这样的小孩，她也总是主动热情地打个招呼。有一次，她从苏北的洪泽湖回来，二姨说她是去探望她关押在那里劳动改造的丈夫，在路上要走两天两夜，就是如此境地，她还很客气地给了我二姨捎带回来了一点水产，东西虽少，但情义很重，这一幕让我从此对落难人更加增添了悲天悯人的情怀。

　　住在二姨家唯一不方便的同样是上厕所，屎尿来了要下楼到院子后面的公厕去。我第一次去公厕时吓了一大跳，吓得都"方便"不出来了，因为到那一看，呜呼，那是一排联体马桶。早上起床后如厕人多，四五个人就坐成一排，边方便边聊天。我实在不习惯，情愿每次上厕所都跑到马路对面的那间公共厕所去，因为那里有蹲坑。没有想到的是，后来我与南通的朋友聊天，只要一提起桃坞路上的那座公共厕所，几乎没有人不知道。可见当时南通城很小，一座公共厕所也可以与桃坞路齐名。

　　二姨家所在的桃坞路，连接濠河，是南通最美的地方。桃坞路上的路面是用一块一块的花岗岩石拼建而成的，路两旁种植着高高大大的法国梧桐树，绿荫如盖。绿荫下的几家商家铺面都是立地的玻璃门窗，很有上海淮海路上的风采。推开二姨家的窗户还可以看见濠河那边的南通工人文化宫。当时濠河边种植着一棵柳树一棵桃树，再一棵柳树再一棵桃树，姨妈说每逢春天，一桃一柳，一绿一红，煞是好看。

二姨是我母亲最大的妹妹，年龄相近，从小生活在一起，感情很深，视我为己出。比如说她知道我爱吃炒腰花，在南通的那些日子里，她恨不得天天为我做这道菜。

我接着去了海门，住在海门镇上的三寄爷也就是三姨邓惠英家。三姨和姨夫都是商业部门的普通员工，三姨好像是百货商店里的售货员，因此其嗓门比母亲更大，有过之而不及。我去海门的时候，正逢黄瓜旺季，三姨最拿手做酱瓜了，于是就成筐成筐地买回来，正好让无所事事的我做劳力，帮她用盐擦黄瓜，然后她女儿金鑫将一条条擦好的黄瓜摊在太阳底下爆晒，等瓜晒蔫了，再埋进黄酱缸里。在三姨家我还吃过她头年腌的酱瓜，看在眼睛里是黄灿灿的色，闻在鼻子里是甜丝丝的香，咬在嘴巴里是嘎嘣嘣的脆，好吃得不得了。

我第一次看到《参考消息》这份报纸，也是在三姨家。记得那张报纸上有一幅外国人画的毛泽东主席的漫画，那丑化了的形象吓得初谙世事的我，双手直颤抖。

我也去了海门乡下的四甲坝，当时我的大舅邓可浩在那里当小小税务所的所长。呵呵，别小看这个所长的官小，在当地可是个"人物"。四甲坝的桃子又甜又大，我去时正是吃桃子的季节，当地的老乡们就给当所长的大舅送来了不少。可大舅怕我吃多了坏肚子，就把桃子放在厨房的碗柜里锁了起来。当时税务局里有一位喜欢文艺，很活分的小青年单身汉，绰号"小苏州"，就帮我偷偷地撬开碗柜偷桃子，然后再用螺丝刀把碗柜门拧上拧紧。

大舅回来自然发现桃子少了，自言自语地说："咦，这桃子难道还会飞？"我和"小苏州"在一旁就偷着笑，这个偷桃的秘密一直到现在都是天知地知，"小苏州"他知我知。

常乐镇也是我必须要去的，镇上住着我的外公，也就是母亲的爸爸。外婆早已去世，只有老人孤居在这里。外公的小院虽小，但很有田园味道，两扇竹篱柴门，几只土鸡麻鸭，墙角老藤新蔓，沟边绿草红花。

小院正门前方有一条小河，当地人把这种长满苇草的小河叫作"浜"。例如众所周知的最著名的浜，就是现代京剧的《沙家浜》里的浜。在这条小河里，可走摇橹的小木船，小河上还有一条小木桥，通向茂密的树林子和林子后的庄稼地。这小河小船小桥，就像是一幅江南的风景画，烙印在我的脑海里，多少年过去了，还不时闪现在我的眼前。

外公一般不走前门而走后门，后门一拐弯就到了镇里的街上。我到了常乐镇后，外公坚决不让我走出院门一步，他说街上的人都认识你父母，你一上街万一被大家认出来了，有人就会说，这是大地主郁家的孝子贤孙回来了。陪我同去看外公的表姐金鑫说他，外公你胆子怎么这么小啊？外公叹了口气，眨巴着眼，看看她又看看我，边摇头边答非所问："你们是不当家不知柴米贵啊。"

白天不能出门，晚上睡觉，外公还非要让我跟他睡在一张床上，当时是夏天，蚊帐里又闷又热，外公还胖，睡觉时呼噜打得介天响。我实在不愿意在他那小院里憋屈着，吵着闹着要走，外公无奈，就让金鑫姐姐上街买了点肉，买了几棵青菜，给我包了顿馄饨，送我回了上海。

临走前，外公掏出了一个用手帕紧裹的包包，层层打开后，取出了两张五块钱，塞到了我的手里，说："你这一走就可能再也见不到你外公了，因为下次你再回来，也许外公就死了，你一路要走好啊，回到桂林别忘了代我问候你的父母，就说我很挂念他们啊！"说着说着，一行老泪落在襟前。

1968 年 7 月底，从当地的广播报刊上，看到了党中央、国务院、中央军委发布了 7 月 3 号签署的"七三"布告，才终于使广西的武斗停止下来。交通和通讯也慢慢地得到了恢复。父母这时就来信要我准备回桂林了。但因为施小姨迟迟定不下返桂的行程，刚好我又去了南通，我的返桂也就一拖再拖。到了

10月底，父母又来信了，催我尽早尽快回桂林，一是因为桂林表面上已经完全平静了，二是中山北路小学也几次通知，要学生们重新返校，准备毕业。

到了秋风扫落叶的11月，我回到了分别了半年多的父母身边。面临着马上要小学毕业的我，也随大流返回了快一年没有去过的学校。

返回学校的日子仅有短短的不到一个月，就等待到了没有丝毫激动的小学毕业分配。在小学，大家都知道我经常跟着附中的红卫兵，满大街到处刷标语，老师们也就想当然地觉得我也应该是他们的成员，所以在面临毕业的那一个月里我风光得很。老师一会儿要我在全校大会上发言，一会儿又要我写决心书张贴在墙壁上，代表毕业班的同学们，向党和毛主席表忠心，表示要把自己当作一块砖，哪里需要往哪里搬。把自己当作砖的内涵，就是要服从分配。

也是在一个雪花飘飘的日子里，中山北路一小的低年级同学敲锣打鼓，高举着红旗把我们送到了广西师院附中。想想我们表示了那么多的忠心，还要把自己当作一块砖什么的，结果都没用上，因为那些年没有了考试，也无所谓什么重点中学不重点中学的，全市都一样，都是全校统一分配。像我们中山北路一小的全部毕业生，都就近分配到了广西师院附中，这所桂林最好的中学。

屈指算算六年小学，真正上学的时间也就四年。许许多多的大好光阴都因为一会儿"停课闹革命"，一会儿又"武斗"，被白白地浪费和虚度掉了。真盼望在未来的中学时代，能真正地读到一点书啊。

这是我告别1968年，告别小学，也是告别童年时的仅有一点心愿。

少年壮志萌"附中"

怀着特别虔诚的想读一点书的心愿，我走进了附中。

附中的全称是广西师范学院附属中学，在我初中二年级的时候改名为桂林第十中学。什么时候再改回附中的，我没有去考证，但是广西师范学院如今已改成广西师范大学了，现在的附中也就变成了广西师大附中。

附中在桂林的中学校史上，是一枝花。它的师资好，教学优，在桂林数一数二，不少学子梦寐以求踏进它的门槛。再加上我的兄长毕业于附中，我参加工作后以兄姐相称的两个最好的朋友，一个叫全荃，一个叫黄健也都毕业于附中。还有那些在"文革"中带着我在大街上刷写标语，让我一展写字风采的大哥大姐们，也都是来自于附中，所以，附中就是我的向往。那天当我踏进附中校园的一刹那，好像真有点不知今夕何夕之感。向往的东西一旦变成了现实，顷刻就有了一种感动和激励在胸腔沸腾着。

我们这届学生本应该是在1968年9月入学的，由于"文革"的原因，一直被拖到了1968年的年末才进校。

1968年发生了太多的事情，无论是发生在国家这个"大家庭"里的，还是发生在我家这个"小家"里的，都有点惊心动魄。父亲摔断了腿，差点被截肢；邻居十八岁的钟哥哥在"武斗"中死了，一个活跳跳的人说没就没了。也是在那一年里，连抗日战争时期都幸免于日本强盗飞机轰炸之下的，阳桥头那座钢筋水泥的榕城饭店，也被夷为平地。

在那一年里，全国所有的省市、自治区都成立了"革命委员会"。这个替代了党委和政府的行政机构，由工人代表、农民代表、解放军代表和忠于毛主席革命路线的革命干部代表组成。当时，所有的媒体都欢呼报道了全国实现了山河一片红。为此，国家邮政还发行了一张纪念邮票，票面是一幅中国地图，整个中国大陆是通红通红的，而台湾却是白色的。这下可出了大问题了，因为有人要问了，你这张邮票不是"全国山河一片红"吗？把台湾标成了白色，是不是它就不属于全国范围啦？于是各地紧急通知停止发行，并要求将已售出的邮票收回销毁。当时我在海门四甲坝，大舅的税务所旁边就是邮局，他们单位的"小苏州"集邮，刚好买了不少。如今这邮票每枚从八分钱已涨到十万左右，但遗憾的是，"小苏州"很早就过世了。

也是在那一年里，桂林停止了武斗，全国各地都停止了武斗。停止武斗，标志着整个社会人心思安，人心思定。

1968年的天气也怪，特别的冷，年初下大雪，到了年尾还下大雪，下罕见的大雪。广西也很怪，下雪以柳州为界，柳州以北，冬天有雪，柳州以南，几乎就不知雪为何物了。整个广西的人文地理，好像都是以柳州划界。比如说方言吧，柳州以南讲的是以粤语为主的白话，柳州以北讲的是以桂林话为主的广西官话。广西官话的称谓，应该与民国早年统治两广地区的桂系军阀有关。再有就人口而言，柳州以南多以壮族为主的少数民族，而柳州以北则多为汉人。甚至广西的物种都以柳州为南北界线相异，如所有南方的特色水果，好比荔枝、菠萝、芒果、桂圆、香蕉、甘蔗等到了柳州以北就不见了踪影。而桂林生长的马蹄、金桔、罗汉果、荔浦芋、柚子、板栗等到了柳州以南也会物以稀为贵。

还是说雪吧。1968年尾，我们就是在雪中走进了附中。

附中离我家居住的八角塘很近，如果我从八角塘跑步到附中的正门，也就是五六分钟。附中的正门建在宝积山的半山腰，由此可见整个附中都建在宝积山的山坡上。半山腰的校门的那个坡很陡，常常有调皮的学生放学时往下冲，脚下往往会刹不住车，就会撞到前面的一大片同学。老师常常批评这种行为，说这样做太危险，不仅容易摔伤，还极容易发生踩踏。但学生们毫不理睬，照样乐此不彼。我也曾经参与冲过，因为在那个年龄段里，想玩的就是这种危险刺激的心跳与冲动。

坡的中间有一口井，每天附近的居民在此或洗汰或打水回家做饭烧菜。几乎所有的附中学生都喝过这口井的井水。那时候上学，学校哪有什么水喝，渴了，只能忍着。所以一到下课，学校自来水管的龙头前就挤满了学生，一个挨着一个的用嘴对着龙头喝着自来水。等到放学了，这口井旁就围满了口渴的学生。还别说，那井水极其甘甜润喉。到了夏天，大家也都用过这口井的井水浇头冲脚，井水极其清凉滑爽。

像这样历史悠久的古井，在桂林的大街马路上有好几口，记得在三皇路附近的中山北路上有一口，在三多路的公安局门口和我出生的妇幼保健院门口也都有一口。这些古井的井台都是由青石铺就的，占据了小半条马路。长满青苔的井壁上有很深的、被井桶绳勒索出来的井绳痕印，镌刻着岁月的沧桑。遗憾的是这些古井都在上个世纪 60 年代，因城市建设的需要而填平了。又由此可见，以牺牲历史遗存来换取现代生活，是由来已久的悲剧。

校门坡下有个早聚午散的保惠菜市，菜市不大，但很热闹。每天我们上学放学都要穿梭在乡下人的菜担之间。这些菜担都是从漓江东岸经伏龙洲、木龙洞摆渡过来的。乡下人过江时，顺便就在漓江里把菜洗干净了，因此那一担担新鲜的丝瓜菜花、茄子辣椒便都是水汪汪的，新鲜得不能再新鲜了。

保惠菜市有一间属于"公家"的唯一摊位，是临街的猪肉铺。一个袒着肚皮、光着膀子、五大三粗的卖肉师傅与我们几乎天天能打照面。每当看见我们学生过来了，就会举起那把明晃晃的砍剁猪骨头的大砍刀吓唬着我们玩，不时能听见女同学们惊叫着四散。

保惠菜市北面约三四百步距离的叠彩路口有一处著名的历史遗迹"桂林八路军办事处"，这里曾经是桂林很有名的酿造三花酒的"万祥醋坊"，它也像八角塘白家院落那样，是一栋木结构的两层楼房，四周砌有十米高的封火墙。上中学时曾参观过此办事处，听讲解员介绍，1938 年的年底，中共中央长江局负责人周恩来等人，在武汉沦陷前撤离迁往长沙，与白崇禧在湖北荆门相遇，当时白崇禧的汽车坏了，无法前行。周恩来便邀白崇禧乘上自己的车，一路叙谈时政，在车上提出了想在桂林设立"八路军办事处"的计划。白崇禧钦佩周恩来学识丰富，胸怀博大，赏识他在"西安事变"中的果断机智，恰好自己时任国民党桂林行营主任和第四战区司令长官，在桂林说话算数，当即就同意了周恩来的请求。这就有了"万祥醋坊"的老板将整个醋坊的前楼租给了八路军做桂林办事处的故事，也留下了周恩来等共产党人，抗战期间在桂林浴血奋战的足迹。

每天我去附中上学，八路军办事处是必经之路。从它前面斜穿过中山北路，就可看见附中门前斜坡上的那口古井了。顺着古井斜坡走进校门，开门见山，迎面耸立着校长办公楼。那是一座上了年纪的西洋式两层楼房，它见证了附中在解放前的光辉岁月。不过此时的校长楼里已经没有了校长，有的只是军代表。

过了校长楼，下了一个坡，右侧是一幢十分巍峨的三层教学楼，两边还有裙楼。教学楼每层分东西两个教室，裙楼里分别是教师办公室或是理工科的实验室。如此专业的教学楼，这在当时的桂林十分罕见。同样它也是一种见证，见证了附中的教学质量和专业的水准。

如果把教学楼作为整个附中的圆心，它所辐射出去的正好是整个校园。在它的正面，有两个篮球场，平时全校的大会、文艺演出都在这里举行，因此同学们也把它叫作大操场。站在操场上看教学楼，它就不仅仅是三层，而是巍峨的五层了。因为操场低于教学楼至少有两层楼高。而那教学楼前高高的台阶上的平台，也就理所当然地成了每逢开大会时的主席台和文艺演出时的舞台。最令人震撼的是，教学楼正中间的楼梯间，被学校封上了，面对操场，树了一块牌子，由学校的老师们画了一幅足有两层楼高的毛泽东主席的画像。那是一幅他老人家穿着军装站在天安门城楼上，神采奕奕挥着巨手的彩色油画。而这幅挥着巨手的油画与我母亲单位的大门口，阳建业叔叔他们画的那幅宏伟的毛主席画像，是同一张照片的拷贝。

与教学楼相隔操场的对面，是学校的图书馆。图书馆上面的公共教室，是学校上大课的地方，足有近千平方米大。在公共教室这座楼的背面有学校的食堂、医务室，还有一座校办工厂。

教学楼背靠着宝积山。宝积山高不过 60 米，长不过 350 米，宽不过 120 米，是座袖珍山。虽然它既不高也不大，却在桂林很有点历史，唐代以前就被称为盘龙岗了，唐代人实在，把宝积山称为"岗"，这才名副其实。后来在这座山岗上，唐代有岩光亭，宋代有藏兵洞，元代有武侯祠，明代有鲁班庙，清代有铁佛寺。最令学子肃然起敬的是山上有明代的孔明台，故又被叫作卧龙山。古人刘禹锡《陋室铭》中的那句名言"山不在高，有仙则灵"，仿佛说的就是这里，当然这只是我的杜撰。

在这胜迹荟萃的林下办学，是先贤的造化；在这灵光四溢的山畔读书，是我辈的幸运。

教学楼的西面是一片比大操场还要低出近两层楼的洼地，实际上就是从山坡回到了平地。在那片平地里不仅有好几排教室，更有让同学们喜欢的跑道、沙坑，有双杠单杠平衡木，有练习攀援的木栅栏，还有用水泥浇制出来的乒乓球桌。那时候我特别喜欢短跑，在这条跑道上甚至跑出过百米 12 秒的成绩。

体育老师说，这可是国家颁布的运动健将的成绩啊。我差一点被选去参加桂林市少年田径队的集训。

这片平地的围墙外就是校外了。依墙的那条街叫翊武路，翊武路的得名，是为了纪念被孙中山誉为中华民国"开国元勋"的蒋翊武。他在1913年因为反对袁世凯，被桂系军阀逮捕，并杀害在这条街上。在靠近榕湖的街那头，有一块蒋翊武遇难处的纪念碑，那块碑很小，挤在一个犄角旮旯里，很不起眼。

翊武路的旁边就是现在的桂湖，湖岸西边有老人山、螺蛳山、骝马山。山坳里有许多曲折拐弯、四通八达的小径便道，这是我们锻炼跑步的好地方。因为学校里的那条跑道短，但凡要跑长一点路程的时候，体育老师都会把班级带到这些地方来，常常是一个班接着一个班的学生，在这湖边山坳绕着圈子跑。

那时候桂林的人口少，这些山野之地更是人迹稀少，在那几段山背的小径上，就曾发生过抢劫、强奸的凶案。因此，每当跑步跑到这里，大家都不敢掉队，生怕从岩石后、树丛里钻出一个坏人来。

从山坳出来，湖边有一个高坡，高坡上是桂林地委党校和地区文工团的所在地。站在这个高坡上，桂湖对岸的整个附中便一览无余。从这个角度望过去，那座建在宝积山山坡上的三层教学楼，就不仅仅只是感觉中的五层高楼了，加上有操场、洼地的落差，它仿佛平地拔起有六七层的样子。

我们跑步的体育课往往都是在下午的三四点钟以后，此刻又正是夕阳西下的时光，从老人山、骝马山那边的西下阳光，正好普照着整个附中的校园，金光灿灿。阳光还正好照在教学楼上那幅巨大的毛主席画像上，我们站在湖的对岸，能清清楚楚地看见他老人家的温暖微笑。此时此刻，我们的心头就会涌出一股做为附中学子的幸福感。

我的中学时代就是这样，从走上有古井的山坡开始的。

班级改名叫"营连"

　　我们进附中后不久，学校就张榜分了班级。被分配到一起的小学同班同学很少，仅有李水桥、夏诗安、张友东、樊苏桂、谷小萍几位。还有一位与我关系颇好的段五七，来到学校没几天，就辍学不来了，说要去做工，帮家里挣钱。

　　当时给我们这个班级命名为"68·1连"。其实就是六八级一班。那时候整个附中的班级都不叫班，都改叫"连"了。而年级呢，则改叫为"营"了。

　　在1968年那年冬天入校的学生中，不仅仅有我们本来就应该在当年入学的应届小学毕业生，还有1967年小学就毕业了的上一届毕业生。因为遇到了"文革"，被耽误了一年进初中。入校后，六七级则被编为一营和二营。六八级则被编为三营和四营。一个营六个连，六八级的学生共有十二个连，一连到六连为三营，后面的自然就是四营了。我被编入的是六八级的第一个连，理所当然也就成了"三营一连"的一名"战士"。

　　学校的班级建制不按常规地叫班与年级，而改为军队建制的叫连与营，现在听起来，人人都会觉得好笑好玩，甚至觉得有点不可思议，但在当时是件极其严肃、极其认真的一件事情。作为当事人，甚至在当时会感到一种兴奋和自豪。因为在那个年代，就是"全国学解放军"的年代。而且这还是伟大领袖毛泽东主席的号召呢。那个年代的人都知道，这个号召出自1966年5月7日，是毛泽东在那天给林彪写了一封信，这封信后来被称为"五七指示"。在信里，毛主席除了对工农商、机关干部都有要求外，还有很重要的一段要求学生的。毛泽东说："学生也是这样，以学为主，兼学别样，即不但要学文，也要学工、学农、学军，也要批判资产阶级。学制要缩短，教育要革命，资产阶级知识分子统治我们学校的现象，再也不能继续下去了。"将班改为连，应当说是学生学军的具体表现之一。

当时学校有军宣队，还有工宣队，它们的全称应该是"解放军毛泽东思想宣传队"（简称"军宣队"）和"工人毛泽东思想宣传队"（简称"工宣队"）。

工宣队的人多，请来的都是在旧中国吃过苦的工人师傅。他们来学校的目的，就是要用工人阶级的思想来教育学生、武装学生。要学生们"不忘阶级苦，牢记血泪仇"，珍惜今天"毛主席给大家带来的读书机会"。刚开始那个学期，工宣队员们忠于职守，每天上课时到各个教室里巡视，有一次我在课堂上偷看《青春之歌》这本小说，被巡视的工宣队师傅抓了个现场，不仅把书没收了，还让我在全"连"面前站起来，示众亮相。

军宣队的人少，全校也就是三四人，他们都是真正穿着军装的现役军人。军宣队的领导也是学校的军代表，是学校革命委员会的主任，学校的最高权威。军代表李主任个子不高，脸上常常挂着一脸的笑容。他是东北人，一开口说话，就是那种平舌、卷舌不分的东北话，比如把不卷舌的"四"说成卷舌的"是"，把卷舌的"十"说成不卷舌的"思"（上声），"人"说成"银"，"学习"说成"涍习"。还有许多我们在广播里听不到的普通话，如"咋整呢""你磨叽啥""小兔崽子"等等。那时候我们不懂这是东北方言啊，就因为它出自解放军的"军代表"之口，我们还以为这才是正宗的普通话呢，在背地里还拼命地"涍"。一直到后来我来北京学习了，才知道我们被李代表带到"沟"里去了，把东北话整成普通话了。

老师说，"五七指示"是我们教育革命的指路明灯，也是必须遵循的最高指示。所以在我们进中学后，学校很快就实行了教学"三三制"，什么是"三三制"呢？即有三分之一时间会在学校里学习文化，其中包括学军的内容。另外三分之一的时间，是要去工厂学工，还有三分之一的时间要去农村学农。学工和学农就是去工厂、农村与工人、农民同吃同住同劳动。

学军还好办，地点就在学校的大操场上，请驻校军宣队的解放军给我们集中军训就学成了。日程集中安排在一个礼拜里，每天练习队列操练，向左转向右转，稍息立正齐步走，还要用木制的步枪练习拼刺杀。有时候会有意安排让学生日晒雨淋，美其名曰"锻炼革命意志"。

相比之下，学工与学农就苦、累、难多了。因为那是要去同吃同住同劳动的，而在当年，不少同学的家里，要单拿出一份伙食费是很难的，有的同学家，连多余的铺盖都拿不出来。

学工、学农同样美名曰是去培养我们对工农的阶级感情，体验他们的劳动艰辛，实际上最后的结果，就变成了让我们去为他们干活，完成他们一部分工人师傅因要到社会上去搞运动而耽误下来的生产进程和生产指标。

在我们进校后的半年时间里，开的文化课都是政治课，还有毛泽东思想课。课堂上不是学习毛主席的著作文章，就是学习《人民日报》《解放军报》《红旗》杂志这三家当时被称为"两报一刊"的"社论"。尤其在那时，毛泽东主席经常会发表一些"最新指示""最高指示"，大家就要认真地学习上好几天，还得写学习的心得体会，这也算是老师布置的必须完成的作业了。那几年毛主席的指示，经常在半夜发表，加上一些重要的国家大事的新闻也常在半夜报道，所以，老百姓经常会在半夜来到大街上敲锣打鼓地庆祝和欢呼着游行。

这时，只见漆黑的夜里，大马路中间南来北往走着各个单位一队又一队的游行队伍。队伍前头总有人高举着几面红旗，其中有一面必是单位的名称，或者有一面旗上必是群众组织的"名号"；红旗后面四个人或者两个人抬着一面大鼓，一位鼓手奋力地擂着，周围跟着打镲的、敲锣的；然后，再有一排人牵着或者举着一条横幅，横幅上写着此次游行的目的；最显眼的是有一个走在队伍旁边的领头人，振臂领呼着"欢呼""庆祝""万岁"的口号；最后是跟着队伍里的众人，都举着《毛主席语录》（红宝书），一遍又一遍地呼应着领头人的口号。

这时候的大马路上根本没有汽车，马路两边的人行道上也没有围观的看客，因为此时正是半夜。

无论是热闹亢奋着的，还是睡眼蒙眬着的，都在队伍中两条腿机械地跟着行走，有好几次我也是在睡意朦胧中极为机械地跟着队伍走的，而且还真正体会到了走路睡觉是可以的。

要是在夏天游行还好办，冬天可就惨了。要是工作学习单位近还好办，远就惨了。像我父亲他的单位在北门的观音阁里头，骑自行车去一次就得半小时以上，这在小小的桂林算是相当远的路程了。如果赶上了寒风，再顶着黑游行十好几里路，一眨眼天就亮了。

除此之外，只要是在校，即使没有政治课，也有许多政治活动在等着我们。党的第九次全国代表大会召开之际，全"连"的同学心血来潮，一致决定要在教室门前的空地上塑起一座延安的宝塔山，同学中有的去围墙外的河塘边挖泥、挑泥垒成宝塔山，有的想办法找来砖石仿造那座宝塔山上的宝塔，还有的同学爬到后面的宝积山上去挖些小松树、野红果、蕨葵之类的杂树杂草，做景观装饰。当时我是"总指挥"，与大家一起日以继夜、齐心协力地扑在修建上，为的是要在"九大"期间，赶建出这一革命的圣地，向大会献礼，以表示我们对伟大领袖的忠心，而且绝对是发自内心的虔诚。

特别滑稽的是，就在我们呕心沥血地建造好了延安宝塔山后的第二天，老天不作美，突然来了一场大暴雨，几分钟内，将我们修建的"宝塔山"，连同隔壁"兄弟连"修建的"天安门""韶山"等，一起冲毁，望着我们辛苦了数日的成就，瞬间化成一滩泥浆，女同学哭成一片，男同学欲哭无泪。

在中学三年里，学工是家常便饭，或去北门的仓库搬运货物，或去观音阁里的钢厂挑土修高炉，或去火车货站运送煤炭，如此这般一两天的临时学工课程，是常态化的，几乎每个月都有一两次。而十天半月的学工，一个学期至少也要有一次。我记得我们入学两个月后，学校就安排了一次近十天的去市建筑公司汽车队的学工。在那里当然不会教我们开汽车，而是坐上汽车，跟着装卸工人一道，每天去搬运货物。经常搬运到天黑，甚至连雨天也不歇息。

时间最长的一次学工，是在初中二年级。大概有近一个月的时间，那是去南溪山旁边的一个住宅小区盖楼房。

1970年前后，中国和苏联的两国关系十分紧张，在黑龙江中苏边境的珍宝岛上，还爆发了领土争端，打起仗来，全国都进入了毛泽东主席提出的"深挖洞，广积粮"的备战状态。在此之前，许多老干部都被疏散了，如众所周知的邓小平被疏散到了江西，叶剑英被疏散到了广东，桂林也有被疏散来的谭震林。还有许多国防工厂、科研机构、保密单位都被疏散到了"三线"，也就是云贵川等边远山区。广西好像也算"三线"，搬迁来了不少单位，在猫儿山和西山就有两个北方搬迁来的设计院。我们去南溪山盖楼，也是为了给哈尔滨量具刃具厂搬迁到桂林做准备。因为哈尔滨离苏联近啊，怕一旦打起仗来，对这个生产精工产品的工厂有影响，怕它被毁了。

当时我们整个"连"就住在南溪山马路边的一幢旧楼里，男女同学各占一间大房。大家争先恐后把学校从农村拉来的一捆捆稻草摊开做床垫，在水泥地上打个通铺，再把各自带去的简单被褥铺在稻草垫上，就可席地而睡了。睡觉时，大家睡在这软绵绵的稻草垫子上，不仅感到暖和，还很高兴地互问，你闻到了一股稻草的清香了吗？当时是冬天，反正天冷，全连二三十个男生挤在一起打打闹闹，倒也其乐融融。

　　我们学工的课程，就是给工人师傅做打下手的小工，给他们递砖块，运灰浆。这两项工作貌似轻松，实际上却是又苦又累又危险。当年桂林无论盖多高的楼房，既没有钢筋水泥的浇筑，也没有机械化的运输，几乎都是人工的肩扛手提，靠架子工搭好脚手架，靠小工将砖块、灰浆运送到脚手架上，再由泥瓦匠师傅，一块砖一块砖地砌成墙壁。

　　楼房一层层地往上盖，越盖越高，脚手架就要越搭越高，运递砖瓦灰浆的难度也就越来越大。比如，脚手架上供工人行走用的"跳板"，是那种用竹条子一块块串在一起的竹板做成的，在冬天成霜结冰的气候里特别的滑，而我们要将脚手架底下的砖块，五块、六块地分成一摞摞，然后用手捧着，从特别容易打滑的跳板一层层往上搬。递灰浆也如此，工地上有专门的工人师傅先将水泥、石灰和水按比例和在一起，然后把这和好的灰浆装进一个个小桶里，再由我们迅速地把这些小桶送到脚手架上砌砖的泥瓦匠师傅手上，如果砖头送慢了，师傅就会停工待料，如果灰浆送慢了，小桶就有被凝固的可能。所以我们打下手不仅要熟练，还必须争分夺秒。楼层越高我们跑得要越快。一天下来，虽说我们年轻吧，但整个身体也都像散了架一样。

　　到了后来与工人师傅熟了，在他们抽烟"偷懒"的时候，也会给我们传授些砌砖呐、拌灰浆呐的技活儿，说出来真不怕寒碜，当时之所以大家都自告奋勇地抢着去砌砖、拌灰浆，是因为不少同学觉得将来中学毕业能做一名建筑工人就算非常幸运了，就算找到了一份非常不错的工作，至少可以逃避下放到农村了。

　　2008 年北京奥运会之前盖"鸟巢"，中央电视台曾组织文艺名家去"鸟巢"工地体验生活，与工人师傅一起劳动，我去的那次是参加铺扎钢筋，而在我们的钢筋工场不远，有一处正在砌砖的工场，我看着看着，突然就想起了当年在桂林南溪山学工的经历，情不自禁地与央视主持人周涛说我还会砌砖呢。没想到周涛马上给"爆料"了，工人师傅们便起哄要我砌一段墙给他们看看，他们万万没想到，我吊线、上灰浆、砌砖、抹平等程序还真都像模像样，顿时赢得了大家异口同声的赞扬，纷纷说我的"童子功"不赖啊！

除了学工，中学三年学农的课程也是很多的。

刚进校时，附中在猫儿山边上的师院分校里就有个农场，差不多每个月都要去那里劳动，去田里拔草，给菜地施肥。春天我们去种过花生，夏末我们去收过水稻。

我们第一次背着行李"出远门"真正到农村去学农，走了五十多里路才到达目的地。那是在 1969 年 4 月底，我们来到了桂林郊区大埠公社八恺大队唐公岩村，名义上是来宣讲"中国共产党第九次全国代表大会胜利闭幕"的伟大喜讯，结果我们的宣讲仅仅做了一次就没法再做了，因为贫下中农们，完全是一副事不关己的态度。没有办法，剩下的整整一个星期，我们都是在农田里劳动，宣讲变成了帮助贫下中农挑猪屎牛粪，春耕。

那次的经历终身难忘。我们刚到农村的第二天，队长就在大喇叭里喊开了，通知大家来开会，全村的男女老少也都来了，汇集到村头一棵百年樟树下的凸台旁。然后由在同学中普通话算是不错的我，上台慷慨激昂地朗读"九大公报"。大概也就短短地安静了一两分钟，台下便嗡嗡嗡嗡的嘈杂声一片。你在台上朗读你的，台下的男人们都在抽烟，女人们三五成堆凑在一起交头接耳。最逗的是那十几二十个幼童围着会场的四周，像陀螺一样不知停歇地一直在转呐转，还连呼带喊着，没人管。连那个队长，也只是在开会前上台说了一句："欢迎城里来的学生仔给我们宣讲。"然后就坐到一旁低着头抽烟，两只赤着的脚互相搓着脚上的泥巴。

我们完全没有想到贫下中农是这个样子的思想觉悟，面面相觑只能望着这个一边慷慨激昂，一边事不关己的戏剧性场面。其实，在头一天我们刚到农村后，就已经遭遇到了这种事不关己的冷遇了。那是我们放下行李，就三人一组来到了一户农民家里宣讲，正好赶上他家要吃晚饭，为了表示我们的"政治觉悟"，就让他们全家站到毛主席画像前进行"晚汇报"。

那时候全国还时兴"早请示晚汇报"。"早请示"就是每天早上起床后，一家人都要对着毛泽东主席的画像，集体朗诵一段毛主席语录，还要连呼三遍"敬祝伟大领袖毛主席万寿无疆！万寿无疆！万寿无疆！""敬祝林副统帅身体健康！永远健康！永远健康！""晚汇报"就是全家在吃晚饭前，如此这般地再来一次。

面对着我们的建议，不料他家的男主人横眉冷对，并斥责我们说："莫给我们来这一套，出去！"他这样说话，在当时是可以按"反动话"论罪的啊。我们吓得半死，落荒而逃，赶紧向带队的老师汇报，老师也吓得不轻，嚷嚷着要公社严肃处理。嚷嚷了半天后，竟没有了下文。后来暗地里一了解，才知道这户人家是他们村里出身最苦的贫下中农，谁都拿他无可奈何。

在这次的宣讲活动中，我第一次体验到了农民的生活苦啊，即便像我们桂林这种种植水稻吃大米的地区，农民的主食很多还是苞谷和红薯。后来我多次下乡学农，都看到了这样的景象，在夕阳下山的晚雾里，农民扛着犁、牵着牛回家，往往犁把上还带着一大捆红薯藤，后来去农民家里，才知道这带回来的红薯藤是有用场的，他们把嫩的藤尖折下来放点辣椒、盐、炒了当菜下饭吃。有的人在一锅放了点盐的清水里加几朵南瓜花、一把南瓜藤尖，切几块红薯和着煮在一起，就是一顿饭了。

当然，万万没有想到的是，这清炒红薯藤、南瓜花蛋汤，如今竟成了餐桌上的美味佳肴了。

1971 年 2 月底的时候，我们出了一次更远的远门，来到了远离桂林七八十里路外的阳朔县葡萄镇报安生产队附近学校新建的农场学农。那里有新开辟的多块水田，我们因此学习种水稻。

学校新农场的建立，是因为我们在猫儿山下的那个农场，半年前被"场主"广西师院收回去了。理由是，有关部门已经把广西师院附中改名为"桂林市第十中学"。那么，也就等于"十中"与广西师院脱钩了，二者之间不再有隶属关系。无可奈何的"十中"，便找了这块去阳朔公路旁的山坡地，盖起了新农场，还把这个新建的农场称作"十中分校"。不称其为农场，就是给了我们去那里学农的一个名正言顺的说法，是去分校上农业基础课。

二月底的桂林，天气还很阴冷，晚上睡觉要盖被子，我们这一群十四五岁的孩子，硬是背着厚厚的行李，步行了七八十里地，从天蒙蒙亮一直走到天麻麻黑。

我们在那里上了一个月的"农基课"，教我们扶犁插秧的并不是农民，而是学校那些被"管制"的老师。除了扶犁插秧，我们还要到附近农村的猪圈牛栏里"出"猪屎牛粪，用来肥我校的新田。那栏圈里的屎尿混在一起稀烂稀烂的，穿鞋根本下不了脚，只能打赤脚。那天可是寒冷的早春二月啊，令我们吃惊的是，当我们把脚一踩进这屎尿中，尤其是踩进牛粪中时，里面居然是暖烘烘的。更难能可贵的是，同学中当时没有一个人说臭，也没有一个人说脏。

我对这样的劳动，内心一点都不排斥。那时候我就有记日记的习惯，我曾经很真实地写道："由于自己明确了这次劳动的目的，干起来也就非常的愉快。猪屎牛粪带水，洒在地上很滑，再加上到处都是黄泥巴地，我一个不小心就被摔倒了。摔吧，摔它几跤，把资产阶级思想彻底摔掉。""今天我挑了很多担猪屎牛粪，肩膀很痛，到底是坚持挑，还是不挑了，两种思想不断地在激烈斗争。斗争的结果是，肩膀痛不要紧，就怕是思想痛。皮掉了会长出新的，旧的资产阶级思想掉了，就能长出新的无产阶级思想。我今后一定要努力地照毛主席的'五七指示'做事，坚决走一辈子与工农兵相结合的道路，到三大革命斗争的最前线去，滚一身泥巴，磨一手老茧，练一颗红心。"

这就是我们年轻时代真实思想的写照。我想，现在十几岁的学生，无论如何也不会写，也写不出这样的句子。

带队与我们同去的班主任叫梁庆忠，还是我们"三营"的"营长"。在分校学农的那些日子里，凡是碰到了阴雨天，他也不会让我们歇着，而是要给我们补上"政治课"。所谓上课，无非是读读报纸，学《人民日报》《解放军报》《红旗杂志》上的革命社论。那时候的生活很艰苦啊，新的分校除了那几块山坡地，既没有教室，也没有宿舍，当时我们就借住在附近农村的小学里，睡的依然是稻草垫在地上的大通铺，吃的是随时能咬出沙粒硌牙的米饭。没有什么菜，常常是清水煮萝卜，白菜炒白菜。要是有一点辣椒酱，就是美味了。

要想洗澡，热水是绝对不可能有的。只能走好几里路，去农场边山坡下的一条小溪里去，那里的水清悠悠的，干净极了。男同学不怕天亮，而且越亮越好，因为太阳越大，天气就越暖和啊，大家在溪水里嬉戏着打闹着，光天化日之下就把澡洗了。女同学可就不行了，一定要等到天黑才能偷偷摸摸地去。说是洗澡，其实也就是只能湿湿毛巾擦把身子，因为天气太冷了。

由于生活实在是太累太苦了，"连"里有好几位最调皮的学生，受不了如此的苦累，外加想家，便在公路上拦住运货的卡车逃回了桂林。这其中就有我的好友、同桌李小文。学农期间临阵逃脱，可是犯了大忌，"梁营长"怒不可遏，对我们发誓，要那些学生的家长把他们立即给送回来，还要严厉处分。

过了几天，他们果然回来了，没想到的是，李小文给我带回来了五毛钱和几斤粮票，他偷偷地告诉我，这是因为他知道我也苦啊，就自作主张地去了我家，帮我问父亲要了这钱和粮票。有了这如同"旱地里来了一场及时雨"的钱和粮票，我就可以到学校农场附近的那个掏粪的小村庄里，去找农民买些或者拿粮票换些零食，改善生活，填饱肚子。特别是村子里有农家自制的花生糖，五分钱可以买半个巴掌大的一块，因为花生是新炒的，蔗糖是新熬的，这种又香又脆的花生糖，给我留下了对花生糖最美最甜的记忆，也留下了李小文发自内心的对同学的我的那一份关爱。这关爱让我铭记至今，温暖至今。

中学三年，李小文一直与我同桌。他个子比我高半个头，体重至少比我重二十斤。他酷爱打篮球，是操场上的"球霸"。在与他同学的那几年，李小文每天都是边走边拍打着篮球进出学校的。那个时候，他就有一个属于自己的篮球，这让喜欢打篮球的同学都羡慕不已，每天课间下课铃一响，都能看见他是第一个抱着篮球冲出教室。受他的影响，在很长的一段时间里，我也喜欢上了打篮球。

我们"68·1连"有六十多个同学，分为四个班，我和李小文是在第四班。

一个班占教室的一行，第四班有16个同学，分别是八个同桌，我们俩在班上相对算是个子高的，所以被分在最后一桌，而我又靠里坐，因此我在全"连"是坐在最旮旯里的一个。当时全连都是一桌男一桌女交叉着坐的，我们前面一桌是两个女同学，其中一位叫曹晓翠，是"68·1连"最大的官，连领导小组的组长，相当于连里的"指导员"。曹同学是我在中山北路一小的同学，但不同班。特别有意思的是，曹同学特别有运气，每逢好事必定有她。比如说，除了她能当最大的连领导外，第一批加入红卫兵有她，第一批加入共青团有她，一直到初中毕业了，在仅有百分之几的概率，可以不去广西边境种橡胶而能参加工作的机会，也给了她。我一直想问她，但一直没问过她，为什么这些好事都会降临她，是因为她的家庭成分好吗？"家庭成分"决定一切，是那个时代做人做事成功与否的前提。

同学里还有李湘阴是我的好朋友。我离校后他改名了，我估计是因为在学校时，他那个湘阴的"阴"字老被同学们笑话的原故。其实他就是湖南湘阴人。我相信父亲为他起这个名字，只不过就是为了纪念祖籍而已。可是在那个在性特别封闭的年代，一个阴字会让人产生无穷的歧义。湘阴的父亲是我们桂林地区医院的资深牙科医生，他们家就住在我们八角塘路口的拐角处，所以我俩常常相邀着一同上学放学。十三四岁是一个对性特别想了解的年纪，因为他爸爸是医生啊，我便理所当然地觉得生理上的一些知识他会懂得比我多，我曾偷偷地问过湘阴，男女的"那个东西"真正的称呼应该是什么？他红着脸，吭哧了半天才说，那个东西叫生殖器。呵呵，在这个问题上，早年还是李湘阴完成了对我的启蒙。

在"68·1连"，我"出名"是最早的，几乎是到学校后的一个月就名扬全校了。那是1969年初，学校搞新年联欢会，连里动员大家出节目，我仗着在上海学会的几段"革命现代京剧样板戏"的唱段，向"梁营长"报告说，我会唱李玉和，也会唱郭建光，还会唱沙奶奶。"梁营长"转告了学校联欢会的主办者，他们听后很高兴，马上通知我去给他们哼了几段，最后一致认为最好听的是《沙家浜》里沙奶奶的那一段短小精悍的《沙家浜总有一天会解放》。那时候桂林的学生哪懂得京剧怎么唱啊，尤其唱样板戏的更堪称凤毛麟角了，才不管你唱的是李玉和，还是沙奶奶呢。

在众多的赞赏下，我一得意，也就无所顾忌地上台唱了，唱完之后轰动啊，第二天全校一两千师生全都认识了我。好了，到了第三天就惨了，大家对出名的我都感兴趣，都来刨根问底了，于是大家也都知道了我家的"成分"不好，更有不少的学生开始跟在我的后面叫我是"资本家的仔"。当时我真沮丧啊，甚至又萌生了厌倦到学校的念头。

当时学校里有不少同学，"下意识"地对我很不友好。在我们"连"里，就有很长的一段时间，对我充满蔑视的同学有之，要我把"家史"写出来贴在墙上，当面取笑嘲讽我的也有之，甚至还有公开对我斥责的，你一个"资本家的仔"，还好意思在全校师生面前表现自己？就是在这样的环境里，我忍辱负重地度过了一天又一天。

最让我心痛和不可理解的是，初中三年期间，无论是申请加入红卫兵，还是申请加入共青团，我一次次地申请，一次次地被拒绝，一次次地努力，一次次地破灭。我始终像一名乞讨者站在诸如"梁营长"他们的面前。我知道此刻的自己是多么的卑微，多么的下贱，我把仇恨和怒火放在手心里攥着，把苦楚和伤感放在嘴里咀嚼着。我学会了在憧憬一个个希望又黯淡了一个个希望之后，再憧憬着一个个的希望。我练就了不屈不饶，我知道明天永远是不可预测的，但明天又永远是新鲜的，明天永远是可以创造的，我相信太阳不会只照一家红，太阳更不会只暖一人身。

在那个年代里，相比之下，我受这点委屈其实都微不足道，不足挂齿。那几年学校隔三差五开批斗大会。一会儿是发现反动标语了，就要找出一个被"管制"的老师痛批痛打一通；一会儿是社会上展开"严打"运动了，学校就再找出另一个"反革命"分子，给他也痛批痛打一顿；一会儿又要批判"师道尊严"了，于是又拉出几位所谓的"资产阶级"知识分子和"反动学术权威"，把他们依次押上教学楼前那高高的主席台上批斗。其中有一位叫章保罗的老师，几乎每次批斗会都少不了他，章保罗是"文革"前全桂林最好的数学老师。有一次，社会上又搞新运动，紧跟形势的学校又把章老师拉了出来当作"对立面"批斗。那天，只听得主席台上一声高喊："把反动分子章保罗押上台来！"顿时就有好几位高年级的"大块头"，将他从校长楼那边的高坡上急速推下，往教学楼前的主席台蹭蹭蹭地跑过来。章老师很胖啊，年纪又大，又是高度近视，自然跑不过年轻人，只见章老师被逼迫着踉踉跄跄地往前跑，实在是跟不上"大块头"学生的脚步了，也实在跑不动了，便被狠狠地推了一把，重重地摔在水泥地上。当他爬起来时，眼镜碎了，满脸的鲜血啊。我看见章老师哭了，很多女同学也哭了。

在我们进入附中后的前两年几乎都是在这种不务正业的日子中度过的。虽说到了 1969 年 4 月，老师"正经"宣布要上社会主义文化课了，但也是题目很大，内容很少，因为当时只有三门课可上，一门政治课，有时候也叫毛泽东思想课；另外两门分别是语文课和数学课。课时也不能保证，往往是三天打鱼两天晒网。比如一说要上街游行了，马上就得停课。

到了 1970 年 4 月，我国第一颗人造卫星上了天，社会风气似乎因此也有所转变，诸如"科学技术""发展生产"这样的名词又重新回到了人们的生活中。重视学习、崇尚科学的观念，在学校里也有显著地提升。那时候的老百姓，也渐渐地开始明白了在这些年里，大家都尝够了"文革"的动乱之苦，重视科学技术，重视发展生产，成了社会的共识。

工宣队、军宣队在这时候也相继撤走了，"三三制"的教育似乎也不那么严格了，老校长张文伟担任了新的"革命委员会"的主任。在这种形势下，教学稍稍走上了正轨。张主任很多次在学校的大会上，强调学生一定要以学为主，要"学好数理化，走遍天下都不怕"。由于附中有浓厚的教学渊源，"重学习"很快蔚然成风。文化课由三门增加到六七门，除了原来的政治、语文、数学外，新增加了物理、化学、外语、农业基础（生物）等科目。不过，特别有意思的是，每次这些科目的测验考试都与往年不同，不再是老师给学生打分，而是同学给同学评分，共有优秀、良好、及格、较差四档。采用这样的测验考试评分办法，老师说这是"教育革命"的丰硕成果之一。

应该说在"读书"上，我从来都不怵整个"68·1 连"的同学。在所有考试的成绩单上，基本上我都在"优秀"之列。唯有数学成绩不太好，曾经得过"良好"。我最好的科目应该说是语文，教过我语文的陈培干老师和黄敦信老师，对我的每一篇作文都会认真地批满密密麻麻的评语，有的文章甚至批注两次，以资鼓励。他俩经常将我的作文作为范例在班上朗读，也是老师的良苦用心吧。他们还让我参加了全校的"语文教改小组"，说这也是为"教育革命"闯出一条"新路"。

语文教改很重要的一个内容就是让学生上讲台去为学生讲课，我很荣幸地为学生代表上讲台讲课，成为了全校"吃螃蟹"的第一人。讲课的那天，除了全连的同学，教室后面还黑压压地坐满了前来观摩学习的外校老师。

我在众目睽睽之下走上了讲台，轻轻地咳嗽了两声，算是为自己压了压惊。然后我在黑板上画了一个中国的"雄鸡"地图，为了画好、画像这个地图，在家里我练了好几个夜晚。然后根据这个地图讲述了中国东西南北的地理人文风貌，从而表达出对祖国的自豪和热爱。再引申出我们应该要为祖国的强大、富裕学好文化。由于我的"雄鸡"地图一画出来，形象逼真，马上就先声夺人。再加上我讲述的内容主题明确、环环相扣，并且绘声绘色，应该说这堂"教改"公开课圆满成功。学校和老师都相当满意，并将之作为我校"教改"的经验，向全市推广。

从此我爱学习钻研、学习成绩好的名声也渐渐在校园中传开，在只有三门课的时候，我就有过了考试全优的记录。到了有六七门课那时，我也有过全部科目的考试皆是"优秀"的佳绩。那时候经常有老师对我说："咳，你是个能读书，能读好书的材料啊，可惜生不逢时啊！可惜啊。"因为那个年代上高中，很难，上大学，没有。

由于我的学习好，同学们也就慢慢地尊敬起来了，歧视我的现象也越来越少，与大家相互了解后建立起的友情，终于融化了我们那个年纪根本就不懂的阶级斗争的坚冰。在"68·1连"的一些重大问题上，许多同学都会一边倒地支持我。并且还有同学推选我做连领导小组的成员，推选我加入共青团。可依然遗憾的是，这一切都是在营里通不过。初中毕业时曾有担任校领导的老师考虑到当时我是学校文艺宣传队的队长，希望我能继续读高中，听说也是营里强调因我家无人下放农村，强调按规定我应该是去广西陆川县种橡胶。当母亲按照营里的要求，写好了支持我去种橡胶的"决心书"，让我拿到学校交给营里时，心中油然升起了一种被人宰割的悲哀感。

阴差阳错的是，在我临毕业前的一个月，突然被桂林市文工团学员队选中，从而改变了去陆川种橡胶的命运。记得我去学校转"关系"的那天，迎面碰见了梁营长，他还是一脸严肃地对我说："你考文工团怎么没经过我啊，按规定你应当是去……"

我第一次回附中母校，是在离开桂林后的二十年后，在过去的二十年间，我有过好几次与中学同学的聚会，他们都很少在我面前提起梁庆忠老师，因为同学们知道那些悲痛的少年伤痕会破坏我们欢聚的心绪。所以这么多年来我也一次没有见过他。而奇怪的是，当二十年后我踏进母校的那一刹那，第一个想到的竟然是他。我突然觉得当年他对我的那许多偏见，不正是他的一种生活所迫，一种对他生活的"追求"吗？令我更想不到的是那天居然大老远就传来了一阵阵依然像是昨天的声音："郁钧剑呢，郁钧剑在哪？"我赶紧迎上前去，握住了他那还沾着粉笔灰的双手，望着他那一头斑白的鬓发，那依然紧扣着风纪扣的旧中山装，我仿佛看见了他在这所校园里默默耕耘的漫长足迹。他没容我多说什么，便迫不及待地领我到了当年的教室，并毫不迟疑地指着那墙角："当年你是坐在这里的啊！"我哑然了。往日里对他那么多的怨，竟因为这一句话，顿时化为乌有，从而产生出的一种温暖，在心灵里修补着即便是苦涩也珍贵的师生关系。

回忆"68·1连"，是在忆苦思甜，生活总是先苦后甜。

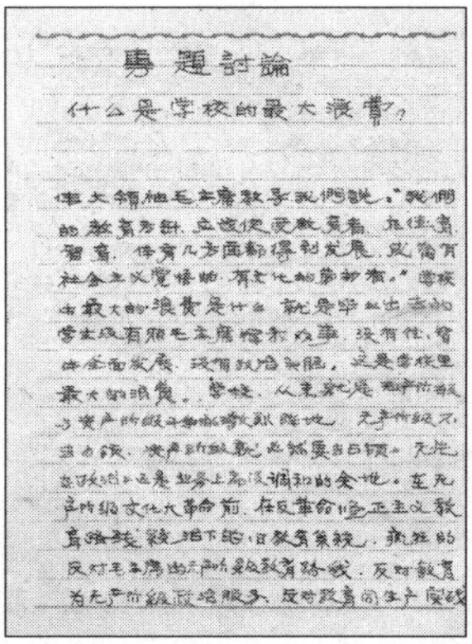

"政治课"笔记

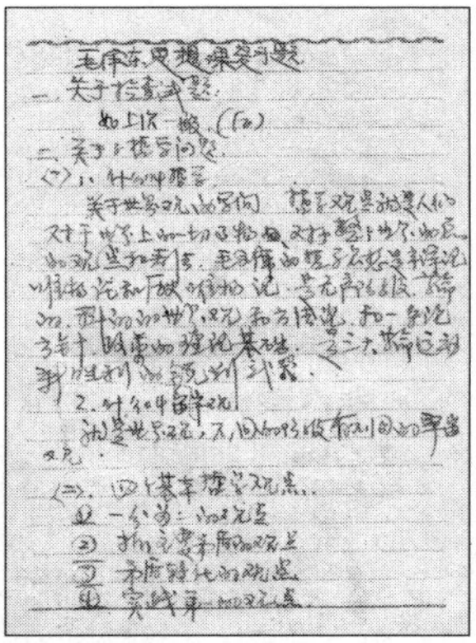

"毛泽东思想课"笔记

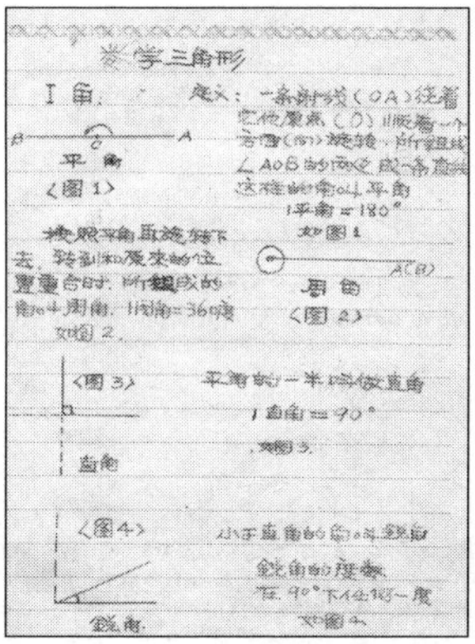

"数学课"笔记

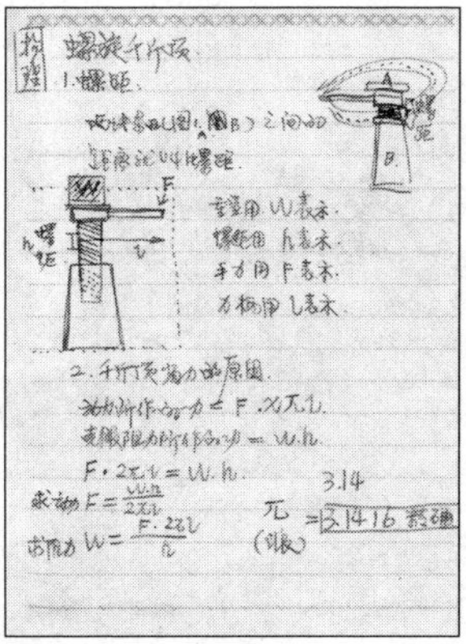

"物理课"笔记

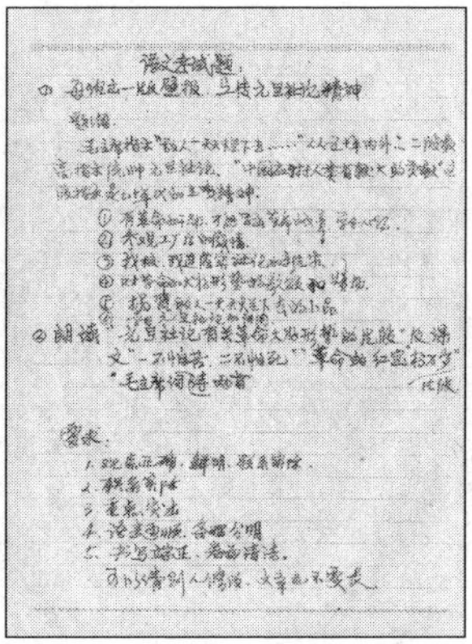

"语文课"笔记

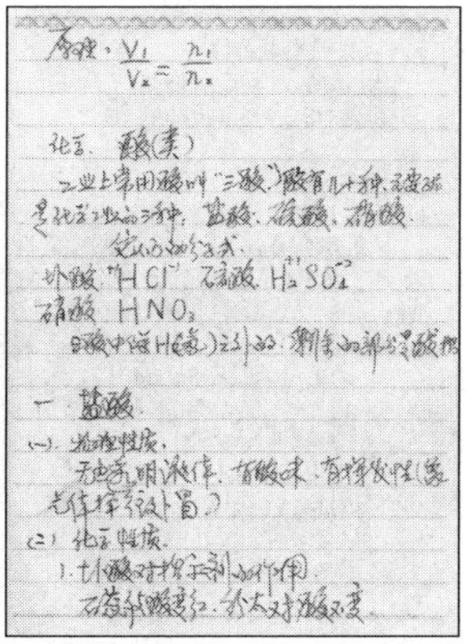

"化学课"笔记

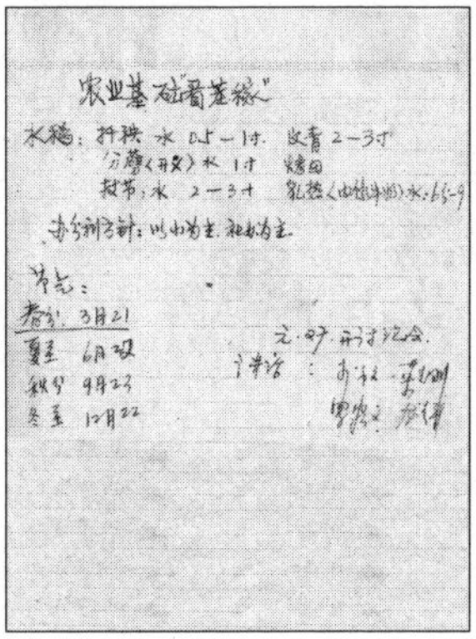

"学农"笔记

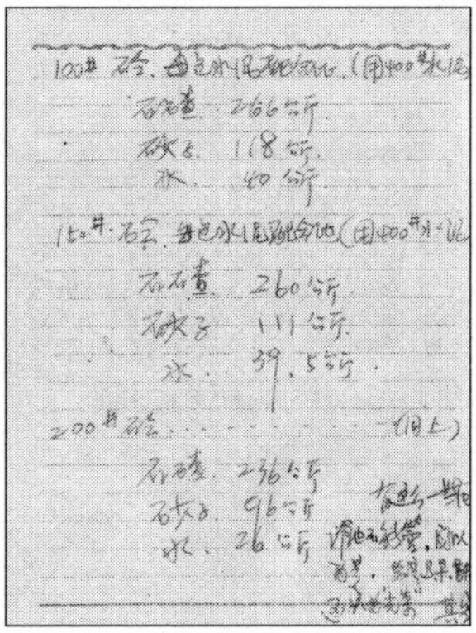

"学工"笔记

上世纪 70 年代初我在附中读初中时的课程笔记部分手稿。有趣的是"学农"笔记中，记录的是水稻田里不同的农时，田里所需多少水；"学工"的笔记中，记录的是在搅拌制作"预制板"时，每包不同标号的水泥，所需配置多少石渣、多少沙子、多少水。这些可都是在课堂里学不到的。

附中建校七十周年时，我在桂林八里街附近的新校址参加了庆祝活动，并捐助五十万元成立了"郁钧剑奖学金"，多年来奖励了许多品行兼优的学子。目前该奖学金已经增加到七十万元，我愿意以此来报答母校。

离开桂林几十年，我先后三次回过宝积山下的附中校园。第一次回去时老教学楼还在，是梁庆忠老师（上图左）领我来到了当年的教室前，我重坐在了当年读书时的座位上（左图）；第二次回去时，老教学楼已经拆除了，但仍有幸遇见梁庆忠老师；第三次回去时校园的大门紧锁，据说附中已经搬走了，此校园已改名为"宝贤中学"，并改为民办了。站在校园的围墙外，我惆怅寂寞了很久，自此再也没有去过。

2001 年 9 月，桂林三多路某饭店，为纪念广西师大附中 68 级一连毕业三十周年老同学欢聚一堂合影留念。当年英姿勃发的同学们，如今都已老矣。让人感慨岁月的蹉跎。

图中二排右起第五位是班主任梁庆忠、第六位是当年的"校革委会"主任张文伟、第七位是语文老师陈培干。

图中一排左起：谢忠淑、彭穗平、毛荣贵、石韵梅、李志英、张友东、张淑媛、周小林、陈亚非、唐荣香、韦红日、龚晓玲；

图中二排左起：蒋亚木、蒋容英、樊书桂、吴小霞、周莉琳、唐月英、陈培干、张文伟、梁庆忠、李祖兰、曾红、曾夏平、杜宁生；

图中三排左起：秦桂友、唐庚华、万秋萍、林桂秋、庚辉、赵苏莲、谷小萍、彭世抚、李康俊、荣志刚、我、李均生、马纯玉、林莲珠；

图中四排左起：刘金飞、杨先明、廖连旺、闫新华、阳润长、俸昌荣、李治安、苏定华、李欣辉（李湘阴）、吴新国、罗宏毅、苏赐福、夏诗安、张川健、吴德伟、曹晓翠。

志向文艺在"校宣"

"文革"刚开始的时候,在全国十亿人口中,有几人没有挥舞着"红宝书"跳过"忠字舞"?但凡能够唱上几句的人,又有谁没有唱过"样板戏"?因此可以说,"文革"创下了全中国跳舞唱戏参与人最多的记录。还有,在那个年代里,"毛泽东思想文艺宣传队"多如牛毛,应当是创了记录的。

附中的毛泽东思想文艺宣传队当时在桂林很有名。我们进校时"老三届"学生还没有离校,在他们的口中,把学校"毛泽东思想文艺宣传队"亲昵地简称为"校宣"。我们新来乍到,便约定俗成地跟着叫。

由于刚开学不久我在全校"迎新年联欢会"上唱了样板戏《沙家浜》的选段,一鸣惊人。所以第二天"校宣"就来找我了,希望我参加他们的队伍。来找我的两位都是老校宣队员,一位叫文景玲,她的母亲与我的母亲是同事,小时候我还去过她家玩。还有一位姓尹,家住在八角塘口的地委宿舍里,她的两个弟弟都是我的好朋友。

同学们对我这个"新生",能第一批进入"校宣"都很惊讶,因为无论谁进了"校宣",都是件在全校师生面前很"风光"的事情。与我同时"风光"第一批进校宣的,我记得还有两位军人的子女,一位叫周莲梅,她家是西山那边老红军干休所的,另一位是家在军分区的姓李的女同学,名字没记住,但记住了她的"浑名",叫"鬼老大",桂林话说的"浑名"就是绰号。

　　加入校宣后的不久，也就十天半个月吧，在一次集中排练前，无意中我在宣传队队部的办公桌上发现了一份花名册，随便翻开一看，在我名字后的家庭出身那一栏里，赫然地写着"资本家"三个字。那时候所有的花名册上都有一栏"家庭出身"，而且是除了姓名年龄之外最重要的资讯。当我毫无心理准备地看到这三个字时，仿佛有一股被侮辱而油然升起的怒火"刷"地冲上了脑门，顿时就跟队长"论理"了起来，我说我自己填的成分是"资方代理人"，你们凭什么把我改成"资本家"？我认为自己在理，有点不依不饶。队长说："你真好笑，资方代理人就是资本家，你莫个以为资方代理人就不剥削人啦。"

　　论理的第二天，校宣就通知我不要再去了。我去问文景玲为什么？文景玲说"本来你的成分就不好，宣传队开始根本就不敢要你，还是队长觉得你的样板戏唱得还可以，坚持不放弃你，没想到你还去跟他吵架，自讨苦吃"。

　　因为成分不好被校宣开除了，在学生中影响很大、很坏。更大更坏的后果

1970 年春末，桂林广西师院附中操场，"校宣"部分队员"造型"合影留念。

是这件事如同在自己的心上狠狠地、深深地扎上了一刀，从心底流血。

当然，这一刀也促使我有了第一个人生理想的"拐点"。

说句实在话，虽然我过去从小受母亲的影响，喜欢唱歌，后来又从八角塘口的地区礼堂中经常接触到桂林地区文工团的专业艺术，诱使我越来越喜欢文艺，但终归从来没有想到过要把它作为自己未来所追求的职业。我从小的理想是当文学家、书画家，或是记者、老师之类的文化人，而如今，就因为成分不好，我就不能进校宣了，我就不能搞文艺了？你越说我不行我越要行，你越不让我干我越要干。在这个选择人生道路的关键年龄阶段，站在十字路口前，我暗暗下了决心，我就是要"搞文艺"了！而且要出人头地给你们看看！！！万万没想到的是自己年少时的一时冲动，这一较劲，就决定了终生。

人的一生中，有很多的重大变故、重大转折，都是在冲动和较劲中决定的、发生的。

从此以后，确定了人生目标的我，便固执地行走在这条从艺的道路上了。附中毛泽东思想文艺宣传队是孕育这个目标的温床，也是我这个目标起航的码头。

我被校宣开除以后，这一届校宣也没有维持多长时间，因为那些属于"老三届"的老队员们都在家里焦急地等待着分配，正在发愁会到哪里上山下乡，正在顾虑着到广阔天地去，接受贫下中民再教育后的生活和着落，哪有心思再回学校来排练节目和演出节目。此时的校宣就如同一盘散沙了。状况维持了也就不到一个月吧，他们这些老队员就与所有的"老三届"一起，都打起背包到远县的农村安家落户去了。此届校宣也就自动解散了。看着它的瓦解销声，我心中一阵窃喜，一种我的"受辱"赢得了报复的快感沸腾全身。

但我并没有因此懈怠。从艺的目标确立了，学习就会自觉，我找出钟哥哥活着时与我一道抄写的歌本，照着歌页上的那些音符、小节线不断地默读默念。因为钟哥哥他懂吹笛子，会弹秦琴，所以耳濡目染的我对乐理也略懂一二。懂得了什么叫四分之二拍、四分之四拍，音符下面加一点的是低八度，音符上面加一点的是高八度。至于高深一点的附点音符啊，十六分、三十二分音符啊，尽管有点"高深莫测"，但也丝毫没有胆怯。在没有老师的辅导下，完全靠自己像瞎子摸鱼般的照着歌谱去瞎猜瞎唱。半年以后，居然敢斗胆谱曲了，所谓谱曲也就是把自己瞎唱的旋律记了下来。那时的状态真是叫"无知者无畏"啊！可也正是因为有了这点无畏，自己才敢在初染音乐之时就乱谱曲，才在乱谱当中找出了谬误，找出了差距，找出了规律，并自学了基本乐理。

　　大约在四五月份，学校风传要恢复成立校宣，我的心里一下子又被勾得痒痒起来。可转眼到了六月，仍迟迟不见校宣恢复，而此时的校园文艺却很活跃，学校通知要组织全校迎"七一"的文艺汇演，要求各营、连出节目。我们的班主任是营长，要起带头作用，他兴致很高地找到我说："你不是会唱样板戏吗，又是老校宣队员，你就出个主意吧。"我一听营长称我为老校宣队员，那可是有三分敬意、七分肯定啊，心里暗暗感到了一丝得意，同时也觉得这是对我的一种鞭策和鼓励。少年的虚荣和轻浮，使我忘掉了往昔因上台而遭受到的羞辱，很快我就想出了一个点子报告给他，我说我们连可以演出革命现代京剧样板戏《沙家浜》中的折子戏《智斗》。班主任在听完了我的点子后，一拍大腿连连叫好，说："这个片段好啊，你有把握吗？"并表示了要大力的支持。

　　我当然有把握，在八个样板戏中我看得最多的就是《沙家浜》了。1968年夏天，我避难去上海，别的样板戏都没有机会看到，唯有《沙家浜》我看过两遍。回到桂林仅仅半年吧，就有机会看了自治区、市、地及业余等各级表演团体表演的各种版本的《沙家浜》，无论是京剧还是"移植"的桂剧，少说也有十遍之多。那时候我就发现，在所有的样板戏里，《沙家浜》似乎是最容易被学习和移植的。有人说，这是因为它的难度相对要小，对于这个说法我不敢苟同，而赞同后一种观点，那就是有人说它的剧情更丰富吸引人。这出戏中不仅有胡传魁这样的"傻大黑粗"，也有刁德一这样的"刁尖酸滑"，更有阿庆嫂的"打情骂俏"。也就是说，这一切造就了这台戏，一个意思两个字：好看。

我们选择的就是这出好看的戏里最好看的这段《智斗》，由我来扮演参谋长刁德一，我的同桌，胖乎乎、高大大的李小文扮演忠义救国军司令胡传魁，女同学韦红日扮演"春来茶馆"的老板娘阿庆嫂。我们三人碰巧又都在本连的同一个班里。

演出是在 6 月 30 号下午的学校大操场上，且不论表演水平的高低，也不论演唱状况的优劣，反正当时举一个连，一个班之力，就胆敢上演这么一出大戏，确实令全校刮目相看，获得满堂彩也就不足为奇了。

还别说，后来我们三个人都走上了文艺的道路。韦红日在我之前考取了我们广西壮族自治区的一个文工团，据说后来学的是拉二胡；李小文在我之后考取了广西话剧团，去学演话剧。当然，这些都是后话。

学校迎"七一"的汇演后不久，校宣真的就要恢复成立了。由于我演唱俱佳，大家都带着羡慕的口吻风传这回我肯定能进校宣，而不是像头一次在全校露面演唱后被屡遭非议。大家还风传我们三营的团支部书记，六连的连长王建华会当校宣的头头。后来果然看见她三番五次地来我连教室找韦红日，偶听女同学们在私下说，她俩讲的全是校宣的事情。

我一直等待着也会有人来找我，也坚信会有人来找我讲进校宣的事情。一直等到了有一次我们正在上着课，王建华在众目睽睽之下来到教室门前，给梁营长使了个眼神和手势，梁营长就让韦红日跟她走了，这下，我才突然明白了我的等待也许会落空，我有理由相信，又是家庭出身的原因耽误了我。

我不服气，也可以说是不服输吧。心里想，这轰动全校的《智斗》，完全是凭着我看过《沙家浜》十来遍的记忆，自导自排自演出来的，全校谁有这个艺术天分？谁有这个本事？为什么我出身不好就要低人一等？我想强烈地反抗一下。

也许此时正值是叛逆的年龄，愤怒与叛逆碰撞就能产生无惧无畏的胆量。想着想着，我就提笔给"军代表"、校革委会的李主任写了封信，信中竟敢"质问"他："您不是说党的政策是唯成分论，又不唯成分论，重在政治表现吗？为什么你们是说一套做一套呢？在我的身上，难道就不能被党的阳光照耀吗？！"我把这封信趁人不注意，偷偷地塞进了他在校长楼里的办公室。

结果呢？我在1969年9月8日的日记里写到："真没想到李主任今天上午亲自来到了我们教室，要知道，他能亲自在某一个教室里出现，那是学校当天何等重要的一件大事啊。而且他当着全连战士的面，说他是来通知我去参加校宣的。"我还在日记中写道，当他说完这些话后，教室里顿时响起了一片欢呼声。

这是我自"文革"以来第一次感受到集体温暖、社会温暖，用当时最时髦的话来说，是感受到了党的温暖，红着眼眶的我，流露出的是很真实、很强烈的情感。

从那天起，一直到中学毕业，我在校宣里就没有挪过窝。由做队员开始，做过创作组长、副队长，最后是队长。虽说这些全是芝麻点大的官，但我记得很牢，因为这些经历都闪烁着我的青春火花啊。

1969年9月至1970年2月的这近半年间，是校宣最强盛的阶段。那时候人员齐，心气也齐，全体队员百分之九十以上都是各连的骨干、红卫兵，不少还是各连的班长、连长。队长是六七级二营的团支部书记周莲梅，副队长就是王建华。那时候学校有两个学生组织，一个是红卫兵团，一个是共青团。我们校宣的全称，严格地说应当是"广西师院附中红卫兵团毛泽东思想文艺宣传队"。写到这里，我想说的是，至今我也没有弄明白的一个问题，就是当时红卫兵团与共青团的隶属关系。只记得红卫兵团是我们1968年一进校时就存在的，但此一时彼一时，此时的红卫兵与"文革"期间的红卫兵已经完全不是一回事了，应当是填补了尚未恢复的共青团的空缺。所以，当时能加入红卫兵就是件很光荣的事。等到1969年上半年，学校恢复了共青团后，红卫兵团也没有撤销，这恐怕是当时没有人敢撤销它吧，如果把它撤销了，不就是否认"文革"了吗？不过，从此红卫兵就却沦为了学校里的"二流组织"。到了后来，一般学生只要写张申请书，稍稍努力一下就可加入红卫兵，但要加入共青团就很难。至于红卫兵团的消亡，这是在我离开中学以后的事了。

1969年的年尾，一个英雄的名字：金训华，又响彻了中国的大地。那时候的中国，隔三差五地会涌现出一个英雄人物。除了金训华之外，在此前短短的几年里，就出现了雷锋、王杰、欧阳海、刘英俊、麦贤德、蔡永祥等革命烈士和模范榜样。大家都知道，撒什么种子开什么花，栽什么树苗结什么果。年轻人接受什么样的教育就会有什么样的觉悟，因此，我们这一代人特别容易被"集体主义"和"英雄主义"感动。

金训华是从上海去黑龙江北大荒插队落户的知识青年，在一次爆发的特大山洪中，他为了抢救急流中集体的木材，长眠在了那片黑土地上。当时在全国的大中小学校都掀起了向他学习的热潮，我们附中当然也不例外。满腔热血的我，立即向周莲梅、王建华两位队长建议，校宣应编出一台活报剧《金训华之歌》来配合学习。面对我激情澎湃的表述，她们欣然同意了，并马上报告了学校的老师，学校很快就组织了由我负责编剧，周莲梅负责编舞，李小平负责编曲的三人编导组。

李小平当时也是六七级一个连的连长，他会吹笛子，也会拉二胡。还是校宣小乐队的队长。我和他相识交往是在进校宣前。那时候学校动不动就全校集合，到大操场去开批斗会，听报告。

有一种报告叫"讲用报告"，就是请来一位英雄模范人物，来讲自己是如何"活学活用"毛主席著作的，并在毛主席思想的武装下，取得了工作学习上

1968 年春末，桂林八角塘畔。当时我经过了不懈地努力，终于加入了红卫兵团，标志着不再因家庭出身不好而受人欺负。

的成绩或者成就的心得体会。有时候还会请来一位苦大仇深的老工人、老农民，让他们讲类似《半夜鸡叫》里的地主周扒皮欺负穷人的故事，用这种忆苦思甜的方式，对我们进行教育。这种报告一般都很长，两三个小时是常有的事，而且老师还要求记笔记。每到这个时候，就见全校学生纷纷从教室里把课椅搬到操场上去。附中当时的课椅很实用，右手边有一个拐到腰前的扶手，扶手前端是一块可放笔记本大小的木板，正好方便记笔记。

我当时笔记记得很快，记得也很全，因此不少同学会来找我借抄，加上字写得也不错，在学校中多有传闻。由于我们"68·1连"是六八级的第一个连，这样在操场上就会紧挨着六七级的最后一个连，而李小平就是六七级最后这个连的连长。在一次操场上的"报告"中间休息时，他专门找到我，看了我的笔记，称赞不已。我知道他的学习成绩也是他们连的佼佼者，从此就有了惺惺相惜的友谊。

在校宣里，我最好的兄弟是史克林，他与我同营不同连，也就是同年级不同班。我们好兄弟的标志是，衣服可以换着穿。史克林当年在附中的知名度也很高，那时候每当全校集合到大操场时，还时兴部队的"拉歌"，克林就是因拉歌而一举成名的。当时他也是连长，脸上写满了青春的洋洋得意。正好他父亲又当过兵，因此，他坐有兵样，站有兵样。拉歌时敢于扯着嗓子喊，尤其是一旦指挥起自己的队伍时，他便扬脖挺胸，双手有力，屁股紧绷，翘得老高，很让人过目不忘。

克林嗓子当时也亮，《金训华之歌》他还担任了朗诵。

在《金训华之歌》之歌中跳舞的刘军，也是我的好朋友。他比我长一岁，是六七级的。记得那时刘军的父母离异了，在那个年代，离异家庭的孩子，在社会上抬不起头。因此，他每次去八角塘找我玩，总是站在离我家远远的地方叫我。任何时候见到他，他总是谦卑地笑着，让人看着心痛。

看着他心痛的感觉，我母亲最甚。

刘军后来下放到农村，又在农村被招工进了桂林的工厂，三十多年前，我从北京回桂林探亲时，曾去工厂找过他，他还是那样谦卑地笑着，望着你。

除了刘军，在校宣里的好朋友还有很多，像阮桂林、王顺瑶、陆亚天、郭文清、李玲、夏健纯、赵建平、陈培静、李伟群、王建国、王家桂、张红兵等等。大家在自编自导自演《金训华之歌》的那段时间里，天天和睦相处，心往一处想，劲往一处使。像快乐的风，如自由的鸟。

1969年12月31日的下午和晚上，我们自编自演的《金训华之歌》在学校的大操场上连演了两场，获得了极大的成功。第二场演出结束后，大家破天荒地全体上台谢了幕，在全校师生们的热情欢呼声中，我们拥抱在一起，好几位女队员甚至流下了高兴的泪水。我们确实高兴啊，高兴我们用自己的辛劳，告别了难忘的1969年。

万万没有想到的是，《金训华之歌》的谢幕，也成了我们那届宣传队的"谢幕"。

1970年的元旦一过，周队长与另外两名队员，因父辈是军人，可以"走后门"参军当兵，并且很快地说走就走了。过了不久，我的好友李小平、阮桂林也因适龄，应征入伍，前后脚都参军走了。好友刘军此时下放去了农村。队友们的纷纷离去，让我感到了沮丧。

近几个月来，校宣好不容易初见规模了，这下一来，如同充足了气的气球，突然被人戳了个洞，立刻就撒了气。这不仅让我感到了沮丧，仿佛还是一个打击，是对我的事业心的一个打击，当时我已经把文艺当做事业来追求了，把校宣看得很重。在我的心里，校宣就应该是一个文工团，甚至梦想着我们这个"团"，一定能在全市所有中学的"校宣"里争获第一。我还处心积虑、想方设法地要使校宣达到专业团体的水平。

　　多么痴心的妄想啊！然而，一个没有梦想的少年，肯定是一个没有动力的少年。

　　如果说队友们去当兵，去农村，让我感到了沮丧和打击，那么，后来广西自治区的文工团来桂林招生一事，于我则是一种伤害。

　　1970 年前后，由于全国所有的文艺院校都停办了，文艺团体此时就没有了新生力量的输送，而文艺团体里本身的文艺尖子大多又都被打成了"黑线人物"。这样一来，全国所有的文艺团体都面临着青黄不接的状况。而以江青为首的"中央文化革命领导小组"，出于政治利益的需要，在全国轰轰烈烈地掀起了学习样板戏，普及样板戏的高潮。这就迫使全国各文艺团体，急需改变没人用的局面，迫于这种形势，各团纷纷出台并采取了自主招生的政策。因此，当今文艺界很多功成名就的大腕，就都是七〇、七一届由文工团自己培养出来的人才。

　　当时全国的文艺团体，除了演出样板戏的那几个团，还保留着诸如中国京剧团、中央芭蕾舞团、中央乐团、上海京剧团等单独的建制，其余无论是军队的，还是地方的团体，统统都被改名为"文工团"。如国家级大名鼎鼎的总政歌舞团、总政话剧团等解放军总政系统的文艺团体，都被统称为"总政文工团"，下设歌舞队、话剧队等等。像地方上的桂林歌舞团、桂剧团等也合并统

我在"校宣"时的好友们。左起史克林、李小平、阮桂林、王顺瑶、刘军。

1970 年春末，广西师院附中操场，"校宣"合影。
一排左起：王桂春、夏建纯、李玲、郭文清、陈培静、李宁佳、王建华、唐艳。
二排左起：李伟群、校领导赵达贤老师、阮桂林、王顺瑶、赵建平、尹鑫、李卫国、我。
三排左起王建国、陆亚天。四排左起王家桂、张红兵。

1970 年春末，广西师院附中操场，"校宣"全体男队员合影。

称为"桂林市文工团",下设歌舞队、桂剧队、曲艺队、杂技队、学员队等等。

广西文工团就是在这个时期大张旗鼓地来桂林招生的。

那时候对文艺界还有一个称谓,叫作"上层建筑",语出毛主席《关于文学艺术的两个批示》:"各种艺术形式——戏剧、曲艺、音乐、美术、舞蹈、电影、诗和文学等等,问题不少,人数很多。社会主义改造在许多部门中,至今收效甚微。许多部门至今还是'死人'统治着。不能低估电影、新诗、民歌、美术、小说的成绩,但其中的问题也不少。至于戏剧等部门,问题就更大了。社会经济基础已经改变了,为这个基础服务的上层建筑之一的艺术部门,至今还是大问题。这需要从调查研究入手,认真抓起来。许多共产党人热心提倡封建主义和资本主义的艺术,却不热心提倡社会主义的艺术,岂非咄咄怪事?"

因为文艺界如此重要,所以各地都把文艺新学员当成无产阶级占领上层建筑的新兵,是一项光荣的政治任务。这些新兵的成分自然必须是由干干净净的"红五类"子女构成。因此,每个中学对广西文工团首次来桂林的招生,都相当的重视。

广西文工团的招生组是在9月份左右来到附中的。学校首先安排他们在校宣挑人,不明根底和极想献身文艺的我,当然乐不可支。在学校操场后面的大教室楼上,我憧憬着美好的前程,虔诚地给招生组唱歌,也很快就得到了参加复试的通知。我高兴啊,以为能参加复试就基本上算是考上了。几天后我兴高采烈地按照复试通知上的地点,来到了位于榕湖边上当时的市革委会的招待所。

招生组的考官里有一张是熟脸,初试时他来过附中。当考官们听我唱完一支歌后,熟脸的老师相当热情地让我跟着他摆弄了好几个"姿势",给我搬了搬腿,还问我会不会唱"李玉和"。我说我会,说完就给他们唱了《穷人的孩子早当家》。考官们都非常高兴。高兴之余,又见那位老师找出了一张纸,急急火火地在上面写了好几行字递给了我,要我朗诵纸上所写的字。我一看,是

《红灯记》里李玉和的一段唱词："一路上多保重山高水险，沿小巷过短桥僻静安全。为革命同献出忠心赤胆，烈火中迎考验重任在肩。决不辜负党的期望我力量无限，天下事难不倒共产党员。"哈哈！我心里暗暗高兴，这下可撞到我的枪口上了。由于我自小就喜欢朗诵，在小学三年级的时候，参加过全市的儿童诗歌朗诵会，朗诵了《雷锋日记》中的一段："对待同志要像春天般的温暖，对待工作要像夏天般的火热，对待个人主义要像秋风扫落叶一样，对待敌人要像严冬一样残酷无情。"还获得了一等奖，奖品是一本名叫《童年血泪》的书。因此，我心里一点都不怵，拿起纸就抑扬顿挫、起伏跌宕地把这段词朗诵了。当我的声音刚落，我便看到了老师们个个喜笑颜开。后来知道了，此次来招生的广西文工团京剧队看上了我。

然而，以后的日子里，所有招生的信息对我来说，都如石沉大海。不久，我隐隐约约地听说了与我一同参加考试的校宣队员，同班的同学韦红日，参加了"三试"。我按捺不住去找了学校负责我们考试的老师，想问个究竟，老师一脸诧异地对我说，一直听说你很优秀啊，很有希望啊，怎么会没有通知你去"三试"？我帮你问问。听他这么一说，我甚至有点乞求地拜托他："您一定得帮我问问啊。"

第二天，他把我叫到了教师办公室，面有难色地告诉我："招生组说了，你的牙长得不齐，不利于演唱，你的小拇指生来弯曲，不利于表演。"虽然我当时年纪不大，阅历不深，但也明显地听得出这些都不成其为理由，还能感到这是一种搪塞的借口。我斗胆地跑去榕湖边的招生组驻地，想找熟脸的老师问个究竟，但只要我在招待所的传达室里往招生组一打电话，电话那边一听我自报姓名就把电话挂了。那几天每天下午一放学，我都徘徊在招待所的门口，希望能遇到招生的老师，然而，每天都是一直等到路灯亮起看见自己的身影，最后垂头丧气、一无所获地往回走。

情急之中我想起了头年我为了加入"校宣"而给"军代表"写信的往事，我也企图用这种情真意切的方式，写信给招生组以打动他们。信写好寄出去了，也同样石沉大海。

到此时我终于又一次明白了真正的原因，应该是学校负责我们考试的那位老师始终不肯正面回答我的问话："是不是我的家庭出身不好？"

在秋风乍起的10月底，广西文工团总算招走了我校的两名考生。整整两个月啊，每天的每时每刻，我的心情都如在油锅上煎熬着，我如同生了一场大病。一直等知道招生组走了好久，自己才像大病初愈那样。

一切都清醒了过来。我知道我彻底地被伤害了。我愤怒！我悲观！似乎觉得这一辈子就有可能栽在这"家庭出身"上了。我叛逆地与父亲吵，与母亲吵，不仅摔过杯碗壶碟，还口口声声地要与他们划清界线。那时候真是伤透了父母的心啊。

我感到了绝望。学校张贴应征入伍布告的时候，我写过申请书，递交时遇到过办事人员的讪笑。梁营长动员同学踊跃争取入团的时候，我也写过申请书，递交时也遇到过同样的讪笑。

我不仅绝望，更是痛苦。这些遭遇和教训，让我渐渐地懂得了，理智与年龄是成正比的，年龄一天天长大，理智就一天天成熟。成熟的理智让我不能把绝望和痛苦流露出来。

从此，我努力地告诫自己，不要去想入伍、入团的事，甚至都不敢再想踏进文工团这条路了。

但从艺的欲望此时已经灌满身心，已经很难割舍了。嘴上和脸上可以表现出对入伍、入团和考文工团的不屑，但心里纠结着，怎样才能真正地做到不屑？此时的校宣，几乎成了我在迷茫的大海中的一根救命稻草。

我知道，坚守校宣这块阵地，就能使我对这么多的伤害感到麻木。因为在校宣里我可以沉浸在我难以割舍的文艺当中。于是连队、校宣、家是我每天的三点一线，而在这三点里，除了睡觉，我基本上都在校宣的队部里。那时候，学校把校门口的两间不到二十平米的平房给我们做了队部，我在这里每个月都会编撰一期《文艺演唱》，自己刻写蜡板，自己油印装订。每期《文艺演唱》除了转载当时的"流行歌曲"，基本上都是我们自编的小节目，其中百分之九十以上都是我执笔的。在这里，我找回了自信，锻炼了文笔，平和了心态，蓄积了力量。

当时，由我编撰的除了有活报剧《金训华之歌》外，还有小歌剧《评教评学就是好》《为革命而"电镀"》，快板词《小评论威力大》，表演唱《学习小组勤学习》，小话剧《一分钟》，快板剧《要我学与我要学》，等等。其中快板剧《要我学与我要学》还获得了全市中学文艺汇演一等奖。

渐渐地我会写能写的名声在全市中学圈里传开了，学校就委任我担任了校宣负责编写的副队长。

1971年春天，当时相当于现在的市委宣传部的桂林市"革命委员会"政治工作组，举办了"文革"以来的"桂林市第一届文艺创作学习班"，来自部队、工厂、机关、企业、学校的业余创作员和文工团的专业创作员几十人济济一堂，汇聚在广西师范学院中文系。我被选为全市中学的两名学生学员之一，参加了学习班，也是全班年龄最小的学员。

学习班最主要的内容是学习样板戏的创作经验。当时在桂林赫赫有名的专业创作员，如从延安"鲁艺"起就参加了革命的刘真导演，知名编导韦涛、伍纯道和曲艺家诸葛济，词作家曾宪瑞等都在学习班上。我年龄小，又认真听讲，大家都非常喜欢我。到了学习班的后期，受宠的我胆子越来越大，对很多大人们才能理解并研讨的文艺理论问题，也常常敢于发表自己的见解和看法。

比如说，在创作革命现代样板戏所谓的成功经验中，最主要的一条是"三突出"的原则,即"在所有人物中突出正面人物,在正面人物中突出英雄人物,在英雄人物中突出主要英雄人物"。给我们讲课的刘真导演说,像《红灯记》里就有磨刀师傅、游击队员、李玉和、李铁梅和李奶奶等正面人物,而在他们中间要突出的是李玉和、李铁梅和李奶奶,在他们这三个英雄人物中间,再要突出李玉和这个主要英雄人物,这就叫"三突出"。刘真导演还说"文革"以前的电影戏剧,大部分都偏爱编撰一些"中间人物"的故事,甚至有人提出过"先进的、落后的群众数量始终是少数,中间群众占大多数,创作文艺作品时要更多地反映中间人物",从而提倡写中间人物。刘导演说,"革命样板戏"反对的就是这种资产阶级文艺观,所以在样板戏里除了反派,就只有正面、英雄、主要英雄这三种人物,而没有"中间人物"的出现。

大胆的我又发表自己的见解和看法了,我说:"不对啊,样板戏里有中间人物啊,《海港》里的韩小强不就是中间人物吗?"我话音未落,这些赫赫有名的专家们顿时面面相觑,目瞪口呆。大家都明白,在《海港》这出戏里,确实写了韩小强这样的讲吃讲穿的落后青年这样的一个人物,至于他是不是中间人物姑且不论,但他不是正面人物,不是英雄人物,也不是反派。大家对我的发言除了惊恐还是惊恐,因为当时谁敢对样板戏提出异议啊。第二天,市革委会政工组下面的相当于现在的文化局的文艺组鲍组长(他也是军代表),专程来到学习班了解这个情况,要求大家坚持立场,端正态度,对样板戏创作经验,容不得半点怀疑。同时,他也表示,既然是在创作学习班里,研讨创作技法,就允许有不同意见,允许仁者见仁智者见智。通过对不同意见的争论,辨明经纬,达到团结,共同进步。

事隔十多年后,早已回到部队的鲍组长,因病到北京301医院住院,还专门通过部队的总机打电话找到总政歌舞团,再找到了我。我赶紧去探望他,他躺在病床上还意犹未尽地说起了这段往事,他说当时还是很危险的啊,幸亏你年纪小，大家又都喜欢你，于是就把它大事化小、小事化了了。要是成年人就会被"上纲上线"，后果不堪设想啊。不过当时所有的人都很佩服你，说这个孩子胆大，很有思想，很有见地，将来不得了，长大了能做一番大事业。

学习班回来后，我把先前的从艺梦想，更多转移成从文的梦想。我开始尝试写诗填词，写散文写小说。那时候，接替周莲梅当了宣传队队长的王建华，也考上了桂林市文工团学员队的第二批学员。"山中无老虎，猴子称大王"，学校就让我担任了校宣的第三任宣传队队长，同时还做了学校《红卫兵快报》的总编，每个星期要在校门口出两期墙报。

在社会上我也有了职务，全市要搞中小学生的"红卫兵代表大会"文艺汇演，我是三人领导小组中唯一的学生代表，校内校外有时候忙得我团团转。这样一来，经常就不能回"连"上课了，幸亏当时的文化课也不多，作业也很少，老师和同学们又都体谅我"革命工作"太多，每次布置的作业允许我尽量做了就行了，每次考试也都照顾我"因公"尽可能的给我好成绩。于是，这段时间"三点一线"就基本只剩下校宣到家里的"两点一线"了。

日子就这样非常充实地一天天过去，由家庭出身造成的心理压力和思想包袱也就轻了很多。

转眼到了临近初中毕业，负责校宣和《红卫兵快报》的校领导之一赵达贤老师几次隐晦地告诉我，为了留住人才，会让我继续升学读高中。所以，我对我的班主任梁营长三番五次要我写决心书，"带头"去广西边境"生产师"种橡胶的居心也不抵触，反正你有你的主意，我有我的打算。

也就是在这个时候，桂林市文工团又到学校来招生了，校领导赵老师对我说："临近毕业了，学校的老师们很忙，实在抽不出人来专门负责这件事情，由你负起这个责吧，你就在'校宣队部'的门口贴个通告，让愿意报考的同学找你报名，然后你再带他们去考试就行了。"校革委会张主任为此专门召开了会议。我照他们所要求的办理了，来报考的学生真多啊，大家都害怕去边境种橡胶。

校宣队此时也是人心惶惶，因为当年，将有一营二营三营四营十几个连队同时面临毕业分配，校宣大部分队员几乎都会离去，前途堪忧。此时的我也是揣满了惶惶不安，我预感升学高中不一定是赵老师说了算的。

我真的担心和害怕，我的命运是否与校宣的命运一样令人堪忧，空空如也了怎么办？

1971年夏，桂林体育场。当时桂林体育场正举办着全市中小学生的运动会，我作为桂林市"红代会"文艺领导小组的成员之一，也参加了运动会的宣传报道组，图中是全组师生合影。二排左起第二位是我。

此为我做的会议记录：
革委会布置为文工团招收学员之事，71.7.9
文工团又要招收一批学员，我校他们也要来，由我负责协助革委会政工组搞（好）此工作。
①出通知，号召全校学生行动起来。
②建立报名地点，专人负责。地点，宣传队部。专人负责，我。
③来报名的人必须要是思想好的，不行的不许他报名。
④文工团想多要些男的，注意男同学。
⑤宣传队队员可参加考，也可不考。
张主任指示：一定要搞好这项工作，你要把担子挑起来。

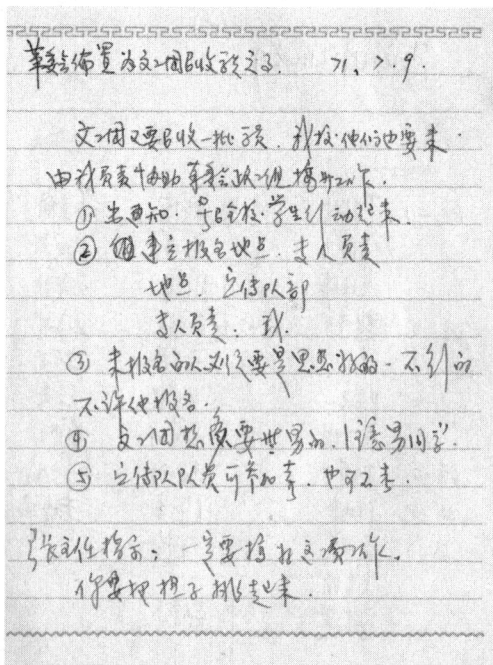

命运转折毕业前

1971年7月10日的下午，也就是在学校放暑假的前一天，桂林市文工团学员队来到了我们学校招收新学员。

领头来学校招生的是学员队"工人毛泽东思想宣传队"的卿师傅，一位特别面善的中年妇女。一进门她就拉着我的手，爽朗地笑道："叫我卿工宣就可以啦！"她的嗓门和体型都与我母亲同类。

与她同行的两位考官中，其中一位也是女的，我认识她，她担任过我们全市中小学文艺汇演的评委。我还知道她曾经是解放军广州空军文工团的演员，因为她的丈夫来桂林市革委会当一个部门的军代表，所以她就随夫而转业来桂林了，平时里大家都称呼她为于老师。于老师身材高挑，面容姣好，戴着副当时十分罕见的、也是一般人不敢戴的金丝眼镜，操着一口绵柔悦耳的普通话，浑身上下无处不透着一股文艺范儿。她转业后，在桂林的群众文艺活动中，一直负责组织领导工作，她也知道我是学校宣传队的队长，见面自然十分的亲切。

那时候，我特别崇拜这些来自大文工团的文艺人，尤其是来自军队文工团的文艺人。十四五岁的我，正是充满梦境、树立偶像的年龄。当时我崇拜的偶像有俩，一个是在电影《英雄儿女》里扮演王成的刘世龙，一个是在电影《董存瑞》里扮演董存瑞的张良。他们俩人扮演的都是解放军的形象高大的革命军人，应该就是这个原因，我平生第一次做考上文工团的黄粱美梦时，就是梦见自己考上了军队文工团。

那时做梦还真敢做，不仅梦见自己考上的军队文工团是多少年后我真的考上总政歌舞团，甚至在梦里还受到了毛主席等中央领导的亲切接见。崇拜解放军、崇拜英雄主义是当时时代的精神主流。一个人在成年之前所接受的价值观、所景仰的楷模，往往能决定其一生的追求。

根据学校领导赵老师的指示，我把考场安排在学校公共教室的楼上，那里平时就是我们校宣的排练场地，所以一直都打扫得干干净净，布置得利利索索，乐器、道具都整整齐齐地码放在一旁，颇有艺术氛围。当我毕恭毕敬地把卿工宣和于老师等引进教室时，她们都露出了满意的笑容。

那天考试的学生估计有六七十人，乌央央地挤满了整个楼道，我请他们依着楼梯排好队，我自己则站在教室门口，一个一个地叫名字，让他们一个接一个地进考场。

全部考生都考完后，已近夕阳西下了。考官们告诉我，一共看上了四位同学，我一听这四位同学的名字，哇！我赶紧说他们都是我们校宣的队员呢！心直口快的卿工宣哈哈大笑，说："难怪这四个把爷蛮要得的。"桂林话说蛮要得，就是很不错。

卿工宣还说："这次招新学员，是我们学员队第三次招生，为的是要扩充我们现有的学员队。去年我们招了第一批，几十个学员，不够，今年初又招了第二批学员，还是不够，不能适应当下大好的革命文艺形势的需要。我们这次还准备新招四五十人，但是有一条，我们要招的是占领无产阶级上层建筑的革命接班人，是根正苗红的工农兵子弟，家庭成分不好的我们不要。"

望着卿工宣很认真的样子，我一愣，只好苦笑地点了点头。

临走时，于老师突然间问了我一句，你为什么自己不考一考呢？望着于老师同样很认真的样子，我同样苦笑了一下，低下了头。

当时我的心情是特别特别的复杂，因为在考广西文工团学员队之前，桂林市文工团学员队就来过学校招生，也就是卿工宣所说的第一批。我在校宣里的同龄好友史克林就是那批考上的。也许那次是文艺界在"文革"中第一次招生的缘故吧，当时学校特别重视，考生都不是自愿报名的，而是由学校推荐的，名额极少，我和史克林都在其中。记得还是学校派了专门的老师，组织我们去的考场。考场就在当时的桂林歌舞团所在地，也就是解放西路艺术馆里的食堂里面。

当我们到了后，看见考官手上拿着一叠表格，我知道这是学校已帮我们填写好了的推荐表。当考官翻推荐表核对人名核到我时，我提心吊胆地有意识地瞟了一眼，我希望千万不要出现那个我最不希望看到的东西。可偏偏让我看见了表格上"家庭出身"的那一栏里，果然写着"资本家"。更醒目的是，表格上那里还画了一把大大的叉。考都还没考呢，就已经被判"死刑"了，心里一下子就被堵住了，浑身上下如针扎一般。自卑的我，趁考场的混乱，考官和带队的老师都不注意，赶紧偷偷地离开了。

其实，对那次考试的自我放弃，后来还是后悔过的，事后我常常问自己，常说人生能有几回博，那天我为什么不去闯一闯呢？他划他的叉，也没说不让我考啊？我唱我的歌，要是有"万一"呢？所以，当不久后广西文工团来招生时，我决定要去冒一次险。

就这样，我贼心不死冒险去应考了广西文工团，不料还是因为同样的问题而铩羽而归。两次不幸的经历使我几乎不敢再碰文工团这个似乎注定要失败的最大理想。

复杂的心思千头万绪。更烦更乱的是，我即将面临初中毕业。当时全校百分之九十以上的学生只有一条出路，那就是到陆川县的生产师种橡胶。在我们连里，也只有少数的学生可以进工厂，升学高中。这只占全连同学百分之几的少数，不用多想，猜都猜得到应该是谁能够得到。他们都是班主任的"爱将"，都是"根正苗红"的，而我不是。

那段时间里，班主任梁营长还召开了毕业生家长会，通报了这些情况，我母亲也去了。梁营长一脸严肃地对母亲说，要她做好送我去生产师的准备。他说生产师就是军垦农场，军垦农场姓军嘛，去了那里也就等于去参军当兵，另外你们家也没有人下放过农村，再说像你们这种家庭的后代，更有必要去接受思想改造。他还说，你们家郁钧剑是连里的班干部，应该起到一个模范带头的作用。母亲强忍着悲痛，回到家里落泪了很久。

事实证明，如果后来我没有考上文工团学员队，绝对是要被班主任要求起一个模范带头的作用，去生产师种橡胶的。如果那样的话，我得走上一条与今天完全不相同的道路。

人生最大的悲剧，是知道了自己的命运，却无法改变自己的命运。人生最大的幸运，是自己在濒临"死亡"之边缘，被突然地被解救了出来。当年十四五岁的我，就已经经历过了这种"生与死"的折腾。

也是在那段时间里，学校还接到了市革命委员会政工组文教小组的通知，8月份要举办"桂林市业余文艺汇演"，全市共有十五个系统的单位要参加，而中学系统将要在桂林二中和我们桂林十中当中挑选节目组队参加。这对我来说真是个意想不到的机会，我想万一经过这一个月的发奋，我们十中能入选全市的汇演，说不定就增加了我升学的砝码。我赶紧向校革委会建议，在7月份学校放暑假后，校宣驻校集训，排练节目。我们学校历来重视社会影响，历来重视荣誉名声。当然不会放过这个能够表现学校风貌的机会，校革委会很快就同意了我们的计划。

到了学校放假的第二天，我们校宣就集中起来了，女队员住在公共教室的楼上，我们男队员住在公共教室楼下图书馆的阅览室里，都是两张桌子一拼就当床了。放假了，偌大的校园里到处都是静悄悄的，唯有公共教室楼上每天吹拉弹唱热火朝天，悠扬的琴声、歌声回荡在宝积山下。

也许真的是面临毕业的同学们都害怕去生产师吧，当我按照校领导和卿工宣的要求，再次在校宣门口张榜，告示桂林市文工团学员队假期里还要来学校招生后，虽然已经放假，但大家还是口口相传了这一信息，又有数十位满怀憧憬的少男少女相约而来。大约是一个星期后，卿工宣和于老师也再次光临了公共教室，同行的考官里，居然多了一位熟人，他就是我们八角塘的邻居，那位随口就能说出像"天上出现扫帚云，不出三天大雨淋"这种生活格言的高奶奶的亲戚吴老师。面对着此时都已熟悉了的卿工宣、于老师一行人，况且自己已有了可以升学高中的可能，又不抱能考上文工团的幻想，所以对考官们既不乏热情大方，又不卑不亢。

当所有的考生都已离去，公共教室里只剩下我与招生组的考官们时，于老师说："小郁同学，我们这两次招生辛苦你了，每次都见到你认认真真、勤勤恳恳，真的很感谢你。"

我很坦诚地望着他们："这是学校领导交代的事情，也是我应该做的事情。"

于老师有点感动，又说："每次看见都是你在安排同学们的考试，而你自己就真的不想考吗？你还是宣传队的队长，唱歌也唱得很好，难道真的就没想过试一试？"

我被她问住了。

片刻，卿工宣对低着头的我说："心里怎么想的，你讲讲嘛。"

不知为什么，她们这些暖心的话像一股洪流撞击着我的心扉，多年的委屈和悲哀，使我喉咙里一阵阵发紧发酸，我哽咽着说："我考不取的，我'家庭成分'不好。"

大家都无言。

又过了片刻，还是于老师打破了沉默："你能给我们唱首歌吗？"

鬼使神差，我唱了一首钟哥哥生前教会我的，后来几乎再也没有唱过的歌，那是一首为毛泽东诗词谱写的歌曲，歌词是："茫茫九派流中国，沉沉一线穿南北。烟雨莽苍苍，龟蛇锁大江……"

尤其是当我唱到后两句时，也许是词句太符合我的遭遇和心境了吧，竟用了一种如诉如泣的感觉把它唱了出来。

考官们明显地为我的真情流露而感动了。

……

用"度日如年"来形容考试后的日子是再准确不过了，没有考之前，心思更多的是放在升学高中上，一旦考过了，心思一下子就全部"情牵梦绕"在这里了。每天晚上我躺在阅览室的桌子上，辗转反侧，睡不着，除了焦急的等待，就是等待的焦急，经常是放眼黎明的到来。

偶尔我也会为在校三年的光阴流逝而彻夜难眠。屈指算算，在三年里，我们究竟有几天是坐在教室里好好地上文化课的？时时刻刻喊的学习口号"学好数理化，走遍天下都不怕"，我们究竟又学好了没有？曾有教数学的老师私下偷偷地对我说，可悲啊，你们马上要初中毕业了，可学过的课程可能连初一的程度都不够。至于理、化，那点肤浅的知识，还没毕业就已经还给老师了。最可悲，同时又是最可"乐"的是外语课，学的是英语，断断续续的，似乎只记下了二十六个字母和能完整地用英语喊几句"毛主席万岁"之类的口号。

如果要说得到的锻炼，还确实是蛮多的，那烈日下的军训向左转向右转，用木制的步枪练刺杀，虽说很滑稽，但确实也能培养一种连队的整齐划一和集体主义精神。再有通过学工、学农，起码肩膀上能挑它个七八十斤，而且能在田埂上行走如飞。

仔细想想，"文革"之前培养出来的大中学生，当时一直被批判为"肩不能扛，手不能提"，走的是"白专"道路，培养出来的是"温室里的花朵"，是资产阶级苗子。而如今倒好，反过来了，我们的肩膀是能扛了，手也能提了，却没有了知识，文化少了。可见按照毛主席的要求，走出一条培养出"又红又专"的学生的道路，是多么的艰难和不易啊！

再仔细想想，虽然在课堂上学到的知识不多，但我心知肚明，那不是老师们不肯教，而是"上面"不让教，老师们不敢教。在心底里其实最留念的还是许多老师的言传身教。像陈培干老师、黄敦信老师、章保罗老师，每次他们站在讲台上，无论春夏还是秋冬，都穿着一身浆洗得发白的紧扣着风纪扣的中山装。即便是在把仪容仪表当作资产阶级思想来批判的"文革"时代，他们来上课时，头发也总是梳得纹丝不乱。他们与生俱来的谦谦君子之风，名士儒者之气，无时无刻不在潜移默化地影响着我，为我日后的操行修养树立了榜样。

当时学校还有一位姓窦的老师，被大火毁掉了面容，整个五官没有一处是完整的，大火还把他的双手也烧秃了。就是这样一个严重残疾的人，他在学校还是蛮管事的。回想起来他所担任的职务，有点像如今办公室主任的那种角色。说句心里话，开始大家看见他的模样时都感到害怕，都不理解学校为何让他抛头露面。后来听说他是因公负伤的，而且自己坚持要继续工作。同学们受到感动，从他的轻言细语里体味到了他的真诚与亲切，久而久之大家也就慢慢地习惯了。其实，就是在这个由害怕到习惯的过程中，让我们懂得了尊重人，懂得了大爱，懂得了什么叫人道主义，懂得了什么叫人性的美，这些都是我当年在课堂上学不到的。

再说班主任梁庆忠老师吧，他喜欢写隶书，常常在黑板上出题，写的粉笔字，都是隶书。我受他的影响也喜欢上了隶书。如果说我现在还会写两笔隶书的话，那么，是他教我打下的基础。

附中三年，让我感到特别骄傲和自豪的是，我连续三次获得了（1969年度和 1970 年度，以及 1971 年上半年度）全校"五好战士"的称号。"五好战士"就是"五好学生"，尤其是能获得全校的"五好学生"可不是件容易的事，每个连也就是几名。这三次荣誉是对我整个中学生涯的总结。因为我们是 1968 年底进校的，1968 年没有评选，而 1971 年 7 月我们毕业了，也没有了年度的评选。为什么我对这一荣誉会感到骄傲和自豪呢？因为这是同学们的民主选举，是同学们自主地用一张一张的选票投出来的，而不是老师和领导钦定的。

在辗转反侧的无眠里，在度日如年的等待中，卿工宣又让我带过两三批学生去位于依仁路上的学员队队部考试。在那里我碰到过史克林和王建华，他们都偷偷地告诉我卿工宣对我的喜爱。那时候的工宣队因为有毛主席的语录"工人阶级领导一切"做大旗，在考生去留的问题上，话语权很大，几乎可以有权决定。

招生组的吴老师偶尔也会来八角塘看望他的亲戚、我的邻居高奶奶。有一次他把我叫到八角塘边的大麻叶树下，详细地询问了我的家史，我才知道他是负责招生"政审"的。我也才知道，其实那天卿工宣和于老师要我唱歌之前，他们都已经知道了我的家庭出身，但我对他们的尊敬，对工作的负责，对同学的善待，让他们都看在了眼里。以至于他们不止一次地在招生会议上提出我的"问题"，并为我鸣不平。特别幸运的是，在我们校宣里有一位新队员叫肖红，她的妈妈就是桂林市文工团专管人事的副团长，学员队是她的下属单位。肖红比我低一届，在宣传队是个很规矩很听话又很能干的队员，我跟她平时相处就一直很好。如今在此关键时刻，她自然多次"泄密"给我，告诉我招生组讨论能否批准我进学员队的进程，并安慰我不要灰心泄气，她会竭尽全力地为我说好话，帮我，让我的从艺愿望能够实现。最后也是她第一个透露给我，我的"政审"通过了。

后来，我也知道了，招生组还真的极其认真地去为我"政审"过，除了我有"海外关系"外，父亲并不算是资本家，充其量是个小手工业者，属于无产阶级范畴，与当时教师、医生、自由职业者等是一类。最有趣的是，后来在很多场合，要我说明家庭出身时，我都会颠来倒去地介绍祖父是干什么的，又干过什么，父亲修自行车，并没有剥削过工人，等等。常常弄得我是"说的人口干舌燥，听的人云山雾罩"。还是我到了总政歌舞团后，有一次与胡德风指挥闲聊，当他听完了我如此这般的诉说后，很精辟地说了一句："咳，你就是个书香人家出身嘛。"

久旱终于下雨，云遮终于日出。终于在 1971 年 7 月底，我先后接到了桂林市文工团学员队通知我去体检的通知和我被录取的通知。

我在告别附中的时候，明白了一个道理，人的命运是要靠自己努力的，但并不是自己可以掌握的。

依仁路上学员队

1971年8月15日上午，我来到了桂林市文艺工作团学员队报到，正式成为了一名"毛主席的革命文艺战士"。

行李很简单，一个小铺盖卷，一个母亲早年用过的旧木箱。在报到前的半个月，母亲用枣红色的油漆把这个旧木箱油了一遍又一遍，油得亮堂堂的能照出人影。箱子里放着我的两三件换洗衣服及一些学习用品，是父亲用自行车驮着它和小铺盖卷把我送到学员队的。

到了学员队大门前依仁路口的拐弯处，父亲说，就送到这里了，然后再三叮嘱我要好好学习，尤其是要与同学、老师搞好关系，有空常回家看看。

父亲天生木讷，不愿意与老师和同学见面，我便背着行李拎着小木箱独自向学员队走去。当进大门的一刹那，我下意识地一回头，看见父亲仍然站在拐弯处的树荫里，频频地向我招手。

学员队这个院子的前身是桂林市群众艺术馆，院子坐北朝南。它门前是依仁路，右边是正阳路，左边紧挨着桂林市灯光球场，它的背后是桂林市人民体育场。

进了学员队的院门，是一座有门楼的两层小楼。小楼的二层上有几间教职员工的宿舍，底层是学员队学习和办公区域。进楼后过道的左边，是一间有十多张课桌的教室，原来这里是学员队的男生宿舍，改成教室后，学员们就可以有地方"正规"地上文化课、上乐理课、听报告、开大会了。进楼后过道的右边有两间房，一间是学员队的队部，一间是"工人毛泽东思想宣传队"的办公室。

当时学员队的工宣队里除了有去我们附中招过生的卿工宣外，还有一高一矮、一胖一瘦的两位男工宣。那位瘦高的师傅姓郭，那位矮胖的师傅姓徐，徐工宣是工宣队的队长，还是学员队的政治指导员。学员队里不仅有工宣队，也有军宣队，大家管那位姓于的军宣队队员叫于军宣。学员队自己还有个队长，叫肜雪新，是个有行政十二级级别的干部，当时干部有级别，行政十三级以上就属于高干。如此这般组成的学员队的领导班子，真够重量级的，但也真够复杂的。

穿过小楼是一处东西长、南北窄的约百十平方米的水泥庭院。它的东角和西角分别长有两棵高过二层小楼的大树，树种不记得了，记得的是，西边的那棵树冬天会落叶，这在四季常青的桂林，落叶的树还是很稀罕的。这棵树下，有一方学员们自己挖的，约四五平方米的沙坑。大家在这里可以练习跳板，翻跟斗。

庭院的南侧是一排平房，分成四间男学员的宿舍，这排平房也可以说是与桂林市人民体育场相隔的围墙，因为推开窗就可以看见体育场的全貌。

男生宿舍的西面，是一座可容纳三四百人的小剧场。这个剧场我不陌生，童年时就来过，那时候我的兄长也喜欢唱唱跳跳，还是当时群众艺术馆里"百花歌舞团"的一员呢，我来这里看过他的表演。到了"文革"，群众艺术馆被解散了，这座剧场也就成了学员队开大会听报告的临时会场，小小的舞台成了学员队上戏剧"毯子功"课的课堂。剧场里的座位还是早年的状况，是那种用长木条钉成的长条凳，一条凳子可以坐七八位观众。记得我们在这里开会比较多，演出仅有过一次，是我们这届学员的毕业演出。

穿过剧场是学员队小院的西尽头，有一座公共厕所，这也是我们学员队入厕的地方。

　　庭院东边的那棵不掉叶子的大树，长在女学员宿舍的门口。女学员宿舍蛮宽敞的，十几张上下铺的架子床，把学员队所有的女学员都安顿下了。她们宿舍里有一扇门直通舞蹈练功房，每天练功上课，等铃声响了才推门过去也来得及。女学员中一个叫郭宝莲的，一个叫王伶俐的，常常都是在铃声响起时，才一边拢着头发，一边绑着练功用的护腰带往里进，也不会迟到。而男学员则要提前几分钟，绕过办公楼的小门楼，才能进练功房的另一个大门。

　　舞蹈练功房也宽敞，估计是改建于原来群众艺术馆的展厅或者图书阅览室。改建后的练功房条件挺好的，明亮的玻璃窗下安装了一圈练功的把杆，练功房里铺着木地板，有一整面墙，安装着镜子，我们可以对着镜子纠正练功中不正确的姿态。窗户外围墙边有彤红的石榴花，粉色的夹竹桃，金黄的美人蕉。

　　女学员宿舍的南墙外，是一排有近十个水龙头的水槽，洗漱和涤洗衣物都完成在这里。拐个弯有三间男女共用的洗澡房，桂林人叫"冲凉房"。那时候桂林，百分之九十以上是这种洗澡房，都是建在户外的，学员队也不例外。当时洗澡房的房门用木板拼钉而成，有缝隙，大家只好每次洗澡时将脱下的衣裤搭在门上，把缝隙挡住以免"走光"。尽管这样，尴尬的是，洗澡房之间的隔墙太矮，能看见隔壁洗澡人的头顶。

　　学员队的食堂在洗澡房和练功房的旁边，每当我们练功练得汗流浃背、精疲力尽时，窗外就会飘来一阵阵饭香、肉香，我们就知道快下课了。给我们煮饭炒菜的一男一女两位师傅都已年过半百，都曾经是桂剧演员。一旦他们高兴了，也会给我们舞两段刀枪把子，吊两嗓子黄板腔，还常常由衷地唠叨我们几句，要我们珍惜光阴，不要步他们一事无成的后尘。说到动情处，仿佛能看见他们眼里闪动着的泪花。后来我发现他俩在路过练功房时，会总驻足观看一下我们练功，从他们专注和羡慕的眼神里，我感受到一丝丝凄凉。那时候我就隐

1971年冬，桂林市文工团学员队合影。其后为小剧场的东门和那棵冬天掉叶子的大树。大家所坐之处为沙坑。当时学员队邀请到国家体操队桂林籍亚洲冠军王维俭来授课，并合影留念。第二排左起第五位为王维俭、第七位为学员队彭雪新队长。我在第四排右起第三位。

隐约约地感到了害怕，我做演员的结局，会不会也像他们这样呢？

食堂拐个弯过去就回到了学员队的大门，我在这里描写了"一圈"学员队，把我们学员队的概貌——一个"麻雀虽小，五脏俱全"的院子，呈现给了大家。

当我们这一批新学员 8 月 15 日报到时，学员队已经开办一年了。两个月前，招生组到我们附中招生，造势造得那个轰轰烈烈，卿工宣还信誓旦旦地说，要扩大学员队，再招四五十人。光在我们附中就折腾了四五回，考过了近百人，结果呢，听说我们这一批其实只招到了两个人，一个我，另一个是女学员，也是附中校宣的，名字叫李伟群。

怀着激动和忐忑的心情，我开始了新生活。

到学员队的第二天，最隆重的仪式是发了两套行头，也就是发了两套练功服。一套是浅蓝色的细布套头衫，深蓝色的粗布埋裆裤，另一套是墨绿色绸布的套头衫和同色同质的松紧带裤。当我兴高采烈地拿到手里打开一看，发现它们都不是新的。看着我迷茫的表情，老队员史克林偷偷地告诉我，这些练功服都是卿工宣她们用旧幕布裁剪出来的。

东西是旧了点，但穿在身上练功很舒服。尤其是它还是一种象征，只要穿着这种练功服在街上一亮相，满大街的人都会侧目相看，哇，这些都是学员队的美女靓仔啊。尽管队里三令五申不准这样着装上街或回家，但总有人为了在大街上"亮相"，而冒天下之大不韪。哈哈，有两个最勇敢的人，恰恰都是我的好学友，一个史克林，一个王智。

发了行头就该练功了，初来乍到的我，没有被"分科"，戏曲、舞蹈都得练。不像史克林他们第一批学员那样，已经明确地分为歌舞和桂剧两个方向了。

学员队给我们新学员安排的课程是，每天一大清早天还没亮就得起床，要跟着老队员们沿着漓江边的滨江大道晨跑，然后在江边压腿，做操。一个小时后回来吃过了早饭，接着的是上午上芭蕾课，下午是毯子功课，晚上有视唱练耳课、音乐欣赏课。政治学习是雷打不动的，每周两个下午。除了星期天可以回家，其余的时间都必须在学员队里。刚到学员队时我十四五岁，已经长到了一米六七的个头，在同龄人里算是比较高的了，因此大家觉得我比较适合学舞蹈。但就年龄来说，十五岁才学舞蹈，又算偏大的了，所以我学舞蹈学得很苦，压腿、扳腿、劈叉、下腰、踩腰等等，都痛苦得很。但在课堂上我也有强项能显露出来，我喜欢田径，中学时跑步跑得快，所以我的弹跳和腰比较好。在舞蹈基本功中，我的把上练习，如蹲、画圈、单腿蹲，把下练习的小跳、中跳、大跳，都得到过老师的夸奖，甚至连"倒踢紫金冠"在课堂上也尝试过。但是我的旋转就不行了，是我的弱项，不管是二位转、四位转还是空转，一转就倒。

　　一眨眼学舞蹈就快到一年了，可一转就倒的毛病一点也没有改掉，每次业务考核都很难达标，于是从老师到同学，都公认我不是搞舞蹈的料，说郁钧剑一跳舞不是拐手就是拐脚，于是改行的状况就摆在了我的面前。想想挺遗憾的，说我不是舞蹈出身吧，可是在我的从艺道路上，最早的专业训练就是舞蹈；说我是舞蹈出身吧，我又一个舞蹈作品也没有跳过，光在学员队的课堂上练功了。不过，也还算是有一次难忘的经历吧。那是一次实习舞剧《白毛女》的第一场，开始安排我学跳"参加八路军"的四个青年农民舞，其中有一个"过门槛"的技巧，我怎么也过不去，排练老师一生气，让我去担任另一个不需要技巧的角色了，那就是在杨白劳被黄世仁逼债打死后，需要有两位青年农民将他抬下去，我便是其中一人。

　　由于我没被分科，舞蹈、戏剧都得练。上午练芭蕾，下午练毯子功。平心而论，练芭蕾时我兴致很高，而一到练毯子功了，就会一点精神也提不起来。当时上毯子功课的主课老师叫李桂杰，是个特别忠厚实在的桂剧前辈，其夫人罗桂霞是广西桂剧界的当家花旦。桂霞老师因为唱得好，也经常到学员队来给

1971 年年末，在学员队实习芭蕾舞
剧《白毛女》时青年农民的扮相。

我们授课，当时革命样板戏盛行啊，我也特别爱唱样板戏里的唱段，与我同宿舍的董生和，就是学员队里的琴师学员，我还经常让他为我拉京胡吊嗓子。桂霞老师听过我唱戏，对我也很感兴趣，她让桂杰老师多次提醒我要保护好嗓子。所以，每到上毯子功课，我提不起精神时，桂杰老师也不责怪我，而让我到一旁去压腿、下腰、拉山膀、跑圆场。跟头、跳板等科目基本就不安排我参加了。

戏剧学了一年，最大的收获是我的山膀拉得好，勾腿踢得好，圆场跑得还可以。

当时学员队还有位从上海音乐学院毕业分配到桂林的老师，她叫裘蕴清，是唱女中音的。在学员队，她主要是为舞蹈基训弹钢琴伴奏，平日里也教教大家"咪咪吗吗"的发声，那时候学员队提倡一专多能，唱歌也算是一能。

　　裘老师的丈夫夏飞云是当时上海"革命现代京剧样板戏"《智取威虎山》剧组的乐队指挥，在全国的音乐界都赫赫有名，但那时候没有照顾夫妻关系一说，裘老师毕业后同样因"革命需要"被分配到了桂林，所以只能两地分居。有一年，他们四岁的儿子从上海来桂林看望妈妈，真是奇了怪了，那孩子就喜欢跟我在一起玩，再加上我也会说几句上海话，有在上海生活过的经历，裘老师就特别喜欢我。她不仅教我更多的"咪咪吗吗"，还私下偷偷地教我弹钢琴，弹拜厄，弹 599。

　　在感到我不再适合继续学习舞蹈的时候，学员队将要单独安排我一次业务汇报，以确定我的未来。届时市革委会文教组的领导、市文工团的领导，以及学员队的领导和老师、工宣队、军宣队都会一起来听汇报，当然主要是听我的"唱"。

　　那时候我已经十六七岁了，嗓子也正式变声了，不再属于童声，而且领导们也都知道我一直在跟着裘蕴清老师学习声乐发声，都知道我在变声前嗓子就不错，而变过声的嗓子，无论在音质、音色甚至乐感上都有进步，得到过不少好评。由此，领导想在唱上对我多加培养。

　　在此之前，学员队里的桂剧班老师一直希望我去唱桂剧，李桂杰、王桂林等老师还不断地对我说，郁钧剑你"扮相"好，又有嗓子，你要到我们桂剧班来，保证培养你成为《沙家浜》里的郭建光、《智取威虎山》里的少剑波。

　　当时学员队还新增添了曲艺专业，学唱广西文场、桂林渔鼓、桂林零零落等等。因为广西文场的曲调很美，平时我也跟着学曲艺的同学一起哼哼唱唱，所以教曲艺的老师也说，郁钧剑你来唱文场吧，说不定你将来会在广西文场的舞台上挑大梁、独一份。

　　当时我年纪不大，涉世不深，对未来前途的选择很无主，很犹豫。而革命样板戏又正值鼎盛时期，分科挑人，自然是由桂剧班先挑。桂剧的发源地就在桂林，是广西所有地方戏曲中生旦净丑行当最齐全，传承最有序的最重要的剧种。地方领导重视它，扶持它，想把优秀的人才更多地笼络在桂剧的旗下，这也是应该的，正常的。

可是裴蕴清老师一直坚决反对我去唱桂剧，她与教我们乐理的唐戈老师一样，一直说："钧剑，你千万不要去唱戏啊，你的气质不适合做戏剧演员。"在这个即将确定我未来的业务汇报前，我真的不知道该怎么办。万般无奈的我去找了唐戈老师，我说："明天领导们就要听我的业务汇报了，要听我唱郭建光的《朝霞映在阳澄湖上》和少剑波的《朔风吹》了，我该怎么办呢？"唐戈老师听罢，沉思片刻，一拍脑门，在关键时刻急中生智地"挽救"了我，为我想了一个"绝招"，他说你就去唱吧，在唱到拖腔时就想想裴老师教你的洋唱法，多加一些颤抖，有了那种"洋嗓子"的颤抖，这样他们就不会分配你去唱桂戏了。

第二天我如法炮制，果真桂剧班的老师们和领导们一听都连连摇头说："坏了坏了，完全学坏了，嗓子全'洋'了，让他去唱歌算了。"

从此我就以歌唱为主业了，正式拜裴蕴清为师。

由于裴老师是女中音，对教"男高音"也没有太多的经验，在很长一段时间里，我只能跟着她按照她在音乐学院学过的那一套"咪咪吗吗"的发声法在练声。虽然在男高音的高音问题上没有得到太多的解决，但却从她那得到了意想不到的收获，那就是她让我注意对音色的训练。我从她那里第一次听到，也是我从事声乐几十年来唯一听到过的一种教诲："好的抒情男高音的音色应该像女中音，好的女中音音色应该像抒情男高音。"

练习歌唱之余，裴老师便可以名正言顺地教我弹钢琴了。当时学员队里仅有一台115立式钢琴，许多学员都想玩钢琴，所以当我在学舞蹈时，他们看见裴老师教我弹钢琴了，自然就会遭到一些不满。如今我正式学唱歌了，弹琴也就名正言顺了，这是我特别高兴的事。

让我觉得特别高兴、特别幸运的还有，自己从一开始学习声乐和钢琴，就能拜学院派的裘老师为师，而且是来自上海的学院派。虽然后来我并不迷信学院派，甚至在一些学术观点上与学院派还相左，但并不动摇的是学院派为我打下了基础的信念，是它让我在从艺的道路上一开始就知道什么是正的，什么是歪的，什么是深的，什么是浅的，什么是对的，什么是错的；也是它让我懂得了，在艺术的田园里，苗永远是少的，草永远是多的，要做独树一帜的苗，而不做芸芸众生的草。

裘老师当时就说过，中国有句老话，叫作"万丈高楼平地起"，寓意就是盖房子打地基很重要，植树造林选苗栽苗很重要，求知学艺师傅很重要。

如今我在舞台上，站得笔直挺拔，花拳绣腿少，就是启蒙时所受的教育。

跟裘老师的学习挺正规的，无论是学声乐，还是学钢琴，她都会隔三差五地安排一次"会课"，这是一种很典型、很讲究的学院派教学方法。当我夹着歌本、琴谱，跟着老师走在去会课的路上，一种学艺的神圣和高贵感，会溢满身心。

她曾经带我去桂林地区文工团，让那里的专家听我的演唱，给我指出不足之处。当时地区文工团有一位从广西艺术学院下放来的声乐老师周德强，因为周老师是男高音，裘老师便想请他从男高音的角度指点指点我。没想到周老师一听我唱就十分感兴趣，他高兴地对裘老师说，郁钧剑是个典型的抒情男高音，千万不要教他那种打开喉咙的唱法，这样才能保护好他特有的音色。周老师还向我推荐了一首特别适合男高音的练习曲，并手抄予我。那是一首上世纪50年代就很流行的、中央歌剧院演出的歌剧《草原之歌》中的插曲《金滩银滩绿草滩》。四十多年来，我一直在用它练习，用它遛嗓子、遛感觉。2015年我终于将它录制成了唱片，了结了此生一大心愿。

她也曾带我去桂林市唯一有钢琴的人家去，让那家会弹琴的主人听我的演奏。那户人家的主人叫黄君度，是广西最有名的雕塑家之一，据说柳州鱼峰山下的"刘三姐"塑像和桂林的不少雕塑都出自他手。他家就住在我们依仁路附近的一条小巷里的二楼上。篱笆里有他夫人种的花花草草，在光天化日之下，顽强地展示着当时被痛斥、被批判的"资产阶级情调"。上了楼进了他家，这种资产阶级情调更把我吓得打了个跟斗，墙上挂满了字画，还有雕塑，书架上摆满了瓷器、古玩，让我想起了过去我们东镇路的家，顿时有一种亲近感和肃然起敬之感。

黄家有一台115立式钢琴，与我们学员队那台颜色一样，都是乳白色的。那天，当我在琴上熟练地弹起了拜厄的练习曲时，我看见了黄夫人惊讶的神情和裴老师脸上溢出的得意光彩。

这些都是在学员队里难忘的"好"事。

在学员队里也有一些难忘的"坏"事。

1972年的五六月间，广西大学到桂林来招收要有实践经验的工农兵大学生，市里明文规定要在我们学员队里招收一名去学习文艺创作。那时候正赶上领导在考虑我是否还继续学习舞蹈或者改行学习桂剧，突然多了这么一个选择，加上我又有写作的业绩，便推荐我作为候选人。按照要求，我当着来学员队招生的广西大学的老师的面，用了不到半个小时，写了一篇纪念"七一"的散文，招生老师阅读后，连连说很好、很好。后来，听说招生组对我的文章反应也很好。可是时间过去了一个多月，广西大学都已经开学了，我也没有得到任何消息。有一天，还是我在上中学时就在"桂林市第一届创作学习班"听他讲过课的、有着"延安鲁艺"出身的桂林市文艺界的资深导演刘真，来到了学员队里来讲课，他一见到我就说："咦！你怎么没去上大学啊，招生组说你的文章写得很好，已经考上了啊。"

"我不知道啊，我一点都不知道啊。"

刘真导演摇摇头："这就奇了怪了，我帮你打听一下告诉你。"

刘导演还真打听到了内情，但他没敢告诉我，怕伤了我的心。不过没有不透风的墙，不久，我还是拐弯抹角地听到了原由，那是一位桂林市的高干子弟把我的名额顶替掉了。

假如没有被顶替，我完全有可能就改行去广西大学学文学了。有人调侃说，也许这样在中国就少了一位歌者，而文学界里，就多了一位"码字"先生。说实话，当时我并不排斥改行去学文学创作，因为当时上大学多难啊，能有机会上大学，是所有有志青年的理想首选。

仔细想想，当年上不成大学，也算有失有得。正因为名额被顶替掉了，才成就了我的今天。虽然失掉了上学的机会，但就学习文化而言，那时桂林市领导是把学员队的学员当作"宝贝"来对待的，为我们创造了许多良好的学习条件。除了像刘真导演这样德高望重的老艺术家，经常到学员队来讲表演，学员队还给我们配备了各种各样的老师。有我在前面提到过的声乐老师裘蕴清、乐理老师唐戈，还有声乐老师冼运祥、乐理老师朱子泰，我还非常清楚地记得教桂剧的唱腔老师罗桂霞，毯子功老师李桂杰、王桂林，形体老师曾海珠、刘明凤，教舞蹈的何老师、金老师，教京剧形体、台词的崔老师，教曲艺的诸葛老师、何红玉老师，等等。

学员队还经常请北京、上海、南宁等地的专家、学者来给我们讲课，如广西歌舞团的舞蹈老师谭美莲，武汉音乐学院的声乐老师杨珍珍，中国体操队亚洲体操冠军王维俭，等等。

在我们的生活上，工宣队的卿工宣和学员队的彤队长处处体现出无微不至的关怀。天凉了问寒，天热了问暑，生病时送药，睡觉时掖被，如同母鸡带小鸡。在老师们的呵护下，我们成长起来了。

正式确定我以学声乐为主以后，练习独唱便摆到了我的议事日程上。当时我练习的独唱曲目是《唱支山歌给党听》和《高楼万丈平地起》。我第一次在学员队里登台独唱就是在这依仁路的小舞台上。记得唱完后，很多人当着裘老师的面，对我褒奖有加，说郁钧剑才学了不到一年就能完整地唱下这些有难度的歌，实属不易。唯有肜队长对我提出了尖锐的意见，她说我呼吸有问题，唱歌之中噗嗤噗嗤的换气听得清清楚楚，还说我出场、进场两眼东张西望，仪表不大方，要我在台上的举手投足、一招一式多向戏剧演员学习。如今都过去四十多年了，当年肜队长说话时的严肃音容依然清晰在目，就像是在昨天。

那时候，学员队的同学们大都是十六七岁的年纪，也是情窦初开的时候。大家私底下喜欢议论学员里相互间爱慕的"糗"事了。有一回晚自习后，我们几个人在教室里一起议论，有两个学员在互递情书时被人发现了，开始大家只是觉得好奇、好玩，大家你笑我笑一哄而过。不料事情越传越玄，越传越广，影响很大，被学员队的领导和工宣队视为很严重，认为学员们的"政治思想"出了问题，并追查到这些议论源自我们几个人。

那阵子我真是吓着了，虽然我是初来乍到，连当事人都不是很熟，话都没多说过几句。而且身在其中的我，从没经历过牵涉到自己的"运动"，心情相当的沮丧和紧张。这时，肜队长对我进行了严肃的批评，这是我在进学员队后的第一次。她说，你越是初来乍到，问题才越严重。千里大堤的缺口，往往就是从最薄弱的地方开始。一个人思想的堕落，就是从一些不经意的、不健康的议论开始的。她还说，"苍蝇不叮无缝的蛋"，虽然我们知道这些情况是别人告诉你的，但为什么这些流言蜚语不去找别人议论？你以为这就是你的人缘好，别人愿意跟你交心、谈心？你要注意啊，不要做一颗"有缝的蛋"。

肜队长最后语重心长地说："我们既然下了大决心把你招进学员队，就是觉得你在文艺事业上有发展，有前途，要想真正地成为党和国家信任的文艺工作者，任重道远啊。今天我找你谈话，还要提出一个要求，我希望你今后要认

1972年春。工宣卿玉英"轮岗回厂"，临别之际，我和杨俊新与
对我们关爱有加的她合影留念。

真对待工作，认真对待学习，尤其在恋爱问题上要认真对待，你能不能做到事
业有成时再谈婚论嫁，能不能二十五岁前，起码二十五岁前不谈恋爱？"那时
候国家有个规定，男二十五岁，女二十三岁才是法定的恋爱结婚年龄。

　　彤队长的这些四十多年前说的话，我依然觉得就在昨天。

　　从那以后，我好像"心智"上有所长进了，仿佛一下子从懵懂混沌的状态
中"破壳而出"，我开始感到了生活的不简单，嘴里时不时也蹦出"社会上真
是复杂啊"这样的感叹。尤其是过了不久，1970年那一批学员队的不少"老"
学员，分别被分配到文工团的歌舞队和桂剧队去了，与我同龄的（如史克林等）
也几乎都毕业下队了，几十人一搬走，依仁路的院子顿时就安静了下来，冷清
了许多。而这时留在学员队继续学习的大部分都是桂剧队小班的学员，由于年
龄的差距，平时说话也不大投机，又让我在情感上明显地感受到了一种失落。

当一个人有了在情感上的失落感、缅怀感，那就是他开始成熟了，"心智"上就长进了。

转眼到了 1972 年的 9 月，在毫无思想准备的情况下，学员队宣布它完成了历史使命，要"解散"了。所有学员都将分配到桂林市文工团的歌舞队、桂剧队、曲艺队，也就是说我们即将要搬出依仁路这个院子。在那些天里，我常常独自坐在小剧场的台阶上，遥望着闪烁的星空，遥望着一勾弯月，手里握着块瓦片，随着自己漫无边际的遐想，在水泥地上划啊划啊，划出了几十条、几百条纵横交错的线条，我觉得此时的我，像一只被这些线条紧紧束缚着的鹰，盼望着何时才能展翅飞向月光皎洁的星空。

告别依仁路就告别了学员的时代，真正地走进了社会大舞台。在这个舞台上是沉是浮，是进是退，未来一切都不得而知。

我在日记里写道："从明天起，就要搬到艺术馆去了，不由使我想到了今后，也许这一辈子就要生活在那里了……"

1971年10月左右，桂林市文工团学员队隔壁的灯光球场内。
桂林市文工团学员队唯一的一次全体合影，为第一批学员毕业纪念。

合影局部。前排右起为武桂元、杨俊新。
后排右起为史克林和我。

学员队里众同学

　　父亲让我进了学员队后一定要搞好与同学和老师的"关系"的嘱托，我一直牢记在心。由于学员队里有在中学时就是好朋友的史克林，还有去过我们学校招生的卿工宣，所以初来乍到的我并没有感到太多的陌生。

　　我报到的那一天，也不乏亲切感。一进学员队的大门，就受到了热烈欢迎。史克林和不少学员一道上前来，十分热情地帮我拿行李、拎箱子。看着大家的笑脸，哦，我记起来了，其中有两位女学员在我半个月前去人民医院体检时，就与她们相遇过。那天她们应该是去看医生治感冒吧，领我去体检的吴老师把我介绍给了她们，她俩莞尔一笑，说"我们早知道他叫郁钧剑啦，也知道他马上要到我们学员队来了，还体验过他的'六亲不认'"。吴老师不解，很疑惑地看着她俩，她俩笑着说："上个礼拜他在桂剧院的汇演现场当纠察把门，把得可严了，连我们都不让进。"她俩莞尔一笑，让我记住了一个叫李美莲，一个叫郭宝莲。

　　她俩说得没错，是的，体检前的头一个礼拜，桂林市群众文艺汇演正式开幕了，我们附中校宣在暑假里还为此集中排练了好一阵子呢。遗憾的是，我们的节目没有被选上，选的是桂林二中的节目，由他们代表全市中学参加文艺汇演。大概是为了照顾我们落选的情绪，汇演办公室就让我们附中校宣担任了纠察队，负责把门。哈哈，没想到我们还真拿鸡毛当了令箭，严格执行把门纪律，没有票的一律不让进。尤其是在汇演期间，放映过一两场供"大批判"用的"内部电影"，其中有一场就是在桂林拍摄的电影《刘三姐》。

我们把门，可真是严格按照军代表的要求，当作政治任务来完成的。放映《刘三姐》那天，桂剧院门口人山人海啊，除了电影本身吸引人外，更多的是因为当年桂林有很多专业的、业余的演员都参与了这部电影的拍摄，许多人赶来都是为了目睹自己或者亲友在银幕上的风采。桂剧院门口呼朋唤友之声不绝于耳，弄得我耳朵一阵阵的耳鸣。

我愣是守在剧院门口，坚决不让没有票的那些"牛气哄哄"的文工团员进门。可桂剧院是人家文工团的地盘呐，他们不服气，要往里冲，我就使劲往外拽，他们看我人小，打又不敢打，骂又不好骂，气得胡子都歪了。有一个叫"麻杆"的演员，扬言要揍我。咳，我才不怕呢，我从小就有反骨的劲儿，谁要是在我面前"牛"，我比他还要"牛"。

到了学员队后，我仍是这种劲头。认为自己能写能唱，当过学校宣传队的队长，又是相当于现在"青联"的桂林市"红代会"文艺领导小组成员，正如李美莲和郭宝莲所说的，在桂林市业余文艺圈子里，还颇有点小名声。在这种情绪下工作学习，自然会流露出一点自以为是的毛病。所以在学员时代，我被批评得最多的，和在中小学时一样，都是"骄傲自满"。这个词是那个年代"牛气"的代言词。

其实，学员队里也有让我佩服的人。

在学员队里，第一个让我佩服的人是武桂元。

桂元应该比我长两三岁，是学员队第一批舞蹈学员，中等个子，相貌堂堂正正。在发生我佩服他的那件事之前，我从没跟他说过话。

是件什么事呢？那是一个晚上，我到学员队队部办公室旁边的教室里去欣赏音乐，也就是在电唱机上听唱片，听的是芭蕾舞剧《红色娘子军》的音乐。

当我正津津有味，听得聚精会神呢，武桂元什么时候进来的就没有发现。然而，当音乐旋律在行进中出现了不同的声部时，只听得他在一旁一会说这个和声是主和弦，那个和声是下属和弦，当乐队里又出现了不同乐器的乐音时，他一会又说这个声音是"巴松"吹出来的，那个声音是"欧博"吹出来的。

"主和弦"是什么？"巴松"又是什么？我顿时就傻了，心想他太厉害了，他怎么就能从这么流畅的旋律里分辨出和弦来呢？怎么又能从这么多的乐音里分辨出是由不同的乐器来演奏的呢？当然后来自己通过学习，知道其实这并不难，可是在当时，对于我这个门外汉来说，不能不对他刮目相看，而且还充满了敬佩。

桂元不仅在音乐上比我们开窍得早，也是我们学员队男学员里最早懂得谈恋爱的。那时候，他和我都已经先后从学员队毕业分配到歌舞团了。他心仪的姑娘，家庭环境比他好，业务水平比他优，文化程度比他高，是位典型的才女。他知道自己的不足，却又深陷单相思而不能自拔，无可奈何。那时候我和他走得已经比较近了，他敢于向我披露他的心扉、隐私，敢于向我倾诉他的初恋之苦。我比他年纪小两三岁啊，面对着热泪盈眶的他，不懂得怎么相劝，千辛万苦地，才从书里找出一段话——"爱情会使热恋中的人丧失理智"送给他。他毫不动摇，仍然坚持给那位心仪的姑娘写情书，写了四五张信笺以表心迹。写好后他给我看，读给我听。他让我知道了什么叫爱情，什么叫"追"，并完全被他感动。

初恋的失败他挺过来了，专业的改行，他也挺过来了。

在他当舞蹈演员的经历中，曾经有过昙花一现的辉煌。那是在芭蕾舞剧《草原儿女》中，他扮演了主角。可谁也没有料到，随着那个主角的谢幕，他的舞蹈生涯也谢幕了。改行后的他在很多戏里跑过龙套。他在歌剧《江姐》中跑过"特务甲"，当江姐与华为在朝天门码头登船时，他扮演一个挎竹篮卖小吃的小贩，其实就是监视来往旅客的特务。他有一句台词，就是用重庆话一声接一声的叫唤着："炒米糖开水。"他全然没有从主要演员沦落为跑龙套的失落感，还在我们面前自信地表扬自己的一流演技。他后来又学拉中提琴。谁也没有料到的是，二十余岁的他，一年后硬是以中提琴手的身份坐在了管弦乐队里。

尽管他水平有限而尴尬地坐在乐队里，但我从他坚毅的目光中感觉到他一如"跑龙套"时的坚强的内心，他忍住了旁人的冷眼，挺过来了。

武桂元爱打猎，这是我望尘莫及的玩法。每逢节假日的前两天，他就开始呼朋唤友，筹集"粮草"，整装待发。他常常扎着皮带，背着一种打散弹的名叫"砂枪"的猎枪，领着"赶山"狗，精神抖擞地奔赴在桂林的荒郊野外。

他"引诱"过我很多次去打猎，终因我更想把时间放在琴房里，而谢绝了他的盛情。每次都能感受到他的沮丧。上个世纪80年代后，我从北京回到桂林探亲，请他与一帮老队友相聚，当聊到此段往事时，三十多岁的桂元竟不顾有那么多的队员在场，竟嚎啕大哭起来，他抱怨我以前"看不起"他，不愿跟他"耍"……

桂元是我们学员里去世最早的一个，不到六十岁就走了。不知为什么，在过去的几十年里，我似乎都没有回忆过与他在一起的光景。但自从他走了以后，却常常在梦里看见他在天空中对着我笑，让我痛彻地感到岁月的沧桑和无情。

我与武桂元在什么时候，是什么原因成为好朋友的，如今完全没有印象了。但他的坦诚、侠义，他的粗犷慷慨，对事业的不屈不挠，让我一直以我曾拥有过这个少年好友而骄傲。

另一个让我佩服的人叫杨俊新，与他相识的时间和地点及原因我都记得很清楚。

我刚到学员队时，肜雪新队长向我介绍了老队员里学习刻苦的榜样，首推的就是他，其次是学员队长谭玉明和学员队里年纪最大的邢庆华。由于当时我有点自以为是，也没把他们放在眼里，但是一到练功房，亲眼目睹了杨俊新舞蹈基本功的功夫，才知道了他的厉害。应当说，他在学员队里真有点鹤立鸡群的味道，杨俊新成了我第一个在业务上的崇拜对象。

　　到学员队一个多星期后，男学员们都在水泥庭院中的沙坑里练跳板，也许是坑小人多，再加上学戏剧的学员们年纪又小，又更喜欢练跳板翻跟头，常常是恋着沙坑不肯离开。而这时不怎么喜欢练跳板的舞蹈学员往往会自觉地退让一旁。我突然看见喧哗嘈杂人群中的杨俊新，正自甘冷落，站在一边发呆。他直瞪瞪的、散着光的双眼，望着前方的发呆的表情，使我蓦然想起了比我大两三岁的姨表哥，太像了，如此的憨厚，神情一模一样。

　　我的姨表哥叫建中，应该跟老杨同年。他与他的母亲，我的三姨一直生活在南通海门的乡下。"文革"中我逃学回南通老家时见过他，当时他是我母亲家族里的下一代中唯一的男孩。我住在南通城里的二姨，因为没有孩子，当然也就很宝贝他。我去南通那时，二姨就把建中从乡下叫来与我一道玩。建中特别朴实憨厚，见我后每时每刻都是咧着大嘴在笑，两只手不停地在衣襟前搓弄着。吃饭时，也才是十来岁的他，自然也会把筷子伸向"好菜"的碗里。二姨就说他，你钧剑弟弟从遥远的广西来，是客人呢，你做哥哥的要让着他。建中看看我，又看看二姨，筷子就再没有往那"好菜"碗里伸过一次。到了晚上，我坚决不肯与他睡在一张床上，任凭二姨、二姨父怎么相劝，我就说他身上有味。只见他同样是站在一边，同样是咧着大嘴笑着，并让二姨给他拿来了一张毯子，就睡在了我床前的地板上。两天后由于我俩实在玩不到一起，二姨就让建中回乡下去了。

　　那天我看着发呆的杨俊新，我背过身去流泪了。我想起了我的姨表哥，我为乡下的他流泪了。

　　从此我与杨俊新成了以兄弟相称的好朋友，加上史克林，我们三个是"铁三角"。

应当说，我在桂林学习工作的那段时间里，老杨在桂林的舞蹈界一直是出类拔萃的。他跳过芭蕾舞剧《红色娘子军》的洪常青，跳过芭蕾舞剧《白毛女》的大春，还跳过芭蕾舞剧《沂蒙颂》的方排长，几乎所有桂林歌舞团的男子群舞都是由他领舞的。由于他舞技好，形象靓，老家是山东人，个子挺拔，自然得到了很多姑娘的青睐。我曾傻乎乎地被他的"情敌"挑唆去截过他的情书，留下了一段懵懂少年的趣事。

我和他与舞蹈演员金华曾多年住在一间宿舍里，一直住到老杨结婚搬出去为止。那时候我们总喜欢在熄灯前聊聊天，聊长大后的志向。尤其是憧憬着能够离开桂林，盼望着能到更大的地方、更专业的团体去发展。我跟老杨也曾经有过共同理想，相约一同到北京考军队的文工团，相约一同要为祖国的社会主义文艺事业做出更大的贡献，如此的豪言壮语，是我们那时的真实心情，也算是那个年代留下的一段有志青年的热血印迹吧。

老杨结婚较早，可以说是我们学员队里最早迈入婚礼殿堂的幸福者之一。人一结婚，就完全进入了另外一个生活状态。我看见老杨也开始居家过日子了，也开始买菜做饭了，一年后他又添了一个宝贝女儿，从此，我们就再也没有机会在一起谈论那些长大后的志向和希冀了。

覃国康也是让我在学员队里佩服的人。

常言说得好，男孩子十五六岁是个什么也不懂的年纪，而女孩子十五六岁时，却是个什么都懂的年纪。

覃国康比我的年龄稍大一些，那时候她对比她年纪小的我们，总有一种做大姐姐的自我感觉，每到学员队开饭时，大家排队都喜欢用调羹敲打空饭盒，"乒乒乓乓"一阵乱响，她会悄悄地对我说，钧剑你别敲饭盒，那样显得多没教养啊。早上，大家在洗漱池刷牙洗脸，她看见我挤牙膏"偷懒"，从牙膏的中间往外挤，挤得一管牙膏七鼓八拱的，她也会偷偷地告诉我，应该从牙膏的底部一点点往外挤，她那时候就知道说，细节决定人品。同时被她当作小弟弟、小妹妹呵护着的还有李美莲、黄明岗。

在广西，姓覃的一般都是壮族，大多居住在大山里面。覃国康的父辈作为壮族的孩子，能从大山里走出来，绝对是他们中的精英。我多次去过覃国康的家，在乐群市场附近的银行宿舍里。那是由一条小巷子构成的宿舍区，小巷子里家家户户都还有一个院门。在她家我也见过她的父母，印象中都是儒雅斯文的知识分子。她的家里也挂有字画，使我想起父母说过的"居家无字画，必是俗人家"。因此，覃国康家不俗，是有家学的，这是令我佩服的重要原因。

由于有家学，她才多才多艺。在学员队里她的舞蹈基本功也是数一数二的，跳过芭蕾舞剧《红色娘子军》里的吴清华，《沂蒙颂》里的红嫂。论嗓子也不错，我刚到学员队时，就见她上过学员队晚会的独唱。她字也写得蛮好，乐理也好，抄歌谱一流。在学员队时，晚上有空闲了，就会叫我："钧剑，拿你的歌本来，我帮你抄首歌。"于是她会把她喜欢的，而不管我喜不喜欢的歌曲抄到我的歌本上。至今在我的歌本里还有她手抄的《我站在涠洲岛上》，留下了特别珍贵的少年友情。

后来听说她不跳舞了，改行研学创作了。有好几次我回桂林时，打电话约她在一起聚一聚，恰巧她都是去了外地。就这样一晃过去了二十多年，没有再见过。

像这样一二十年没见的老学友还有很多，拉小提琴的陶建平，桂剧老旦杨美茹，女剧作家刘玉珊，舞蹈队的黄明岗、金华，歌队的齐福生，乐队的马昌林、李天柱，等等，如今都天各一方。

拉小提琴的陶建平是学员队里与我说话说得最多的同龄人。我一直认为他是学员里智商最高的，计谋最多的"智多星"。孔夫子说"三人行必有我师"，与陶建平交谈，会有这样的感觉。

与陶建平趣味相投还有一个原因是，他练琴特别刻苦。凡是节假日，或者休息时间，只要在歌舞团的院子里听见有练琴的琴声，十有八九是他。不谦虚地说，只要在歌舞团的院子里听见有钢琴声、有歌声，那十有八九是我。我们俩这一点很像，每天下午下班后，各自回家吃完晚饭，差不多在同一个时间段里，晚上七点一过，又回到了宿舍。我会到歌队的琴房练唱，他会到某一个犄角旮旯去练琴。

他是我们学员里最早把学习英语当作日课来做的。每天晚上上床后，必定在蚊帐里自说自话地一遍遍嘀咕英语单词。有一阵子他劝我跟他一道学，说这样可以有个互相促进，也会学得快学得牢，但我对英语就如同对数理化、无线电一样，怎么也入不了门。

上个世纪 80 年代末，我在美国的叔公郁鼎勋为我存了十万美元，让我去美国留学，我动心了，就在离我们总政歌舞团仅公共汽车一站地的北京外国语学院，找了一位老师单独教我，我居然会当着她的面打瞌睡。三个月后虽然可以磕磕巴巴地读原文了，但因下部队慰问演出，耽误了也就一个月左右吧，就把学到的那点本事全部还给了老师。

陶建平学英语就是为了出国，当时大家对于他的目的都心照不宣。因为当时的世态，弄不好就会被"恶人"说成是有崇洋媚外的思想。他最后好像是以自己的手坏了不能拉琴了为由，辞职后才出国的。与我离开桂林是前后脚吧。

说到陶建平，就得说说胡剑平。年龄比我们都小的他，开始是学桂剧武生的，舞动刀枪靶子是他的擅长，一天到晚都能看见他穿着那身用旧幕布做成的练功服，听见他在学员队里叫喊着打啊，杀啊的。他有一头又软又黄的头发，白皙的皮肤，深凹的双眼，高高的鼻梁，活脱脱像一个外国小孩。加上性格活泼淘气，很讨学员队老师们和工宣队师傅们的喜爱。尤其喜欢他的是厨房里两位师傅中的那位男师傅，就为此，我现在还记得那位男师傅也姓胡，叫胡民雄。剑平后来很早就明智地选择了改行，改拉小提琴了，他与陶建平是全广西最好的小提琴老师董学尧的同门师兄弟。他知道自己学琴晚，所以特别刻苦，自费到过上海和北京学了好一阵子，后来又考上了湖北音乐学院学了两年。在陶建平出国以后，他可以算是桂林市拉小提琴拉得最好的了。

在他"打打杀杀"的那个年纪里，特别愿意跟着我玩，还特别愿意在晚自习后，熄灯睡觉前挤到我床上来讲一阵子板路。"讲板路"在桂林话里如同北方的"侃大山"。可一年后改行了的他，突然完全像变成了另外一个人一样，板路讲得也少了，也不苟言笑了，经常是一脸的思考状。

胡剑平虽然比我早考进学员队一年，但由于年龄小，一直属于桂剧小班的学员，所以在大班学员下队后，他便继续在依仁路院子里多学了一年，与后入学员队的我就成了同学。记得他们小班的同学还有黄建民、于凤芝、曹毅、杨德平、罗建国、何田富、徐伟、吴军等等。黄建民的毯子功特别好，胆子又大，有点"跟斗王"的味道。杨德平、徐伟都有嗓，高亢嘹亮。曹毅喜欢穿军装，把一顶折叠得有棱有角的军帽斜戴在头上，有一阵曹毅还经常来找我探讨文学，那时候就觉得他特别有个性、爱学习。他是他们小班里最早重视文化的孩子。

罗建国相貌非常清秀，斯斯文文，与人说话常常会脸红，待人和气、善良。有一次，我母亲托他带十个生鸡蛋给我，他生怕打碎了，几乎是手捧着安全地交到了我手里。因此我母亲很喜欢他的忠厚。建国的嗓子当时也很清亮，完全是一副小生的作派，可惜的是后来他也改行了。

于凤芝学的是旦角，是被留下来的小班里的老学员中唯一的女生，她长得特别乖巧，以至于好多年后我在北京看琼瑶的电视剧，每当看见小演员金铭，就会把她俩的形象重叠在一起。何田富当时学的是花脸，还特别善于模仿，当时他模仿现代京剧《智取威虎山》中的猎人李勇奇是一绝。那时学员队每次的演出，必须有他学唱的李勇奇的唱段《自己的队伍来到眼前》，每当他模仿李勇奇只要把两只眼睛一瞪，顿时会赢得台下观众的一片掌声，一片喝彩。他的节目，是当时学员队演出中最受欢迎的压轴节目。

我有幸与何田富住过同一宿舍，同宿舍的还有拉京胡的小董和桂剧班里老生唱功最好的小周。小董老家是上海，上海人说话节奏快，喳喳喳喳，小董完全继承了他父辈的这一优点。何田富来自郊县农村，说话带口音，比如每天晚上睡觉，就他急着要关灯，一躺在床上了，就听见他嚷嚷"关当关当"，他把"灯"读成"当"。

每当想起学员队，就会想起学员队里这些朝夕相处的同窗，小董还在拉胡琴吗？于凤芝还在演旦角吗？如果当年琼瑶的电视剧挑小演员，挑中的是她呢？改行后的罗建国、杨德平、吴军他们如今都在做什么，也快退休了吧？何田富还在演花脸？口音还重吗？

不过每当想起学员队，闭上眼睛，第一个出现在眼帘的当然会是史克林。我至今仍记得他的膝盖上有一条蚂蝗般的肉瘤，就凭这一点记忆，就能见证我们是少年时代的纯真老友。虽然这些年回桂林，都能与克林见个面，但脑海里挥之不去的永远是小时候的他，永远高昂着头颅，耸挺着胸脯，操一口桂林人听起来是普通话、北方人听起来是"桂普"的口音。但他操着"桂普"的那一副雄赳赳气昂昂的模样，使得他无论是在中学还是在学员队，只要开"革命大批判"会，发言的少不了他。

有一回我们学员队下部队慰问演出，部队为我们安排了宵夜吃饺子，学员杨德平不知为何说了一句，这饺子不好吃。这还了得？工宣队立即组织革命大批判，并且通知史克林发言。史克林"桂普"说得蛮可以，文章写得却不怎么样，他偷偷来找我，央求我帮他写一篇《谁说饺子不好吃！？》的批判文章批判杨德平。

上左：上世纪 70 年代我与好友晏燕（好友黄健兄夫人，亦是我做的媒）、黄婉秋（中）合影。
上右：上世纪 70 年代我与好友陶建平合影。
下左：上世纪 70 年代我与好友黄明岗合影。
下右：上世纪 70 年代我与好友胡剑平、马昌林（中）合影。

　　史克林批判别人，一不小心自己也被批判过。前面说过学员队院子的西头尽处有一座公共厕所，而爬到公共厕所的顶上翻过墙，隔壁就是桂林市灯光球场。有一回，这里举办了一场篮球赛，是桂林市队与外省的一个市队的友谊赛，由于当时文娱活动少啊，偶尔一场市级水平的篮球赛也会引起桂林城的轰动，一票难求啊。史克林、王智他们也弄不着票，又想看，只好去冒天下之大不韪，爬上厕所顶，翻墙越进了灯光球场。当然，不仅翻墙逃票是犯了事，使公共厕所顶上的瓦片遭了殃更是不可饶恕。于是工宣队毫不留情，照样罚史克林写检查。他的检查也是央求我帮他写的，但他是否操着"桂普"作的检讨却忘记了。

　　闭上眼睛想学员队，旧日往事就会像过电影一样，一幕幕地出现在眼前。我不会忘记有一年冬天，学员队里后来成为史克林妻子的赵荣妹的父亲去世了，正在恋爱期间的史克林，为了表示对小赵的"犬马之心"，便约了我们五六个男同学去帮忙出殡。记得那天落着雪，尤其在城外的荒山野岭上显得更加风疾雪狂，我们一边搓手跺脚，一边帮着出殡的工人奋力挖墓穴，就在这凄冷的风雪中埋葬了她父亲凄冷的一生。回到城里他家时，大家饥寒交迫，我迫不可待地捧起了足足有半斤的一大海碗烈性木薯酒，一饮而尽。后来在骑自行车回宿舍的路上，竟把迎面而来的汽车能重叠的看成四辆五辆，险些钻进车底。也幸亏那时候桂林的马路上汽车稀少。

　　我不会忘记刚到学员队的 1971 年国庆之夜，在学员队院子南墙外的体育场里，是史克林、王智教会我骑的自行车。他们俩不厌其烦，扶着自行车的后架跟在后面跑，绕了一圈又一圈，直跑得他俩汗透衣衫，直跑到我蹬车如飞。

　　在记忆深处经常闪现的，还有一年春节的前夕，我把杨俊新、武桂元、金华、史克林约到我家，用借来的石臼，在八角塘我家门前的场院上舂糍粑。母亲事先把糯米蒸熟，把簸箕洗净，笑呵呵地看着我们用木舂子你一舂我一舂地将一粒粒晶莹的糯米饭舂成黏糊糊的糯米团，母亲再用柚木糍粑模型把这些糯米团压成一个个白生生的糍粑，晾在簸箕上。

　　在记忆深处经常闪现的还有，有一年夏天在我们去大埠乡下演出，我与明岗整个下午都泡在清澈的水塘里避暑，用毛巾兜成兜兜捞小鱼儿玩，差点忘记了日下西山、归去吃饭……

　　人老了就喜欢回忆，那些儿时两小无猜的友情，回忆起来是那么的有滋有味。其实在所有的情感当中，最苦涩的也是回忆。年轻的时候很少回忆，那是因为正幸福并甜蜜着。人的年纪越大回忆就越多，那是因为幸福和甜蜜大多已经过去了，总想把那些失去的捡回来，再重过一回。

　　实际上也知道失去了的东西，想要再捡回来根本没有可能，因为失去的每天都在，而且速度比得到的更快。

桂林有座艺术馆

怀着依依不舍的心情，我们从依仁路群众艺术馆搬到了解放西路的艺术馆，一个是业余的地盘，一个是专业的地盘，仿佛印证了我们由学员进入了演员的"进化"，从一个层次提升到了另一个层次。

艺术馆在 1966 年前就是桂林市歌舞团的驻地，这座艺术馆可不是一般的一座剧场，它的历史有点久，名声有点大。说它历史久，是因为它最早建成于 1944 年年初，说它名声大，是因为戏剧大师欧阳予倩主持了它的筹建，聘请了留学德国的建筑师钱乃仁设计监造。

自抗日战争爆发后，随着全国许多名城大都沦陷，不少文学家、戏剧家、画家、音乐家、科学家及社会活动家、民主党派人士，纷纷从四面八方涌到了桂林，像郭沫若、梁漱溟、李四光、田汉、徐悲鸿、何香凝、柳亚子、叶圣陶、茅盾、夏衍、巴金、艾青、胡愈之、张曙等，包括我祖父"之流"，都来到了这里。他们都被统称为"文化人"，而桂林则被称为"文化城"。

文化城当然要有文化，要有展示文化的场地。于是艺术馆应运而生。如今它所在的解放西路，当年叫桂西路，是抗战时期桂林最有名的文化街。像至今仍著名的商务印书馆、中华书局，当年同样声名显赫的世界书局、启明书店等十几二十家出版社、印刷所都云集这里。整条桂西街，几乎每天满街的读书人摩肩接踵，人流如潮。

广西省立艺术馆。

当时桂林不仅有大小日报、晚报十多家，还有几十种杂志。除此之外，演出场所和演出活动也空前繁荣。有艺术馆、话剧社、桂剧院、京剧院等和十几个文艺团体，几乎每天都在上演音乐会、话剧、歌剧、活报剧、桂戏和京戏。我母亲说过，当时祖父和李济深先生在桂林共同认的那位姓李的干女儿，就是从上海来的著名京剧演员。

艺术馆当时全称是"广西省立艺术馆"，这是因为那时候的桂林是广西省的省府。艺术馆最火的时候，是 1944 年春天该馆落成时举办的"西南第一届戏剧展览会"，也就是中国近代文艺史上享有盛誉的"西南剧展"。来自广东、广西、湖南、江西等省的戏剧团体，近千名艺术工作者汇集在这里，演出了六十多个剧目，整个剧展历时三个月，盛况空前。

但是好花不常开，好景不常在，1944年年底，桂林遭到了日本鬼子飞机的大轰炸，全城一片废墟。艺术馆虽然幸免于难，但也遍体鳞伤。1945年抗战胜利后，欧阳予倩返回了桂林，才将其修复。一直到我们搬进艺术馆院子的那年，它基本还是1946年修复后的模样。

我在这里所说的艺术馆院子，姑且把它分成东、中、西这三部分。就艺术馆而言，它只是其中东面的这一部分，仅是那个举办过"西南剧展"的剧场。剧场不大，大约占了整个院子的三分之一。到了1970年，剧场就已经不太安排文艺演出了，因为它舞台小，观众席也少，又没有乐池。关键是当时市里已经在榕湖边新盖了一座可容纳千余名观众的人民礼堂了。人民礼堂里地下室有大化妆间、乐池，有大后台、大舞台，比艺术馆先进了不少。

可现实中偏偏又常遇到这样的现象，缺点可以变成优点。比如说艺术馆它的缺点是小，没有乐池，恰恰是这些缺点，变成了它音响效果极佳的优点，这一切应该归功于那位留学德国的建筑师，他严格按照音响学、物理学等科学原理建造起来的艺术馆，完全可以不用扩音器就把舞台上的声音送到剧场的任何一个角落。上个世纪60年代，小提琴演奏家马思聪到桂林，举办的就是"不插电"的独奏音乐会。他的夫人为他弹钢琴伴奏，艺术馆为此还专门买了一台九尺的斯坦威进口大三角钢琴。

这架钢琴悲惨的是在"文革"中任人"敲打"，被糟蹋了，音色差了很多，踏板也坏了，后来无法再作为独奏和舞台演出伴奏使用，只作为舞蹈队基训课时的伴奏用琴。那时候艺术馆演出少，舞台更多地成为了舞队的练功场。

不过这架钢琴后来也有被正经用过的时候，记得我们刚到歌舞队不久，举办过一台歌舞晚会，其中有杨俊新和覃国康联袂表演的芭蕾舞剧《红色娘子军》

片段《常青指路》，乐队在台侧现场伴奏，邵鼎坤老师就是用这钢琴代替演奏了竖琴的部分。那是我第一次看到钢琴与管弦乐的合作，其恢弘的乐音一阵阵地撞击着我的心扉，令我体味到一种崇高和神圣。

后来新修了练功排练大楼，大家就把这架琴搬到了练功大厅里，那时候我已经敢"乱弹琴"了，除了用这琴为舞蹈队客串弹过基训伴奏外，还经常晚上摸黑到那里去练唱。偌大的大厅里空旷有回音，再加上大三角琴的魅力，让我越唱越想唱。

虽说"乱弹琴"，但我自诩琴技不低。我可以拿着简谱把舞剧《红色娘子军》中的《常青指路》、《沂蒙颂》中的《熬鸡汤》、《白毛女》中的《北风吹》

上世纪 70 年代初于艺术馆剧场后台。

都弹下来。每当此时此刻，舞蹈队的夏茜、于芳、张红等小妹妹们就会来到排练场闻"琴"起舞。又由于我即兴演奏，比较有激情，舞蹈队里年轻的兄弟姐妹们也就特别喜欢我去为他们弹基训伴奏。我也常常乐此不彼。

有点扯远了，再扯回来吧。

艺术馆的西头是生活区，它有寻常出入的大门。大门的右侧是歌舞团的食堂，当年我被附中推荐来考桂林市文工团时，偶然看见推荐表上"家庭成分"那一栏被划了把大叉，我便弃考，落荒而逃的经历就发生在这里。

食堂后面就是院子的围墙了，隔着伙房，猪圈和公共厕所都相邻在围墙边上，这是中国人的古老传统，猪圈一般都与厕所同在。厕所前面有一片小树林子和绿化带，在婆娑的花丛树影后面，一排平房算是演职员的家属宿舍。记得歌队的李素秋一家和吹双簧管的杨桂梁一家就住在这里。那时候，每天在这里都能看见炊烟缭绕，闻到美味饭菜，能听见高亢粗犷的鸡鸣猪叫和悠扬美妙的双簧管乐音，好一派别具一格、饶有风味的"田园风光"啊。

我们搬到艺术馆后的第二年，在一个星期天的早上，突然看见时任市革命委员会副主任的徐为楷和另一个人在大门附近转来转去，因为徐为楷在"文革"开始时，是桂林市第二号"走资本主义道路的当权派"，经常被造反派拉到公众面前批判、游街、示众，所以大家对他的面容都很熟悉。如今，报纸上说他在接受了广大革命群众的批判教育后，回到了毛主席革命路线上来了，变成了老干部的代表，已被结合进了市革命委员会担任领导。所以大家见他在转来转去，十分好奇，纷纷围上前去与他寒暄。当他看见大家对他并不陌生，反而热情有加，特别高兴，他便投桃报李，十分热情地告诉好奇的大家："这几年革命文艺的形式一片大好，革命文艺工作者为'文革'摇旗呐喊，立下了汗马功劳，市革命委员会决定，要改善你们学习生活和工作的条件，要在这里给你们盖新楼了！"大家顿时一片欢呼。

上世纪 70 年代初，于新修的桂林歌舞团舞蹈练功排练大厅。此时原置放在艺术馆剧场后的大三角钢琴搬到了新址，从此这里成了我经常光顾的地方。

很快，这里的食堂、伙房、猪圈、厕所和平房统统都被拆掉了。又过了一年，分别盖起了一栋三层的宿舍楼和一栋两层的练功排练场。加上不久后在大门的左侧也盖起了一栋三层的宿舍楼，原来的田园风光便不复存在了。

于是，歌舞队在这里的日子也就不得清净安宁了。文工团的领导说手心手背都是肉。于是就要将新房子的一半分给桂剧队。可是桂剧队从诞生那天起，就一直长期驻扎在十字街的桂剧院里。领导说这也得分啊，大家心里就明白了，桂剧在桂林是老大。

后来，为了适应外事演出的需要，桂林市文工团又成立了杂技队，也要在这院子里分一杯羹，这下子院里可就热闹啰。

老话说："鸡多了不下蛋。"院子里一下挤进了三个单位，加上文工团的办事机关，很多事情就开始扯皮了。最典型的就是那个寻常出入的大门，盖新楼时这里成了工地，旧大门和围墙当然就拆掉了。可是当新楼盖好了，房子也分了，新围墙却没人修了，应该新装的大门也没人管了。桂剧队推歌舞队，歌舞队推桂剧队，一直到我离开桂林时，这个桂林市的"文艺大院"就一直没有围墙，没有大门，大门旧址处一直是一个可以自由进出的、敞开着的豁口。

那时候，桂林主管文艺领导的思维蛮"怪"的，甚至有点不可思议。比如说，桂林是个小城市，本来能演奏西洋乐器的人才就少，拔尖的人才就更少，歌舞队有管弦乐队，明摆着是最需要这方面人才的。可偏偏在这个问题上领导也要"二一添作五"，照顾桂剧队。当时桂林有一个拉小提琴拉得特别好的女孩子，叫王至勤，她的姑姑就是前面提到的小提琴演奏大家、中央音乐学院的院长马思聪的太太；还有一个男孩子，姓朴，曾经是整个广西艺术学院大提琴毕业生中的佼佼者，都被"照顾"给了桂剧队。最令人不可思议的是，还有一位从广州军区战士文工团因"文革"站错队转业到桂林的长笛手老潘，就是后来红极一时的歌手潘劲东的父亲，也被分配去桂剧队为桂剧伴奏，尽管歌舞队对这些人才求贤若渴，但领导依然让他们去英雄无用武之地的桂剧队，这是多么荒唐的结局啊，无可奈何，这是那个时代的常态。

又扯远了，再扯回来吧。

艺术馆的第三部分，是夹在东头的剧院和西头的生活区中间的核心部分，它就是艺术馆剧院的原来的贵宾休息室。众所周知，由于艺术馆的音响条件好，场子也不大，所以在"文革"以前一直被选定为接待外国元首和政府首脑，以及党和国家领导人的演出场所，为此还专门修了条从剧院西门连接休息室的"三曲回廊"。"三曲回廊"是我给它冠名的，因为它在中间拐了三个小弯。

三曲回廊一侧是高墙，一侧是庭院，是典型的江南园林的式样。它靠庭院的一侧有低矮的扶栏，扶栏外植有月季、玫瑰。庭院边上生长着我所见过的最高大的夹竹桃树，一年四季几乎都盛开着一团团的花朵，形象地表现了"花团锦簇"这个词。

第二曲第三曲都不长，栏杆与内侧的高墙间有一条半米左右的夹道，点缀摇曳着翠竹与芭蕉。

沿着翠竹与芭蕉前行，就到贵宾休息室了。剥落的红漆地板，关不严实的落地玻璃窗，残留着当年的豪华。

玻璃窗东面有一架茂盛的葡萄藤。我在这个葡萄架下渡过了五六年的时光，在这里每年都能看见，春天葡萄叶的翠绿，夏天葡萄粒的青涩，秋天金黄的落叶，冬天盘缠的枯藤。

似乎这里的葡萄从来没有成熟过，因为每次还是青涩果实之时，就已经被馋嘴的孩子摘完了。当然我也是其中的馋嘴之一。不过，我可以把这又酸又涩的果子加工成美味，加工的办法是将摘下来的果子青皮剥掉，然后放在茶缸里用白糖腌它两个小时，连汤带肉一起吃掉，哎呀，那个味道啊，真是吃在嘴里，甜在心里。

　　玻璃窗的西面是一颗硕大的桂花树，不过据说这棵树是"公"的，因为几乎从没见它开过花。新盖的食堂就在这桂花树下，我们单身汉经常捧着饭盒在这里聚餐，侃大山。

　　倍感荣耀的是，就是这斗室大小的贵宾休息室，曾经接待了许多尊贵的客人，其中就有共和国的第一任总理周恩来、副总理陈毅等等。他们在这里谈戏、喝茶，留下了博雅的故事，也留下了圣贤的气场。

　　1966年之后一段时间，没有了外宾，也就没有了外事演出，休息室就成了歌舞队的排练室。原来在休息室的大门边上还有两间房子，一间是服务员的工作室，废弃后我曾与一位吹小号的学员在这里面短暂住过，后来改为了文工团的医务室。医务室对面的另一间房间是已经被填平的厕所，一直闲置着，在我的不懈努力下，后来把它办成了歌队的资料室，在文工团撤销后，又变成了

上世纪70年代末，我与史克林合影于桂林歌舞团食堂门前的桂花树下。

歌舞团的资料室。

休息室的背面有一排类似我们学员队的那种建设在户外，门朝露天，四面透风，关上门能露出头脚的洗澡房。那时候家家户户的家里都没有厕所和冲凉的地方，洗澡是一件很奢侈的事情，通常只有在单位公用的澡房里洗澡。

夏天还好，可以直接用自来水天天洗澡。冬天就不行了，南方没有暖气，更没有供热水的管道，常常是一个星期洗一次澡。当时像我们文工团，就是每个星期在食堂的大铁锅里烧一大锅开水，大家纷纷拿着锑桶去舀它半桶，再兑上凉水去那四面透风的澡房里去洗澡。过程往往是一进澡房，赶紧用热水浇湿全身，赶紧打肥皂，再赶紧将剩下的水从头到脚冲一遍，两三分钟完事。因为冷啊，所以桂林人总说，冬天洗澡的过程就是人与大自然的寒冷搏斗的过程。

有一回冬天，文工团到一个大型的工矿企业去巡演，那里的招待所有热水管道，可以洗热水澡，大家听说后都非常高兴，都赶紧往澡房跑，但澡房也都是那种大门朝着露天开的。团里一位五十来岁的女会计，抢先进了一间，可当她关上门后，不久就听见一声惨叫，紧接着只见她撞开了门，不顾一切地冲了出来。此刻澡房外还有一大批人排着队呢，顿时被她的浑身赘肉的赤裸身子惊呆了，她一看也蒙了，赶紧又往澡房里跑，还没关上门呢，又是一声惨叫，她又跑了出来，原来她开错水龙头了，没有热水龙头的概念，一开开出了滚烫的热水。

还有一回是在夏天，有一个夜晚，我在排练厅里练琴练唱，为了避免被人说浪费电，就用蜡烛照明。练着练着，隐隐约约地觉得有一个熟悉的身影从落地窗外一闪而过，因为屋里亮，屋外黑，又是蜡烛，光又暗，"闪过"的人肯定以为我看不见他，其实不是，他的身影我看得清清楚楚，我知道他是我的同事，一位刚离婚的帅哥。我正纳闷他在这黑黢黢的夜晚，往黑黢黢的澡房里去干什么，只见又一个熟悉的身影一闪而过随帅哥进去了，我也知道她是谁，是一位美女同事。哦，我当然能猜到他们干什么去了。为了成全他们，我就没有吭声。然而天公不作美，五分钟后，一位搞舞台美术的"冒哥"，拎着一桶水去里面冲凉洗澡去了。桂林人说的"冒哥"，就是指此人颇有憨厚老实之状，却又冒冒失失。

我当时有点被惊呆了，哎呀，平时由于这个地方背，加上新盖的楼房里也有冲凉房，这里恨不得八百年也不会有人去那里洗一回澡，可偏偏今天我那两个同事撞着"鬼"了。我正考虑要不要阻止这位"冒哥"进去，但又凭什么阻止他呢，就这么一犹豫，他已拐了进去，只听见连续的几声尖叫……这件事发生在那个"谈爱色变"的年代里，后果可想而知。

如今过去这么多年了，我一直想告诉这两位同事，当年要是来得及阻止那位"冒哥"冲凉就好了。

1972年的时候，毛泽东主席对中苏边境爆发的"珍宝岛战事"等国际形势，做出了过于严重的估计和判断，发出了"深挖洞，广积粮，不称霸"的号召。于是全国各地纷纷开始挖防空洞，修工事，以防御"苏修社会帝国主义"的核武器轰炸。

为了落实伟大领袖的这一号召，我们艺术馆这小小的院落也不例外，也要挖防空洞。文工团很快在休息室东面的庭院里挖了个"坑"，垒起了一个高于地面一米左右，宽八九平方米的土包，在这个所谓的"防空洞"里面，估计也就躲十来人而已。至于能不能防御核武器的轰炸暂且不说，至少在我们来到这里后，这个防空洞一次也没看见打开过，更不要说使用过。

不过，我们在防空洞前，倒是做了个新的"工程"，与学员队一样，挖了一个沙坑练跳板。

1975年左右，上级来了新的指示，中央决定桂林市要重新开始接待外宾，要恢复外事演出了。此刻，桂林市文化部门的领导就想到了大小适中的艺术馆剧场。但要恢复惨遭劫难的，又是沙坑、又是防空洞的庭院却完全不可能了。文化部门只好在防空洞、沙坑与艺术馆剧场之间，再盖一间"现代化"的贵宾休息室。

文化部门始料不及的是，桂林市的外事部门此时又在榕湖饭店里面的榕湖边上新盖了一间宴会厅，在那间可容纳五六百宾客的宴会厅里，还增修了一个可以做中小型演出的舞台。有了这样的空间，就完全可以把宴会与演出结合起来进行，而且还特别适合于外事接待任务。于是，艺术馆又"歇菜"了。

同样歇菜的还有艺术馆新修的贵宾休息室，它连一次贵宾都没接待过就"寿终正寝"了，不久还被改成了单身宿舍，让我和武桂元、陶建平、谭玉明、金华、黄明岗六个人"渔翁得利"，住了这里。

而那美丽的三曲回廊早就没曲了，被截成了好几间办公室和宿舍。

屈指算算，我在艺术馆院子里一共搬了四次家，从八个人一间的简陋平房到两个人一间的服务员工作间，再搬到六个人一间的新贵宾休息室里，再搬到与杨俊新、金华三个人同住在最新宿舍楼的三楼单元房里。住房条件一步步好了起来。

我与老杨、金华搬进这栋新楼时，桂林市文工团已经被撤销了。一切恢复了1966年之前的建制，歌舞队改回了歌舞团。我们最先的邻居是歌舞团创作室的主任伍纯道，平时他的房门总是紧闭着的，偶尔敞开了，我就特别愿意去他的书柜里找书看。书柜里的《唐诗选》和《宋词选》，我借过好几回。伍主任见我对诗词如此痴迷，便偷偷地为我讲解一些古诗词的技巧，例如他会举"两个黄鹂鸣翠柳，一行白鹭上青天。窗含西岭千秋雪，门泊东吴万里船"这样的句子，给予我从色彩到对仗等基本知识的教诲。伍主任不仅编剧，书法也好，楷书名列广西前茅，桂林第一。严格说来，除了母亲单位的阳叔叔外，他还真是我的第一位"正规"的书法老师。是他第一次指导我，握毛笔时手心中要如握

1974 年左右于桂林歌舞团院内。我身后的白墙过去曾是艺术馆的三曲回廊，"文革"中被改建成办公室或宿舍。图中大树后过去曾是艺术馆的贵宾休息室，正对着我的那扇高高的窗户曾是我的宿舍。宿舍的右侧就是歌队排练厅。防空洞与沙坑也在我右侧。

着一枚鸡蛋，是他要求我在临摹字帖时，要"笔笔中锋"，也是他要求我用笔少用狼毫，狼毫太硬，写出的字没有韵味……

伍主任刚过六十就去世了，我至今还保留着他给我留下的唯一的一幅墨宝，书写着一句警世格言："烟云过眼，金石铭心。"这也是当年我从桂林调到北京时，他给我的临别赠言。我知道他想对我说的是什么……

伍主任搬走后，搬进了黄婉秋。那时候"四人帮"已经被打倒了，歌舞剧《刘三姐》重新被搬上了舞台，黄婉秋因《刘三姐》而走运，因《刘三姐》而倒霉，又因《刘三姐》而复苏。团里终于给她分配了房子，我们成了邻居。那时候我还是单身汉，只要她家做了什么好吃的，我总会趁机去"光临"一下，而黄婉秋和她的爱人何有才又总是十分好客地用地道的桂林话招呼我："吃嘛！吃嘛！"

重新赢得了无数拥趸和"粉丝"的黄婉秋，精神焕发，光彩照人，众多报刊杂志记者、各路名流、八方官员，纷纷光顾我们那座低矮的三层楼，一时间大有被踏破门槛之势。应当说，发生在邻居家中的这一切，我都默默地看在眼里，记在心里。每当从隔壁传来的欢声笑语，都会给予我一种"刺激"，褒义地说其实这也是一种鞭策。也是从那时起，我就暗暗地下定了决心，我也要有出人头地的那一天。下定了决心后，每天我都会泡在琴房里，泡在书籍中，泡在笔墨间。

住在我东边的还有一家邻居，是我哥哥的中学同学，也是我歌队的同事龙承志。他的夫人刘朗朗，跳过芭蕾舞剧《白毛女》中的喜儿。他们有一个儿子叫小艺，白白胖胖，五官端正，是当时艺术馆整个院子里为数不多的宝贝疙瘩。小艺小时候特别胆小，每当我在地上画一个圆圈，把他放在里面，他就死活不敢越雷池一步，即便是他的父母要他跨出这个圈圈也不行，必须是我把圈圈擦掉了，他才敢走动。在当时的歌舞团里，这是个在众人面前时常会遇到的保留节目，三四岁的小艺，有时站在圈圈当中吓得想哭，站在一旁的龙哥、朗朗也不生气，哈哈笑着。还通情达理地说，这样才能锻炼锻炼他。

住在我们三层西头的是阳秘书一家，像他们这样的两居室外加一个小厨房的单元，整栋楼一共才六户。厕所、澡房在楼道里是公用的。阳秘书的先生马永忠在市文化局创作室工作，她们两口子先前都在福州军区前锋文工团服役，马老师搞作曲，阳秘书唱女中音。阳秘书最早还在解放军空政文工团唱过歌，1979 年我去北京为桂林歌舞团买竖琴，她就介绍我去看望过她的老战友，曾是电影《英雄儿女》中主题歌《英雄赞歌》的原唱、担任空政文工团副团长的张映哲老师。大作曲家徐沛东曾经是福州军区文工团的大提琴手，有一次，我俩偶尔聊起往事，我说起阳秘书两口子，徐沛东居然说他知道此人，不过他参军到福州时，东北人马老师已随桂林人阳佩芬转业回家乡桂林了。

由于马老师是作曲家，我们便有了经常合作创作歌曲的机会。马老师温文尔雅，我们相处得很好。阳秘书因为一儿一女都成年了，因此团里在楼下的院子里还单分给了他们家一间平房，这间他们家用来烧茶煮饭的平房，就成了我们年轻人常去的地方，因为常常可以捞到些东西吃啊。

1976 年五月，我从北京学习归来后不久，突然有一天，穿着没有领章、帽徽军装的一男一女，跑来团里找我，正好我在阳秘书的平房里试唱新歌，便接待了他们。那位女军人对我说，你怎么不认识我啦，你再仔细看看，仔细想想。我有点迟疑，正想说呢，不料她先说了，小时候我们一起在大街上刷标语的啊，到了北门你还借我六分钱坐公共汽车回家呢。哦，果然是她，是吴桂梅。大家高兴啊，一眨眼七八年不见了，小苗都已长成大树了。当时阳秘书房里正好放着一架手风琴，桂梅就指着与她同来的丈夫说他会拉，让他来一个。我们就起哄，他果然拉了，还真是蛮专业的。听见大家的夸奖，桂梅一高兴，就介绍他叫黄小三，原来在广州军区海上文化队工作。

我和阳秘书、马老师心照不宣地对望了一眼，隐隐约约地感觉到他应该是刚"出事"不久的"林彪集团"的成员，前解放军总参谋长黄永胜的儿子。因为在"文革"开始时，广州军区海上文化工作队，简称"海队"，他们人员少，队伍干练，技艺高，一流水平。多年来走南闯北的宣传和歌唱战无不胜的毛泽东思想，在社会上极火。所以"海队"里有谁有谁，文艺圈中人基本都知道。

好在阳秘书夫妇都是军人出身，对小三这位军人的后代，并没有表示过多的冷淡。不好的是，当天下午就在歌舞团的附近，发现了一条要"打倒"党和国家最高领导人的反动标语。此时恰巧又在清查"四五运动"期间，由此公安局来人调查过好几回，要弄清这条"反标"与她俩的关系，这怎么可能会有关系呢？这事让我心里别扭了好几天。

这种不可思议的事情，在那个年代层出不穷。住在二楼与我们一样的单身宿舍里，有一位与裴蕴清老师同年从上海音乐学院分配来的小提琴手朱先生，这个人的身世相当可怜，他的母亲是上海的青楼女子，父亲是美国大兵。他的不幸出生，是他父亲在上海一次青楼寻欢的罪孽。要命的是偏偏他继承了父亲的相貌，高高的鼻梁，深深的眼窝，发蓝的瞳孔，大长腿，扣胸驼背，活脱脱的一个美国人。

他刚分配来时还好，"文革"还未开始。后来就不行了，以他的身世相貌，时时刻刻都会遭到侮辱打击，渐渐地他的精神就不太正常了。只有说起音乐，说起演奏，他的两眼才光芒四射。如果你跟他聊此话题，他会把你当成知心朋友，甚至还会做出小孩子撒娇的神态。他喜欢吃巧克力，但从来不敢在众人面前咀嚼，常常是躲在被窝里吃。为此，没有少遭同房的揍骂。生活中的他，总是用一双带着惊恐的眼光看待人和事。

因为他知道我小时候在上海待过，又见我喜欢弹钢琴，便与我多有交谈。年近三十岁的他，从来没有谈过恋爱，也没有人恋他，他跟我说得最多的是"想妈妈"。

朱先生自认为是美国人，多少年来，千方百计地想与美国方面接上头，寻找自己的父亲，但每次都是失望而归。1976 年美国总统尼克松第二次访华到了桂林，万般无奈的他，认为这次总算有机会了，多次企图在路上拦截尼克松的车队。最后有一次，他躲进了车队必经之路的"古南门"的门洞里，这也太小儿科了，要知道这"古南门"的门洞，长不过十米，宽不过两米，没有任何遮挡物，一览无余。当他穿着件蒙头的雨衣，刚一躲进去，不一会儿就被便衣抓了出来，少不了一阵拳打脚踢，打得他鼻青脸肿，躺在地上，如同死狗。

听说他后来彻底的生活不能自理了，桂林歌舞团就让他退职回到了上海，我问过后来当过桂林歌舞团团长的杨俊新，有关朱先生的情况，杨俊新说几年前曾去上海看过他，他的母亲在世时还可以照顾他，后来母亲死了，他就住进了福利院，很苦很孤独。老杨说起他时眼圈一阵阵泛红。

我常常想，什么时候有机会去上海，也应该去看看他。

在这栋楼里，与我接触最多的人家还有一户，住在一层的西面顶头。他家的单元格局与阳秘书家一样，这也就说明了此家的"资深"。因为当时两居室的单元可不是一般人可以获得的。

此家男主人姓赵，曾经是武汉军区胜利文工团的剧作家。女主人姓蒋，曾经是广州军区战士文工团的歌剧导演。他俩也都是在"文革"初期的那两年中，因为在部队里"站错了队"，被分配到桂林这个基层单位来的。跟他家接触多的原由是，我们歌队的排练场紧挨着他家的门窗和门前自搭的小厨房。他们家有个老奶奶，应该是赵编剧的妈妈。老奶奶是北方人，慈眉善目，一头银丝如雪。

我是去歌队排练场最多的人，与他们家人相遇的机会也就最多。令我特别感动的是，经常在我练歌时不经意地一抬头，就能看见老奶奶在窗外正微笑着望着我，静静地聆听着我的歌声。偶尔她会蹒跚到钢琴边，悄悄地从怀里掏出一只梨，或者两粒纸包糖放在我面前的钢琴上。

老奶奶有个孙子，是个游泳运动员，常年在老家的武汉游泳队训练。每当放假回到桂林，就成了聆听我练声练歌的常客。不过他不像奶奶站在窗外，而是直接坐着或者站在琴旁。他可以长久地不说话，静静地听我唱一首又一首的歌。

老奶奶经常叫我琴旁的他："小红，该回来吃饭了。……小红，该回来休息了。"小红是他的乳名，他的学名叫赵戈。

十几年后，我有一天在北京突然看见报纸上有赵戈的名字，仔细一看，此赵戈是国家游泳队的总教练，冥冥之中，我想应该是他。一打听，果然是他。我赶紧通过关系找到他的电话，通话后，电话那头依然是当年的嗓音，亲切而温馨。

但遗憾的是，十几年前正是我俩工作的黄金年代，彼此因为忙，错过了一次又一次重逢相见的机会。一眨眼，竟过去快四十年没见过面了！

如今仔细想想，艺术馆那个院子我也有几十年没有进去过了，上面所写过的和挂一漏万没有写过的人，也都有几十年没见了。

这是件多么令人心酸的事情啊！

桂林名胜，宋代时期桂林的南门，今称"古南门"。

上世纪 70 年代，我在歌队的排练场里练声、练琴。

歌舞团里青涩时

　　如果去掉我在学员队一年的学习时间，再把桂林歌舞团送我去南宁、北京学习，以及我后来自费到上海、北京学习的约一年半的时间去掉，从1972年的10月到1980年的10月，掐头去尾，我真正待在桂林的工作时间大概只有五年。

　　啊！怎么这么短啊？

　　桂林歌舞团成立于上世纪50年代末60年代初。听老同志说，它的前身曾经是桂林彩调剧团。彩调类似湖南的花鼓戏，与云南的花灯戏一样，都属于我国西南地区"灯戏"系统中的一种。它源于桂林地区的农村歌舞，常年走街串巷的演出，逐渐流传发展到整个广西，由于表演形式多为载歌载舞，唱腔也近似民间歌曲，因此，享誉全国的彩调剧《刘三姐》，就很容易让人认为它应该是歌舞剧。电影《刘三姐》中歌曲的演唱者傅锦华和扮演者黄婉秋，就都是彩调演员出身。不过，尽管彩调与民间歌舞二者的渊源很近，但毕竟彩调的表演程式还是戏曲类。所以，桂林歌舞团虽然把彩调团的名字改掉了，但它的整体风格中的"彩调遗风"一下子很难完全消失，不少老演员基本还保持着戏曲范儿。

　　"文革"开始后，桂林歌舞团顺应全国的革命形势，又改名为桂林市文工团歌舞队。应该说此时才是真正的朝歌舞方向发展了。在革命形势的大潮流中，排演了革命现代样板戏芭蕾舞剧《白毛女》，也排演过不少的歌舞晚会。无奈歌舞队的出身不是特别的专业，演出水平不高，尤其是老演员们更擅长演戏，上演一些地方戏曲的小戏便是家常便饭。

那时候，特别强调演员要一专多能，因此文工团歌舞队里只有演员队和乐队之分。那些演小戏的演员既要演戏，也要跳舞，有嗓子的，还要兼唱歌。比如说，当年男舞中佼佼者谢天民，在芭蕾舞剧《白毛女》中跳"大春"的王见君，嗓子都非常的好，都唱过独唱。我没进学员队之前就听过谢天民老师的独唱，一首《亚非拉人民要解放》，让我崇拜得不得了。

我们两批二十几位学员，先后于1971年和1972年分配到文工团歌舞队，使歌舞队在专业力量上得到了充实。不久，歌舞队正式将演员队分成了舞队与歌队。初建时的歌队，所有的队员基本上都是原来跳过舞、唱过戏的老同志，如龙承志、何宣金、王见君、王惟唐、冼培芳、汪小玲、吕华昌、周小玲、阳承中等等。他们在声乐方面，虽然并不是很专业，但由于招收他们进团时，都考虑到了"一专多能"的培养目标，因此基本的嗓子条件还是很好的。像王见君和冼培芳都能唱独唱。整个歌队里，只有我和王建华，加上头一年下队的第一批学员周宝芹、齐福生四人，是属于不懂演戏、只会唱歌的新人，在基本以演戏为主的歌队里，有点像一锅熟饭里的一撮夹生饭。

现实能改变观念。

在我们下队后不久，就接到了一个外事演出任务，要为朝鲜水电代表团演出。朝鲜是个对歌舞艺术十分讲究又十分在行的国度，因此上级要求我们的晚会必须是以歌舞为主，而且必须是"专业"的歌舞。为了这一标准，挑谁来唱独唱呢？挑来挑去，最后选中的竟是从来没有上过台独唱的裴蕴清老师，因为她是洋唱法。在那台晚会上，我和王建华也因为嗓音经过了一定的声乐训练，也有点洋味，符合朝鲜人的审美趣味，所以也荣幸地被选中了，当时我们俩演唱了二重唱《浏阳河》。当演唱完后，只见那些朝鲜友人全部起立鼓掌，领导和同行全都傻眼了，因为在桂林从来没有见过这种使外国友人站起来鼓掌的架势。当时我们也飘飘然了，觉得自己非常了不起。二十年后，我随中国人民解放军歌舞团出访朝鲜，才终于明白了，只要唱到领袖，朝鲜人都会表现出顶礼膜拜的狂热神情。因此，当年我们在《浏阳河》的歌里唱到了领袖，朝鲜人站起来鼓掌欢呼也就不足为奇了。

不过，我们的演唱确实得到了来自北京和南宁的外事部门的认可和赞赏。似乎是从那次演出后，大家对洋唱法的独唱才有了观念上的改变，并奠定了我以后可以上台担任独唱的地位。

也是从那时起，桂林的外事演出进入了"文革"的后期。当时接待的对象，除了大部分来自非洲国家外，主要是朝鲜、越南这样的社会主义阵营的战友们。这里面又数越南战友最多，因为他们是我们的同志加兄弟。

那时候，桂林有越南学校、越南医院等等。越南学校位于三里店，校园环境宽敞，空气新鲜，所有上学的学生，都是来自越南的高干子弟、军队子弟和烈士孤儿。越南医院则位于漓江之滨的南溪山畔，风景格外优美，所有病员都来自越南的党政军机关。现在北京的中日友好医院，就是当年从桂林越南医院遣散后的班底。

由于接待越南外宾的任务多，上级就要求我们多学几首越南歌曲。当时安排我学唱的是一首《中越友谊歌》，我是用汉语的读音标成越语来学习演唱的，开头的两句歌词"越南中华，水连水、山连山"，我至今还记得，用中国话翻唱成越南话后唱出来的效果是这样的："棉南中哇，内连内、松连松。"

我多次给越南人唱这首歌，除了给越南来访的代表团时唱，也去过南溪山医院和越南学校慰问演出。我们曾经连续两年去越南学校与他们的学生一道欢度新年，在那里演出后吃宵夜时能吃到平时在市面上看都看不到的大虾之类的丰盛食物。

招待朝鲜电站大坝考察团

文艺晚会

1972·11

1972 年 11 月桂林歌舞团外事演出节目单。这是我第一次参加外事演出，也是第一次上节目单。裘蕴清老师的节目是第二个，我的节目是第九个。

节 目 单

一、陕北民歌联唱：
演 唱 者：周保群、程 怀等
乐队伴奏：杨桂良、谭宪增等

二、女声独唱：1.金日成将军之歌
2.朝鲜歌剧《血海》选曲
演 唱 者：裘蕴清
钢琴伴奏：邵晶坤

三、舞　　蹈：漓江春早
表 演 者：范桂平、陈莉娟、陈南桂等
乐队指挥：周德强

四、男声小组唱：1.鲜血凝成的友谊
2.印度支那三国人民打得好
演 唱 者：王见君、阳承中等
手风琴伴奏：裘蕴清

五、舞　　蹈：延边人民热爱毛主席
表 演 者：覃国康、汪小玲、欧平平等
乐队指挥：朱克坚

六、彩 调 剧：五比零
表 演 者：韦结晶、唐宝珍、覃明娜、吴发强等
乐队伴奏：秦朝光、庞火旺等

七、舞　　蹈：喜送丰收粮
表 演 者：谢天民、冼培芳、尹小珍等
乐队指挥：朱克坚

八、表 演 唱：喜迎火车进侗乡
表 演 者：陈红兵、唐 洁、欧明英等
乐队指挥：周德强

九、男女声二重唱：1.浏阳河
2.祝福毛主席万寿无疆
演 唱 者：邹钧剑、王建华
乐队伴奏：张威东、伍学浩等

十、舞　　蹈：采茶舞
表 演 者：阳莲子、刘琪琪、盘亮清等
乐队指挥：朱克坚

　　我还记得，当时有领导人说过类似这样的话，说我们要勒紧裤腰带支援越南人民的抗美救国斗争，宁可我们缺吃少穿也要支援这些兄弟。

　　所以在那些年里，越南人在中国常能吃到中国人吃不到的大虾，还有中国人逢年过节才能吃到的鸡鸭鱼肉。有一道让我很难忘的越南菜，叫"薄荷炒鸡"，就是用鲜嫩的薄荷叶爆炒鸡脯肉。那翠绿欲滴的薄荷叶配上油光锃亮的白肉，一端上桌就令人垂涎三尺。我在心里感到惊讶，炒这一盘菜，得要用多少只鸡啊？要知道当年我们能吃到鸡有多难啊！那入口后又滑又嫩又爽的肉片，配上薄荷和白胡椒的异香不仅让我三日唇齿留香，几十年后还念念不忘。

　　前几年在北京的香格里拉饭店，我曾与香港的主厨聊起我对此菜的留恋，主厨便按照我的描绘，"开后门"为我"变着花"地试炒过多次，却总也炒不出当年我对此菜的感觉。

　　同样令人捉摸不透的还有越南人。从桂林歌舞团调到总政歌舞团后，我马上就奔赴到中越自卫反击战的前线。在那几年里，云南的麻栗坡、河口、马关、金平、屏边、开远、文山，广西的凭祥、东兴、龙州、靖西、宁明等边境口岸，我都身临其境。亲身经历过昨天还在一起喝壮行酒，明天那些十八九岁的战友就牺牲在那片红土地上的残酷现实。面对着这样的场面，我会比常人感到更切齿的痛，因为当时在越南党政军里很多高官的孩子，都曾在桂林的越南学校上过学、读过书；他们的父辈，很多都曾在桂林的越南医院治过病、疗过伤，是我们勒紧过裤腰带，供他们吃，供他们穿，供他们用。

　　那年月桂林歌舞团外事演出的机会很多，很遭广西文艺界的妒忌，被挖苦为外事演出团。但我们对这个名称很受用，因为这标志着自己的"地位"高。有一次，我们在广西的阳朔县、钟山县一带巡回演出，突然接到了桂林市政府通知有紧急重要的外事任务，紧接着，桂林市的外事办公室就开来了好几辆专供外宾乘坐的考斯特中巴车，到钟山县城来接全团回桂林演出。当大家坐在这

上世纪70年代初桂林漓江上。当时越南人民军第四战区文工团访问桂林演出，我（左三）与邵鼎坤（左五、演奏手风琴者）参与陪同游览漓江并在游艇上联欢。演唱的就是"棉南中哇"。

种平时连想都不敢想的豪车中，车队又浩浩荡荡地行驶在桂林的大街上时，每个人的虚荣心都得到了极大的满足。与此同时，很受用的还有"吃福"，因为涉外演出经常能有宵夜，大家能吃到一些平时在市面上根本看不见的美味佳肴、香甜点心。偶尔还会发发补助，平时的夜餐补助一般是两毛钱，而外事演出会高出五分钱或者一毛钱，这在当时绝对是件很开心的事情。

有一次，我们在榕湖饭店宴会厅舞台的后台候场等待演出，发现这里刚举办过宴会，还有许多没来得及撤走临时堆放在那里的纸箱，箱上面印着"崂山矿泉水"的商标。当时我们孤陋寡闻，连什么是矿泉水都不知道，更没有人喝过。武桂元胆大，偷偷地拆开了一个纸箱，发现里面都是些装满液汁的墨绿色的玻璃瓶子，再摸出一瓶一看，很像是"青岛啤酒"的模样。大家纷纷猜测，这崂山不也在青岛嘛，估计这矿泉水是跟啤酒一样好喝的饮品，于是大家都怂恿桂元"偷"两瓶回去。

桂元果真"偷"了两三瓶，藏在琴盒里带了出来，到了星期天，大家自备了些下酒菜，还备了点桂林三花酒，聚在集体宿舍里，关好了门窗，准备一醉方休。桂元得意洋洋地拿出了那几瓶崂山"佳酿"，大家一拥而上，迫不及待地都斟满在自己的杯里，并高喊着为"友谊干杯"！大家仰脖一饮而尽。咦！这是什么味道？大家面面相窥，顿时全都傻了，呆了！这哪里是什么酒嘛，完全是水嘛，而且还有一种怪味，喝下去以后，不就能打几个嗝嘛！

在改革开放以前，全国文艺界的状况，用现在的话来说，它就是计划经济的缩影。以我现在的回忆，刚参加文艺工作时的桂林歌舞队都是严格按计划过日子的。每年演什么，怎么演，尤其在创作方面，上级管理部门对每年要创作多少戏剧、舞蹈、歌曲都有要求，还严加督促。头两年，歌舞队学习普及革命样板戏，就是最重要的工作安排。同时，还要学习演出中央文艺团体和全国各地的优秀歌舞节目，用现在的话来说就是"翻跳""翻唱"。到了1975年后，在自治区首府南宁才开始经常举办全广西的文艺汇演和文艺调演了，让各地创作的节目集中展现，集中在一起被评头品足，评出一二三四、甲乙丙丁。

任何艺术作品有普及才有提高，有比较才有进步。当时全国都在学习革命样板戏，并要求一招一式都必须严格按照"样板"来做，比如说，在前文我说过，我们学员队里有一个叫何田富的学员，他是学"花脸"的，就因为模仿革命现代京剧《智取威虎山》中的猎人李勇奇，模仿得惟妙惟肖，才在每次演出中都受到热烈的欢迎。而受欢迎的地方其实只有一个，那就是他在翻唱李勇奇那段著名的《自己的队伍来到眼前》唱段"羞愧难言"这句词的时候，李勇奇

上世纪 70 年代初于桂林漓江饭店。我与前排左起王莲君、黄婉秋、
丁丽云、冼培芳参加外事活动前留影。

会与解放军参谋长少剑波握手，这时李勇奇的表情非常具有招牌性，先把两眼
一瞪，继而特别羞涩地笑着把头低了下来。何田富恰恰就是把这一招牌性的表
情入木三分地模仿出来了。至于他唱得怎么样，对观众而言已经不重要了，因
为观众已经从他的表情模仿里，得到了极大的满足和愉悦。

　　在普及样板戏的过程中，按照样板戏的要求一招一式的学像了，还有一个
好处，就是让观众手里有了一把衡量艺术水准的尺子。比如在芭蕾舞剧《红色

娘子军》的《常青指路》里，吴清华有个"倒踢紫金冠"的技巧动作，这个动作当时被拍成照片，印成招贴画，全国各地铺天盖地到处都是。那么无论是哪个歌舞团，你在学演这段舞蹈时，是否能把这个动作跳到与招贴画一样，观众一看就明白了，于是手里的那把尺子无疑就成了一把双刃剑。对演员来说，要求你的技术必须过硬、要像，对观众而言，多少有助于鉴赏和审美能力的提高。

上个世纪70年代初的桂林歌舞队的舞蹈队，除了学跳《红色娘子军》《白毛女》《沂蒙颂》《草原儿女》这四部舞剧或舞剧选场片段外，还学跳了许多在全国、全广西各类文艺汇演当中的优秀舞蹈节目，如福州军区歌舞团的小舞剧《送盐》，海南歌舞团的舞蹈《喜送粮》《开山歌》，武汉歌舞剧院的舞蹈《打连厢》《支农船歌》，广西歌舞团舞蹈《拉木歌》，等等。那时候，杨俊新、史克林他们还专程舟车劳顿去武汉、海口等地学舞，让我们羡慕不已。我至今还记得这么多舞蹈作品的名字，皆是因为我在乐池里为这些舞蹈节目都唱过伴唱。当年的舞蹈表演全靠乐队在乐池里伴奏，像如今靠从录音棚里分轨录音出来的舞蹈伴奏带，那时前所未闻，想都不敢想。

其实乐队的现场伴奏，无论对舞蹈演员、歌唱演员都是一种业务能力的考核。因为现场乐队的速度不可能每天是一样的，快慢对演员来说就是个考验，比如说，我在桂林起步独唱时，乐队伴奏在后面，又看不见，速度快了我要快唱，速度慢了我要慢唱。然后还要有能力把乐队或快或慢的速度扭转为我所能够适应的程度，这种相互的照应，需要长时间的磨合。不像现在有了伴奏带，节奏速度都固定死了，歌唱者经常处于一种肌肉记忆状态，慢慢地，乐感的表现、临场的应变能力等都会衰退。顺便说一句，那时候也没有无线麦克，只有有线立杆话筒，还必须放在歌唱者一米开外，全凭真功夫演唱，特别能锻炼人。

专业的歌队至少需要有男高音、女高音、男中音、女中音四个声部，但我们歌队人少，队伍里既没有男中音，也没有女中音。往往只能唱两个声部。我最早参加的合唱，还是在学员队里翻唱中央人民广播电视台播出的《革命历史歌曲大联唱》，里面有《毕业歌》《大刀进行曲》《开路先锋》《山丹丹开花红艳艳》等歌曲。到了歌舞队的歌队之后，除了在乐池里给舞蹈伴唱，大部分工作就是排演歌剧、话剧、小戏。

　　歌队真正有了合唱声部的概念是在 1973 年左右。在此之前，歌队不仅人少，还没有中音声部的演员，因此只能唱齐唱，唱不成合唱。1972 年后，从北京中国音乐学院、中央音乐学院分配了几位大学生到团里，其中有一位名叫黄兵新的男高音，事业心很强，主动挑起了合唱的训练。男中音声部还好办，找几个大老爷们嗓子冒充一下完全可以，但女中音就相对难了，独特的音色想冒充是冒充不了的。

上世纪 70 年代于桂林七星公园广场。当时桂林市在七星公园广场举办"五一"游园活动，桂林歌舞团担任广场演出任务。我与舞蹈队哥们儿在台侧合影留念。
前排左起杨晓红、夏林；
后排左起殷强、金华、我、陈应龙。

其实团里是藏有"宝贝"的，比如担任歌队队长的曾素云，在歌剧界就很有名，在广州军区战士文工团就曾经出演过享誉全国全军的歌剧《红松店》里的主角，她就是女中音。同时，在歌舞队办公室的阳佩芬秘书，也曾经是福州军区前锋文工团的女中音。有一回，在歌队全体同志的强烈要求下，她俩都参加了乐池里的伴唱。当四声部的合唱第一次在歌队唱起，我激动得热泪盈眶。因为美妙的人声、美妙的和声，触动了我心底的艺术神经。

年余，广西艺术学院分配来了一批毕业生，有男高音张奕明，女高音李宁佳、李兆君、廖燕宁，也有男中音廖应生、常卫华，女中音马明等，加上从北京分配来的男高音黄兵新，从广西歌舞团调回来的男高音雷章华，从广西军区文工团转业回来的男高音宁林，等等。歌队一下子发展到三四十人，可以名副其实地演唱合唱了。到了1977年末1978年初，我们就敢以一组由曾宪瑞作词，朱克坚、谭宪增作曲的《广西新民歌联唱》参加南宁的全广西文艺汇演，因阵容可观，声音也不亚于省团而备受好评。

自恢复歌舞团后，歌队就再也没有演过彩调。排练上演的歌剧、话剧倒是一个接一个。光我在这儿工作的五年半时间里，就参与演出了好几出大戏，如歌剧《海霞》《骄杨颂》《洪湖赤卫队》《江姐》《山鹰》，歌舞剧《刘三姐》，话剧《枫树湾》，等等。为了演出歌剧《骄杨颂》，团里还派我和王洪生副团长、王见君、何有才、黄兵新一行数人前往长沙歌剧团学习，并趁机参观清水湾、农民运动讲习所、板厂等留下过毛泽东与杨开慧足迹的地方。

我还参与演出过歌舞团自己创作的唯一一部歌剧《铁骨红心》。在《铁骨红心》里，我还是个主角呢，扮演一个被老工人教育好了的青年工人，这是我从艺后，在戏剧舞台上迄今为止扮演过的第二个人物角色，另一个角色是在歌剧《江姐》中扮演华为。

《铁骨红心》这个戏从排练开始就遭到了团里上上下下的反对，因为太

"左"，剧中全是"文革"中搞阶级斗争和反击"右倾翻案风"的内容，还有反击的口号。在那个年代的风口浪尖上，写与不写，演与不演都是上级领导说了算，领导执意要写就写呗，执意要演就演呗。

然而事与愿违，实践是检验真理的唯一标准，《铁骨红心》第一场首演刚演到一半，观众就开始退场，更有甚者，竟走到台前公开叫骂："你们演的这叫什么东西！"临结束前，人民礼堂一千多人的座位，退场退到只剩下几十人。我们在台上欲哭无泪。

《铁骨红心》首演夭折，从此锁进箱里，不再见天日。

《铁骨红心》的失败，也可以说是失人心的失败，是"计划"文艺的失败。

话又说回来，按任何事物都可用"两分法"来判断，从一个角度说，有计划就意味着稳定，当时文艺队伍里演员的地位不仅稳定，而且被拔得很高，在称谓上从旧社会的"戏子"变成了"毛主席革命文艺路线的战士"，而且老有所养基本实现。从另一个角度而言，计划、稳定也可以养成不思进取，形成大锅饭的不良气习。

所以说，任何事物都像钱币有正反两面一样，永远不可能相同。这就是毛泽东主席大力提倡的看问题要用"一分为二"的辩证法。

《铁骨红心》失败后，好像桂林歌舞团就再也没有创作新戏上台了。若干年后倒是排过一个戏叫《还珠缘》，但印象中也没上台就夭折了。其实当时的桂林歌舞团面对市场均是小事，而面对外事才是它的重中之重。

周恩来有过一句名言："外事无小事。"

我在前文说过，从上世纪70年代初起，桂林就开始逐渐地恢复了外事接待工作，来桂林的外国国家元首政府首脑和各种代表团越来越多。

1972年初，美国总统尼克松第一次访华就到了桂林，随后又接踵而来了多国元首。其中有一位在临走时，却给桂林的百姓留下了一句痛彻心扉的访后

1975年3月于桂林歌舞团，欢送周小玲转业时歌队部分同志合影留念。
前排左起：蒋绮霞导演、周宝芹、周小玲、曾素云队长、李素秋、黄幼璋；
二排左起：王建华、丁丽云、冼培芳、王莲君、汪小玲、王伶俐、黄开熹；
三排左起：我、吕华昌、王见君、齐福生、黄兵新、龙承志、何宣金。

评语："美丽的风景，破烂的城市。"中国人历来是"外来的和尚好念经"，有了这句话后，桂林便立竿见影地加快了市容建设和文化发展。

我与覃国康、黄明岗、王建华等人，就是在这个大气候下，得以赴南宁的广西歌舞团学习。

南宁学习"初下河"

1972年12月初，在我从学员队分配到歌舞队两个多月后，领导就通知我要做好准备，说他们已与南宁的广西文工团联系妥当了，要送我到他们那里学习声乐。保送新人到外地学习培训，这在桂林的文艺界可是件大事。看来市里的领导确实是想提高文工团的专业水准，以适应新形势和新需要。可是，当时全国的艺术院校都因"文革"而被停办或撤销了，地市一级的文艺团体想要保送新人学习培训，只有到省级、国家级的文艺团体去，这是培养人才的唯一途径。

我在到歌舞队的这两个月里，一直参加队里的郊区巡回演出。每次演出，先在艺术馆门前集体集合，当时靠汽车出行是绝对不可能的，演员们有自行车的可以骑自行车，没有自行车的那就惨了，起码得步行一小时以上，才能走到巡回演出的地点，如七星大队、栀木大队等乡村。

演出集合一般都是在下午的五点左右，正卡在将要吃饭的时间，有家的只好在家里草草地扒两口剩饭就赶过来了，像我们单身汉也就只能在艺术馆对面的米粉铺里吃三四两米粉，权当吃过晚饭了。等集合完，领头的打着面红旗，大家便扛着乐器、服装、道具跟着前行，有自行车的也慢慢地骑在后面，互相边走边说边笑，倒也其乐融融。再加上沿途都有市民百姓围观，大家甚至觉得风光得很呢。

　　集合步行去基层单位演出，这是那个时候我们普通得不能再普通的日常生活。

　　郊区巡回演出刚结束，歌舞队全体又要赴龙胜县演出和劳动锻炼，领导派我们去南宁学习的消息，就是在龙胜县演出了三场后宣布的。能去南宁学习，如此好事，自然会引起队里的骚动，有羡慕的，也有嫉妒的。因为演出完了，我们去学习的几位就可以回桂林了，而其余的团员们还得深入到深山里的苗寨瑶乡去劳动锻炼。

　　下农村劳动锻炼，也是那个时候我们普通得不能再普通的日常生活。

　　与我同行去南宁学习的有歌队的王建华、周宝芹、王伶俐三位女高音。舞队的是覃国康、谭玉民和黄明岗，一女两男三位舞蹈演员。我和王建华当时已经有过了登台独唱的机会，河南人周宝芹也有过独唱的经历，她翻唱的《山丹丹开花红艳艳》就不比中央人民广播电台播出的那位歌唱家差。宝芹绰号"小猫"，声如其名，音量虽小，音色却甜美悠扬，听她唱歌，有一种抚摸着绸缎般的舒适感。刚招进学员队没几天的新学员王伶俐却不伶俐，身材硕壮，大嗓门，是个戏剧女高音的料。如果学好了，应该不得了。覃国康当时在女舞中已经独树一帜了，经常担纲领舞和独舞。明岗年纪小，形象高挑英俊，是舞蹈的好苗子。谭玉民一直是学员队学员里的领导，此行的负责重担，非他莫属。选择如此"七君子"赴邕学习，可见团里培养人才用心之良苦。

　　由于同意我们赴邕学习的单位是当时广西文艺界最高的管理机构，即广西壮族自治区文艺工作总团，所以当时也被称为广西文工团歌舞队的广西歌舞团也不敢怠慢，对我们的吃住行、学习工作都安排得井井有条。

　　我们住宿在离广西歌舞团所在地广西文化大院只有公共汽车一站地的红星路（今建政路）尾，那里是广西彩调团的院子，院子里有一栋属于广西电影发行公司的宿舍楼，二楼中的一间三房一厅的单元，便成了我们七人的临时宿舍。

这可是一栋还没"开张"的新楼啊，推开门，扑面而来有一股墙壁刚粉刷过的新鲜味道，让我们感受到了新生活的新空气。

　　第二天，广西歌舞团就指派了合唱队的男高音声部长韦光义担任了我的声乐教师。韦老师的老师是当年全国都非常闻名的声乐教育家、男低音歌唱家李志曙先生。如此的"名头"，让我这个初出茅庐的"小把爷"大有受宠若惊之感。韦老师姓韦，姓韦者与姓覃者一样，多为壮族，是广西本地人。瘦瘦高高的韦老师，待人谦和可亲。尤其我是他教学生涯起步阶段中的学生，对我格外热情细致。四十多年前，他教我的发声方法，如今已记不清楚了，但有一个"呼吸"的练习我却记忆犹新。他说唱歌要深呼吸，要用丹田气，可是丹田又在哪里呢？他让我用双手去抬一旁的立式钢琴，当我一使劲，明显地就能感到小腹处是绷紧的。他说呼吸的丹田气就在那里，唱歌的吸气要吸得深，就是要吸到那里。

　　在广西歌舞团学习的日子里，很荣幸地参加了他们的大合唱。那时候由于我的嗓子好，长得清秀，年纪又小，站在合唱队里很招人待见。当时广西文工总团有个广州军区文化部派来的军代表，姓石，东北人，长得魁梧彪悍，又因为整个广西文艺界的大权都掌握在他的手上，他便给人以一种高高在上、平时凡人不理的印象。但我感觉他挺和蔼可亲的，因为他对我特别热情。只要迎面遇见，他总会招呼我一下："小鬼，最近上课了没有？""小鬼，有进步了没有？""小鬼，几岁啦？哪里人？"等下次遇见了，不知道是他真的忘记了呢，还是故意没话找话，仍然亲切地再问，同样的招呼再招呼一次。背后呢，他也多次跟人说："喂喂，你们看合唱台上那个桂林来的小鬼，小脸蛋上就看见他的两只招风耳了，多可爱啊。"

　　人家告诉我，部队首长对喜欢的小兵都是这样的。

　　年少的我招人待见，还体现在学习声乐上。由于参加了大合唱，参加了排练，大家听到了我的声音，纷纷都表示感兴趣，都夸我的音色好，音质好。不少老同志便劝我不要在韦老师的那"一棵树上吊死"。他们都说，要珍惜这个学习机会啊，山外青山楼外楼，要多看多听多想。

望着这些老同志们诚恳认真的表情，我欣然地接受了他们的善意。心想，来南宁学习一次太不容易了，既然有老师愿意教，我就应该积极主动地去学。当时给我上过课的老师还有王丽君、黄绍填、盘继红等。上过这些课后，才知道原来唱歌方法有这么多的流派，虽然他们同样都是经过了音乐学院系统的学习，但广西与上海的说法不一样，上海与武汉的说法又不一样，武汉与北京的说法还不一样。不像在桂林，只听裘老师的一家之言。

广西歌舞队当时还有一位很棒的男高音歌唱家，他是毕业于中央音乐学院的周维民，他的名头更大，据说先后师从过非常著名的声乐教育家俞喻萱先生、沈湘先生和郭淑珍先生。在我没来南宁之前，就在桂林的歌队排练厅里，私下听过他的演唱。他是当时在广西唯一敢用 G 调演唱《北京颂歌》的歌唱家，让我佩服得五体投地。因此这次到了南宁，也就特别想请他给我上上课。于是四处打听周维民在哪里。开始问到的人都回避我，后来看我是诚心诚意的，才悄悄告诉我，他是属于有"问题"的人，"文革"中站错了队被停止工作了。

我的性格本来就有很反叛的一面，再加上年少，初生牛犊不怕虎，管他有没有问题，暗地里就偷偷地去找他上课。他很感动，但他"一朝被蛇咬，十年怕井绳"，不敢在歌舞团的琴房里给我上课，而是像地下工作者搞地下活动时接头似的，给我塞张纸条，上面写着时间地点，让我自己偷偷地跑到文化大院里的广西壮剧队的琴房去上课，以避人耳目。后来，我多次到南宁找他上过课，他的处境一直没有太大的改变。

三十年后，成了名的廖昌永有一次突然叫我"师哥"，吓了我一大跳，赶紧问这是为什么？这才知道当年他在四川时，曾向从广西歌舞团调回成都老家四川歌舞团的周维民先生学过声乐。

我们到南宁学习前，在桂林还都是要按正规的舞蹈基本功进行训练的。因此，即便到南宁来专门学唱歌了，领导也还希望我们的舞功不要丢，能够保持一专多能。记得我们同去学声乐的四个人，还参加过他们舞蹈队的训练，但去过一两次后就再也不敢去了。太丢人了，人家多正规啊，我们太业余了。

然而也就是这仅有的一两次练功，让我结识了他们舞队的项燕，日后还成为了非常要好的朋友，同时，在 1973 年元旦，广西文工团歌舞队的"迎春聚餐"上，结识了在我艺术起步阶段给予我特别大帮助的谭美莲老师。

谭美莲老师的家在桂林，她跟我一样，说是桂林人，但祖籍不是，她的祖籍是广东。谭老师毕业于北京舞蹈学院，与中国在芭蕾舞剧《天鹅湖》中扮演白天鹅和在芭蕾舞剧《红色娘子军》中第一位扮演吴清华的白淑湘是同班同学。谭老师当时是整个广西唯一有此学历的舞界翘楚，是广西歌舞团的舞蹈老师，也是他们舞蹈学员队的队长。

老乡见老乡，心里喜洋洋，我和谭老师一见如故。我记得在那天的聚餐上，谭老师专门从她们舞蹈队的用餐区，径直走到我们歌队，十分热情地举起酒杯对我说："你是小郁，郁钧剑吧？谢谢你从桂林我家帮我捎来的东西，我叫谭美莲，我们是老乡，在南宁有事，尽管来找我。"一番话、一杯酒，让我如沐春风。

此话的由来是这样的。谭老师在桂林的家，就在离我们歌舞团很近的古南门旁边的一条巷子里。因此，谭老师每次回桂林探亲，都少不了要到艺术馆里来转转，看看老朋友，并应邀来上几堂舞蹈基训课。她母亲一个人住在家里，就职于近在咫尺的榕湖边上的"广西第一图书馆"，所以我们歌舞团里就有些老同志也经常去看看她老人家。她母亲每当知道团里有人要去南宁出差时，总会捎点吃的用的给谭老师。心疼儿女是每一位父母的天性嘛。

　　那时候，交通、邮递都不发达，托人从火车捎带物品，是民间惯用的联络方式。此次我去南宁学习，就是谭妈妈通过团里的老同志让我把她的心意捎到南宁的。当时谭老师带学员队住在南宁郊区，我没能见到她，只好把她母亲的心意让人辗转捎给了她。

　　元旦聚餐以后，谭老师的学员队从郊区搬了回来，我与她便有了来往。我与她和项燕常在一起聊天，虽然她与项燕岁数都比我长，但我们能聊到一起，那时候的人单纯得迂腐，理想得天真，聊天聊的百分之九十以上都是艺术天地，前程美景。当然，还有百分之十左右聊的是一些牢骚，对现状的不满，对时局的担忧。

　　有时候我们聊着聊着，就聊到项燕的家门口了，等于把她送回了家。她家住在广西文工总团的干部宿舍楼里，是文化大院中最幽静的地段。项燕的父亲是从天津调来广西文工团的一位领导，有一个让人过目不忘的名字，叫项党。

　　谭老师住在歌舞队筒子楼里的二楼单间，她的窗台上种了一盆足有半人高的、长得很茂密的昙花。常言道"昙花一现"，说的就是这种花的花期非常短，从开到败只有几个小时。而且一般都在半夜开花，天明即谢。有一天上午，谭老师兴高采烈，匆匆忙忙地把我叫去，让我欣赏到了她家那盆偶然在黎明时开放的昙花，我第一次目睹了昙花的"庐山真面目"。我记得那天中午谭老师还拿那几朵谢了的花朵打了个汤，放了几只广西北海产的大虾干，那汤的味道鲜美得不得了。

　　在南宁，还有一位桂林老乡全荃。她就是当年从桂林市红领巾歌舞团考进广西军区文工团的附中学姐，后来从广西军区文工团改行到了广西军区第303医院从医。其实我认识她还真不是在红领巾歌舞团，而是在我们东镇路25号的家院里。说来有缘，当时她与我家的邻居李节守伯伯的女儿小胖是师院附中的初中同学，有一次她们相约去虞山庙新码头旁边的徐姓同学家玩，就把我带

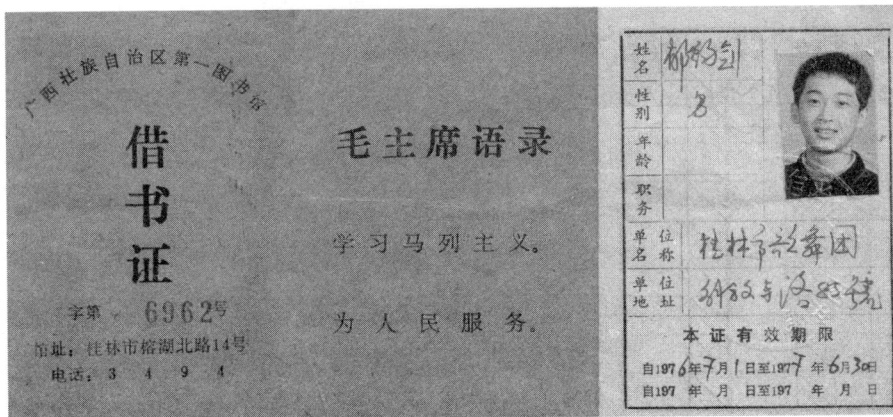

上世纪70年代我在桂林工作时的借书证。当时谁要是有一张"广西第一图书馆"的借书证,可是一件了不起的大事。那时候的图书馆也不是每天都开放,常常是一周逢一三五七日开放,二四六日休息,每到图书馆开放之日,便是人山人海。书的种类也少,常常是一本新出的书要排队借阅。
我的这张借书证,是通过谭美莲老师的母亲办下来的。

去了,玩着玩着,五六岁的我突然想家了,死活要回去,小孩子都是这样的,一到天要黑了就想回家。任凭她们怎么劝,都不能平息我的吵闹。更过分的是,吵着吵着我拔腿就跑,她们和徐姓同学赶紧追,一着急把一个暖水瓶碎了。那时候,家家户户都穷啊,摔碎一个暖水瓶可不是件小事。后来在南宁我们相见时,回忆的第一幕就是这件童年往事。

全荃后来与我和黄健一直以姐弟相称。当年黄健也在南宁,是广西体工队的田径运动员,曾经跑出过全国百米短跑前几名的佳绩。黄健兄是在四十八岁时英年早逝的,当时他已转业,做桂林市市长蔡永伦的秘书。他是在午饭时突然猝死的,这与许多运动员猝死的情形很像。黄健活着的时候,我们三人来往很多。他的去世,让我与全荃的每次相会,都多了许多的唏嘘。

1973 年春南宁解放军 303 医院院内。拍摄者为
全荃。

　　近四个月的南宁学习，时间虽然不长，却让我长了见识，开了眼界。比如说在声乐方面，就不像在桂林仅面对一位老师。在南宁，我见识到了不同的流派，也领教了不同的流派。还懂得了不同的教学方法会造成相互之间的不认可，甚至相互诋毁，尔虞我诈，这一切让我深感迷惑和痛心。

　　也是在南宁，我第一次参与了有男高音、男中音、女高音、女中音四个声部构成的合唱，知道了合唱是还可以分八个声部的，即在高音声部里还可以分成第一高音、第二高音，在中音声部里再分出低音声部。当然，也见识和领教了四个声部唱出的合唱效果是如此的振奋激越。

　　长见识开眼界的事情还有，第一次知道了什么是管弦乐队的双管制。刚进桂林学员队时，很多乐器都没见过，也都没听过，如双簧管、短笛等。桂林这支连单管制都不全的乐队在一个时期里已经觉得很了不起了。到了南宁，才知道自己的孤陋寡闻，才知道能拉好二胡的人，是不可能拉好小提琴的。但在我们桂林，有好几位乐手在台上民乐合奏时能拉二胡，坐到乐池里，能拉小提琴。

　　见识的增长和眼界的开阔，让自己觉悟到，原来外面的世界这么精彩。可偏偏这精彩的世界不属于自己的，这又必然会产生一种失落，甚至产生一种"反动"。从南宁回来，这种反动不一定会流露出来，但心里的落差肯定是会流露的。

　　我曾天真地想着，要用自己的力量，力所能及地改变现状。我给当时已经从学员队调到歌舞队当队长的彤雪新写了一份报告，把从南宁所见识到的一一细列，如合唱队是怎样构成的，要有四个声部，男女声部的底线分别是在四个高音的基础上，再配上三个中低音。在报告里，我还详细地把双管制的乐队列了个表，如长笛、双簧管、单簧管、大管这四种木管乐器应当各有两支，铜管乐器小号两支，圆号三到四支，长号两支，等等。在报告的最后我写道，我希望桂林歌舞团应该朝着这个目标去发展、去壮大。

　　彤队长拿到报告后，当着我的面浏览了一遍，没说一句话，只是笑了笑。

　　想想当时的我多幼稚啊……

　　1972 年底至 1973 年春的那次南宁学习，是第一次，也是最后一次，但去南宁不是最后一次。在桂林从艺的那些年里，我至少去过五六次南宁，参加广西的各种文艺调演、进京选拔、声乐比赛等等，成绩都是不好不坏，基本上都是乘兴而去，扫兴而归。

　　那时候往返南宁靠火车，从早到晚七八个小时，要坐整整一天。每当在火车上，望着窗外的原野、蔗田、乡村、牛群，心中都会涌动着无限的遐想，有不尽的企盼。

　　想得最多的是，什么时候我才能进入到至少像广西歌舞团这样的有着双管制的交响乐队，有着四声部合唱队的大团唱歌，什么时候我才能有至少像南宁这样的一展才华的省级平台。

　　企盼得更大胆的是，什么时候我才能离开桂林，离开广西，才能远走高飞？

　　记得后来有一次离开南宁时，谭美莲老师托人捎来了一个纸条和一小包海虾干，纸条上这样写道："小郁，昨晚送走你后，感到尚有事情未好好谈谈，但回来想想又似乎没什么事了，只不过是一种若有所失的心情吧。现在每送走友人一次，就意味着今生见面少一次，特别是在这'飘荡'的时刻，谁知道将来我们都在什么地方？发现尚余几只大虾，带去在你心情不好时解闷吧。需我帮助时来信，我当尽力而为之。"

　　人的一生，就好比是在上坡与下坡。谭老师的年纪可能比我长有十来岁吧。对于她纸条上的这种感悟，在我当时正值上坡的那个年龄段里，并没有太明白，尤其对于"飘荡"，更没有很深的体验，只是感到她的便条、她的虾干，带给我的是一种友情的温暖。而如今我在写这本书的时候，在查看我当年的日记时，偶然翻到了夹在其间的这张纸条，细读之余，感到的就不仅仅是一种温暖的友情了，而是人在坡上时，对友情的依恋，到了如今，似乎是下坡的时候了，那就成了一种对渐行渐远的顶峰上的风景回眸。

书山有路勤为径

在南宁学习的时候，就从文化大院里隐隐约约地听到了一则"小道消息"，说的是江青号召文艺工作者要看几本书。回到桂林后，发现这条消息也正开始流传，有说七本的，有说九本的，后来越传越玄乎，书目也越传越多，竟有说十五本的，二十本的。总之，要大家多多读书。

这在当时的文艺界引起大家的好奇，震动强烈。大家纷纷打探江青的书单，一旦看到书单后又都傻了眼，居然马列主义与毛主席的著作一部也没有，全部都是外国的古典名著。这究竟是怎么回事？

当时社会上流传的江青书单上的书目有：

巴尔扎克的《搅水女人》《高老头》《欧也妮·葛朗台》；夏洛蒂·勃朗特的《简·爱》；司汤达的《红与黑》；大仲马的《基督山伯爵》；雨果的《悲惨世界》《巴黎圣母院》；莫泊桑的《俊友》；罗曼·罗兰的《约翰·克利斯多夫》；列夫·托尔斯泰的《安娜·卡列尼娜》；陀思妥耶夫斯基的《罪与罚》；玛格丽特·米切尔的《飘》；屠格涅夫的《猎人笔记》；霍桑的《红字》；泰戈尔的《沉船》；等等

不可否认，这张书单的含金量是相当高的，它基本囊括了18、19世纪西方文学的经典部分。但大家特别不能理解的是，作为毛主席的夫人江青提出的书单，怎么会是毛主席发动"文革"所反对的东西呢？与她自己提倡的"无产阶级革命文艺战士"所应该"武装"的思想，又如此的格格不入呢？

我也是百思不得其解，却又感到了一种无名的兴奋。因为在附中读初二的时候，桂林掀起过一场类似现在的"扫黄打黑"运动，学校要求学生要自觉地把家里的"黄色书刊"上缴到学校来。有学生问什么是黄色书刊？老师支支吾吾了半天，才"憋"出了一个界线，那就是"文革"以前出版的读物，统统属于黄色书刊。

当时我担任着学校《红卫兵快报》的总编，得以进出收缴这些"黄色书刊"的红卫兵团团部。在那堆成小山的"黄色书刊"里，我曾偷偷地翻阅过不少古典名著，并将其"偷"回家。比如泰戈尔的《沉船》，上缴时就被人撕掉了头尾，虽然当时不知道它的书名，也没头没尾，却津津有味、日以继夜地读完了它，还由衷地感叹，过去自己怎么就没有读过如此深刻的文字，并开启了我要寻找外国名著来读的"欲望"。

所以，当江青此刻号召读外国书时，十六七岁的我正是求知欲特别旺盛的年纪，找这些书来读，几乎成了我那两年除了工作、练习业务之外的最大嗜好。我完全按照社会上流传的那些书目，管它是真是假，绞尽脑汁地去四处寻找。

可是，当时这些书都不好找啊，"文革"一来，几乎所有的文学作品，尤其是名著，不论中外通通都成了"封、资、修的糟粕"，被打入了十八层地狱。凡是在图书馆里的，都被封存了，凡是流散在社会上的，或被烧毁了、或被收缴了。

当时我在社会上有两个特别好的朋友，一个是全荃的弟弟全驰，一个叫杨小山。老话说"物以类聚，人以群分"，他俩也嗜爱读书。有一天，我向他们偷偷地推荐了江青的书单，并希望他俩能帮我借到这些书。因为我知道全驰的母亲是一所中学的教导主任，父亲是桂林党校的校长，书单上的书，有的他家里就有收藏。最绝的是，小山的父亲是刚被打倒的广西师院院长，母亲还"无恙"，还能工作，就在广西师院的图书馆里管理图书。小山可以凭这条路子偷借出公家的藏书。所以，我就是在这样的得天独厚的条件下，读完了"江青书单"上的所有书。

我读书还有一个习惯，就是喜欢做读书笔记，凡是在书里读到使我有触动的句子，我都会把它记下来。正在成长的年纪太容易被世事触动了，被我记下来的那些格言、警句和富有人生启迪的哲理，常常会让我对人生、对现实有恍然大悟之感，这些格言、警句和哲理恰恰又是在当时的学校里完全学不到的，是与我们当时所受的教育水火不相容的。

比如说，我第一次读到17世纪英国哲学家培根的《论学问》时，就抄下了他的格言："阅读使人充实，会谈使人敏捷，写作与笔记使人精确……史鉴使人明智，诗歌使人巧慧，数学使人精细，博物使人深沉，伦理之学使人庄重，逻辑与修辞使人善辨。"一边抄写我一边想，这么多的道理为什么在中学时老师都不讲授呢？难道他们就不读培根吗？又比如说，我在读巴尔扎克的《高老头》时，抄到了这样一段话："世界上没有原则，只有事变，没有定律，只有时势，聪明的人抓住事变跟时势，加以控制。"这段话犹如一把开锁的钥匙，让我顿时醍醐灌顶。

读伏尔泰的《老实人》时，我抄写下了："工作可以使我们免除三大害：烦恼、纵欲、饥寒。"这成了我日后工作的动力。

读卢梭的《忏悔录》时，我抄写下了："真正的幸福是无法描画的，你可以感受它，但感受愈深愈难以描画，因为它并非是一束事实的结果，而是一个持久的境界。"这让我懂得了追求的艰难。

读雨果的《悲惨世界》时，我抄写下了："贫苦人要走到他屋子的尽头，正如他要走到生命的尽头，都非逐渐弯腰不可。"它让我蓦然看到了自己八角塘的家，看到了八角塘巷口那间要弯腰低头才能进门的低矮瓦房，看到了被活活上世纪 70 年代我在桂林读书时所作的部分笔记。

上世纪 70 年代我在桂林读书时所存的部分笔记本、日记本。

打死的"一贯道"老太太。这一幕幕就像一粒粒慈悲的种子，从此在心头发芽。

读塞万提斯的《堂吉诃德》时，我抄写下了："一个出身卑微的人却有好德性，要比一个自高自大的罪人可贵得多。血统是承传的，德性是修得的，德性有它的内在价值，血统却没有。"它使我顿时想起了每逢雨天时，都会自觉自愿地帮着去上班了的左邻右舍抢收晾晒在场院上衣物的高奶奶，想起了她的善良，也会想起通过权势把我上大学的名额换掉了的那位高干子弟，想起了他的丑陋。我的不卑不亢的处世态度，也是由此扎根心头的。

读高尔基《我的大学》，我抄写了："我不等待外来的救助，也不期望幸运，生活条件越困难，我就觉得自己越坚定，甚至觉得自己越聪明。我很早就了解，人是反抗他四周的环境而创造出来的。"高尔基说得多么好啊，好像就是针对我说的。我那时特别苦恼，我想上大学，想考入更大的文艺团体，常常埋怨自己生不逢时，觉得所处的年代、环境似乎都很难实现这一切。而他的这段话，仿佛让我在奔向希冀的航船上，更高地扬起了风帆。

面对着当时的年代和环境，我在夏洛蒂·勃朗特的《简·爱》中也得到了教诲。书中写到："若是你不能避免的时候，忍受就是你的义务了。命中不得不忍受的事说是不能忍受，那是脆弱、糊涂。"

读书，让我懂得了人是平等的。莎士比亚在《亨利五世》中说："国王就跟我一样，也是一个人罢了。一朵紫罗兰，他闻起来，跟我们闻起来还不是一样？他头上和我头上合顶着一块天。"

读书，让我懂得了什么是现实。马克·吐温在《傻瓜威尔逊》中说："感恩和背信不过是同一行列的首尾两端，当乐队和衣着华丽的官吏们走过了以后，你就把一切值得期盼的东西都看到了。"

在我的读书笔记里我抄写道：

巴尔扎克在《比哀兰德》里说过："风格就是人品。"

雨果在《九三年》里说过："在绝对正确的革命之上，还应当有一个绝对正确的人道主义。"

德莱赛在《天才》里说过："神要毁灭人，先要使他们疯狂。"

冈察洛夫在《悬崖》里说过："结婚是爱情的坟墓。"

易卜生在《社会支柱》里说过："谁的良心上都有见不得人的黑斑点。"

大仲马在《基督山伯爵》里说过："讲祸事的预言家是得不到朝廷的欢心的。"

埃里奇·西格尔在《爱情的故事》里说过："要成大英雄，多少要善于做个乖狗熊。"

……

我记下过革命领袖马克思的话："走自己的路，让人家说去吧，不论环境如何，我走我的路。但怕的是没有自己的路，环境怎样就走怎样的路。"

我记下过匈牙利诗人裴多菲的诗句："生命诚可贵，爱情价更高。若为自由故，二者皆可抛。"

重读这笔记，能坚定人的志向，强化人的意志。

关于爱情，列夫·托尔斯泰在《安娜·卡列尼娜》里说过："女人是男人前程上的一个大障碍。爱上了一个女人，再要做甚么事就很难了。要便利地爱一个女人，不受她一点妨碍，那只有一个办法——就是结婚。"由此，我特别理解那些早婚的学友。

关于交友，列夫·托尔斯泰也在《安娜·卡列尼娜》里说过："人若打你的右脸，你把左脸也给他，人若拿去你的外衣，你连衬衣都给他。"由此，我想到了父亲，他读过托尔斯泰。

关于人生，莫泊桑在《俊友》里说过："人生是一道山坡，大家正上着的时候，都望着顶上，并且都觉得快乐。但走到了高处的时候，就突然望见下坡的道儿和那个以死亡作陪的终结。上坡的时候是慢慢走的，下坡就走得快了。"

由此，我懂得了谭老师，她很早就看惯了世态炎凉。

重读这样的笔记，能使人活得淡定，死得从容。

我也曾抄写下了在那个年代让人惊世骇俗的笔记。

"如果一种社会制度使那么多人——那么多年轻人把犯罪看成是对生活的一种报复，一种生活方式和一种得到满足的手段，那它就是这些年轻罪犯的同谋者……"这是赫伯特·毕波尔曼在《社会中坚》里说的。

"社会的罪，它负有制造黑暗的责任。当一个人的心中充满了黑暗，罪恶便在那里面滋长起来，有罪的并不是犯罪的人，而是制造黑暗的人。"这是雨果在《悲惨世界》里说的。

"当权人所有的，是金钱能买到的东西；而我们在野的人，却可以得到自由的信仰。在政治上，没有人，只有主意和利害，没有感情。在政治上，不是杀一个人，而是移去一个障碍物。"这是大仲马在《基督山伯爵》里说的。

"领袖人物只能在历史的转折点，或者是在国家和人民受到严重考验的年代才会出现。"这是柯切托夫在《叶尔绍夫兄弟》里说的。

重读这样的笔记，能使人洞察世事，冷眼旁观。

现在回想起来，感到特别幸运的是，有那么长的一段时间，能够让我专心致志地读了那么多的外国古典名著，让我略知了 18 至 20 世纪时西方的社会文化，风俗民情，田园风光。

在那个年代，毛泽东主席也经常向全党、全国发出读书的号召，要大家多读一些马列主义的经典，多读一些辩证法、实践论。他也要求大家读文学作品，但都是"国产"的。他竭力提倡把一些小说当作历史来读，从中看出"阶级斗争"和社会发展的规律，挖掘悲剧的深厚内蕴。比如对《红楼梦》，他说："《红楼梦》我至少读了五遍……我是把它当历史读的。开始当故事读，后来当历史读。"他强调，《红楼梦》是讲阶级斗争的："这部书不仅是一部文学名著，也是一部形象的阶级斗争史……不读《红楼梦》，就不知道中国的封建社会。"

毛泽东主席还不止一次地推荐过我国四大古典名著里的《水浒传》，他说，要把它当作一部政治书看。他说《水浒传》描写的是北宋末年的社会情况。中央政府腐败，群众就一定会起来革命。当时农民聚义，群雄割据，占据了好多山头，如清风山、桃花山、二龙山等，最后汇集到梁山泊，建立了一支武装，抵抗官军。这支队伍，来自各个山头，但是统率得好。他从这里引申出，我们领导革命也要从认识山头开始，承认山头，照顾山头，到消灭山头，克服"山头主义"。

毛主席很少青睐中国当代作家，除了鲁迅先生。毛泽东说过，我的心是与鲁迅相通的。"文革"时，我年纪小，不知道沈从文、钱钟书，不知道林语堂、梁实秋，不知道胡适、钱穆，连巴金、老舍、茅盾都不怎么知道，但知道鲁迅。不仅知道他是伟大的文学家，而且还知道他是中国近代史上唯一一个被新时代树立起来的知识分子形象。尤其是到了"文革"，更是唯一能与马克思、恩格斯、列宁、斯大林等政治人物并列而绝对不能侵犯的显赫人物。

那个年代能读到的文学读物很少，鲁迅除外。他的《呐喊》《彷徨》《朝花夕拾》《坟》《热风集》《阿Q正传》《孔乙己》《狂人日记》《药》《祝福》《且介亭杂文二集》《且介亭杂文末编》等我都读过。所发行的单行本也一本本地买过，如今还被珍藏在我的书柜里。这些小说、散文、杂文里的人物、故事情节在我的脑海里至今都还栩栩如生，如闰土、祥林嫂、孔乙己，如茴香豆、人血馒头、三味书屋。

他的文章大都短小精干，针砭时弊，战斗力很强。换句话说，他的文笔多显刻薄尖酸，冷酷无情，杀伤力很大。不过，当时我还是非常喜欢他的文风的，喜欢的原因一个是年龄所致，十几岁的年纪就喜欢冲啊，杀啊的，毫不留情。

在我的读书笔记里，也记过不少鲁迅先生的话。我特别喜欢他在《写在

'坟'后面》里说的："我的确时时解剖别人，然而更多的是更无情面地解剖我自己。"

也喜欢他在《导师》里说的："大话不宜讲得太早，否则，倘有记性，将来想到时会脸红。或者还是知道自己不甚可靠者，倒较为可靠罢。"

我还喜欢他在散文《秋夜》里的句子："在我的后园，可以看见墙外有两株树，一株是枣树，还有一株也是枣树。"

平心而论，喜欢鲁迅还有更重要的原因是，因为毛泽东青睐他。毛泽东对他的惺惺相惜、心心相印感动了我，引发了我的好奇和敬仰。

毛泽东主席在当年有着无可替代的至尊地位。亿万中国人热烈响应他的号召，除了读鲁迅，还读《红楼梦》，读《水浒传》。

1975 年初，我托人走后门在桂林的新华书店买下了人民文学出版社 1974 年版的《红楼梦》。说段题外话，像《红楼梦》《水浒传》《三国演义》《西游记》这四部号称中国的"四大名著"，"文革"前家里是有的，《诗经》《论语》，唐诗宋词也是少不了的。当时年纪小，父母不让读。母亲还把这些书都锁在储藏室的阁楼上了。有一次我为了偷看一本里面有"河蚌姑娘""白娘子与许仙""牛郎织女"等故事的《中国民间神话集》，竟不惧撬开储藏室的门锁会被母亲责骂的后果，偷偷地躲在阁楼上读完了这本书。后来我家挨抄家，书都被抄走了、烧毁了。从此，和全社会一样，读书成为一种奢望。

后来，终于把书重新又买了回来，又有书可读了。不过，这《红楼梦》我总是读不下去。一是不喜欢贾宝玉，不喜欢他整天整夜都是腻腻歪歪的。二是不喜欢书里的叙事，如一道"茄子菜"，絮絮叨叨地说得太多。三是觉得整部小说节奏太慢。

造成对《红楼梦》的这些偏见，应当与我那时候读外国名著读得正来劲有关，那时的我，读书趣味完全被西化了，还真有点外国的月亮比中国圆的味道，觉得中国的文学作品都不如西方的文学作品内涵深刻。

有一次父亲公休在家，他看见我鬼鬼祟祟地在翻看小仲马的《茶花女》，一半嗔怒，一半不屑地说，你怎么喜欢看这种书？我不服气，不知天高地厚地就把对中西方文学作品的观点表露了一番，父亲笑着问我读过几本中国的书，我说读过不少啊，像《欧阳海之歌》《红岩》《铁道游击队》等等，古典的也读过啊，像《红楼梦》《三国演义》《官场现形记》等等。父亲又笑笑说："我年少的时候，《红楼》《三国》也是读过的，但家塾里的先生是不让读的，先生觉得小说多言情，看多了小说，容易误人子弟。先生要求读的都是'四书五经'，教的都是做人的道理。"

父亲还说："你觉得外国小说的内涵比中国的要深刻，你不是说你看过《红楼梦》吗？毛主席不是说过，革命家看《红楼梦》，看到的是对封建社会的背叛，而道学家看到的却是男盗女娼，你看这样的内涵难道不深刻吗？"

我不得不对父亲表示折服。父亲那天难得说这么多话，他说："即便要看小说，私塾先生也有关照，'少不看《红楼》，老不看《三国》'，我个人还有一个读书心得，就是男不读《红楼》，女不读《西游》。"我问为什么，他没说。

很多年后，我突然悟到，父亲说过的男不读《红楼》，理由是《红楼梦》里全都是才子佳人，风花雪月，脂粉气太重。女不读《西游》的理由是，《西游记》里全都是魑魅魍魉，神仙道法，打杀气太盛。但父亲当时不敢说透，因为当时提倡看《红楼梦》，赞扬孙悟空。

哦，我终于明白了，在对读《红楼梦》的问题上，我与父亲的心是相通的。

也是在那天，父亲见我读书读得如饥似渴，第一次也是唯一一次向我推荐了一本书，他说："如果你喜欢读言情小说，就应该找沈从文的《边城》来看看。"

听父亲的话，我找来了《边城》。刚读到一半就被深深地吸引住了，说得夸张点，仿佛被它掠走了时空，并深陷在它的氛围里不能自拔。

在读沈从文前，我读过不少中国当代的红色经典，然而当读过沈从文之后，我突然感觉到同样是中国文学，怎么差别竟如此巨大的呢？含蓄与直白的反差，内在与外在的反差，精致与粗糙的反差。《边城》的出现，使我创纪录地读了至少十遍。在这一遍又一遍的读书体验中，让我在不知不觉中受到了沈从文风格的"侵蚀和感染"。

现在看来，我突然喜欢上了沈从文，应当是一种成熟的表现。因为逐渐成熟的年纪，已经开始对政治运动产生了厌倦，对那种口号般的文字创作形式产生了抵触，一旦接触到了沈从文的美文，仿佛重新咀嚼到了生活中的美味。

一个人在文学上的好恶，往往会潜移默化地影响到他的气质和风格。一个人的气质与风格，便是他的人格。

在喜欢沈从文的那段时间里，突然又喜欢上了格律诗词。这二者之间的关联，绝不是偶然的。应当说，是从沈从文的美文开始，我的心灵里就有了一种回归，有了对文学本质美的追求。而格律诗词正是这种回归与追求的最佳载体。

我从小接受过古诗词的熏陶，还是在上幼儿园的时候，父亲就教我背诵过"床前明月光，疑是地上霜。举头望明月，低头思故乡。"母亲也教过我背诵诗歌，她教给我背诵的另一首是："清明时节雨纷纷，路上行人欲断魂。借问酒家何处有，牧童遥指杏花村。"长大后，我突然悟到，父母教给我的这两首古诗歌，实际上是对我幼小的心灵启蒙。

父亲除了教我"床前明月光"外，几乎从来没有露过他有古诗词这个底子的秘密，发现他懂古诗词，是当他看见我在抄写古诗词时，偶尔会冷不丁地在一旁说上几句。比如当我抄到"我住长江头，君住长江尾"时，他会说这是北宋李之仪写的；又比如，看见我抄到"君不见黄河之水天上来，奔流到海不复回。君不见高堂明镜悲白发，朝如青丝暮成雪"时，他又会说，这是李白五十一岁时写的，那时候李白刚在长安受贬，心里不痛快啊。

　　十五六岁的我虽然不懂得平仄对仗，但也敢肆无忌惮地写满了三四个笔记本的诗作，这些诗充其量只能算是打油诗吧。我还"胆大包天"地填《沁园春》《满江红》这样的词牌长短句。2013 年，我在北京出版发行了《郁钧剑古诗词》，诗集里收录了 138 首我的旧作，其中很多首就是在那个时期写的，最早的一首写于 1968 年，它载荷了我成长中的血气柔肠与忧思愁绪。

　　现在想想，特别庆幸的是读书成了我少年时代最富有的业余生活。书读多了，自然也就喜欢买书了，去新华书店就很频繁。书店里的工作人员，上至经理下至仓库保管员，都能叫出名字。每到我们排练出一台新晚会，我必定会把那几张紧俏的团里为照顾演员家属的彩排票往书店里送，全然不顾家人。并且心里还得有本账，比如这次送给张某了，下次就得送给李某。如此这般，仅仅是为了与他们搞好关系，以便能照顾我买几本标有"内部发行"的书籍如《第三帝国的兴亡》《华丽的家族》《古诗源》等等。那时候工资少得可怜，每月才有十八元，居然也总能省下点钱来买书。不过，那时候的书价也便宜，超过一元钱的，都是大部头了。记得 1974 年时，我花了月工资的四分之一，四块五毛钱买了本也是内部发行的《现代汉语词典》。那本书当时珍贵呀，整个桂林市就来了十本。

　　对于我，一个错过了读书认字机会的少年来说，这本词典带给我了莫大的学习空间。我如饥似渴地学习。在那本书里，认识了好多的字，学到了当时社会上几乎已经绝迹了的文学、地理、生物、化学、天文方面的知识，包括性的知识。

　　我还真有过读书读到废寝忘食的经历。有一天下午，在桂林的人民大礼堂排练，排练什么我忘记了，但肯定我是没有角色的，我便躲到角落里捧着这本词典在读。读着读着便忘记了时辰，什么时候天将黄昏，什么时候排练的人都已经走光了全然不知。还是同屋杨俊新在排练前看见过我躲在那里看书，等排练完了，他已走在回团的路上了，在同行的人群中见没有我，突然想起可能我还在大幕后呢，便好心地回来看看，没想到我还真的仍埋头书中。

喜欢读书不仅会直接导致喜欢买书，还会导致藏书。1976年打倒了"四人帮"，书市也渐渐地热闹了起来。先是有唐诗宋词出版了，后来又有了《红楼梦》《水浒传》《三国演义》《西游记》这四大名著的再版。再后来许多外国名著也开禁了。书一多，书也就越来越容易买到了，到我离开桂林赴北京前，我不仅买齐了我所有读过的外国名著，而且只要桂林的新华书店有中国的古典名著到货，来一本我买一本。像什么"三言两拍"《东周列国志》《聊斋志异》《二十年之目睹怪现状》《镜花缘》《西厢记》等等，也都基本买齐了。每当我回忆起原来的那种只要能买到一两本内部发行的好书，就高兴得手舞足蹈，在取书时还唯恐被旁人看见，那种神秘兮兮、偷偷摸摸的情形，都禁不住感慨万千。

随着书越买越多，越攒越多，工作之余，也就忙着四处去寻找木料。并请来了舞美队的木工小熊——熊桂华师傅为我做了个两米高、一米五宽的书柜。后来我调到总政歌舞团了，还将此书柜和所攒下的书一起带到了北京。

如今我已有了四十多个书柜，近万册的藏书，这其中也包括我在桂林时攒下的旧书。我会常常站在书柜前，想起我祖父的书房，想起我在童年时就有过的书房梦。当我翻阅着那些留下我多少曾经在年轻时目光流连过的书页，常常浮想翩跹。

歌舞团里成长时

在那段喜欢读书的几年里，正是我在桂林歌舞团成长的岁月。那时候，不仅如饥似渴地读书，而且还似渴如饥地练功。十六七岁的我，已经对事业产生了十分强烈的紧迫感。

我常常想，人家黄婉秋也是在我这个年纪时，就已经拍摄出了闻名全国、享誉东南亚的电影了，而我呢，难道还是这样日复一日、年复一年地坐在歌队排练厅的钢琴前，看着这葡萄藤上的叶儿绿了又黄了，黄了又落了？难道就这样永远在桂林歌舞团了吗？

可是，当时社会的政治环境是绝对不允许有一丝一毫个人奋斗的目标的，因为那是属于被批判、被鄙视的资产阶级名利思想。

但是我不甘心啊，当时桂林市文工团歌舞队已重新正名为桂林歌舞团，彤队长也由队长改任了团长。想起早年正是她在学员队时，要求我在25岁前不要谈恋爱，要把所有的精力放在为事业的奋斗之中，那么，摆在我面前的事业又是什么呢？我想来想去，默默地为自己制定下了奋斗目标，那就是一定要在25岁前离开桂林，奔向更广阔的天地。

离开桂林，到更大的舞台去施展身手，说来容易，实现起来难啊。在那段时间里，我经常爬到伏波山上，眺望着远去的漓江，开始用诗歌来发泄自己的这种苦闷心情。

庆幸的是，我并没有被苦闷压倒，而是常常用我在读书笔记中记下的，苏联奥斯特洛夫斯基在《钢铁是怎样炼成的》这部小说里的一段话来勉励自己，这段话是这样说的："一个人的一生应该是这样度过的：当他回首往事的时候，他不会因为虚度年华而悔恨，也不会因为碌碌无为而羞耻；这样，在临死的时候，他就能够说，我的整个生命和全部精力，都已经献给世界上最壮丽的事业，为人类的解放而斗争。"我把后面的两句改成了："在临死的时候，他就能够说，我把我想做的事都努力地做过了，即便不成功，也会对得起自己的人生。"

我还把鲁迅先生的"心事浩茫连广宇，于无声处听惊雷"诗句用毛笔抄写成条幅，用别针别在自己的蚊帐里，把鲁迅先生"运交华盖欲何求，未敢翻身已碰头。破帽遮颜过闹市，漏船载酒泛中流。横眉冷对千夫指，俯首甘为孺子牛。躲进小楼成一统，管他冬夏与春秋"的七言抄成书笺，压在书桌的玻璃板下，每日必读。

在这些正能量的勉励和鞭策下，为了实现自己的奋斗目标，我可以做到不怕别人给我泼污水、生是非。我在练声时，敢于练唱当时禁唱的，但又适合发声的抒情歌曲，如《牧羊姑娘》《草原上升起不落的太阳》《乌苏里江船歌》这样的民歌，也敢于把西洋歌剧选段《冰凉的小手》《女人善变》和西方名曲《我的太阳》《重归苏莲托》《负心人》《三套车》等当作练习曲。

有人惊恐我的这些行为，有人企图把我当作"反革命修正主义文艺黑线回潮"的现象来批判。团长彤雪新在关键时刻保护了我，说："他这个年纪，懂得什么是'修正主义文艺黑线'？"

为了实现这个奋斗目标，我为自己制订了作息时间表，至今还能在日记本里查到：

（19）73 年 12 月 6 日晚，订出作息学习计划一则：

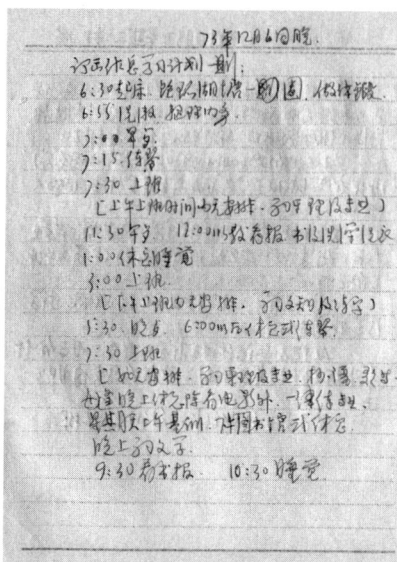

当年在日记本中记下的每日日程表。

上世纪 70 年代初于桂林歌舞团宿舍。我在床前练习毛笔字。

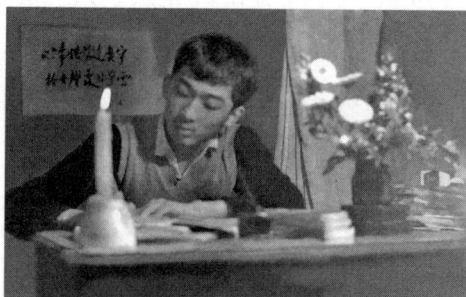

上世纪 70 年代初于桂林歌舞团宿舍。那时候桂林市晚上经常停电，而我只好经常在蜡烛光下学习。

6：30起床，跑环湖塘一圈，做体（育）锻（炼）

6：55洗漱，整理内务

7：00早餐

7：15练琴

7：30上班

【上午上班时间内（如）无安排，学习乐理及专业】

11：30午餐　12：00以后看报、书及洗澡洗衣

（下午）1：00休息睡觉

3：00上班

【下午上班内（如）无安排，学习文（学）知（识）及练字】

5：30晚餐　6：00以后休息或练琴

7：30上班

【如无安排，学习乐理及专业、抄谱抄歌等，每逢晚上休息除了看电影外，一律练专业】

【星期天上午基训，下午图书馆或休息，晚上学习文学】

9：30看书报　10：30睡觉

从这张作息表上不难看出，紧迫的事业感无时无刻不在我的心头缠绕。在那段时间里，我严格地按照这个时间表工作、学习、生活。

到了冬天，桂林没有暖气，坐在钢琴边几个小时常常冻得双腿发麻，耳朵、脚跟、双手长冻疮是寻常的事情。有时实在太冷了，就找块围巾连头带脖子全捆上。为了练习呼吸，我发明了对着结满冰霜的玻璃窗哈气，直到把整块玻璃上的冰霜全部用哈气融化掉。

到了夏天，艺术馆院子里蚊子特别多，而且是那种大大的黑花蚊子。这时

候五分钱一根的一米长的长条蚊香就成了我的必备。一个夏天，近百根蚊香是少不了的。

当时在学习上有两样东西我买得最多，一是蚊香，二是蜡烛。

蜡烛买得多，是因为我每天都要花五六个小时坐在唯一的一架钢琴前练声练琴。其中至少有三个小时是在晚上花掉的。晚上练声练琴，使用排练场的灯光，瓦数高耗电量大，我怕人提意见，就买那种三分钱一支的便宜蜡烛，在烛光里，真有点"茕茕孑立，形影相吊"之感啊。

日子就这么一天天地过去了，如流水，如落叶，悄然无声。

一天晚上，我正在蜡烛下练声练琴，突然电灯被人打开了，我抬头一看，是彤团长带来了一老一少父子俩。彤团长指着那少年对我说，小郁你歇一会儿，我们用排练厅考考这个新学员，只见那少年扭动了几下腰身，算是活动活动吧，然后，做了几个形体动作，翻了两个跟斗。彤团长满意地笑了，又对我说，小郁你弹首歌，让这小伙子唱几句。只见那少年扭捏了一会儿，唱没唱我不记得了，只记得彤团长告诉我他叫习永光，是广西杂技团的学员，十六岁，因为想家想回桂林。团长问，你看他考咱们团舞蹈队行吗？

我望着彤团长满意的神色，当然说行了。临走时彤团长把他拉到我面前交代我说，从此你要关照好他。

比我小三四岁的习永光一直视我为兄长。那时候彤团长还交代我要给他补习文化，我就买了支钢笔送给他，要他练练字什么的。拿了钢笔后，他问我为什么要练字，我激将他说："你将来谈恋爱了，总是要写情书的吧。"他无语地望着我。我还说："男孩子写信写情书，字写得好得分就高啊。"他很认真地点点头走了。

那时不像现在有网络，靠短信、微信交友。那时候的交友只能通过书写、通信。

上世纪 70 年代中于桂林。我与习永光合影留念。

　　大概过了两三个月吧，习永光又很认真地来找我了，同样很认真地对我说："郁哥，你讲谈恋爱找女孩子要写信写情书，我怎么没有写，就反而有人来找我了呢？"这下轮到我无语地望着他了。

　　有一阵习永光心血来潮，想学唱歌，就拉着也是舞蹈队学员班的女学员王双健一道来找我。唱完了歌，他们俩就会给我讲那几天发生的"板路"。其实有些板路我早已听过了，但为了不打断他们的兴致，我会假装不知道，并且津津有味地听完。望着他们那天真无邪的笑脸，让我感到既高兴又伤感，伤感的是他俩现在的心境，不就是两三年前的我吗？怎么这么快这种天真和无邪就不再属于我了呢？咳！当然也有高兴的时候，那就是看着他俩的笑脸，感受到了友情的质朴和纯真。

　　习永光学唱歌三天打鱼，两天晒网，久而久之，就不来学了。王双健坚持了下来，后来不跳舞了，改行来到了歌队。

习永光跳舞的时间也不长，我想方设法将他与他的同学杨晓红联系到中央民族歌舞团学习舞蹈，但他又因为想家，学期还没完就跑回了桂林。不久他便改行当了汽车司机。

当时桂林歌舞团有一台解放牌卡车，估计至少是三手车了，它停在艺术馆院子里的大部分时间，不是看见习永光撅着屁股趴在水箱盖上，就是看见习永光四脚朝天躺在汽车底下，目的只有一个，修车。就是这辆属于桂林歌舞团最值钱的家当，被修理的时间比被驾驶的时间要成倍成倍地往上翻。

后来我离开了桂林，父母健在的那些年月里，家里需要人手需要用车的时候，习永光总是走在最前列。我母亲脑溢血，都是他带着同事将老人家抬到医院去的。

因彤团长结缘，小光成了我一辈子的好兄弟。

在这里，我还想特别地感谢小光和双健，正因为有了他俩"心血来潮"地学唱歌，才让我无形中尝到了声乐教学的甜头，才使我敢于接受我的第一个学生，男高音阳福民。

阳福民的年纪应该跟我差不多大，个头跟我差不多高，但长得比我圆乎。小阳的嗓子有点自来高，还很明亮，那时候我觉得他应该会在唱歌上有所发展，还动员他考专业的文工团，遗憾的是，他学后不久就结婚了，而在结婚后就像失踪了一样，从此杳无音信。以他的嗓音没有搞专业是挺可惜的。八角塘的好朋友弟仔，嗓子也很好，也是又高又亮的男高音，跟小阳也熟，因此，也常来唱唱，这下我的"蜡烛歌声"，就热闹了许多。

日子如流水般，如落叶般一天天过去，但因为有了伏波山上"学问"日新的吟诗填词，有了排练厅里"歌技"月异的"比学赶帮"，因而流水有声，落叶有情。

这时候我发现歌舞团歌队最大的不足，是没有"音乐欣赏"。我怀着一点

于上世纪70年代初桂林漓江边，对岸为伏波山。摄影者是我少年好友魏小林。1980年，我虽然已考上了总政歌舞团，而且人也已在北京，却迟迟未被总政批准。在这最困难时候，帮我给总政治部主任韦国清写信转告我的困境，并推荐我的广西党委常委、宣传部部长贺亦然，正是其岳父。

私心，开始游说肜团长、曾素云队长，希望能建立歌队的资料室。经过坚持不懈地死缠硬磨，动之以情，晓之以理，终于把歌队排练厅前，原来艺术馆贵宾休息室的那间已被填平了的卫生间要了下来，又从后勤处找来了一张书桌，一个大柜，加上原有的一套蜡纸刻写的钢板、刻笔，一台油墨印刷机，便创办了朝思暮想的资料室。

我继承了附中校宣光荣传统，将不时在广播里播出的新歌，影视里配唱的插曲，自己记谱，自己刻写，自己印刷，再自己装订成册发给大家。大家高兴啊，因为许多刚刚听到的、传唱的新歌，马上就能有歌谱出现在手中，不仅自

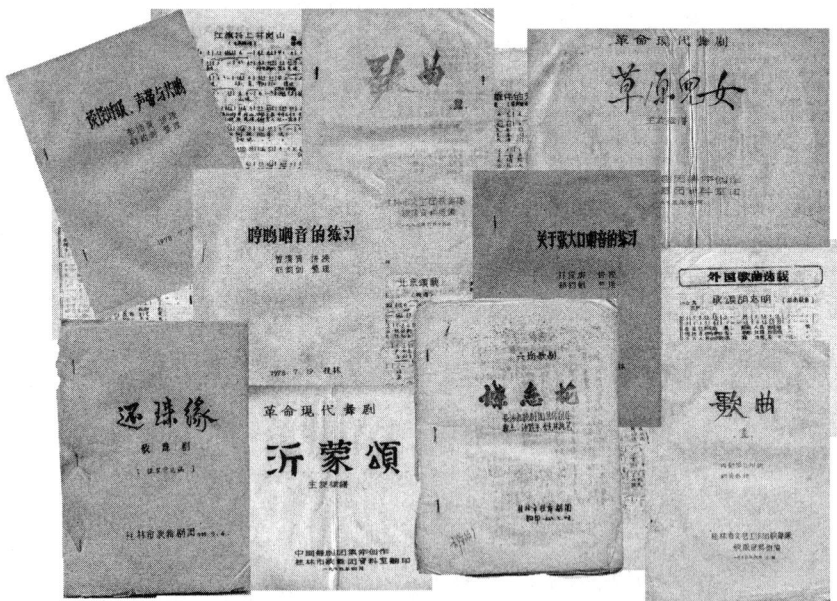

上世纪 70 年代我在桂林歌舞团工作时，建立了资料室，并由我亲自编辑、整理、刻写、油印成册的部分资料。

己能学唱，还能供亲朋好友、业余团体所需，大家自然眉开眼笑。经常是歌册刚一油印出来，马上就被索取一空。这样一来，歌队的业务空气明显浓了很多。

肜团长一见非常高兴，每月从少得可怜的办公费里常常抠出一点来给资料室订阅报刊杂志，还给资料室买了一台收音机、一台电唱机，还从舞美队音响那里拨来一台旧的、放开盘录音带的老式录音机，供大家欣赏唱片和磁带。

大家都高兴，当然，最高兴的还是我。

不久，团部决定将歌队资料室改成歌舞团资料室，舞蹈队的许多资料、乐队的许多乐谱也收集到了这里。创作室的伍纯道主任还把不少因"文革"的混乱，散落在创作室的一些歌舞团的资料书籍还给了资料室。比如说，后来我学写电影剧本，就是从伍主任处还来的，苏联专家库里肖夫撰写的《电影导演基础》中学到的。

印象特别深刻的是，伍主任还给资料室的还有一套十几卷本的《元明杂剧集》，黄色的绸绢封面，每本几乎都有十五厘米厚。印象更深刻的是，我在离开桂林前，曾遵团部所嘱，把资料室的钥匙交给了一位姓张的歌队同事，后来听说他把这套书借给了他的熟人。从此，这套书便没有了踪迹，这对于爱书的我来说，真是痛心不已啊。

那时候的心情真是非常矛盾的，虽说离开桂林，奔向更广阔的天地是我的理想，但是怎么奔，怎么离开，心里一点谱也没有。面对着肜团长的关爱、队友们的情义，常常也会流露出以团为家的思想，创办资料室就是最好的写照。

我还不断地向团里推荐演职员，如来自上海的钢琴演奏段小楣、江西的男高音歌唱家罗德成、河北邯郸的女中音小王等。

在谭美莲老师的穿针引线下，我还成了南来北往经过桂林的文艺家的接待站，经常截流专家名师到团里来上课。如北京芭蕾舞学校的吴湘霞、中央民族歌舞团的张曼如，前者是中国芭蕾舞界屈指可数的专家，后者是中国民族舞界名列前茅的名师。

大凡有京、沪、穗的文艺团体来桂林演出，我也愿意去做陪同，这样一可以结交朋友，二可以感受时尚。像当时上海乐团来桂林演出，我就用一袋袋的香菇、罗汉果、桂圆肉换回了一盘盘有意大利唱法的著名歌唱家吉利、卡罗索、帕瓦罗蒂、斯台方诺、萨瑟兰等人的录音带，还从已改行搞音响的史克林那里借来高音大喇叭，接上资料室的录音机，对着院子播放。

当然，这些都是"四人帮"倒台以后的事了。

话说再回到 1974 年的春末夏初，桂林地区阴雨连绵，这是岭南特有的天气。淅淅沥沥的雨顺着歌队排练厅窗外的葡萄藤蔓滴落在地上，给人增添了无限的惆怅。

一天下午，我依然独自坐在钢琴边练唱，突然发现窗外的葡萄架下站着一位中年男子，他默默地看着我，听着我唱歌。开始我不以为然，因为这种伫立窗外听我唱歌的人时常都有，只不过不像今天这个人如此认真。我唱了一首又一首，他听了一首又一首，并报以了微笑。我看他还站在那不走，就有点不知天高地厚地问他："喂，请问你是干什么的？"他微微地又笑了一下，慢吞吞地说："我是中央民族歌舞团来广西招生的李培良。"

什么？中央民族歌舞团来广西招生？我的心猛烈的颤抖了好一阵，过去我一直有离开桂林奔前程的理想，而如今呢，敢问路在何方？如今路不就在脚下吗？

我赶紧请他进到排练厅来坐坐，李老师见打断了我的练唱，有点歉意地走了进来说："不坐了，我已经听了很久了，你能陪我走走吗？"

在我陪他回他下榻的榕湖边上的市革委会招待所的路上，李老师一直夸奖我音色好，乐感好，问我想不想到北京工作，我当然想啦。眼里顿时流露出了无限的企盼。然而，这种企盼还没有等维持几分钟呢，又遭到了他当头的一盆凉水。当他知道我不是少数民族后，十分遗憾地说："你要是壮族就好啦，哪怕是苗族、瑶族也行啊，因为中央民族歌舞团招生，要招的必须是少数民族。"

我马上又如同坠入冰窖，特别失望地看着他。李老师慈爱地拍拍我的肩膀说："不过我愿意教你，只要你们团肯送你到北京去，我一定安排你在中央民族歌舞团学习，然后再以特殊人才招进团里，那时候你是汉族也就无所谓了。"

听了李老师的话，情绪大起大落的我又兴奋无比，仿佛在这阴雨连绵的天气中，突然升起了一轮红日，一轮希望的红日。当时正好走到三多路和榕荫路岔路口的一家糖烟酒杂货铺门前，我匆匆忙忙跑进去，给一直在抽烟的李老师买了两盒漓江牌香烟，每盒四角二分钱，那时候我的工资每月是二十块钱左右。

有时候人呐还真怪，你看，当时我都高兴得真有点不知东南西北了，却还没有忘记去杂货铺里给老师买香烟。

李老师回北京后，我每隔几天就要给他写一封信，诉说我求学的渴望，恳求他无论如何要安排我的学习。

转眼过了一个月，他终于给我回信了，说非常欢迎我到北京去，他一定会做我的老师。

这时，我又通过谭美莲老师介绍的彭民雄老师，联系上了中央民族歌舞团合唱队里的南宫华玲老师，同样恳求他们想尽一切办法在我到北京学习时，能安排我在民族歌舞团住下来。

在桂林歌舞团这边呢，我就不停地磨团长、副团长和团里各位有身份的人物，请他们为我求情，放我去学习。要知道，在桂林市歌舞团的历史上，自成立起，就没有派出过人员赴北京学习声乐啊。

功夫不负有心人，我的坚韧不拔终于感动了彤团长，感动了团里的各位领导，他们同意为我给中央民族歌舞团开出"求学"证明。

功夫不负有心人，我的坚韧不拔同样也感动了素昧平生的南宫华玲老师。南宫老师来信说，她和李培良老师沟通过了，因为桂林在广西，属于少数民族地区，中央民族歌舞团也就同意接受我赴京学习，这样的话，住宿问题就能够解决。

有了团领导的大力支持，又有了来自北京的李培良和南宫老师的承诺，这一切让我明白了，从此，北京的大门，为我敞开。

北京学习添双翼

1975年的9月，我的北京之行终于成行了。

然而，由于前一个月河南爆发了新中国成立以来受灾面积最大、死亡人数最多的大水灾，京广铁路被拧成"麻花"，被迫中断。据当时报载，因数日的暴雨导致河南驻马店地区多处水库垮坝决口，洪峰浪高十米席卷而下，汝河两岸宽十五公里、长五十五公里的地区被一扫而空。有落水者被洪水冲到几十公里外，受灾人数超过一千万。

我必须绕路，由湖南株洲取道上海，再由上海转车赴京。当时所有北上的火车，都需要这样绕行，所以火车里人满为患，连站的地方几乎都没有了。由于桂林市歌舞团是第一次派人赴京学习，所以不光派了我，还派了我的那位附中同学，女高音王建华一同前往。

我不仅要照顾俩人携带的行李，还要照顾女同胞。上车后，费了九牛二虎之力总算挤出了一角座位，才安顿了王建华坐下。那天上车是半夜，我就一直站在拥挤不堪的过道里晃啊晃啊，不知什么时候晃睡着了，一头栽倒了坐在旁边的一位兄长的腿上。第二天一早，火车抵达株洲，那位兄长推醒了我，告诉我可以坐到他的座位上了，他要在这里下车，换车回长沙。看着他那被我的汗水浸湿的裤子，我十分感动地谢谢他。更让我感动的是，旁边的旅客还告诉我，我栽倒在他腿上的四五个小时里，他居然一动没动地让我熟睡着……

我每次路过长沙或者来到长沙，都会想起这段往事，想起那位被我的汗水湿透了裤子居然几个小时不挪动一下的那位兄长，并在心中责备自己，当初为什么竟忘了问他叫什么名字，住在哪里。

经过株洲到上海，在上海转火车赴北京，又等了三四天。为了不给上海的亲戚们添麻烦，我和王建华就在火车站附近的弄堂里找了家大众旅馆住下了。记得我住的那间客房里，挤下了南来北往的七八位男性房客，其中有一位贵州的客人被扒手扒走了钱包，我还资助了他几斤全国粮票和好几块钱。

经过一个多星期，终于到达了北京。当我第一次看见天安门，看见人民大会堂，行进在宽敞的长安街上，那种乡下人进城的激动是不言而喻的。王建华去她父亲的战友家了，我独自租了辆机动三轮车，直奔北京西郊魏公村的中央民族歌舞团。早已接到我电报的南宫华玲老师和她的丈夫，即后来写过《共和国之恋》歌曲的作曲家刘为光老师，已等候在传达室了。在他们一片温馨的安排下，我以南宫华玲表弟的身份住进了中央民族歌舞团，像是做梦一般。

我住进的宿舍有个"217"的房号，实际上是中央民族歌舞团歌队的排练场。在我之前已经住进了三个人，都是他们团新招的学员，一个是来自广西的京族武世发，一个是来自黑龙江的达斡尔族何一鸥，另一个是北京人男中音雷力凡。一个月之间，又住进了两位同样是到北京学习的歌手，一位是云南昆明花灯剧团的白族男高音刘宁，另一位是内蒙古下面的一个盟歌舞团的蒙族男高音战不拉。到了年底，从吉林森林警察文工团调进来的蒋大为，最后搬进了"217"。

我到民族歌舞团的第二天，李培良老师就在琴房里给我上课了。琴房在民族歌舞团的主楼里，这栋主楼有三层楼，一层是团部办公室，二三层是单身汉宿舍。东西两侧还有两个与主楼连成一体的辅楼。东侧辅楼是舞蹈队的三间大练功房，西侧辅楼有歌队的"217"排练场，以及乐队的排练场。歌队的琴房

1975年秋。左图拍摄者为黄健。当时黄健兄代表广西田径队来京参加全国田径运动会，在本届运动会上他还获得了短跑的名次。赛后，我们相约同游北京。左图为我在到天安门前。右图为我与黄健在颐和园万寿山前，拍摄者是临时请的游人。

1975 年 11 月于北京西郊魏公村中央民族歌舞团大门前。当时魏公村周围许多地方都是农田，中央民族歌舞团大门前是一条双向行驶的白石桥路，中间有宽大的隔离带，长满了八九米高的白杨树。除了马路中间是沥青路面外，路两旁都是泥土，雨天遍地泥，风天阵阵灰。左侧为李培良先生。

是在一楼，他们的琴房让我大开眼界，十来间琴房，每间约七八平米，间间都有钢琴。工作学习都不用出楼，这种办公宿舍两用楼，雨天淋不着雨，雪天挨不着雪，方便极了。

李老师给我上课时，引来了隔壁琴房的演员和学员观看旁听。因为我已经有过多年在舞台上的实践，演唱基本功肯定要比他们新招来的、没有接受过多少声乐训练的少数民族学员水平要高，所以得到了旁观者的一致赞誉。那时候的民族歌舞团老同志多，新同志少，而住在"217"排练场里的都是年轻人，那里每晚便成了飙歌、侃山聚会的场所。很多老同志也愿意融汇其间，一起聊天，一起唱歌，相处得情融意恰。

最喜欢光顾"217"的老同志有马茂勋、张一骥、桑布拉，还有当时担任合唱队队长的张佩云。张佩云每天都要来楼道里的黑板上写合唱队的日程，每次都顺便进来看看大家，嘘寒问暖，像个老大姐一样。值得一书的是，张队长有个儿子叫田寅，小名虎子，那时候刚上初中，很愿意跟我玩，后来虎子吹黑管考上了军艺，再后来去了外国深造。当时在民族歌舞团愿意跟我玩的小孩还有与虎子年龄相仿的，现在是大指挥家的余隆。摇滚音乐家崔健也是民族歌舞团的孩子，少年时的他不爱说话，特别老实的样子，在院子里虽然经常能遇见，但遇见时他总是腼腆地笑。在喜欢光顾"217"的老同志里，马茂勋老师是回族男中音，为人特别憨厚，他与李培良老师是至交。曾经手抄过几十页的声乐教材送给我，因为那时候声乐教材新的不出版，旧的买不到。

张一骥老师就住在"217"旁边的楼道边，一家四口挤在一小间十二平方米左右的居室里，居室对面是公共厕所，居住环境的窘迫和糟糕使他常到宽敞的"217"里来抽支烟，聊聊天。张一骥还是合唱队副队长，手风琴拉得好，钢琴也弹得棒，他到"217"后也常常会为我们即兴钢琴伴奏，让我们的歌声更加欢畅。

也是身为合唱队副队长的桑布拉老师是蒙古族，蒙古族人所有豪放爽朗的性格，在他的身上都能够体现。他的太太叫李惠淑，是朝鲜族的舞蹈演员，特别喜欢我。1976年的大年三十就是他们两口子把我叫到他们家度过的，让身在异乡的我度过了一个温暖的春节。

1976年的春节，是我有生以来第二个离开父母在家乡外度过的春节。第一次是在南宁，那还好说，并不是特别难过，因为离桂林近，风俗也近。而这一年在北京，明显地感觉到了孤独与凄凉，虽然民族歌舞团也给我发了一张可以买到几两花生米、几两瓜子的过年紧俏商品购货卡，但事业前途上的渺茫，使心头常痛。幸亏在民族歌舞团的那半年里，我结交了一个特别好的哥们儿，他是从空政文工团舞蹈队转业过来的张平。我们同龄，都爱文学，都关心时政，都怀揣抱负。这一年的大年初一，就是张平请我到他家去欢度的。张平父亲早逝，母亲带大了他们孪生俩兄弟和一个妹妹。从魏公村去崇文门外光明前街的他家有点远，大年初一一大早，我便出门换乘了好几趟无轨电车、公共汽车，临近中午时分才赶到他家。他母亲已经为我们做好了一桌美味佳肴。看见他母亲弯月似的笑眼，让我骤然想起了自己的母亲。

我到民族歌舞团一个月后，李培良老师又要去外地招生了。人地生疏的我，生怕他一走，别人要赶我怎么办？我赶紧把这一困惑告诉了他。李老师体谅我这个来自小地方的小演员的自卑与苦衷，临行前特地把我带到了团里另一位声乐老师曾渭贤的琴房，拜托他继续教我。曾老师年逾六十，慈眉善目，大耳垂肩，像个弥勒佛，一头银发每天梳理得整整齐齐，一丝不苟。他曾教授过的邓玉华、韩芝萍、方明、蒋大为等大歌唱家，都是一代名师。

曾老师在教学上如同他的一头银发，也是一丝不苟的。他对待每一个学生如同自己的孩子，关爱有加。每周七天，他只在每个星期六的晚上八点，才回到自己在政协礼堂附近的家里，与妻儿同享天伦之乐。仅仅是二十四小时后，

1980 年，北京。我与曾渭贤先生的合影。

他又在每个星期天的晚上，必定于八点以前再回到歌舞团他的居室。整整一个星期啊，老人家都泡在他那间只能放下一架钢琴、两张凳子的琴房里。

凡是我在琴房的时候，都能听见从他的琴房里传来他授课的声响。即便是没有学生来上课，他也会把琴房门虚掩着，双手抱在他那硕大的肚子上，坐在钢琴旁或是闭目养神，或是静观周围的琴房里有谁在学习。也许是他看见我每日都泡在他隔壁吧，对我的关怀更是无微不至。除了经常把我叫到他在办公主楼的二层居室为我做碗面条加加餐外，还常常把我临时叫去为我加课。在他的琴房里有一张课表，课程排得满满的。课表上每个星期每天的上下午都各排有三四个学生的课，但后来我发现，他为我加课的这些课时是留给邓玉华和韩芝萍这帮老学生的。可是，这帮老学生不可能每个礼拜都来上课，尤其是像韩芝萍，当时在京城歌坛上的年轻的女高音里，已经首屈一指了，工作特别忙，根本就不可能来上课。

　　于是我渐渐地能体谅出曾先生的心思了，他把学生跟不跟他上课看得很重。后来交往多了，闲聊中他也曾告诉过我，在他的学生里也曾有"背叛"他的，他对这种品质深恶痛绝。于是我又能体谅出曾先生的心思，这也是他对我的一种警示。

　　平心而论，我在曾老师的课堂上学到了很多的东西。他让我听卡鲁索、吉里，也让我听帕瓦罗蒂，也向我介绍过教声乐的布伦巴罗夫。这些知识其实在我跟他学声乐之前，已经从李培良老师处都接触过，还有像林俊卿林大夫的名字，像林大夫在声乐训练中"咽音"训练的这一理念，李培良老师都曾介绍过，并给我示范训练过。只不过没有曾老师那么细致、系统地传授。尤其是曾老师对男高音的"哼鸣"训练，他的"哼得有多高，就能唱得有多高"的理念，让我受益匪浅。大家看见我进步明显，都说曾老师对我教学有方，我的演唱迅速在民族歌舞团由赞赏提升到了认可。

　　光阴似箭，眨眼就到了1975年年底，由于我的演唱得到民族歌舞团大多数人的认可，他们团好几位作曲的老师便都来找我为他们试唱新歌。有一天，一向对我和蔼可亲的歌舞团办公室李敏主任问我，你愿意参加团里的演出工作吗？我当然愿意，一口就答应下来了。李主任开始分配我去舞台上抢台搬凳子，这项任务就是，当大幕关上以后，要赶紧把上一个有乐队的节目，留在台上的凳子抢下来，或者把下一个有乐队的节目，需要用的凳子抢上去。在没有抢台的时候，李主任要求我必须站在舞台监督的旁边，随时听他的指挥。舞台监督叫于岱岩，是个学识渊博的兄长，他经常给乖乖站在他身边的我，讲讲唐宋诗词，讲讲清朝趣事，讲讲老北京的典故。

　　不久，李敏主任正式通知我参加合唱，舞蹈编导余立勋老师、张苛老师还让我在他们新编的舞蹈节目中担任领唱。像马茂勋、桑不拉这些老同志也不断地向团领导推荐，希望把我留在民族歌舞团。有一次，在魏公村的副食品店里，我迎面碰到了歌舞团当时的团长，文艺界资深的老革命刘铁山，他竟然特别亲切地将他刚买的"江米条"分了些给我，并介绍这是北京的特色小吃，让一旁同去的室友看得目瞪口呆。刘团长还笑眯眯地问我，你愿意留在我们团吗？

不久，合唱队的魏队长正式跟我说，我们团决定调你了，你要想办法做好你们桂林团里的工作。在当时，像我这样的汉族身份能调进民族歌舞团，是个很轰动的消息。

这一切让民族歌舞团的"家属"，总政歌舞团的男高音马志忠看在眼里，或许他确实是欣赏我吧，私下里便偷偷地对我说："如果想来北京搞文艺，要来就要来总政。"一个劲地动员我去考总政歌舞团，同时还说，要介绍他的老师方应喧帮我上上课。啊！因为我曾经做梦都梦见考上过总政啊，所以我马上就答应了他，很快也就跟着马志忠去找了方老师上课。就这样，方老师成了我的又一位声乐老师。

此时的民族歌舞团似乎已经把我当成自己人了，不仅让我参加他们的业务活动，连他们的政治学习、打扫卫生等一切日常工作都让我参加。除了参加演出，那时候，民族学院后面的万寿寺一带，还都是乡村，民族歌舞团多次到这里积肥运肥，都会通知我参加。雷打不动的政治学习，每个星期两三个下午，我也一次不少。

与此同时，中国正行进在风云变幻、灾难迭起的1976年。

元月份，周恩来总理刚刚去世，那场源于1975年末的"反击右倾翻案风"运动，愈演愈烈。大字报又开始铺天盖地了，民族歌舞团党委决定集体组织去清华、北大参观大字报专栏。

在一个寒风肆虐的上午，民族歌舞团组织全团去北大参观，我第一次得以走进这座神圣的殿堂。当然，这时候的北大，已经不是什么"殿堂"了，而是被红卫兵小将们叫器着要彻底砸烂的资产阶级反革命修正主义路线的大本营了。所以一进校门，就能从那铺天盖地的大字报中嗅到一股血腥味。

　　然而此时的我，已经成年、成熟，具备了不少判断能力，不再对这种大批判抱有敬畏之心，反而是有点厌了。所以，我在看了不到十分钟的大字报后，便与当今大指挥家余隆的母亲钢琴家丁柬诺大姐，偷偷地避开人流。但是不敢走大门，而是翻过了一段倒塌的围墙溜号，"逃离"了北大。

　　有了厌恶就想到了逃避，于是整天把自己关在琴房里。外出招生的李培良老师一去几个月，他的琴房就成了我的专用。突然有一天，刚将歌曲《怀念周总理》唱响全国的，如日中天的韩芝萍来找曾老师上课了，休息时曾老师从他隔壁的琴房里把我叫去认师姐，还让我给韩姐唱了首《乌苏里江船歌》，只见韩姐眼睛一亮，没过几天，就把我介绍到她所在的总政军乐团去考试。同样是一首《乌苏里江船歌》，同样获得了军乐团考官们的"眼睛一亮"。很快，他们派出了时任办公室主任的王小平和作曲家魏群到桂林去为我办调动。那几天，我天天在做黄粱美梦。最美的一次是梦见自己掉进了一个碧波荡漾的深潭，正好骑在一条腰身有一米多粗的巨龙身上。早上醒来后，我赶紧告诉曾老师，请他帮我圆圆梦。曾老师听后连连摇头，连连说可惜啊可惜，怎么就没腾飞起来呢。

　　事情果真如梦，不久，从桂林空手回来的王主任和魏群老师一直不愿意见我。我悲哀地猜到未被录取，又应该是因为我的家庭出身问题吧。

　　前几年我请了均已退休的王小平主任和如今已去世了的作曲家魏群老师在北京阜成路的"湘鄂情"小聚了一次，他们第一次告诉我，三十多年前他们去桂林时，先是去了桂林叠彩区公安局，他们的想法是，只要能直接从公安局把我的户口转走，就可直接入伍，就不用惊动桂林歌舞团了。不料，当时接待他们的警察把我家说得一无是处，说我家与台湾、美国的关系有多么多么的复杂，极力地阻止调动。

　　善良的王主任和魏老师，为了安慰我的父母，在一个风雨交加的初春之夜，他们撑着伞，还被淋得透湿，来到桂林的八角塘，敲开了我家低矮破陋的家门，告诉了我父母我没被录取的原委和遗憾。可不知为什么，这么重大的事情，我的父母居然从来没有对我说过。

就这样，在我刚满二十岁的 1976 年春天，再一次遭到了沉重的挫折。

眨眼到了那年的三月底四月初，元月份周恩来总理的去世，无疑是一根导火索，点燃了亿万人民对"文革"这种混乱状况严重不满的火焰。到清明节时，变得如火如荼。清明节期间的天安门广场人山人海，花圈如潮，标语传单亦如潮。

当时，北京市"革命委员会"有明文规定不准群众到那里去悼念周恩来总理，还要大家坚守工作岗位。民族歌舞团在那几天也坚持工作、坚持排练。记得在一次乐队与合唱队合排的现场，乐队吹小号的广西老乡吴老师，实在忍不住了，破口大骂排练组织者，嚎啕大哭，拒绝排练拂袖而去。

我自以为是外地来京者，不受单位的约束，一有时间就偷偷摸摸地往天安门广场跑。从西郊魏公村到天安门的路程很远，可人一旦有了信念，再远的路程也会乐此不疲。

慢慢地，"217"房的伙伴们发现了我去天安门广场的"秘密"。这时候蒋大为已于头年底搬进了"217"，成为了我们的新伙伴。

大为来之前已在歌坛上颇有名气，电影《青松岭》的插曲《沿着社会主义大道奔前方》和歌曲《邮递员之歌》已经广为流传。我对他也是很崇拜的，因为他的这两首歌，在桂林时我也一直演唱，所以对他的到来，"217"的人都特别高兴。搬来那天，他行李刚放下，就拿出了一盒当时应当算是非常高级的吉林人参软糖分给大家吃，一下子就拉近了我们之间的距离。他的这种为人处事本领，让我看在眼里，学在心里。

大为把他的床安排在我的旁边，晚上睡觉时我们俩是头顶着头。他平时戴

2009 年于北京阜成路"湘鄂情"酒店。我与总政军乐团作曲家魏群（右一）、总政军乐团副团长王小平（右二）合影留念。在此次欢聚中，王副团长与魏群先生才第一次告诉了我 30 多年前我考取了总政军乐团，却未被录取的真相。

1976 年于清明前北京天安门广场。当时为悼念敬爱的周恩来总理逝世，北京连日来每天都有百万群众涌向天安门广场，敬送花圈，发表悼词，群情慷慨，人心壮烈。照片中为我与空政歌舞团舞蹈家屠士远（左一）、空政歌舞团舞蹈家张健（左三）同在天安门广场参加悼念活动。

眼镜，是近视眼，晚上睡觉时，便把眼镜取下放在枕边。"217"室是排练厅，屋里没厕所，厕所在门外的楼道里。因为我俩床挨着床，只要半夜大为去上厕所了，我自然会被他吵醒。我喜欢恶作剧，就把什么糖盒啊，书本啊统统塞进他的被窝里，有时候还撒一把花生进去，然后再把他的眼镜给藏起来。那时候的天气已经冷了，已经烧暖气了，当他匆匆从外面厕所回来，即刻就会往被子里钻，每次钻进去，又会听见"哎呦"一声，然后看见他爬起来找眼镜，眼镜找不着，又看见他恨不得把脸紧贴在床单上，摸着黑将我扔进被窝里的东西一一捡了出来。当时我不满二十岁，大为不满三十。

　　内蒙古来学习的战不拉，长调唱得很好，粗犷高亢，是蒙古族，此时已经调进民族歌舞团了。他的年龄应该与蒋大为不相上下。云南来学习的刘宁，也是这个年纪。三十岁的人，当然要比我这二十岁左右的人"城府要深"。包括武世发、何一鸥年纪都比我大。他们知道了我常去天安门的"秘密"后，便要我在晚上睡觉时给他们说说。不谙世事的年纪，容易嘴不把门，我就傻乎乎地一五一十地叙述给他听。后来，我干脆劝他们一起去，理由很简单，我说去去并不是也要加入那些辩论啊，诗朗诵啊，或者参加那里的活动，而是作为这个时代的热血青年，应当将这具有历史意义的场面深深地印在脑海里。你见过它了，你就能从感性到理性都有了认识，它就能成为了一本你的教科书。他们听罢后，都只笑笑，也不言语。后来我才知道，他们中间也有去过天安门的，只不过不动声色而已。

　　由于天安门前的群众运动已经直接损害了当时的权贵，甚至刺激到了毛泽东，形势也就急转而下了。中央很快将"四五"那天的群众活动定性为"反革命活动"，并宣布了任命华国锋为新的国务院总理，撤销邓小平一切职务的两项决定，紧接着各单位都在组织学习，并且要人人表态。那时候我已经参加了民族歌舞团的学习工作，理所当然地要参加他们的表态。记得那天合唱队所有队员一个不落地云集在"217"排练厅，不管你是违心的，还是自愿的，都得说坚决拥护中央的两项决定。我也说了类似这样的话。可是当我话音刚落，只听见我的一位同屋情绪激动地紧接着说："你既然拥护两项决定，为什么还天天往天安门跑？"全场顿时凝固，如死一般地宁静。

第二天一早，民族歌舞团政工组的老白就来通知我："按上级规定，'五一'前，要把去过天安门的人都集中起来学习，大家念你平时工作好，人缘好，你就赶紧回桂林吧，这样我们还可以为你挡住些什么。另外过去跟你说过，要调你到我们团来，目前看来已经不太可能了……"

我离开北京前的那几天，曾老师在他的居室为我置酒，他劝我不要泄气，回到桂林后要把他教给我的东西好好地捋一捋，总结总结，"以利再战"。南宫老师在家里为我设宴，给我做了我很爱吃的氽肉丸子汤。丁束诺大姐、郭璇大姐也赶来与我告别。她们对合唱队里的那位"告密者"，感到无比的愤怒，同样对因此事造成的意外而迫使我离京感到难过。

临行的那天，好友张平、张健两兄弟和屠士远、小老弟虎子田寅把我一直送到了北京站。团里很多老师和队友听说我要走了，纷纷赶到了魏公村公共汽车站为我送行，匆匆忙忙赶来的李惠淑大姐，往我的怀里塞了两个又红又大的大苹果……

歌舞团里艰难时

1976年4月26日，怀着对现实十分沮丧和对未来十分渺茫的心情，我回到了桂林。一颗一直在躁动着的滚烫的心，仿佛一下子掉进了冰窖。

近八个月在北京的学习生活，已经在我的人生历程中记录下了浓墨重彩的一笔，烙印下了深刻醒目的痕迹。在那里，我系统地向李培良、曾渭贤、方应暄等老师学习了声乐，始步迈进了歌唱的大门。在那里，我参加了民族歌舞团的演出，还荣幸地被指挥家任策老师"钦点"，令人刮目相看地担任了百人合唱团的领唱，一展雏凤清声的歌喉。在那里，我有机会聆听了那么多我所仰慕的歌唱大家的演唱，观看了那么多艺术大师的表演。更大的收获是，我从目睹到身边正当红的韩芝萍、蒋大为等人的经历中，懂得了什么叫名利场，更从被人告密的事件中，懂得了人与人之间极其险恶毒辣的一面……

我不会忘记这一年的3月15号，是韩芝萍大姐介绍我到她们军乐团去考试，仅唱了一首《乌苏里江船歌》，军乐团就派人到了广西去办我的调动。他们速度之快，力度之大，让我受宠若惊。虽然最后的结局是竹篮打水，但也因此让我知道了自己的实力。

我也不会忘记，在离开北京前两天，我在民族歌舞团主楼的过道里，偶遇了刘铁山团长。本来都已经擦肩而过了，却突然听见刘团长在背后叫住了我，他说："小郁同志，听说你要走啦……要记住，你还年轻，别灰心，别泄气……"

咳，能不灰心和泄气吗？听着身后"砰"的一声，刘团长关上了他的办公室房门，我的眼泪差点夺眶而出。这关上的何止仅是房门？！

在离开北京的前两天，我曾去向方应暄老师告别，方老师当时已经知道了我在军乐团的变故，但仍鼓励我："总政的大门并没有向你关闭，你要努力，你会有机会。"

但机会还会青睐我吗？

咳，知道了"实力"，如果得不到施展的机会，还不如不知道为好。

我十分迷茫地站在人来人往的桂林十字街头，站在烟雨漓江边上的伏波山上。

与中央团体相比，桂林歌舞团毕竟是个小团。回到桂林后，不再有了单独的琴房，不再有了喧闹的"217"，不再有了民族歌舞团整个楼道里的那几十位单身汉，一到休息时间就会在一起飙歌、喝酒、打羽毛球。这一切让我感到了回到桂林后处处不适应。

然而，彤团长的和蔼慈祥，阳秘书的亲切友善，慢慢地让我嗅到了昔日熟悉的温馨。重又生活在隔三差五给我写信到北京通报桂林状况的陶建平，每月都按时给我汇寄工资的杨俊新，以及史克林、习永光、弟仔等等旧友的中间，让我渐渐地重又徜徉在昔日暖暖的友情之中。

我渐渐地冷静了下来，并从中悟到了一个道理，那就是"报答"。我想我必须对得起送我去北京学习的这个"小团"，扪心自问，没有它，哪有我？那一阵子，我力图面对现实，接受命运的安排。

团里六月份去广西南宁参加"广西自治区'农业学大寨'专题文艺调演"一个月，我参加了，日以继夜地背新歌，十分辛苦。

团里七月份去广西河池地区巡回演出，我也参加了，两个月里我们到过了金城江、宜山、南丹、罗城，甚至走到了贵州的荔波煤矿，住在草棚子里，那种环境与心理的落差，我都挺过来了。

我真的很想努力地表现一下自己从北京带回来的学习成果，一片真情地想融入桂林歌舞团这个大家庭里。

河池地区的巡演，是我正式成为桂林歌舞团独唱演员的起步。虽然自从进入学员队之后，我一直都以独唱演员"面世"，但都是些小敲小打的场合，如不是完成招待任务，就是去慰问部队。而这次不一样了，团里为我正式组织了一个管弦小乐队，乐队中的弦乐有四把小提琴、一把大提琴，木管有长笛、黑管、双簧管，还有手风琴，气派得很呢！唱起来也带劲儿。

1976 年元旦我还在北京的时候，毛泽东主席发表了两首诗词，一首是《水调歌头·重上井冈山》，一首是《念奴娇·鸟儿问答》，在全国很是轰动。尤其是后一首里有著名的句子："不须放屁，试看天地翻覆。"但这样的句子要谱成曲让人唱，对于作曲家来说，实在是勉为其难。所以，众多的作曲家大都选择了容易谱曲的《水调歌头·重上井冈山》来操刀。当时流传的演唱版本很多，在河池的演出中，为了表示紧跟形势，团里安排我演唱了李双江版本的《重上井冈山》。

首场演出后，我们的乐队队长，曾经在广西公安文工团担任过笛手的韦涛，传达了他的老战友们听了我独唱后的观后感。老战友们有的说我的演唱是"全面理解了毛主席诗词的内涵，声情并茂地表达出了毛主席这首诗词的宏大气魄"。有的说我的中低声区与高声区结合完美，高音明亮通畅。评价如此的好，如此的高，再加上韦队长本身是个性情中人，传达这些观后感时绘声绘色，这就等于给我的北京学习画上了一个完美的句号。

人是需要有一点精神的，有了精神上的鼓励，河池这一路我都唱得十分带劲儿。然而，一件震动世界、震惊全国的大事不幸发生了，它让我们中断了巡回演出。

9月9日，那晚我们正巡回在广西罗城县的县城里演出。大家吃完宵夜洗完澡，纷纷聚到了招待所的庭院里聊天。只见一轮明月高挂，秋风习习，真是个美景良辰。

就在这时广播响了，哀乐声中播音员报道，伟大领袖毛泽东去世了。

全国一切娱乐停止，我们回到了桂林。

回到桂林，我必须面对的最重要的一件事是我的兄长在我们去河池演出前，已经被他的单位二轻局和刑警队联合抓起来了。等我们演出回来了，两个月也过去了，他的音讯还是一点也没有。被抓的原因众说纷纭，有的说是群殴打架，有的说是与一起命案有关。

我兄长绝顶聪明，读初中、高中时，数理化都特别好，琴棋书画也能拿起放下。不足的是他自少年起，就很有些江湖习气。二十岁后，就在社会上行走闯荡，还与四个同龄人结盟成一个小团伙，按年龄排序做了"老二"。当年父母可没少为他操心啊，见他没有考上大学，就为他报名上了函授大学。见他没有工作，就找了一位泥水匠，那是一位建筑行业中的行家里手，让我兄长跟着学艺，让他将来能在社会上凭手艺吃饭。

父母给他找的师傅姓曹，是江苏老乡，阴错阳差的是，我兄长出事竟与这师傅有关。师傅家住在保惠菜市里，兄长有一阵子便隔三差五的往保惠菜市去聆听教诲。尽管他后来也没有做成泥水匠，却把江湖上的一日为师终身为父这一信条学得很好，与曹家来往密切。曹师傅有个与我兄同龄的独生子，据说是夫妻关系不好，他老婆竟丢下儿子就跑掉了。这下惹火了曹家，想尽办法要找回儿媳妇算账，以求心头公正。听我母亲说，大概就是因为这件事情，我兄给小曹出了馊主意，不料被刑警知道了，闯下了大祸。

那真是"一颗老鼠屎坏了一锅汤"啊。那个时候，任何一个家庭，但凡一个人出了事，全家从此就会鸡飞狗跳、鸡犬不宁。

　　曹师傅一家就是这样的，儿媳妇跑了，儿子又被抓起来了，年迈的老俩口没有工作，没有收入，还带着个孙子，这日子怎么过啊。

　　曹家的小孙子我见过，就是在那年冬天里的一个周末，我正在八角塘的家里午饭，忽听见门外有一个稚嫩的声音在叫着："郁奶奶，郁奶奶！"母亲赶紧开门，只见一位穿着补丁衣衫的六七岁小男孩，手里挎着一只竹篮，竹篮里放着几块当时很稀罕的豆腐。孩子一脸慌张地看着我母亲，又十分胆怯地说："这是我奶奶今天一大早排队买到的豆腐，让我给郁奶奶送来。"

　　哦，他家住在能买到豆腐的地方，我猜到他应该是保惠菜市的曹家孙子。

　　母亲让孩子进屋喝口水、吃口饭，他不肯。孩子说："奶奶要我送到后赶紧回家，回去做作业。"望着他那被寒风吹得通红的小脸，望着他拎着竹篮远去的瘦弱背影，母亲流下了眼泪。

　　看着竹篮里的豆腐，我想这真是可怜天下父母心啊，也许，此刻儿子都被关在牢里的两位母亲，就是以豆腐为帮衬，相互慰藉着受伤的心灵。

　　我们一家又能好到哪儿去呢？自从我兄被抓去后，母亲完全变成了另外一个人，一改往日娴淑端庄的模样，与嫂子陷入了无休止的争吵。嫂子父母早亡，是孤儿，当时没有工作，又有上小学和正在读幼儿园的两个女儿。除了我父母能给些接济外，没有任何生活来源。从小苦惯了的嫂子，就去找了一份最累最贱的活儿谋生，打石子，卖钱。

　　打石子可是个体力活，首先是要到桂林的荒山野岭去找那些被风化了的大大小小的石块，收集起来，肩挑手提到附近的空地上，再用铁锤将这些石块敲打成核桃般大小的石子。敲好后须码放得整整齐齐，还要寻找盖房子、铺路的买主，大概是一块钱一立方，卖给他们打地基用。

　　为了生活，嫂子还糊过火柴盒，糊好一个火柴盒，能赚几厘钱。

　　已经在桂林歌舞团的我，心里体贴嫂子的艰难，有时也避人耳目地去帮嫂子敲石子，糊火柴盒。

应当说，再苦的生活煎熬，都还能熬得过，但无穷的惊吓和无尽的勒索，却让人无法容忍。

在我兄被抓进看守所里的那段时间里，时常有"好心人"送来了不能算是好心的消息。有的说，他会被判刑，有的说，刑期至少十年，说得最厉害的是，完全有可能会被枪毙。母亲为此担惊受怕极了，那时候，她最常说的一句话是"心里闷"啊，"嘴巴苦"啊。

为了打探兄长的准确消息，全家四处出动托人找人。托人找人就得送礼，而且往往是谁传来的消息越厉害，似乎他的帮忙就越重要，我们给他送的礼也就要越厚重。当时传来我兄要被枪毙消息的，就是一位不断来我家"加码"兄长严重后果的"好心人"，而且还是我家的"大熟人"。如此这般，真的不知道当时送掉了多少的礼啊！最不可思议的是，有人替我们找到了一个自称可以帮忙的派出所的头头，这位头头第一次见到我母亲后就提出了要求："听说你在五金交电批发站工作，五交站嘛就是卖收音机、自行车的。这些都是特别紧俏的商品啊，我马上要结婚了，你能不能想办法给我弄一台'红灯牌'收音机？"

天呐！在那个没有电视机的年代，收音机不仅紧俏，而且还是最奢侈的音响设备。上海产"红灯牌"是当年最紧俏最贵最好的收音机。母亲凭借多年的勤恳工作和善良为人，才赢得了她单位"革委会"主任的同情，特批了一台给她。我记得那天母亲是兴高采烈送去的，回来却一声不吭地倒在了床上。我不敢猜想那台收音机是不是成了扔出去的"肉包子"了。

可恶的是，半年前总政军乐团来桂林调动我去北京，正是这家派出所接待的王主任和魏老师，正是在这里有人说尽了我家的坏话。几十年后，当我知道了我不能调去北京的真正原因后，突然想到了当年母亲给派出所头头送收音机后的情形，难道是在她俩的交谈中，头头一兴奋了，无意间泄露了是谁曾接待

上世纪 70 年代中于桂林八角塘家中。家中设宴请帮忙的客人，等客人走后，家人再吃残汤剩羹。照片中的母亲一脸的忧伤，破旧的居家环境一览无余。
左起母亲、侄女郁梅、嫂子许玉群、侄女郁萍、父亲。

过军乐团来人的这个秘密？才使她倒在床上一病不起多日。我恍然大悟！

因为有了太多的这些不明不白，太多的惊吓和勒索，母亲和嫂子情绪极容易起伏错乱，她俩经常吵架，最后发展到撕打，用煤球打，打得满屋子的煤灰，打得蓬头垢面。有一天，正好被我回家撞见，又羞又愧的母亲在我的面前撕心裂肺地嚎啕大哭，这是我一生中至今不能忘记的悲惨记忆。

眨眼过去快一年了，该屈的膝都屈了，该送的礼都送了。我兄仍然没有下落。我在 1977 年 2 月 10 日的日记里写到："父亲出门买礼物去了，嫂子为丈夫的事求人去了，妈妈加班去了，寂寞的家中剩下了我与两个年幼的孩子。看着家里已经住了整整十年的破木板墙壁，看着昏黄灯下的两个小侄女，心里说不出来的滋味。我默默地在缝纫机上补完了自己的裤子，给妈妈安好了电灯，把烫瓶放到了她的被子里，给两个孩子洗完了脚，让她们钻进了被窝，才默默地离开了家。面对这一切，我始终怀着虔诚的态度，忍耐着过日子，我常想到，世上不幸的人们总是多数的，漓江的水能堵住，人间的愁苦有谁能斩断？！"

不久，更不可思议的事发生了，我兄长在被关押了一年一个月后，没有任何罪名，也没有任何说法，更没有任何处理，就这样莫名其妙地被释放了。兄长说，在走出看守所的大门时，一位只穿了警服上衣的人对他说，这不过是一场"误会"，你可以走了，如此简单就完事了。

当时，兄长只好"完事"了，我们全家也只好"完事"了。你一介百姓，无权无势，还能怎么着？！

这件事是完了，但压在我心头还有更烦更沉的事，那就是一直缠绕在心头的"奋斗"之痛。

自北京回来后，被人告密和家遭不测的双重打击，让我觉得唯有紧张的工作，才能解脱缠绕在心头的痛。我强迫自己努力的工作，团里说啥我干啥。让我在歌舞晚会上唱独唱我就独唱，让我在歌剧《洪湖赤卫队》里唱伴唱我就伴唱，让我在歌剧《江姐》里扮演华为，我就扮演华为，我努力地、尽可能地做到在舞台上下都能受到大家的欢迎。

在业余时间里，我把在李培良、曾渭贤、方应暄为我授课时所做的课堂笔记，该整理的都整理出来了，还油印成册散发出去，在广西声乐界影响很大。

从那时候开始，就有人正儿八经地找我学唱歌了。最早慕名前来学习的是后来在歌坛上红极一时的海政文工团的廖莎。当时她在桂林空军疗养院做护士，是现役军人。那时候，她就已经表现出了乐感好、声音好的专业潜质。

演出受欢迎，教学有奔头，这对一个二十岁出头的青年人来说，应当是可以沾沾自喜的了，但我没有，我很平静。因为我知道我需要的不是这些。在我貌似平静的内心深处，仍然向往北京，向往总政，想在事业上出人头地的"贼心"依然不死。

由于总政方面一直没有放弃对我的关心，并不断地释放出新的信息，说直接从文艺团体里调我比较困难，而只要我能到其他的工作单位，他们招我的途径就能方便得多。

我又开始磨彤团长了，磨各位副团长和各位"有头有脸"的人了。希望放我到其他单位去。我找过读书好友全驰的父亲，桂林市党校的校长，希望他同意我调到党校去，我也找过跟我学唱歌的学生慕小明的父亲，广州军区后勤部20分部的慕副参谋长，托他介绍我到他战友的工矿企业去，而好友黄健，更是一有空就帮我四处奔跑、四处联络接收单位。

要改行离开歌舞团到工矿企业去，总得有个理由啊，与好友全荃和黄健商量，他们建议我从耳鼻喉方面有疾，不利于唱歌着手，刚好当时我检查出有慢性鼻炎，从早到晚鼻子都是不通的，吭哧吭哧地老在擤鼻涕。大家都能看到，凡是演出前，我都会把橘子皮塞在自己的鼻腔里，以便通气。没有橘子的季节，就在鼻孔前不停地抹清凉油和风油精。

全荃当时在南宁的广西军区303医院从医，黄健的父亲是桂林市工人医院的院长，我就拜托他们想办法给我从医院里开证明，证明我的慢性鼻炎越来越严重，不能唱歌了。

我这边则开始以此理由给团里打过好几次报告，希望能改行。

团里的态度当然是将信将疑，说不信吧，确实看见我的鼻子一天到晚在吭哧吭哧，又用橘子皮塞来塞去。说相信吧，我又有被总政军乐团录取过的"前科"，而且哪有不透风的墙啊，多多少少大家风闻我有"曲线救国"的企图。

有一回，也就是最后一次我的请调报告交上去后，彤团长转达了桂林市文化局的领导说法，要改行可以，但必须要有耳鼻喉方面的专业医院和专业医生的证明才可以考虑，其余的医院不算数。

呵呵！这也总算是开了个口子吧，我得赶紧走下一步棋。

广西最专业的医院和专业的医生当属南宁的广西文化大院医务室，于是我趁1977年10月去南宁参加全广西文艺调演的机会，拜托了广西歌舞团的舞蹈

"大腕"，好友项燕。通过她又找到了她的天津老乡，大院医务室的刘大夫，几经"甜和"（桂林土话，讲好话，扯关系之义），在刘大夫的帮衬下，我终于拿到了具有权威性的"不适合从事声乐工作"的诊断书。

当时我完全被"理想"冲昏头脑了，全然不顾万一改行调出了歌舞团，北京又不要了怎么办的隐患。这也是善良的彤团长，一再语重心长地警告过我的话语。

彤团长的警告提醒了我，我决定1978年元旦一过，偷偷地再去一趟北京，看看以往从北京传来的各种信息到底是不是准确的。元月20号，我登上了"冒险"的行程，天晓得等待着我的是胜利的喜讯，还是失败的苦果？

火车在漆黑的夜幕里向北行驶，窗外偶尔划过的一盏灯光或是一点汽车灯，犹似夏天的萤火虫，在遥远的地方一闪一闪。颠簸的火车，颠簸着自己的思绪，不尽的渺茫让我突然觉得连自己也不知道为什么会踏上如此的路程。

在长沙站停靠的时候，正在探亲的廖莎送来了三盒点心，说让我带到北京去，与好友张平和正在北京学习小提琴的陶建平一起吃。那时候，因为她经常找我上课，已经与我的好友们都成为好友了。

廖莎还给了我一封信，让我开车后再看，这真有点像小说里的情节。我遵嘱开车后打开了信封，发现里面有三十元人民币，这在当时可是一笔巨款。她信上说，你这次进京是奔前程去的，学生只能帮你这点忙。同时又说，你要做好准备，张平他们会对你的此行投反对票。就在这"雪中炭"与"泼凉水"的交集中，我一路睁着眼睛，颠簸到北京。

到北京后的第一站，当然是前往总政军乐团。因为1976年王小平主任和魏群老师去广西为我办调动，当时他们回京后在我一再的恳求下，才接见了我并告诉了唯一一个办不成的原因是，当时广西方面不同意放我。重见王主任后，我十分高兴地对他说，现在我可以改行到工厂去了，他们没有理由不放我了，

上世纪 70 年代于桂林漓江剧院。为当时桂林歌舞团出演的歌剧《江姐》剧照，我在其中扮演华为。

谢天民（左一）扮演特务、王莲君（左二）扮演江姐、我（左三）扮演华为、何有才（左四）扮演蒲志高。

上世纪 70 年代于桂林漓江剧院。为当时桂林歌舞团出演的歌剧《江姐》剧照。

王见君（左一）扮演游击队长蓝胡子、王莲君（左二）扮演江姐、马若云（左三）扮演双枪老太婆、左四由我起，依次为夏林、张红、黄明岗、徐红、杨晓红扮演游击队员。后排左起陶红、张奕明、崔小卫、李美莲、陈晓燕扮演游击队员。

上世纪 70 年代于桂林漓江剧院。为当时桂林歌舞团出演的《歌舞晚会》剧照。当时桂林歌舞团为我第一次配置了小乐队。图中有乐队同仁郭珍、朱小音、许新宁、武桂元、冯孝智、孙永泰、梁万思、杨桂梁等等。

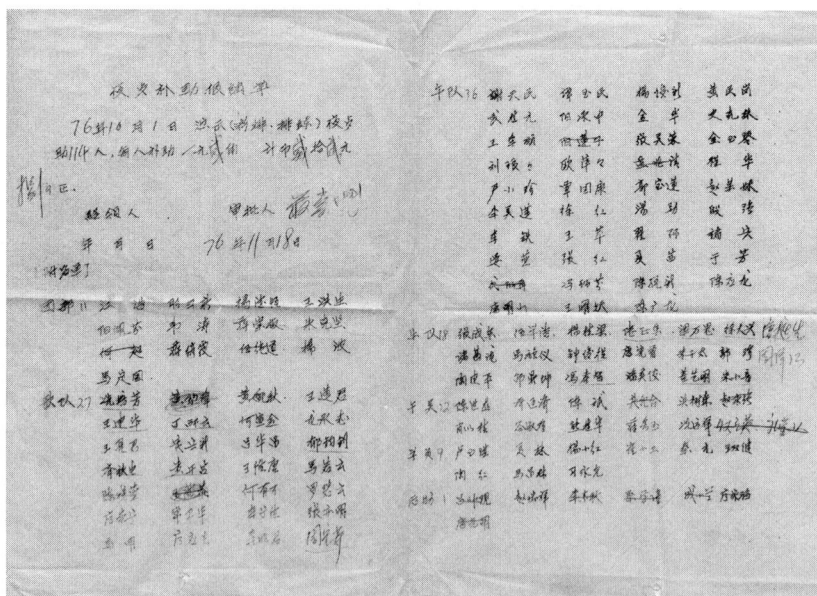

桂林歌舞团演出后夜餐补助报销单。我留存有这张单子，是因为当年的演出节目没有我时，我也喜欢做一些"公益"事情。诸如编资料、刻钢板，甚至帮办公室发放夜餐费。有趣的是，这张单子上记录着本场演出是 1976 年的国庆晚会，每人夜餐补助是贰毛钱人民币。全团参加演出的 114 人，共领取夜餐费贰拾贰元捌毛整。这就是历史，令人有一丝丝心酸的历史。

调我进京已经可以不用文化部门批准了。王主任听我说完后，脸色陡变，一再问我，你回到桂林后，难道你父母就没再给你说过什么别的原因？我傻乎乎地回答他，没有啊。王主任有点怜悯地望着我，沉吟半晌说，你错过机会了，我们现在不招生了。

我很失落地把跟王主任见面的结果告诉了曾渭贤老师。曾老师吞吞吐吐了好一会，才告诉我韩姐曾告诉过他，1976 年没进成军乐团的真相，并不是广西的领导不放，而是我的政审没通过。

哦，我突然想起了为什么我在临行前，母亲会流着泪拿出了一百元，说如果买不到前途，就买个"安心"吧。我又突然间明白了，母亲应该是知道我不可能再去军乐团的，因为她接待过王小平和魏群。至于她们之间说了些什么，近四十年了，母亲不仅事后什么也没有对我说起过，而且直至她去世，对王、魏两位老师去过我家也是只字不提。

母亲生前不说，我便不知。直到四十年后在北京的那次"湘鄂情"聚会，王主任才告诉了我那晚他们相见的实情，而此时母亲去世已经多年了！啊！我明白了，母亲什么也不说，为的是怕伤我的心。

多么伟大善良的母亲啊！

曾老师看见我一蹶不振，心情坏到了极点，就每晚为我置点小酒，劝我"宁为小国君，不为大国臣"。也有不少老师来介绍我去考考东方歌舞团，考考中央歌舞团，我都是有一搭无一搭地应付他们。嘴上说一定去，行动上却都没有去。十天后，我就回到了桂林。

回到团里，大家都猜测我是去北京了，都以为我是去看对象了，当我向彤团长表示以后只要有歌舞晚会，我就一定把独唱唱好，她点了点头，欣慰地笑了。

生活使我越来越聪明起来，使我对未来产生了新的认识，要挣扎着活下去。就这样，我一天天地在与命运搏斗，胡子也懒得刮，留得老长，人瘦得真是三根筋支起一个头。所有的人都说我变了样，变成了另外一个人。

在那段时间里，我学会了抽烟，两天可以抽一包，烟友是当年也曾满怀雄心壮志要在歌坛上一争高低的好友，后来经我介绍于上世纪 80 年代调进了中央民族歌舞团的雷章华。我俩常常在一起边抽烟边聊天，在一起嬉笑怒骂。

在那段时间里，我开始酗酒，三两"漱漱口"寻常事一桩，半斤"一口闷"毫不在话下，完全是为了使失落的心情得到麻醉。

在那段时间里，我开始多愁善感起来。

我会在日记里记着："八角塘口，一担鲜嫩的青菜后面，人行道沿上席地坐着一位卖菜的少女。寒风是那样地呼号着，头上的树叶又是这样地翻旋着，她两手袖在袖子里，双眼来回看着稀少的过路人匆匆忙忙地从她面前走过，眼神是那样的企盼，买我的菜吧。看着她我想到了自己，我不是也天天在期盼吗？又有谁来买我这棵'菜'呢？"

我会在日记里记着："下午妈妈给我挂了个电话，说她从今天起就算退休了。明天将不用去上班，老母亲在电话里用颤抖的声音告诉了我，从今以后，我每天都可以回家吃饭了，她每天会在家里为我和父亲准备好热汤热饭。这是个多么大的转折点啊，未来带给她的究竟是痛苦，还是欢乐？不管怎么说，这是人生的巨变，标志着母亲已进入不可抗拒的衰老时代。不可抗拒的人生归宿也一步步地逼近她。看着母亲的现在，就知道这是我的将来。"

这些可都是我二十岁的人生感触啊，是不是太早了点？

就在这样的多愁善感中，两年的光阴很快就过去了，可以说，1976 年我从北京回到桂林后，整整沉寂了两年。

1978 年全国恢复了高考。桂林歌舞团里我的同龄人，纷纷摩拳擦掌、跃跃欲试。在上海当教师的小姨也给我来信，希望我能加入高考的行列，争取考考上海音乐学院，随后，他们又好心地为我报了名。通知我考试的日期是 5 月 1 号。

上世纪 70 年代末于桂林宿舍。

　　太不凑巧了，考试的那几天正好桂林歌舞团有一轮一周时间的歌舞晚会的公演，还有一场重要的外事演出。由于我在年初从北京回来的时候就答应过彤团长，要好好地参加歌舞晚会，唱好独唱，所以根本就不敢提出不参加演出而去考大学的要求。而团里呢，为了组织好我的独唱，还扩大了我在河池巡演时的那个管弦小乐队的编制，增加了小号、圆号和钢琴，我就更没有理由不上晚会了。

　　也许是我很久没有在桂林舞台上露面了，又有了从北京学习归来的经历的缘故吧，那一轮的演出，我特别受欢迎，每场演出都是要唱完五首还要再到大幕前谢幕。在最后演出的那天，我才向彤团长请假，说我想趁这次"五一"演出后补假的这几天去趟上海，想去碰碰考试的运气。彤团长一听，不仅断然拒绝，还苦口婆心地劝我，不要再冒这个险了。可我当时就是一根筋，被一种不可知的力量支撑着，就是为了在事业上的出人头地。

我是在演出完最后一场的当晚，连夜登上了直奔上海的火车的。等5月7号赶到上海时，才知道音乐学院连复试都已经过去了。当我滞留在上海并感到失望和沮丧的日子里，突然收到了北京李培良老师的一封信，说你既然到上海了，又没赶上考期，那你还不如去看看我的老师，也就是你的祖师爷林俊卿先生，请他帮你"听听"。"听听"是声乐界内的术语，就是上课的意思。

我知道李培良先生与曾渭贤先生一样，"文革"前同在林俊卿先生的上海声乐研究所担任过助教。

林先生的职业，本是济壶救世的医生，新中国成立前他在北京协和医学院毕业后回到上海，是小儿科方面一位难得的奇才，并且还精通妇产科、外科、肺科等学科，业界一般都称他林大夫。林大夫"正经"时间从医，业余时间从艺，他利用业余时间先后向两位外国音乐老师学习意大利传统歌唱方法。由于他勤奋好学，发声正确，音质坚实，把一些外国歌剧中的咏叹调唱得非常到家，当时在上海就享有盛名。

1953年，林大夫被上海音乐界推荐来京参加出国访问演出，在好几个国家的公演中，他的《费加罗的咏叹调》，都受到了狂热的拥趸。回国后经周恩来总理亲自批准，在1957年成立了上海声乐研究所。

该所运用林大夫创立的"咽音"训练法和训练手段，将中国戏曲及民间歌唱中的经验与存在的问题进行总结、研究，逐步整理出一套有关中国民族声乐训练的科学方法，以提高与发展中国民族声乐艺术。歌唱家王昆、乔佩娟、郭颂、胡松华、张映哲、马玉涛、罗荣钜等先后在该所学习过。

我按照李老师的嘱咐在上海静安寺附近的一条绿树成荫的小弄堂里，找到了林俊卿先生的寓所。当我敲开了门，把李培良老师的介绍信给了他后，清瘦而慈祥的老人，马上破天荒地答应了由他亲自教我，而当时他在上海的教学多由他的学生担当。

老人兴高采烈地坐到了钢琴旁，当他打开钢琴盖的一刹那，又突然站了起来，去把所有的门窗都严严实实地关了起来，还拉上了窗帘。

虽说那时候已是 1978 年的夏天了，却还能从大夫依然谨小慎微的这些举动中，看出他心有余悸。我知道，因为有新中国成立前曾向外国教师学习过唱歌，新中国成立后又极力推崇意大利唱法，推崇咽音，"文革"中他被冠以"里通外国、崇洋媚外、反动学术权威、骗子"等莫须有的罪名惨遭迫害。

我的嗓子很对林俊卿大夫的教学路子，在他的咽音教学法下，短短两堂课，就突破了以往高音"海 C"唱不上去的难关，林大夫兴奋得像个小孩，亲自打电话让他的学生曹厚生和薛天航赶来听我发"海 C"。在那两个星期里，他几乎天天为我上课，高音甚至可以练到"海 F"，让他更是兴奋不已，还要求我一有时间就去找他的助教们练练咽音。他告诉我他的最新计划，要重新成立新的声乐研究所，要招新的学生，学生名额中会有四个男高音，两个男中音，一个男低音，两个女高音，一个女中音。他希望那四个男高音中我是其中之一。他还说，当时文化部的领导周巍峙不久前到上海来看望过他，很支持他的新计划。

月余后回到桂林，同行们一听我的"海 C"，顿时刮目相看。大家几乎忘了我去上海是干什么的初衷，纷纷希望我传授咽音的技巧。我受到了鼓舞，抓紧时间，日以继夜地把在上海林大夫给我讲课的笔记，整理出来并油印成册，继而在广西的声乐界推广。这样一来，备受学院派反对的咽音唱法，犹如给平静单一的广西声乐界的湖水扔下了一块巨石，引起了很大的反响和波澜。随后，我又把之前在北京学习时李培良先生和曾渭贤先生的声乐笔记也都整理成册，也在广西的声乐界推广开来。面对着铺天盖地的褒贬争议，我毫不畏惧，完全

1978 年 6 月，于上海外滩。

是初生牛犊不怕虎地面对一切。

后来林大夫一直与我保持通信，有一段时间他去了美国，也会远隔重洋给在桂林的我来信，解决我在练习咽音中的困难，阐述他自己在研究中的新发现、新办法，还频频鼓励我一定要坚持把咽音练下去。

特别遗憾的是，他这些信件，在我离开桂林时，连同大音乐家李凌、施光南、胡德风，大文学家乔羽，电影家李前宽、杨延晋等人的信件，不小心统统遗失了。

上海回来后，有林大夫咽音训练法的壮胆，我开始大量的招兵买马。光在桂林歌舞团歌队，就有很多同事都愿意来尝试一下这种早有耳闻，并久负盛名的唱法。社会上也有很多年轻人闻讯来找我学习，一时间里，有二三十位学生来学习咽音。甚至还有从四川歌舞剧院、四川曲艺团、中国歌剧舞剧院、内蒙乌兰牧骑艺术团，柳州、梧州歌舞团的演员，慕名专程前来桂林，找我练咽音。后来，那些跟我学习过的学生，有考取海政文工团、中国煤矿文工团、广州军区战士文工团的，也有考取湖北音乐学院、广西艺术学院的。当时的我真有点"井底之蛙"得意洋洋的味道。

能做的事情多了，心也就宽畅了很多，日子便不觉得那么难熬了。

而此时的我，调离歌舞团的企图一直没有得逞，面对着对我特别有恩的彤团长，也就常常把未泯的企图按压在心底，我想方设法，尽可能地为歌舞团多做一些事。彤团长也很支持我的工作，比如说我建议增加歌队的钢琴，这样可以使演员练声、练歌的工作环境能够得到改善，能够提高歌队的业务水平，彤团长就毫不犹豫地批准了，歌队的立式钢琴也由一台变成了三台。

那时候买钢琴可不是件容易的事，它属于受控制的"社会集团购买力"，不仅需要财政等部门批准，而且又因为很贵，市场上根本看不到货。所以，买新钢琴这个艰巨的任务自然也由我这个申请人来完成了。是我联系的北京钢琴厂购买了新钢琴，新钢琴买回后突遭使用不适，也是我给北京钢琴厂写信，请他们专程来维修的。一来二往，我就与北京钢琴厂的供销科熟络了。

新钢琴买回两台后，我异想天开，又再建议团里给乐队配置一台竖琴，以适应桂林外事演出的需要。这项建议得到了乐队同仁们的积极响应和大力支持，团部经过多次研究，觉得添置竖琴确实能对完善乐队的编制起到积极的作用，居然就同意了这一建议。在广西，甚至恐怕在全国，一个市级歌舞团的乐队想要配置竖琴，简直就是件不敢想象的事。

刚好竖琴也是北京钢琴厂生产的，彤团长就让我立即给他们供销科的李凤至科长写信提出申购的意向。由于他们不久前来修钢琴时，我对他们接待得好啊，热情啊，作为回报，李大姐很快回了信，热烈欢迎我上北京，还说厂里研

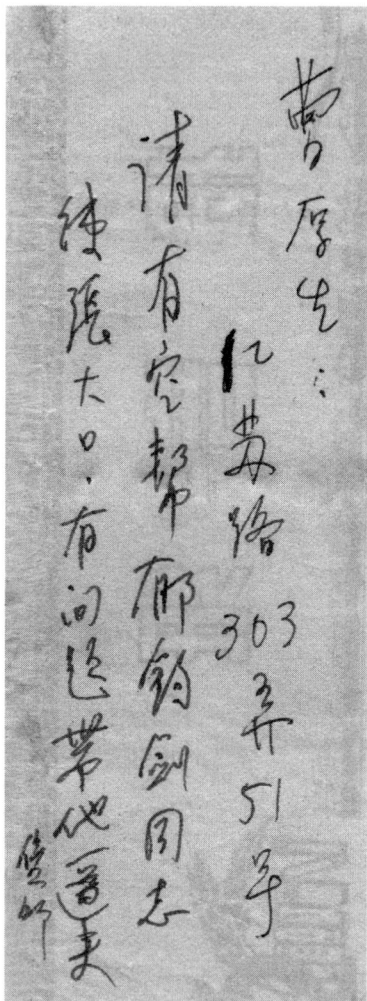

1978 年 6 月我在上海向林俊卿大夫学习
声乐时，林大夫亲笔给他的助教曹厚生先
生书写的便签。
"曹厚生：江苏路 303 弄 51 号，请有空
帮郁钧剑同志练张大口，有问题带他一道
来。俊卿。"

究决定了，如果我们确实想购买，为
了支持桂林市的外事工作，他们会从
出口国外的竖琴里调拨一台给我们。

更没有想到的是，歌舞团想买竖
琴的报告，竟然被桂林市外事办公室
和市财政局批准了，一万块钱呐，一
个当年不得了的数字。

于是，便有了我 1979 年春节后重
返北京的机会，也就有了后来我考取
了总政歌舞团所发生的一连串的故事。

我整理并亲自刻写的林俊卿大夫、李培良先生、曾渭贤先生的讲课笔记。

我向林俊卿大夫、方应暄先生、曾渭贤先生、李培良先生学习声乐时，所做的课堂笔记部分手稿。

考取总政鹏万里

我再次考取总政，是在 1979 年的 3 月。

1979 年的春节来得早，不出元月份新年就过完了。从过年前的一个半月开始，我始终就处于马不停蹄的忙碌状态之中。

在 1958 年的年底，广西省改制为广西壮族自治区，到 1978 年它就成立二十年了。中央派出了代表团来广西庆贺二十年大庆。随行来庆贺的演出团是中央民族歌舞团。

中央民族歌舞团来了，我当然得接待啊。想想两年前我在北京学习的时候，他们当中的多少人给过我友谊，给过我温暖啊。他们来了，除了陪同他们游览、逛街，还在家里请曾渭贤、南宫华铃、于岱岩、马茂勋、张平等老师和好友吃了顿饭。当然，他们不会想到我家居然是住在八角塘里如此破烂的木板房里。

桂林歌舞团还在榕湖饭店接待外宾的那个大宴会厅里，为中央代表团演出了一场歌舞晚会，其中有我的独唱。当我一出场、一开口、一谢幕，民族歌舞团的百余人报以雷鸣般的掌声，让我感动得热泪盈眶，也让桂林的同行们目瞪口呆。

民族歌舞团大部队前脚走，习惯于独往独来、周游四方的李培良老师后脚就到。这是李老师第三次来桂林教学了，我赶紧安排他住下，并帮他安排好教

1978年年末，于桂林象鼻山前。此时李培良先生是第三次到桂林讲学。

后排右起：中央民族歌舞团舞蹈队长张平、罗祖乐、解放军艺术学院声乐教员任重、李培良先生、齐福生、王建华、廖莎。

前排右起：陶建平、我。

学日程。正在这时，和他同在民族歌舞团的大指挥家任策先生也来到了桂林。1975 年，我在他们团学习的时候，就是任指挥的"钦点"，让我担任了大合唱的领唱，才有机会展示了我的歌唱风采，令他们团的人刮目相看。

任指挥是借广西自治区二十年大庆之东风，应邀来桂林帮助训练我们乐队的。训练完后，就要移居美国了。为了感恩，我也请他和李培良老师到我家吃了顿饭。任先生是上海人，母亲做的饭菜很对他的胃口。记得母亲做了一道红烧鲤鱼，一条鱼几乎被他一个人吃得干干净净，最后竟然捧起盘子把剩下的残羹，用舌头舔干净了，一边还连声说："好吃好吃，到了美国，就再也吃不到这么纯正的家乡味道啦。"

就是在任指挥训练乐队时，彤团长宣布，说桂林市政府考虑到桂林的外事需要，准备从外事经费里，拨出当时属于巨款的一万元，给乐队买台竖琴这一好消息，让乐手们好一阵激动和欢呼。

前面说过，因为我跟北京钢琴厂熟悉，从给市里打报告申请买竖琴，到与北京钢琴厂联系订购，这一切都是由我操办的，所以赴北京的这个美差，也就非我莫属了。

这将是我第三次北京之行。

说来有点奇怪，虽然这些年来，我一直都在寻找各种机会上调北京，但不知为什么，对于这次北京的出差之行，却出奇的平静。几乎没有怎么考虑过到北京后，是否实行调离桂林的行动计划，但在冥冥之中又有一种预感，觉得此行在我的身上，会有重大的人生转折发生。

过年后的一个多星期，我乘上了北上的火车。在火车上无聊与苦闷始终陪伴着我，我以记日记来消遣。

下午两点我写道："列车大概行驶在湖北境内吧，踏上一生中的第三次北京之行，我要怎样地安排一下呢？心里还是没有数。离开了桂林，好像失去了很多东西，难道我命中注定要在桂林生存下去了？"

晚上八点我写道："夜幕已经降临了，漆黑的夜空上挂着一轮模糊的圆月。昨天是正月十五元宵节，热闹的元宵之夜记忆犹新，而今天我却坐在远离家乡的火车上。我越来越感到桂林的可爱，越来越感到不愿意离开亲人们。此时此刻，故乡的亲人们面庞，又如电影般地涌现在眼前。那些熟悉的面容，是多么令人感到温馨啊。然而温馨过后，又瞬间难过下来，我就是在这样的矛盾之中挣扎着，生存着。该怎么走下去呢？明天将在何方？"

带着"明天将在何方"的困惑，我到达了北京。

2月13日我在日记中写道："上午九点十分抵京，张平、胡剑平到车站接。随后到民族歌舞团，张平给安排了住处。拜访了曾、李、南宫三位老师，晚上到张平家。大妈跟母亲一样可亲，吃着可口的饭菜，使我突然想起了家，突然想起了桂林，对北京似乎一点感情都没有了，好像恨不得明天就飞回桂林去。什么事业、什么前途，一切都是那么的渺茫啊。"

2月18日我在日记中写道："来到北京已经六天了，日子如同流水一般地逝去，想想真叫人心寒。今天又跑了一整天，从城西跑到城东，从城南跑到城北。上午去总政陆德培队长处拜访，中午去中央芭蕾舞团送去了谭老师所托捎带的物品，下午还去了垂杨柳乔羽先生家，帮黄婉秋去看望他。在陆队长的家里，他要我再考考总政，我付之一笑，昨天在李培良老师的家里，他也要我考考中央歌舞团，我也付之一笑。不知怎么搞的，我似乎对这一切都感到十分的矛盾。回桂林吧，这是目前现实存在的思想，而回去之后，无聊的日子又会使我格外地想来北京。昨晚看了总政的音乐会，感觉不像以前那样激动了，也不知道这是一种什么情绪在支配着我。咳，听天由命吧。"

我就是这样忙碌着、矛盾着在北京东跑西颠地度过了十几天。当然，这其中最重要的是有好几天从早到晚，都奔波往返于魏公村到双井北京钢琴厂之间的路途中。要办理购买竖琴的手续，要付款，要请会弹竖琴的丁柬诺大姐帮去挑琴，要央求时任民族歌舞团舞蹈队长的好友张平，安排几位舞蹈队小伙子帮我去搬琴、包裹、装箱，要到火车站联系托运。当时没有出租车，地铁也不发达，仅有一条线路，一切都靠走，靠坐公共汽车。北京城又大，每办一件事，都要事必躬亲，早上一出门，几乎都要花掉一天的时间。尤其是竖琴买到后，也没有搬家公司，只有再动用曾渭贤老师的"老脸"，去向民族歌舞团的司机班借了一辆小货车，才把它送到火车站，托运回了桂林。

但再忙，来一次北京不容易，声乐课还是要上的，我还是抽空在曾老师处和去方应暄老师那上过好几课。自从半年前，我在上海跟林俊卿大夫学过咽音之后，无论从音量到音高，变化都很大。庆幸的是，两位老师都很看好我的这种变化。尤其是方老师的训练方法似乎是更加细化了林大夫的训练步骤，我也十分受用。

最让我感动的是，帮我去挑竖琴的丁柬诺大姐同样也关心着我的学习声乐和歌唱前途，她一直觉得我年轻有为，为我因"四五"运动时被人"告密"而调不进民族歌舞团而感到愤愤不平。她曾亲自帮我给上海的周小燕先生写信，介绍我去求学，但因桂林歌舞团不同意而未成行。这次买琴到北京，又冒着风雪带我去张权先生家求学。张先生当时住在北京蓟门桥附近的北京歌舞团院里，老人听完我唱后很欣赏，表扬我音色和乐感都非常好，这也是所有教过我唱歌的老师们对我的第一评价。那几天我先后去张先生家上过三回课，每次课后张先生都叮嘱我："你有唱歌的天赋，要珍惜，一定要好好学下去。"深情和温暖的嘱咐至今犹在耳旁，但终因我很快地离开了北京，没有坚持跟张权先生学下去。1991年，我在人民日报社举办的本社群众歌咏比赛中当评委，恰巧张权先生也是评委，我十多年没见到她了，没想到老人还清楚地记得当年的那一幕幕。老人说："我在电视里经常看见你唱歌，你后来走了一条不是美声唱法的

我的声乐教师，总政歌舞团方应暄先生及夫人王萃年先生。

歌唱道路，也挺好的……"

《增广贤文》里说过："命里有时终须有，命里无时莫强求。"说得多么好啊。在那段时间里，虽然心情比较平静，但也常常想起李瞎子不是给我算过命吗？不是说我二十四岁要走军界吗？眼看我就要到了这个年龄了啊。在没有任何征兆的情况下，我在临来京前预感到的人生转折，终于在来到北京的二十天后发生了。

3月初的一个周六，那时我已决定在几天后返桂，并订好了返桂的火车票，方老师在上完课后很认真地对我说："我们团现在正在招收声乐训练队的学员，我觉得以你现在的状况可以试一试。"真的吗？方老师可是总政歌舞团声乐教研组的组长啊。当晚我在日记里写道："按方老师说的，明天上午去陆德培队长处，问问下周联系的总政之事如何，实在不行则罢。行与不行关键还是在自己的业务，我对这一切并不抱任何的妄想。这些日子听到唱得好的人真是多啊，自己的水平的确还是很低的，如果能来北京也可，不能来北京也罢，人的命运是变幻莫测的，个人能有半点强求的能力吗？"

仅仅过了一天，在周一的上午就接到了陆德培队长的通知，让我次日下午去考考总政歌舞团声乐训练队。

我是背着考军乐团失败过的包袱，怀着忐忑不安的焦虑心情和不抱任何妄想的平静心态，极其矛盾地走进考场的，因此，面对着考场上的总政歌舞团洛辛政委，以及以方应暄、王翠年、杨彼得、龚敏、邓文杰、王振明等总政歌舞团声乐教研组的老师，还有总政歌舞团合唱队队长王莹波，副队长陆德培、孙志渊等十几位考官，我五分平静、五分紧张。

考场是在新街口豁口小七条七号院子里的二楼，下午三点当我走进考场时，他们已经全部等在那里了。我给他们唱了两首歌，一首是方应暄老师在课堂上经常让我练习的俄罗斯民歌《三套车》，一首是为了纪念周恩来总理逝世而创作的，由柯岩作词、施万春作曲的新歌《假如我是一只鸿雁》。由于钢琴伴奏是我在方老师的课堂上，已经给我伴奏过的总政歌舞团的钢琴家章培文，我还看见在考官席上有方老师、王翠年老师、邓文杰老师，一下子平静战胜了紧张，心里就像吃了定心丸一样，唱得很从容，也很投入。

应该说这两首歌的风格是不太一样的，前一首具有一定的戏剧性，要求演唱时注意技巧方法的东西多一些，后一首很抒情，歌词写得也很美，要求叙事性强一些。唱完后我感觉这两点都做到了。可是，却不敢也不可能去向陆队长和方老师询问我演唱得怎么样，此时只能是紧张又战胜了平静，伴随着一夜无眠、辗转反侧。

就这样煎熬到了第二天上午的九点过后，陆队长来电话了，还没等我开口，就听见他高兴地在电话那头说："小郁，告诉你一个好消息，昨天你的考试通过了，尤其是洛辛政委说你唱得不错，你今天上午就去小七条一号北楼的二楼找孙志渊副队长，她会告诉你怎样办理调动的手续。"

我一叠连声"谢谢"之后放下电话，三步并成两步的一溜小跑，直奔小七条一号的总政歌舞团，已在等候我的孙志渊副队长，将一纸盖着总政歌舞团鲜红大印的"商调函"交到我手里，并嘱咐我在手续没办好之前，要注意保密，争取尽快成行。听完了她对我调动的交代后，我又赶忙去向方应暄老师和王翠年老师夫妇道谢，并告诉他们我马上就要回桂林办调动关系了。当时王翠年老师正在授课，她拉着我的手，热情地向坐了满满一屋子的学生介绍说："这位男高音已经考上我们团了，要不了多久，他就是我们中间的一员。"

我心里那时真是美啊，美极了，舒畅极了。当我离开了她的教室，离开了小七条一号的大门，来到了新街口新外大街上，竟觉得马路比往日的更宽敞，太阳比往日的更明亮，天空比往日的更蔚蓝。

回到桂林后，在肜团长和阳秘书的帮助下，很快地将同意我调往北京的回函和政审材料寄往了总政。又过了不到半个月，负责招生的孙志渊副队长通过长途电话告诉我："你的一切材料我们收到了，今天就给桂林发正式的调令。"并要我在桂林市自行体检，把体检结果寄往北京即可。

然而，过了今天复明天，一眨眼过去了一个月，又一个月，又过去了今天复明天，一个月两个月，最后半年一年也过去了，总政迟迟没有发来调令。

那段时间我食不香，寝不安，每天都盼望着邮递员来，邮递员来了又不敢去看有没有我的信件。我隔三差五给陆德培、孙志渊两位队长写信，向他们表白我的焦急、我的渴望。陆队长很理解我，也很帮我，要我直接给当时总政歌舞团主管业务的副团长并主管合唱队的大指挥家胡德风也写封信，也反映一下我的心情。因为陆队长为我担心，怕我考试那天胡指挥因事没有来而对我缺乏直观的印象，因此会不会耽搁在胡指挥那里。没想到胡指挥很快地亲笔给我回了信，说要你的决定我们不变，不过由于总政目前整个面临"整编状态"，即便是对特殊人才的调动，也暂缓批准。但不是不批准，要耐心等待。

在这度日如年的等待中，我觉得我颓废极了，甚至比头一年1978年从北京回来后还颓废得更厉害，胡子也是留得老长老长的，整日里沉默寡言，人瘦得更像个猴精。

这时只有彤团长理解我，她像老妈妈一样关怀我，叫我不要太把这件事放在心上，实在去不了总政，在桂林歌舞团同样也可以大有作为。她不断地变着法来安慰我，说在桂林你可以做"鸡头"，到了北京你只能做"凤尾"。后来我父母也慢慢地察觉出了我的变化，他们也不断地开导我，说什么"一动不如一静"。

对于彤团长和父母的深情，我只有在心底里默默地感受了，但不可能接受。因为这次的调动，是个近在咫尺、伸手就能抓到的机会。可是老天爷也太绝情了，就是让你看得见抓不着。可想而知，那时候我受到的是何等的煎熬，说煎熬都轻了，那简直就是磨难。

让我感觉到这简直就是磨难的原因还有，4月份桂林歌舞团已将同意我调出的回函寄往了北京。同时在总政的催促下，在彤团长和阳秘书的积极配合下，"人不知鬼不觉"地已经把我所有的政审材料、工资证明、体检材料也统统寄到了北京，从某种意义上讲，5月份开始我就可以不算是桂林歌舞团的人了，但现实的是，我还赖在这里不走。

这一赖，居然有一年半之久。

在这等待总政批准的一年半里，我终日无精打采，每天难得与大家说上两句话，总是闷闷不乐地坐在钢琴旁，一坐就是三四个小时，有时候唱得嗓子都完全哑掉。每天下午下班后，依然是闷闷不乐地回到家里，已经退休在家的老母亲，总是把热菜热饭弄好了等着我回家。可是我心情不好啊，面对着再好的饭菜，只要父母有一两句话触动到了我的某根神经，我便莫名其妙地发起火来。父母都很难过，以至于发展到只要我一回到家里，他俩就一言不发地看着我，陪着我把饭吃了。

　　吃完饭，我放下碗筷拔腿就走。父母从弟仔那打听到，我出家门后，一般都要爬到伏波山上去，有时候天都完全黑了，也不见我下山。第二天弟仔告诉我，为此父母常常吓得两眼发直，两腿发抖。弟仔说，他们真担心我在山上出事。

　　终于有一天，当我放下碗筷，又闷闷不乐地要出门时，母亲含着眼泪拉着我，半晌只说了一句话："钧剑，看着你这个样子，我们老俩口活着还有什么意思。"

　　站在伏波山的夜幕中，遥望着深邃无垠的夜空，耳畔不断地回响起母亲刚才的那番话，我突然醒悟到，我不能再这样生活下去。父母含辛茹苦地把我抚养到这么大，不能给他们增添幸福已经是我的罪过，如果更增添他们的痛苦，那就罪该万死了。

　　我记起了母亲的另一句话："生活再苦心不能苦。"我得高高兴兴地活下去啊，不能再让彤团长和父母为我操心和担心。于是我在人前人后开始乐观起来，我把胡子剃掉了，烟也戒了，酒也喝得少了。通过这一段的经历，我明白了一个道理，如果大千世界按十个人计，属于你的朋友仅一二而已，而与你对立的"敌人"也是一二而已，剩下的五六人与你非友非敌。如果每天哭丧个脸，朋友会很难过，他会想，我的这个好弟兄怎么老不开心，老有难事坏事？朋友就会为我操心。而敌人就会高兴："你看他每天都有坏事难事，活该。"那么非友非敌的那五六个人，他们也会受我"哭丧个脸"的影响而厌烦我："你看他每天都苦叽叽的，谁欠谁了？"反之，如果我每天都笑对四周，朋友就会因我高兴而高兴，都会祝福我每天的好心情。那么敌人看见了呢，就会很难受，会想他怎么老有这么多好事啊？而非友非敌与我毫不相干的那五六个人，也就会受我的感染高兴起来，还会感到我的可亲可爱。归根结底，这就是我在1979年获得的最大收获，凡事要"忍"。"忍"的结果是，在这一年半里我"忍"出了很多大事。

首先我写出了两个电影剧本，第一个电影剧本叫《明天走向刑场》，剧本根据我听到的一个真实故事编撰的。内容写的是一位在"文革"中失去父母的孩子，在杀死了置他父母于死地的仇人后被捕入狱。在他第二天即将走向刑场的前夜，用倒叙的手法，将其知识分子的父母被害的过程和"当权"的害人者阴险丑恶的嘴脸展现在观众面前，从而揭露出那场空前的大灾难，给全国人民造成的巨大的身心伤害。

写这个剧本的起因是，随着"文革"的结束，全国人民头上的紧箍咒被解除了，在欢心鼓舞了一阵之后，不少人开始进行了反思，当时涌现出了以小说《伤痕》、电影文学剧本《女贼》为代表的一大批"伤痕文学"。写"伤痕文学"，是那个年代的时代潮流。

在那几年里，时尚青年的标志，就是你是不是一个"文学青年"，你会不会写诗？会不会写剧本？会不会写小说？而且敢不敢以揭露批判"文革"为题材？

我正是受到了这种思潮的影响，加上我从小喜欢看电影文学杂志，所以慢慢地也产生了一种强烈的创作欲望。我在桂林歌舞团的资料室里发现了一本苏联人库里肖夫撰写的《电影导演基础》，我如获至宝地借回去认真研究，并按照上面的基本套路，再找来一两个看过的电影文学剧本，照葫芦画瓢，仅用了一个星期就写出了《明天走向刑场》。

刚好此时已获彻底平反的邻居黄婉秋，要去北京参加全国第四届文学艺术界代表大会，我问她能不能帮个忙，托她把这个剧本带到北京去，给她熟悉的圈内人看看，提提意见。黄婉秋接过剧本满口答应："没问题，这次大会苏里导演也要来，我就交给他吧。"

黄婉秋果真在会议期间把这个剧本交给了电影《刘三姐》的导演苏里，苏先生看后说："这个作者很有才华，不过胆子太大。"因为虽然当时社会上揭露批判"文革"是个潮流，但毕竟官方对"文革"题材并没有开放，仍然是个文艺创作的"禁区"。像苏里导演这种在"文革"中吃过苦头的"惊弓之鸟"，除了对剧本表示肯定和赞赏外，也实在不能再多做些什么了。

　　慈明和是广西电影制片厂文学部的编辑，他的同学兼爱人刘玉珊是我们学员队的学友。刘玉珊是我在当年被保送到广西大学做工农兵学员未果的次年，同样是被保送到广西大学中文系学习文学创作的。毕业后又回到了桂林文化局搞创作。那年慈明和回桂林探亲的时候，正好赶上了黄婉秋也从北京开完会回来，我赶紧敲开了玉珊的房门，把《明天走向刑场》拿给明和兄指教。第二天一早，他把剧本还给我时说："我读着读着就被吸引了，是一口气读完的。剧本写得确实不错，构思也好，一听名字就能吸引人。"听他说到这，我高兴地按捺不住地笑出了声来。明和兄却不动声色地望着我，沉吟了片刻说："不过现在发表确实不适宜，即便发表了也不会被采用拍成电影。为什么，你知我知。"听完他的这段话，心情顿时像泄了气的皮球，刚才还蹦得老高，转眼就摊在了地上。明和兄依然是不动声色地望着按捺不住扫兴的我，又沉吟了片刻说："其实你是抱着金饭碗要饭吃，你的身边就有一个特别好的题材。"我说："什么题材啊？"

　　"黄婉秋！"他答。

　　"啊！"我为之一振，马上来了精神。

　　慈明和说："你跟黄婉秋一个团，近水楼台先得月啊，你了解她，好写啊，如果你愿意，咱俩还可以合作。"能与专业人士合作，这是我求之不得的阳光大道。在他探亲的那几天里，我俩多次探讨商谈，我更是起早贪黑写了改，改了写。就这样，由我执笔完成了反映黄婉秋爱情故事的电影文学剧本《今日刘三姐》。

　　围绕这个剧本发生了很多故事，这是后话。

在这"忍"的一年半里，我做的第二件大事是与大作曲家施光南合作。我们联袂完成了三四首由我作词、由他谱曲的歌曲，其中有一首独唱《漓江谣》经于淑珍演唱，灌了唱片。

相识施老师也很偶然，当时他到桂林来采风，搞创作，需要钢琴，他通过文化局联系到了我们歌舞团的琴房。那时候歌舞团在业务上已经有所发展，在原来歌队排练场外又盖了两间琴房，增加了两台立式钢琴。施老师来我团新盖的琴房里搞创作的时候，我正好在老排练场练唱，是歌声吸引了他，是歌声架起了我们友谊的桥梁。

施光南老师回到北京后，一直跟我保持着联系。他除了跟我合作写歌外，也希望我参演他作曲的大型歌剧《伤逝》。他还说，这一两年他要举办作品音乐会，一定会邀请我参加。《今日刘三姐》的电影剧本写好后，我也寄给他看过，他兴奋地回信提议把它改成像老电影《刘三姐》一样的音乐故事片。他还要我多写些歌段在里面，由他来作曲。还把这剧本推荐给了当时的年轻导演，后来的中国电影家协会主席的李前宽。

在通信中，施老师与我谈创作、谈艺术，也对我不时流露出来的对前途渺茫的悲观，表示了关心和同情。他劝我，艺术家要甘于寂寞，不一定要到北京去，他说"我就属于天津歌舞剧院的"。

所以，当天津歌舞剧院来桂林演出时，他就介绍歌唱家于淑珍和崭露头角的关牧村，以及舞蹈家刘国柱给我认识，并让他们一定要请我看演出。我知道，施光南老师是想以此来温暖我那孤寂的心。

另一件大事是，香港文志唱片公司终于来桂林录音了。除了录制歌舞剧《刘三姐》全剧外，还为我录制了独唱专辑，我在后面会有章节专门记述此事。

第四件大事，是我"强颜欢笑"地努力参加团里的工作，尽量消除大家认为我要走，而又走不成的尴尬。

在那一年半里，歌舞团除了整团到广州、梧州去演出《刘三姐》，其他时间都是分成歌舞演出队和戏剧演出队分别工作。彤团长理解我，安慰我，还让我担任了歌舞演出队领导小组成员。那时候，我们的歌舞晚会很活跃，短短的几个月就能演出几十场。晚会多次在桂林市轮回上演，还到过柳州、阳朔、钟山、贺州、平桂矿务局等地巡回演出。在晚会中，我担任的独唱非常受欢迎，每场演出一般都在五首上下，唱到七首甚至九首才能收场也是常有的事。刚从北京学习小提琴回来的胡剑平就很感慨地说："北京的大歌唱家们也不一定能返场唱到九首啊。"

如此受到欢迎，完全得益于曲目选得好，我自己曾用一首打油诗进行过总结："快歌慢歌搭配，爱情抒情兼备，西洋民族并举，高音辉煌结尾。"

彤团长同样把我的演唱受到"如此的欢迎"，看在眼里，记在心

1979 年前后施光南先生手稿。

上。到了 1980 年的夏天，因为桂林市和日本的熊本市结成了友好城市，桂林市市长梁山要带一个由四男四女八位舞蹈演员、一男一女两位独唱演员、一位杂技演员组成的演出小队去参加熊本的"火国节"，彤团长便安排了我的男声独唱。如此这般，我的心境还真慢慢地趋于平静了。想到自己不仅演出受欢迎，又能出国，施光南老师又劝导我留在桂林也不错，林俊卿大夫也经常从美国多次写信给我，表示一旦回国了，就一定要成立咽音研究所，也一定会请我去做助教。于是，那时候，我甚至产生过不一定非要去往北京，而留在桂林大干一场也很不错的念头了。

然而，天有不测之风云，人有旦夕之祸福。"香港录音"埋下了招人妒忌的惹祸根苗。大家都知道，人世间每个单位都有一些见不得别人比自己好的同志，桂林歌舞团当然不会例外。他们妒忌彤团长带着我们又是出国，又是香港录音。

这些人也妒忌香港姚先生曾用"兑换券"兑换给了十几位参加过录音的乐手和歌者，让大家购置了收录两用机、自行车等紧俏商品。

这些人趁我们出国时，添油加醋地把这些事告到了市里，甚至惊动了广西区里的一位领导，不问青红皂白地批示了一番，等我们从日本访问回国后，小小的桂林市，已是"山雨欲来风满楼"了。

我当然也是十几位被通报者中的一位。说来荒唐可笑，就仅仅是托香港人买了台收录两用机，既没有偷税漏税，也没有少给港商一分钱，而且当时我既不是党员，也不是干部，何故要遭受纪委通报如此大的责难？我们四处申诉，说明原委，但位卑言轻，毫无用处。心寒之时，更无法忍受墙倒众人推的世间丑陋，彻悟到严酷的现实，毫不留情地打碎了我还想在桂林大干一场的美梦。

不少好朋友此时也纷纷劝我，不要再留恋桂林这个小地方了，像这次香港来桂林成功的录音，应该至少你有一半的功劳，通报你们，难道仅仅是对买一

上世纪 70 年代末，于我家门前八角塘畔。此时天津歌舞剧院来桂公演，施光南先生介绍歌唱家于淑珍、关牧村和舞蹈家刘国柱与我相识，并邀请我看演出。演出之余，我尽地主之谊，在家"设宴"款待他们。当他们一行来到我那简陋破烂、透风黑暗的家中时，关牧村惊讶地发现在没有天花板的屋顶上的瓦片中，为了取光，镶嵌着一块透光的玻璃，她不知其为何物，连呼着："快看快看，小郁家开天窗呢！"

右起刘国柱、桂林歌舞团杨德恒副团长、关牧村、桂林歌舞团肜雪新团长、于淑珍、我。

台两台收录机的妒忌？可以想象得出，类似这样的妒忌将来会没完没了，因为你太出类拔萃了。好朋友还说，"木秀于林，风必摧之"，这是古训，理当牢记。

痛定思痛，我决心离开桂林，我假借众所周知的"猜测"，请了一个月的假，赴京"看女朋友"。实际上是为了调进总政歌舞团，再次进京闯荡搏斗，做最后的努力去了。

上世纪70年代，为当时桂林歌舞团出演的歌舞晚会剧照。我在当时的歌舞晚会中不仅担任独唱，也担任男女声二重唱。其中就曾与黄婉秋联袂演唱过广西民歌。

上世纪70年代于桂林漓江剧院。为当时桂林歌舞团出演的歌舞晚会剧照。当时桂林歌舞团为我配置的小乐队，明显比前几年的规模加大了很多。有前排四把小提琴，左起郭珍、朱小音、伍学杰、陶建平，中提琴钟世聪；二排左起长笛梁万思、双簧管杨桂梁、单簧管马昌林、大管陆正东、大提琴徐大兴；三排左起琵琶邵鼎坤，小号钟俊程、圆号马禄仪、诸葛珑，站立者为贝斯冯孝智。

于 1980 年夏日本熊本市。虽然当时我的政审材料、档案关系等已于一年前"商调"至北京总政歌舞团,但在此等待批复期间,肜团长为我"保密"并仍安排我参加艺术团,赴桂林与日本签约的友好城市熊本"火国节",并担任独唱。此为独唱时剧照。

于 1980 年夏日本东京中国大使馆门前。左起"桂林艺术团"团员李美莲、殷强、我、覃国康、杨晓红。后者为肜雪新团长。

于 1980 夏参观日本大阪市大阪古城。

香港录音《刘三姐》

前文提到过的香港录音也是我人生、事业上的又一幸运的转折，详细故事大概是这样的。

1977年10月初，大家都还沉浸在欢度国庆的节日气氛里呢，一天下午三点左右，中央人民广播电台突然播放了"文革"前录制的彩调剧《刘三姐》的演出实况，顿时桂林歌舞团院内一片沸腾。团长肜雪新连忙布置任务："快，快，赶快去找出原来的《刘三姐》剧本，赶紧印！"

中央人民广播电台能重播《刘三姐》，无疑是表明了中央的态度：《刘三姐》不是"毒草"了。可以恢复上演了。

在"文革"中，最具广西民族特色的彩调剧、歌舞剧及电影《刘三姐》通通被打成了广西最大的"反革命修正主义文艺黑线"的"毒草"。当时在广西的文艺舞台上，除了将那几部革命现代京剧样板戏移植成桂剧、彩调剧、壮剧等外，就是普及那几部革命现代芭蕾舞剧和新创作的一些应时应景的歌舞节目。"文革"以前发表的文艺作品几乎都不能上演。1976年打倒了"四人帮"，宣告了"四人帮"在文化艺术领域里的专制与霸道的彻底失败，《刘三姐》就是获得新生的最具代表性的广西作品。

那时候的中央人民广播电台和《人民日报》，几乎成了为"文革"以前的文艺作品"平反昭雪"的阵地，当时的中央电视台还没有全国转播，所以但凡被电台重新播出的作品、被报纸重新刊登的此类作品，都预示着获得了"新生"。

桂林是电影《刘三姐》的主要拍摄基地，扮演电影中刘三姐的黄婉秋以及许多的群众角色都在桂林歌舞团，因此，恢复歌舞剧《刘三姐》是当时歌舞团首当其冲的光荣任务。"文革"憋了十年的演员们，如今赶上了文艺解放，人人摩拳擦掌、斗志昂扬，很快就投入了恢复排练的工作，结果只用了短短的二十天，就把该剧赶排出来了，并在桂林市漓江剧院隆重上演。

桂林歌舞团是广西第一家恢复《刘三姐》演出的团体，引起了全广西的轰动，在桂林更是全城争看《刘三姐》，以至于演出连续爆满十多场还一票难求。如此"疯狂"的背后，除了有广大人民群众对"文革"禁锢作品如今终于得到了解放的欢呼外，还有一个十分重要的、看起来又十分简单的现实因素，就是此次舞台上"刘三姐"的扮演者，是由电影里"刘三姐"的扮演者黄婉秋出演的。

对功成名就的演员，圈子里有这样一句老话，叫作"一招鲜吃遍天"。黄婉秋就是因为主演了电影《刘三姐》这"一招鲜"，让她在十八岁时就"吃遍"了全国，成了家喻户晓的明星，甚至是东南亚，港澳台地区成千上万影迷们所崇拜的偶像。但在中国还有一句老话，那是老子说过的"祸兮福所倚，福兮祸所伏"。黄婉秋也因为这"一招鲜"，在那场史无前例的"无产阶级文革"中吃尽了苦头。二十几岁的她，被关押过，被"游斗"过，据说在"游斗"时还被塞进毛竹编的猪笼里面，披上一块破麻袋片，用桂林话说，这是"烂麻包"，即最坏最可耻的女人。

当然这些说法都是在我读小学时，桂林满城妇孺皆知的传说，是不是夸大了，我一直没好意思向她求证过。但我相信，当年她受过的耻辱，绝不会亚于此。因为工作到了桂林歌舞团后，我曾听她亲口说过，"文革"中有一次造反派要来抓她去"游斗"，有好心人故意把消息"走漏"了给她，吓得她赶紧逃

于 1978 年桂林漓江剧院。此时桂林歌舞团已将歌舞剧《刘三姐》恢复排练并公演。歌舞剧中的"刘三姐"由电影《刘三姐》的扮演者黄婉秋扮演。我当时在乐池里唱伴唱，作为"粉丝"，也在演出之余与"三姐"合个影。

跑啊，情急之中，她说她真正体会到了"狗急跳墙"的焦虑，以她也就一米六的个头，居然能一跃爬上了近两米高的围墙，从艺术馆的院子里翻到隔壁中学的院子去。

1972 年我们到歌舞团后，黄婉秋还不能登台演出，还是被作为"有问题"的人，被"监督劳动"。白天我们见过她在伙房里洗碗洗菜，在猪圈边打扫卫生。晚上我们演出了，她会在一旁帮着服装组熨烫衣物。那时候她很自卑，不与我们过多地交谈。不过，随着岁月的流逝，社会上对没完没了的批斗已经产生了厌烦的情绪，不少人对这些年那么多不明不白地就被打死和伤害了的"阶级敌人"，产生了疑问。从而对这场运动开始了反思。疑问与反思的后果，就是产生了同情。

在前面的章节我写过了，我在临到学员队报到前，还担任着把守"桂林市群众文艺汇演"演出场所大门的纠察，曾坚决不让一位绰号叫"麻杆"的文工团青年演员无票进入剧场，差一点还动了手。这位血气方刚的"麻杆"因瘦高而得此绰号，他的学名叫何有才。他就敢恨敢爱，同情黄婉秋，最后发展到毅然决然地与比他长六七岁的黄婉秋恋爱结婚，置被文工团除名之后果而不顾。

文工团当然不会分配新房给他们，歌舞团党支部书记还在全体大会上宣布，禁止所有演职人员参加他们的婚礼，否则要严加处分。理由只有一个，黄婉秋主演过"反革命修正主义文艺"的"大毒草"，是"反革命修正主义文艺黑线"的代表人物，你们不能与她同流合污！

令党支部书记想不到的是，何有才与黄婉秋结婚的那天，团里许多演职人员还是偷偷地去参加了婚礼，我也跟着老同志龙承志、何宣金、冼培芳等去了。同样令我们想不到的是，党支部书记对如此的"哗变"事后也没怎么处理，"雷声大雨点小"，起码我没有遭到任何处分，甚至连"询问"也没有过。

他们的新房安置在何有才虞山庙附近的农村家里。何有才的父亲是位精通"易术"的老中医，传说他能口念咒语，让两张板凳相互打架。"父唱子随"，难得的是何有才也会一点此道，他说他会"脱身术"。大概在1983年左右，他出差到北京，来总政歌舞团看我，还主动让我的好友舞蹈家郑一鸣和张跃用绳索将他紧紧地捆绑起来，然后关上房门，叫我们在外面数二十下。当我们再打开门一看，不由得大吃一惊，果然绳索已如一堆蜕下的蛇皮摊在地上。

何有才在农村的家是个独门独院，院里遍种果蔬。不是农民，却在农村独门独院，这完全是因为他父亲这一套医、易两术让乡民折服，使他们能够于此安居乐业。

我们去闹洞房的那天晚上，真是伸手不见五指的黑啊，加上乡村田埂坎坷不平，随时都有掉进田埂水沟的可能，好在何宣金事先来探过路，我们才得以平安无事地捧着搪瓷脸盆、铁皮热水瓶、毛主席语录的镜框等当年时髦的贺礼，跌跌撞撞地寻摸到了何家。

后来，即便是黄婉秋恢复了主演的地位，如在歌剧《江姐》中扮演了茶店老板娘，在歌剧《海霞》中扮演了海霞等，但在书记的眼里，却还是个被"掌控"的人物。综合当时的政治环境，也不可能给她什么特殊的照顾。所以每天晚上演出完后，都是何有才骑着自行车到舞台后面等着，等她卸完妆，再让她坐在自行车后的货架上，骑回到乡下的家里。日复一日，让人看得心酸。

令人欣慰的是，每天演出后观众争看黄婉秋谢幕的场景，能弥补这种心酸。观众们都争先恐后地涌到台前来，与黄婉秋合影留念。到了恢复《刘三姐》演出时的谢幕，观众更是趋于疯狂。疯狂的观众中还有不少是外宾，有新加坡的，有马来西亚的，有泰国的，日本的，最多的是如过江之鲫的港澳观众。观众给黄婉秋的来信，也犹如惯用的形容词那样"雪片般飞来"。

转眼到了夏天，《刘三姐》受欢迎的势头依然不减。南方不少城市都邀请我们去那里公演，在众多的邀请中，团里把演出的第一站选在了广州。能去自小就向往的广州演出，我的兴奋之状不言而喻，尽管仅在乐池里唱伴唱。

歌舞剧《刘三姐》在广州中山路上的红旗剧场演出，当时整个团七八十号人住不起宾馆，就住在剧场的楼上。我们歌队所有的男生都挤在一个大房间里，上下架子床，打通铺。为了节省开支，还自带了厨师，在剧场的后面开灶烧火做饭。

最有趣的是，到达广州后的第二顿饭，大家都不愿意吃那个带有浓烈怪味的炒青菜，不少演员吃了一口，就把菜倒在泔水桶里。肜团长一见直批评大家，说："当年红军爬雪山过草地，啃树皮吃皮带，那么艰苦的生活都能过，今天这青菜就是有点怪味，你们怎么就不能吃啊？"说着说着，她就夹起一大筷子往嘴里送，结果刚送到嘴里，她也"哇"的一声，吐了出来。是什么原因呢？充满迷惑的团长，亲自用锅铲在锅里捞，结果捞出了一块已经被融化了一半的肥皂！原来是厨师赵师傅把刚从炒菜锅上被焐热了的，沾满了水蒸气的锅盖放在灶台上时，一不小心，放在了没有看见的那块用来洗手的肥皂上了，等他再把锅盖盖在炒菜锅上时，黏在锅盖下面的肥皂，就被它带进菜里了。

在广州，《刘三姐》演了五轮，一轮一个星期。每天早上，我都会去红旗剧场街对面的一个粥店喝粥，广州的粥特别有名，也是广州早茶的一个品牌，我一吃就上瘾了。最让我上瘾的是这个店里的牛肉粥。只见厨师先把白粥放在小锅里"滚"好，再放进些用酱油、糖、料酒和生粉渍过的新鲜牛肉，加姜丝香葱末，不一会儿，白的粥、红的肉、黄的姜、青的葱这样的色香味俱佳的一碗粥就摆在了你的面前，放猪肝的就是猪肝粥，放鱼肉的就是鱼肉粥，这些粥品味鲜味美，即便当年物资相当贫乏，广州人仍然讲究吃，凡肉类必须是刚宰杀的新鲜货。

当演到第五轮的一天早上，我刚捧起一碗粥，就听见街对面剧场门口，团里的蒋崇椒秘书在叫我，要我赶紧回去拿一套《刘三姐》的节目单给团长，因为那时我除了在乐池里伴唱，还负责卖节目单。我放下粥取了节目单给团长送去，团长接过后说，前几天的演出有许多港澳刘三姐迷闻讯纷纷赶到羊城，一睹黄婉秋的风采。其中有一家香港文志唱片公司，特别想录制我们的歌舞剧《刘三姐》全剧，制作成盒式带和唱片，在港澳台地区和海外发行。公司的老板姚逐丰一会儿要来谈合作。大家一听都非常高兴。

在与姚老板商谈录制的期间，我们圆满地结束了在广州的演出。然后乘汽轮沿西江逆流而上，又到了广西梧州市公演，月余后才回到了桂林。在此后的两个月间，香港文志唱片公司的录音计划层层报批，终于得到了桂林市的同意。这时大约已是 11 月了。

然而就在这段时间里，事情又节外生枝，桂林歌舞团通过香港公司要在海外出版、发行《刘三姐》的唱片，中国唱片总社闻讯后，认为版权会有问题，海关方面也因为香港的录音设备进入大陆，需要报关等手续尚未解决，均表示暂时不能马上同意我们的合作计划。

正好这时候歌舞团又重新排练演出了一部反映中日友好的歌剧《泪血樱花》，黄婉秋也在其中担任角色。团里觉得既然录音暂时录不了，那就安排《泪血樱花》外出，去广西的柳州市演出吧。令人尴尬的是，这边团里外出演出了，那边有关方面又相继批准录音了。

香港人办事雷厉风行，加上害怕再次变卦，一接到批准录音的信息，马上出发，说来就到，只见文志唱片公司的姚老板眨眨眼，就带领着香港的录音师、录音设备以及其他技术人员一行来到了桂林，风风火火地要执行合作计划了。

"有朋自远方来，不亦乐乎"，既来之，则接待之。团里安顿下了未经"同意"就到了桂林的姚老板等人，然后赶紧通报了黄婉秋外出演出，要再过三四天才能回来的情况，并商量该怎么办。姚老板说，那我们就不回香港了，在桂林等他们回来，正好可以有时间安装调试录音设备。于是歌舞团的领导就在港方人员的逗留期间，请他们观看了一场不参加《泪血樱花》剧组的"剩余演员"组成的一台歌舞晚会。

何为剩余演员呢？这与桂林歌舞团几经演变有关，前文我已经介绍过了，"文革"前有很长一段时间，桂林市歌舞团叫桂林市彩调团。彩调近似歌舞，讲桂林方言，唱桂林民间小调，很受桂北老百姓的喜欢。上个世纪 60 年代初，歌舞形式越来越受到了老百姓的喜爱，再则桂林作为一个日益走向世界的旅游城市，也迫切需要有个歌舞团做做"门面"。彩调团就改为歌舞团了。虽然名字改了，但彩调还是演的。等到了 70 年代初，我们学员队这一大批歌舞人才充实后，基本上才形成了真正意义上的歌舞团。

恢复《刘三姐》后，虽说演的是歌舞剧，但由于表演的需要，很多主要角色像"媒婆""秀才""刘三姐"的 B 角等等，都是从原来的彩调团里的老演员中请回来的，舞蹈演员只好去跳采茶舞、绣球舞、去扮演"对歌"中的群众演员，歌唱演员也只好去跑龙套，演演家丁，或在乐池中伴唱。但当新排出的歌剧《泪血樱花》并不需要有舞蹈、有家丁时，这批青年歌舞演员就有点"变相失业"了。

当时桂林歌舞团办公室的阳佩芬和蒋崇椒秘书，都是原解放军文工团的团员出身，她们面对这种状况，看在眼里，急在心头。经彤团长同意就组织了一台有独唱、器乐独奏、独舞群舞的歌舞晚会。由于这台晚会是在这个背景下组成的，大家都铆足了劲，胆子也大，例如《波尔卡舞曲》《西班牙女郎》《卖火柴的小女孩》《我的太阳》这些吹的拉的跳的唱的节目，都是"文革"以后，在桂林市的歌舞晚会舞台上第一次集中展现出来的洋玩意儿。

当时总政歌舞团对我的调动依然没有进展，虽然总政歌舞团的招生组组长孙志渊老师、总政歌舞团合唱队的副队长陆德培老师，以及总政歌舞团副团长、著名的指挥家胡德风一直与我保持联系，劝我耐心等待，可时间长了，我终归也有待在桂林却不干活的惭愧之心，正好这时阳秘书、杨俊新、覃国康、史克林他们也一直劝我参加这台晚会，劝我一定要在大家的兴头上添一把柴、助一把火。想想他们言之有理，我也就同意了。

那次我演唱的曲目也很疯狂，中外名曲都有，意大利的《我的太阳》，俄罗斯的《三套车》，巴西的《在路旁》，还有中国的《康定情歌》《美丽的姑娘》《弹起我心爱的土琵琶》等都登上了舞台。因为这些节目都是观众久违的，所

1988年于北京民族饭店。此时我已是总政歌舞团独唱演员，姚太太文燕萍（中）专程从美国来邀请我录制新专辑《等你千百个秋》。此专辑的乐曲编配制作均为美国著名歌星迈克杰克逊的班底。见面合影时，还有我水墨花鸟画的启蒙老师、中国画研究院著名画家邓林先生（左一）。

1979年秋于桂林人民广播站录音棚。照片中人员除香港录音工程师及工作人员外，其余均为桂林歌舞团歌队同仁。

前排右起第四位为黄婉秋。二排右起第三位为黄婉秋丈夫何有才，末尾是我。三排右起第七位为乐队指挥、桂林歌舞团副团长王洪生。

以格外受欢迎。

香港一行人就是在这不经意中观看了我们的表演，不经意地受到了感染。

姚老板对我"一见钟情"，立即找团长说，我们把这次带来录音的那架电子琴，不带回香港了，作为追加给歌舞团的报酬，希望能多录一盒郁先生的中国民歌专辑。肜团长心想，把录我的歌搭在录《刘三姐》时同时进行，既不用重新批报了，又能给团里获得利益，何乐而不为呢。加上很多乐队的队员对她说，这种脚踏式的电子琴当时在广西可是独一份啊，不要实在可惜，第二天，她就很干脆地同意了。

与此同时，姚逐丰老板还迅速地从香港叫来了他的太太文燕萍，一位矮小精干的音乐编辑。她一下飞机，就亲自研究曲目，组织歌舞团的邵鼎坤先生、谭宪增先生、周泽江先生、王洪生先生等人该配器的配器，该指挥乐队的指挥乐队，有条不紊地做好了录音的准备工作。

歌舞剧《刘三姐》录得非常顺利。

当时我们的录音是在桂林人民广播站的录音棚里完成的，录音设备基本上使用的都是香港运过来的，桂林歌舞团的乐队担任了整个录音的伴奏。歌舞团副团长王洪生担任了乐队指挥，我们不仅录制了《刘三姐》的全剧，同时录制了我的独唱专辑盒带，还录制了《电影金曲二十二首》，收录了我与黄婉秋、何有才以及歌舞团歌队王莲君、丁丽云、廖应生、宁林等人的演唱。

在录我的盒带时，姚太太亲自选择曲目，一下子列出了近四十首歌，最后商定十五首歌收集在《郁钧剑歌曲精选·洪湖水浪打浪》盒带里。这十五首曲目是：

A 面

①牧羊姑娘

1979 年香港文志唱片公司出版的《郁钧剑歌曲精选·洪湖水浪打浪》封面。

②美丽的姑娘

③桂林山水美

④小河淌水

⑤歌唱二郎山

⑥高山青

⑦舒伯特小夜曲

B 面

①洪湖水浪打浪

②可爱的一朵玫瑰花

③黄水谣

④白发魔女传

⑤咏黄山

⑥敖包相会

⑦弹起我心爱的土琵琶

⑧意大利小夜曲

　　看了这个曲目单，大家就知道这绝对是一盒地地道道的中外民歌大全。但也会有好奇的地方，如 B 面的第一首为什么会选《洪湖水浪打浪》？而且在这盒磁带封面上，副标题也是"洪湖水浪打浪"。众所周知这是一首女声独唱的歌曲啊。

　　坚持必须要将《洪湖水浪打浪》收录进这盒磁带的正是姚太太。她为了坚持，与我进行了可以说是针锋相对、剑拔弩张的"争吵"。我说确实有不少的民歌，存在着男女都可通用的现象，但那些通用的歌曲都是曾经有过男声、女声共同唱过的记载，而这首不行，这首公众的印记太深，从来没有男声唱过。

而且，以我的专业觉悟，也不允许我去演唱这种曲调过于柔软抒情的歌曲。

香港老板的经营意识很强，不会放弃任何一个赚钱的机会。姚太太说："郁先生，你不懂啦，我们香港人不管你什么觉悟不觉悟啦，也不管你什么男歌女歌啦，大家收工后回家，听听歌，放松放松。歌听高兴了，才能喜欢你，喜欢你了，你才是歌星，才有得钱赚啦。不喜欢你，你就是唱破了天，也没人搭理。"她还说："你知不知道你要的是市场啦，任何东西一旦成了商品，它就必须拥有市场。没有好市场，就没有好下场。"最后她说："我告诉你，现在香港市场，很喜欢这首歌的调调，你一唱是大陆正宗的，保证受欢迎，没错的！"

后来，我向录音师一打听才知道，当时香港的歌厅里许多歌星喜欢临时用熟悉的曲调现场即兴编词，做问答式的互动演唱，这类歌手首推一位名叫张帝的台湾歌星。在当时的那段时间里，许多港澳歌迷特别中意《洪湖水浪打浪》的曲调，香港老板摸准了这个行情，才是非选此歌不可。听完录音师的介绍，我想我录盒磁带不容易，况且中国内地还没有一个男生录制出版过独唱专辑，反正我又是小地方的歌者，不会引人注目，只要我把歌唱好，能顺利地出盒专辑，真的还应当听听姚太太的意见，管它男歌女歌呢。同时想想还能为公家多赚一架电子琴，于是我就"委曲求全"地录了。而效果呢，正如文燕萍女士所料，此盒带一炮打响，在港澳地区、东南亚地区，甚至美国、加拿大华人地区销量都特别好。

这盒磁带是中国大陆男女歌手第一盒在港澳台地区发行的独唱专辑盒带。

这盒磁带也让我成为了中国大陆男女歌手中第一位与香港唱片公司的签约歌手。

在这盒磁带里，完全没有料到的是，还收录了香港作曲家草田先生1979年拍摄的，由鲍起静主演的第一版电影《白发魔女传》配唱的主题歌《白发魔女传》和插曲《咏黄山》。1999年新中国成立五十周年时，我随中国人民解放军歌舞团在香港红磡体育馆演出，草田先生在听过我的演唱后对我说，当年你给《白发魔女传》配唱的时候，我就喜欢上你的声音了。

从这盒磁带的曲目上大家还可以发现，1979 年我就录制台湾民谣《高山青》了，1979 年就开始翻唱《弹起我心爱的土琵琶》了，1979 年就开始重新演绎一首首广为传唱的老民歌了。

香港不愧是个"市场社会"，它的出版周期很短，录音录好了，就马上发行占领市场，我们的盒带仅仅在事隔两个月后就上市了。香港当时有多家报纸为我发表了"专访"，给我的独唱专辑盒带发行推波助澜。

当年在桂林歌舞团教过我唱歌、教过我弹钢琴的裴蕴清老师，其丈夫因为是革命样板戏《智取威虎山》的乐队指挥，成就卓绝，裴老师好几年前就经时任上海市"革命委员会"主任张春桥的特批，调回上海了。一直在中国唱片社上海分社工作的她，听到了我托人带给她的我自己的专辑盒带后非常高兴，立即把我推荐给了中国唱片社广州分社，因为广州分社管辖着整个中南地区的录音事务。

中国唱片社广州分社也从香港方面获得了信息，他们正纳闷呢，这个在香港唱片市场新近飙红的郁钧剑是何方人士啊？当知道是内地的歌手，又知道我是在广西桂林歌舞团，更是乐不可支。他们派出了广州分社最资深的编辑黄美娟到桂林找我，可是当时我已经离开桂林到北京了。后来黄美娟老师还辗转千里，专门到北京找到了我。这样，就直接促成了中国唱片社广州分社在上世纪连续为我录制了五盒独唱专辑盒带，分别是《郁钧剑独唱歌曲 1981》《郁钧剑独唱歌曲·在希望的田野上 1982》《郁钧剑独唱歌曲·晚归 1983》《郁钧剑独唱歌曲·绿色的飞蝶 1984》《郁钧剑独唱歌曲·风筝 1986》。与此同时，中国唱片社上海分社以及中国唱片总社为我录制出版了十多张黑胶木密纹唱片、塑料薄膜唱片，使我迅速在中国的歌坛上崛起。那也是上个世纪 80 年代初的事情了，

1983 年于春中国唱片社上海分社。时任上海分社音乐编辑部主任的裘蕴清老师邀请我到上海，录制出版了两张《郁钧剑独唱》上、下黑胶木唱片专辑。特别遗憾的是，裘老师因病三年前去世了，享年六十余岁。

　　这一切，不得不让我特别地感激香港文志唱片公司，感激姚逐丰先生和文燕萍女士。

　　最让我感激的是，香港出版的这盒《郁钧剑歌曲精选》独唱专辑盒带，还对我最终去总政歌舞团，在业务上起到了锦上添花的作用。听说当指挥家胡德风团长拿到我送给他的这盒专辑后，激动地请了总政歌舞团合唱队的许多歌唱家们来"评头论足"。然后又听说每每到了最后，胡指挥就会总结："总政歌舞团自孟贵彬（孟贵彬老师为总政歌舞团早年的独唱演员，电影《怒潮》中的插曲《送别》以及歌曲《歌唱二郎山》《草原之夜》等都是他的原唱）后已经很少听到像小郁这样的抒情男高音了，我们一定要想尽办法把他调来。"

　　香港姚老板后来为录音的后期制作等事务又来过桂林一次，带来了几瓶洋酒，请大家喝喝，姚太太也为录音出版发行等琐事来过桂林两三次，每次都用一个那种红白条格的帆布"倒爷"包，装上几十件 T 恤衫，从香港带来分给大家。那几年，大陆市场还使用一种只限于外国友人、港澳台人士在参访国内时，用美金、港币等外汇才能兑换的人民币"外汇券"，当时只有用"外汇券"才能在"友谊商店"里买到市面上见不着的自行车、电视机、收录机、高级烟酒等稀有紧俏物品。每次来桂林，姚老板夫妇都会把"外汇券"拿出来让大家用人民币再兑换，以便去"友谊商店"里买点稀罕物品。

　　那时候的中国人穷啊，于是一些没得到 T 恤、没换到兑换券的人，写举报信给上级纪委，说彤团长与港商勾结，偷逃关税，走私购买电视机。由于我有录制独唱专辑的机会，自然就跟姚老板、姚太太走得近些，所以举报信里也少不了有我。还有两位我一向特别尊敬的前辈，就因为没有分到 T 恤衫，或少分到 T 恤衫，而冲到正在钢琴边练声的我的面前，大骂我是"王八蛋"。最可笑的是一直到我已经调入总政歌舞团了，这两个人的举报信还在往北京寄。

　　当时举报这事情，在桂林市闹得很大，它也让我正在对桂林是去是留的感情泥潭中不能自拔的关键时候，下定了去的决心。同时正好有北京的知情人给我来信，提醒我夜长梦多，让我不要再在桂林傻等总政的批准了。于是在当年的 10 月，我毫不犹豫地再次踏上了进京的路。

　　我开始了那个时代的"北漂"生活。

告别桂林山和水

10 月的北京是最迷人的季节，天高气爽。红叶在香山斑斓，鸽子哨声在天安门广场缭绕。一座座高楼在前三门大街拔地而起，这在 1980 年已足以让人看得眼花缭乱了。到了北京，心情好了很多，一下火车，张平的孪生兄弟张建与从广西来北京电影学院编剧班读书的慈明和前来接站。然后，一同去光明前街的张平家吃完了午饭，我就随慈明和去他读书的北京电影学院了。

此次的北京之行，我是做好了破釜沉舟的准备的，大有"风萧萧兮易水寒，壮士一去不复返"的英雄气概。因为我深知，无论从日益增长的年龄，到成败与否的总政调动，都应该在 1980 年有个说法，该了断的就该了断。因为一过年，就该二十五岁了，岁月不饶人啊。

当然，自己也为此行做过多种方案，暗暗地考虑过，绝不能在总政歌舞团这一棵树上吊死。比如说，我要与施光南老师那边加强联系，他不是给我写信说过他明年将有一部歌剧上演，还有作品音乐会，都可以请我参加吗？我应该去找找他，争取能够留在北京参加。

又比如说，三个月前中国音乐学院一位由谭美莲老师介绍认识的彭民雄老师写信告诉我，明年，也就是 1981 年，他们学校将新办歌剧系，要招新生。老师还告诉我："你最好能找到咱们学院的院长李凌先生，他特别爱才，以你现在的水平，只要他听到了你的歌唱，肯定会推荐你。"后来我真的给李凌先生写过信，幸运的是他给我回过信。他在信中说欢迎我到北京来找他，唱给他听听，还告诉我，他住在和平里的某楼某室。那么，我是不是也应该去找找他？

还比如说，这次北京行，慈明和兄之所以能去车站接我，就是因为让我带来了经过三次修改的电影剧本《今日刘三姐》。他告诉我，在他们编剧班上，除了专业剧作家，更多的还是电影制片厂的剧本编剧。那时候，电影厂的剧本编剧往往还担任着剧本编辑，而剧本编辑的权力很大。一部剧本要拍成电影，一般先要被电影编辑看中了才行，往往是他首先说了算。而且那时候只有电影制片厂可以拍电影，像如今这个公司那个公司都能拍电影是绝对没有的。我知道明和兄此次把我"引进"编剧班，是个千载难逢的好机会，万一《今日刘三姐》被哪位剧本编辑看上了呢，那就中了头彩了。即便看不上，让人提提意见也好啊。

怀着这样的心情，我一到北京，就屁颠儿屁颠儿地跟着慈明和兄，直奔位于北京北郊清河朱辛庄的北京电影学院。

那时候觉得朱辛庄很远，当然现在也不近。北京电影学院如今在北太平庄，那是在朱辛庄之后的事。而朱辛庄学院的前身，是"文革"后期全国唯一的一所艺术院校"中央五七艺术大学"。当然考这所大学政审相当严格，像我们这类非"工农兵"家庭出身的孩子，想都不要想。

去朱辛庄的公共汽车真是慢车慢，站站站。到达学院时天都快要黑了。当时学院四周一片农田，下了公共汽车还要走很长的一段黑路。走在这路上还真有一种让人提心吊胆的感觉。它还让我马上想到，这电影学院里怕鬼的女学生晚上经过这里该怎么办？慈明和笑我："你这才真叫狗拿耗子多管闲事。"

在编剧班上果然结交了几位好朋友，如当年以电影文学剧本《女贼》而轰动全国的年轻剧作家李克威，他的父亲是更大的剧作家，即写过电影《李双双》的李准先生。结交的好朋友里还有当时长春电影制片厂的剧本编剧、编辑王霆钧，西安电影制片厂的剧本编剧、编辑张子良。子良兄当时在电影圈里影响很大，当时初出茅庐的陈凯歌、张艺谋的好几部电影《黄土地》《一个与八个》都是他编剧的。

我与比我长十五六岁的子良兄一见如故，无论是他那陕西普通话的淳厚嗓音，还是在他眼镜后面那弯月式的笑眼，都让我感到他的可亲和可交。更荣幸的是，子良兄不仅大加赞美了而且还看中了《今日刘三姐》。在那几天里，他给我提出了许多宝贵的修改意见，希望我能尽快地修改好，他告诉我，马上就要过年了，等到过年时他们班也就结业了，他会把我的剧本带回西影（西安电影制片厂）去，正式上报。

后来子良兄还真促成了西安电影制片厂采用了《今日刘三姐》，功亏一篑于拍摄前我不愿意修改某个情节。这是后话。

上个世纪 80 年代初，子良兄弟去广西组稿，恰逢我从北京探亲回桂林，他很高兴，就住到了骝马山下我父母的新家。逗人的是，他一个堂堂正正的红脸西北汉子，居然怕老鼠。就因为晚上看见了一只小老鼠穿堂而过，居然一夜不敢入眠。

特别让我悲痛的是，子良兄在 2007 年去世了。上世纪 80 年代期间，已在歌坛上很走红的我几次去西安演出，都曾托人给他送票，遗憾的是他都没来，我不知为什么。还是有一次我遇到他们编剧班的一位同学才解开了我的这一困惑，那同学告诉我，子良兄对他说过："钧剑几次来西安请我看演出我都没去，一是我身体不好，二是钧剑现在如日中天，我就不打搅他啦。"

当我听到了他去世的噩耗后，赶紧上网查找他的消息，我在网络上看到了他的遗照，完全不认识了。二十多年了啊，久病的他变化有多大啊！但他的音容笑貌永远定格在桂林住在我家时，他望着墙上挂着的我祖父画的那幅斗方《白菜图》的那个表情。当时他眯缝着双眼，凝视了半天的《白菜图》后说了句：“咳，写戏要老老实实，做人要清清白白啊！”

在朱辛庄的那段时间里，我如鱼得水，过得很愉快。不仅与编剧班的兄长们朝夕相处，还结识了胡玫、田壮壮、张欣辛、李丹军等日后影视文学大腕。与他们的交往，开阔了视野，拓展了社交，提高了学识，丰富了情趣，受益匪浅。

从朱辛庄的“庄”里回到了北京城的“城”里。我马不停蹄地赶紧去总政歌舞团，忐忑不安地拜访了方老师和陆德培、孙志渊两位副队长。令我完全没有想到的是，见到他们后，他们不仅非常热情地接待了我，对我专程来北京找总政歌舞团落实调动的事，也没有提出异议。更让我感到温暖的是，他们还建议，要我尽快地去拜访从未谋面过的胡德风指挥。

当时我在香港录制的《郁钧剑歌曲精选》已经出版发行了，在港澳台地区及东南亚和美国、加拿大等地的华人市场很受欢迎。在陆德培副队长的联系下，我终于见到了久已盼望的胡指挥，当我赠送了一盒给胡指挥后，他迫不及待地就放进录音机里听了，刚听了一两首，就非常坚定地说：“总政自孟贵彬以后，几乎没有再出现过你这样的抒情男高音，无论如何，我是坚决要留下你的。”

胡指挥因为还有主管合唱队业务的副团长身份，当即决定让我在团里住下来。而我住的那间房子，正是1979年3月我在被录取后，去向方应暄老师和王翠年老师报告时，王老师正在上课的小七条一号筒子楼里的那间教室。1980年后的总政歌舞团已经不再被称为总政文工团歌舞队了，团部也从新街口的小七条搬到了紫竹院旁的万寿寺。因此小七条筒子楼里方老师和王老师的教室也就不常用了，正好合唱队的日常生活归陆德培副队长管，当他一接到胡指挥的“指示”，立刻与方老师协商沟通，能否让我暂时住在他的教室里。方老师当即欣然同意。这真是如鱼得水啊。和蔼善良的陆队长，还从他家里给我搬来了铺盖。

就这样，不费吹灰之力，就解决了我正愁着没地方住的大难题。

当时像我这样由团里同意住下来“死等”总政批准调入的人员，还有两位

时任总政歌舞团合唱指挥、总政歌舞团副团长、艺术指导的胡德风。胡指挥在我调入总政歌舞团起到了关键性的作用，是我的伯乐与恩人。当解放军总政治部迟迟没有批准我的调入时，是胡指挥坚持让我住到了总政歌舞团"死等"。胡指挥的夫人、解放军艺术学院声乐教研室马旋主任和其女、当时正在北京电影学院读书、日后成为著名的影视剧导演的胡玫对我也极欣赏，马主任甚至说过，如果你最后进不了总政歌舞团，你到我们"军艺"来上学，我收你。这一切都让我在艰难时刻感到了温暖。

从三十八军宣传队来的相声演员，一位叫刘志，一位叫刘炽炎。他俩从1979年自卫反击战刚开始，就被借调到总政歌舞团了，多次参加小分队去前线说相声。在战士中，他们的相声特别受欢迎。

我与他俩是同年被总政歌舞团看中的，相同的还有当时都没有即刻进团，团里总是说"再等等再等等，上面会批的"。不同的是他俩一直在北京等，我是在桂林等。然而两年过去了，当他俩看着我也来北京加入到"再等等"的行列时，就相互调侃说，我们仨成了"同是天涯沦落人"了。

那时候，我们三人都住在新街口小七条一号院北筒子楼的同一楼层里，都有寄人篱下之感，我们常能在一起聊天、侃大山。也是从那时起，我和刘志养成了共同研讨作品的习惯。每当他写出新歌，第一个听众几乎总是我，如他写的后来我唱过的《小白杨》《说句心里话》。每次他来找我时，都是一手握着一把吉他，一手拿着几张乐谱，耳朵上夹着一支铅笔，摇摇晃晃地走到我的寝室里，然后拨弄着琴弦唱起他新写出来的歌，问问我有什么感觉。

刘志喜欢抽烟，他有一个很特别的本事，手里弹拨着吉他，嘴里叼着烟，还能把歌唱完整了。像《没有强大的祖国哪有幸福的家》《小白杨》《哨所的彩云》《火车上的故事》《想四川》《离不开》《峨眉酒家》等等，都是当年的产物。不少还是我的词，他的曲。

如今说作曲家刘志，大家不一定知道，但说作曲家士心，大家就会如雷贯耳。他改这个笔名的时候，也与我商量研讨过，最早就是我建议他取个笔名的。我说写《我的祖国》《英雄赞歌》和《让我们荡起双桨》的作曲家叫刘炽，而你叫刘志，俩人很容易音近窜名，将来你的成名曲越来越多，名气越来越大，姓名雷同，会很麻烦的。刘志听进去了，没过两天就告诉我，他想好了一个笔名叫士心。我开始以为他取此名，只是将他自己名字中的"志"一劈为二，上下分开。他笑言，不是呐，叫士心，是因为我有一颗战士的心，要一辈子为战士写歌。

悲惨的是，士心在三十八岁的那年，因肺癌医治无效，英年早逝了，让人想起就心痛不已。

当时与我们同住在筒子楼三层的邻居，都是总政歌舞团的正式团员。住在我左隔壁的男高音徐林强，新婚不久，也是方应暄老师的学生。小徐的嗓子出类拔萃，喜欢唱意大利歌剧，一天二十四小时除了睡觉，只要他在家，就能听到隔壁的他在叽里咕噜地唱意大利原文。以至于听他唱中国歌，说中国话，都有点叽里咕噜的味道。小徐为人也热情，只要你有关于意大利歌剧的事求到他，他一定满腔热忱地帮助你。如今我旧时的歌本上手抄的《冰凉的小手》《重归苏莲托》《负心人》《女人善变》《我的太阳》等名曲都出自他那里，不少用汉字的读音标在意大利文旁边的手迹，也出自热情的小徐。他确实是太喜欢西洋歌剧了，在我正式调到总政后不久，他就远走高飞，去美国唱歌剧了。

　　从徐林强家数过去，还有两家都是总政歌舞团合唱队里的男高音，一家是崔守利家，一家是王治栋家。崔守利兄是沈阳人，嗓音像他的体格一样，又高又壮。我在桂林时就听过他在唱片里的领唱"当北国的钢花映红了飞雪，江南的田野已是春色妖娆"，所以一见到他知道他就是崔守利时，顿时就表现出了在桂林时就产生过的仰慕之情。守利兄一见我竟然还知道他，当然非常高兴，从此一直与我关系融洽。

　　王治栋与我的关系也非常融洽，因为我忘不了是他敲开了我的房门，通知我："小郁，明天上午一定要记住去万寿寺团里的政治部，找王家骧副政委和陶启玲主任办理你进团的手续啊。"

　　住在我右隔壁的是当年红得发紫的刘晓庆。她住在这里是因为她的丈夫王力在总政弹钢琴。第一次见到她是在公用的水房里，她刚从四川拍电影回来，带了一大堆北京见不着的蔬菜，新鲜的豌豆尖。她把这稀罕之物洗干净、分给左右的邻里以后说："我还得留点给我婆婆，她可爱吃了。"所以，我觉得这位刚因电影《小花》而家喻户晓的大明星，心肠挺善良的。

　　一天，在电影学院编剧班相识的好友李克威来找我玩，单身汉相聚少不了买几瓶啤酒、午餐肉罐头和蛋糕边吃边侃。克威写的电影文学剧本《女贼》，曾被上海电影制片厂筹划拍摄，而《女贼》中的女主角黄毛，找的扮演者就是刘晓庆。拍摄期间他俩在上海见过一面，后来这部电影因"不合时宜"被迫下马了，他俩就再也没相遇过。当克威听我说刘晓庆就住我隔壁时，连连提出，请她过来坐坐如何？我说这有什么不可以的。

　　刘晓庆款款地来了，毫不做作地坐在了桌旁。切蛋糕，吃罐头，十分随和。也许我们当时的年龄都是二十来岁吧，聚在一起都喜欢聊些未来的事业、奋斗的理想之类的"空中楼阁"。记得我和克威在感叹了奋斗的艰难后，尤其是我面对着尚无着落的未来叹息道："咳，有时候想想奋斗也没什么意思。"没料到刘晓庆把眼睛一瞪，看着我俩极为认真地说："为什么没意思？我觉得生活越艰难才越有意思呢！"

虽说是寄人篱下的住在人家的筒子楼里，但由于大家都知道我有香港出版的独唱专辑拿在手里，就仿佛多了一张护身符。筒子楼里的邻居上上下下对我都亲切友好。这是因为 1979 年时的国内声乐界来说，所有的歌唱演员都没有在海外出版过独唱专辑盒带的经历，而我有，这确实让人都觉得有点羡慕。

也因此胡指挥对我特别喜爱，甚至偏爱，经常拿着我的这个专辑给人看，让人听，我开始害怕会遭到一些人对我的反感，害怕一些人由羡慕变成妒忌恨。

当时胡指挥就极力要我参加合唱队的工作，还安排我担任领唱，并请作曲家陆祖龙亲自给我排练。我考虑再三没有接受。因为我觉得不仅要避嫌，还要避免操之过急，尤其是我到北京一眨眼又过去两个月了，调入的事上面却一直没有批准下来，我贸然地登台演出，极其容易造成"名不正则言不顺，言不顺则事不成"的后果。

正在这时，总政歌舞团的团长换人了，由邓斌换下了吴因。这个消息还是熊卿材早上在院里开水房打开水时告诉我的。小熊住在小七条一号的南楼，当时他已经演唱过《中国，中国，鲜红的太阳永不落》等成名曲，是歌坛上实力派的男中音。他与我同是方老师的学生，经常会时不时地到我单身一人的房间来聊聊天。小熊是上海人，却有北方人豪放爽朗的性格。他还告诉我，由于团长换人了，我进团完全有可能需要重新报批。他说，还有一种说法是，因为我在地方歌舞团已经是干部了，所以我进总政是属于调干入伍，而总政此时对调干入伍又要严格控制。

听他说完这席话，当我再看到刘志、刘炽炎每日无可奈何的表情，这一切让我格外焦虑。

我必须考虑万一总政歌舞团最后来不了，桂林又肯定是回不去了的后果，那该怎么办？越想心里越乱，越想心里越烦。

记得在桂林为香港录音时，曾与姚先生、姚太太偶然谈起过我们郁家有不少亲戚在台湾和美国，因为当年有很多人都在港澳台以及美国等地寻亲。当时他俩就说"可以去帮你找啊"。说完后我也没在意，他俩却在意了，他们还真的在美国给我登报寻亲了。我在北京就接到了姚太太从杭州给我打来的电话，说帮我在美国找到亲戚了，因为她在杭州录音走不开，希望我能去杭州一趟。

我没有告诉总政任何人，偷偷摸摸地去了杭州一趟。到了杭州我才知道，姚太太除了要告诉我美国亲戚的联系方法外，更重要的是，她想让我与她们公司签约，一签三年，成为香港文志唱片公司的签约歌手。这下我可犯愁了，一边是可以去香港和美国"成名""发展"；一边是可以在国内顶级的文艺团体建功立业。在这选择前途、选择未来的重大时刻，面对各种各样的劝说，我几天几夜寻找不出答案，心里烦躁极了。无奈之际，我独自来到了西湖边上。

西湖没有焦躁。平静的湖水泛着粼粼波光，悠悠然然。两只红蜻蜓飞舞着、嬉戏着，落在了干枯的莲蓬上。满湖的荷叶与荷花已经凋残，有一艘小船在中间穿行。船上有如父亲般年纪的老伯正喜悦地从湖底拽出一节节的嫩藕……

生活是如此的祥和。

我沉醉在这祥和之中。我突然明白了，这种祥和是根植于我心底里的，是流淌在我的血脉中的，是烙印在我情感深处的。我最应该歌唱的，是生我养我的这片土地。

于是，我没有跟文志唱片公司签约，而是回到了北京。

总政依然没有好消息，不好的消息却接踵而来，有人告诉我像我这样的调干入伍可能不批了。也有人给我出谋划策，告诉我如果想办成调干入伍，除非特批，除非得到时任解放军总政治部主任韦国清的特批。

啊！我怎么就没想到韦主任呢？他是我们广西老乡啊！我赶紧去找早在一年前已调到北京的广西歌舞团的桂林老乡、我的忘年交谭美莲老师。谭老师自调到北京后，一直与我保持有密切的联系，就是此次赴京，我还隔三差五地在她家过周末、度假日。她的先生金以云是摄影家，经常给予我艺术上的指教。在去谭老师家的路上，我越想越懊恼，怎么就忘记了谭老师在广西工作的年头长，肯定认识的人也多呢，怎么就没有考虑到此事要与她多多商量呢。

谭老师果然是我的福星，她与当时的广西自治区党委常委、宣传部长贺亦然十分熟悉，贺部长是"南下"老干部，与韦国清主任共事多年并十分要好。当我把情况的利害关系与谭老师一摆明，她马上答应要给贺部长写信，希望能通过贺部长的"曲线救国"帮助我。

这时候我向桂林请的一个月假早已超过了两个月，前一个月还是西安电影制片厂的张子良兄，以邀我赴西安修改《今日刘三姐》的电影剧本为由，为我续了一个月的假。如今又超期了，这该怎么办？又是福星谭老师，正好当时她在负责组建中国舞蹈家协会的中国青年舞蹈家访问美国、加拿大演出团，演出团里全是当时获得全国舞蹈大奖的舞坛新星，如刘敏、杨华、王新鹏、华超、赵明、蒋齐以及好友张平的孪生哥哥张健等等。当时该团要集训两个月，每天练基本功时缺少伴奏，谭老师知道我会弹钢琴，在桂林为舞蹈队弹过基训伴奏，便让我去顶缺。不仅出函桂林帮我续假，还每个月给我三十块钱补助，外带吃饭不要钱。

有了这份顶缺的美差，生活上就不会"弹尽粮绝"。此时主持桂林歌舞团工作的杨副团长，绕开了彤团长很快给我复了函，函中说反正团里早已同意你调出了，你的档案等关系其实一年多前都已转走了，请不请假早已不重要了。重要的是，从即日起你的工资我们也就停发了。

我成了最早的"北漂"。

1980 年于冬北京西苑饭店。当时全国的文艺汇演、各地所有的晋京演出住宿都安排在该饭店。中国青年舞蹈家访问美、加艺术团亦住在该店。左侧为该艺术团舞蹈总监谭美莲。此时的我应谭美莲老师邀请，为舞蹈家们每天的基训课弹钢琴伴奏。

好在有北京电影学院结识的李克威将我领进了北京的文学圈子，让我暂离了孤单与寂寞。经他介绍我认识了万方、严歌苓、马中骏、秦培春、马佳、苏雷等后来都是在文坛影苑中声名显赫的角色。万方是曹禺先生的女儿，当时她家住在木樨地 22 号部长楼，宽敞的客厅成全了我们这群"愤青文友"每周两三次的聚会。那时我们就已经 AA 制了，每次聚会，你带一兜西红柿黄瓜，我带一包火烧肉饼，你用暖水瓶打来啤酒，我用饭盒装来沙拉，你出通化葡萄酒，我出凤尾鱼罐头，那真是其情融融、其谊洽洽，大家血气方刚，畅谈今宵，展望明天。

严歌苓把红葡萄酒取名为"女人乐"，她说女孩子喝完后脸红扑扑的，宛若桃花。

我把严歌苓取名为"唐三彩"，她当年就是那么圆乎乎的美。

不久我有了一笔四百元的巨款，那是在西安电影制片厂子良兄的鼎力相助下，发给我的《今日刘三姐》被采用的稿费。有了这笔钱，我就时不时地请大家撮一顿，那时候北京最显身份、最贵的餐厅是北京展览馆旁的莫斯科餐厅，花二十块钱人民币，我们这一伙人就能够胡吃海塞一顿有红菜汤、罐焖牛肉、奶油烤鱼、土豆沙拉等的俄式西餐。

二十几块钱撮一顿的好景不长，毕竟四百块钱经不起几撮。很快，青年舞蹈家代表团也出国了，也用不着钢琴老师给舞蹈基训弹伴奏，自然那份弹琴的酬劳也就没有了。囊中羞涩，又面临捉襟见肘的日子了。

这时候，"曙光初现"的西影厂，又被"乌云笼罩"了。子良兄来电话说，他们一位厂长坚持要把《今日刘三姐》里的黄婉秋淡化掉，说如果不淡化掉，就是在为某个人树碑立传。我坚决不同意，还痛斥人家这是"文革"整人的阴魂不散。同时我也阐明了不同意修改的理由，我说，我写的是一个发生在桂林山水间的、黄婉秋的爱情故事，这里有动情点，有悬念，有观众爱看和想看的东西，如果修改成仅仅是一个发生在桂林山水间的爱情故事，虽然只缺少了"黄婉秋"这三个字，却有本质上的区别。不久，子良兄又来电话了，他也转达了厂长对我的痛斥，痛斥我宣扬黄婉秋与她爱人年龄相差这么大的爱情，就是宣扬资产阶级的爱情观，就是宣扬没落腐朽的资产阶级思想。就这样，谁也说服不了谁。此事也就"黄"了。

面对着这一连串的不如意，很容易让人患得患失。尤其是我在与"愤青文友"们聚会的酒后，看着他们都有鲜亮的前程，而我的前程却依旧迷茫，常常会使我陷入一种自暴自弃的醉态。当有一次我在酒后牢骚："像我这样没有头绪的活着，真没有意思，实在北京容不了我，我就回桂林去了，回桂林的山林

相识 36 年后与歌岑的合影，虽然青春不再，但
脸上依然绽放着青春的友情。
2015 年 12 月 21 日，于韩美林"银川艺术馆"
开馆庆典上。

中隐居去了。""愤青文友"们听完我的话都愣住了，只有万方厉害，毫不留情
地说："你在社会上无名无利，无权无势，无声无息，谁也不认识你，谁也不
知道你，你活着，不就是在隐居吗？"

此话如雷贯耳，让我幡然猛醒，并有大彻大悟之感。

胡德风指挥的女儿胡玫当时亦在电影学院导演系学习，跟我们这个圈子里
的不少人也熟悉，她多少耳闻了一点我的创作业绩，也多少会把这些耳闻告诉
父亲。胡指挥真是用心良苦啊，为了加重我调进总政歌舞团的砝码，想方设法
让我展示文学才能。他让团党委的各位领导传阅我写的电影文学剧本、歌词、

诗歌。不过说句老实话，我的这些东西还是拿得出手的。

我的文笔，也赢得了爱才的洛辛政委的青睐，同时也奠定了后来我一调进总政歌舞团，就有了很多创作机会的基础。如与高峻、陈克正、士心、张永泉、李双江等人合作了不少的歌词、歌曲，以及1985年就负责撰写了中央电视台与总政歌舞团联合拍摄的"纪念中国人民抗日战争胜利四十年"电视晚会的台本，等等。

因为住在团里了，跟方老师上课也就正规多了，发声技巧有了很大的提高。在筒子楼里经常与熊卿材、王治栋、徐林强在一起唱歌练声，也能提高自己的演唱水平。

在悲喜交加的心情中，无可奈何地迎来了1981年的元旦。

元旦刚过，广西的贺亦然部长来北京开会。谭老师赶紧约上我一道去看他，当他进一步了解了我的处境后，就说："上个月我已经为你的事给韦国清主任打过电话了，这样吧，这次我再帮你给韦主任写封信，既然总政歌舞团确实要你，就证明你的业务是过关的，是个人才，那就不应该卡在一些人为的约束上。相信韦主任会同意我这个观点的。"后来他果真帮我写了封信给韦主任。直到我调入总政后很久了，韦主任的卢秘书有一天遇见我，才告诉我贺部长为我写的那封信很动感情，他还清楚地记得信中有这样的一段话："孩子（指我）现在很不容易，工作也丢了，工资也没了，造成这些结果的原因是总政歌舞团已经通知广西录取他了，他的一切政审材料也都寄给了你们。如果不录取，这将对孩子的前途，甚至一生都很不负责。"

多么善解人意的老人啊，多么铁肩道义的领导啊。

其实，在我没有找到贺部长的这个"关系"时，万般无奈的我，曾很冒失地从邮局给韦主任寄过一封信，反映了当时我的状况，但没有下文。

贺部长的到来给我带来了一线希望，一缕曙光。

而此时母亲盼儿回家的来信又给我带来了阵阵羞愧，片片伤感。

同样是在这种悲喜交加的心情中，无可奈何地迎来了1981年的春节。

春节刚过，我终于盼来了韦国清主任卢秘书的电话，卢秘书也是广西人，曾经非常热情地接待过去找过他的谭美莲老师和我。在电话里他告诉我，韦主任已经把我的情况，批示给了总政直属工作部。对我而言，这无疑是一声春雷。胡德风指挥也非常高兴，他知道，很快总政歌舞团就会重新启动报批我的程序。

我永远不会忘记，在我4月16日生日刚过不久，那是一个阳光普照、春暖花开的早晨，窗外高大的杨树上已经新叶吐翠。有好几只喜鹊在枝头高唱。九点刚过，一辆蓝色的上海牌轿车，开进了小七条一号的院里。听见喇叭声，我马上俯到窗前一看，从车上走下来的正是总政文化部文艺处的黄国林处长，他是我的南通老家人、电影大家陶玉玲老师的丈夫。他们夫妻俩对我调进总政之事给予了极大的关注和帮助。只见黄国林兄一下车，就冲着三楼我的那扇窗户喊我："小郁！小郁！"我的心仿佛被猛然提了起来似的，是凶，是吉？我赶紧跑到楼道去迎他上来。黄国林处长一看见我，喜笑颜开地大声说："你的事批下来了，总政韦主任批示同意调动你后，各位副主任都圈阅完毕，都同意你调进总政歌舞团了！"啊！止不住的高兴，让我一下子瘫靠在墙上。

两年了！整整两年的等待，这期间的苦辣酸甜、风雨雷电根本无法用语言来描述。在茫茫前行的人海当中，我是幸运的，因为毕竟我成功了。

我很快就回到了桂林，在彤团长的帮助下，以迅雷不及掩耳之势，一天内把在桂林最后的粮油关系、户籍关系都迁出来了。当我在三多路旁巷子里的派出所里，看见民警把我在户口本上注销，又亲手递给我户籍迁出证明时，当在场的所有民警同声祝贺我光荣参军并上调北京时，泪水一下子模糊了我的双眼。我一刹那感到的竟不是快乐高兴，而是一阵被刀绞割的心痛。我知道，今生今世，我都不会再是桂林人了！

要离开桂林了，多么想把自己生长了二十多年的桂林再走一遍啊！但每天忙忙碌碌地迎来送往，一日三餐流水席似的应酬，盛满了家乡人的坦诚、真挚与热情。因此，根本抽不出时间来了此最后的心愿。计算来计算去，只有如下几个地方，是无论如何要去走一走的。

第一个必须去的地方是我童年的小学。

为了避人耳目，在一个清风和煦的黄昏，我骑着自行车来到叠彩山下的中山北路小学。推开虚掩着的大门，整个小学被裹在夕阳下的山影里，没有人迹，一种逼人的幽静甚至略显凄凉的氛围，笼罩着小小的校园。站在当年我的 25 班教室的苦楝子树下，我仿佛听见了当年那幼稚的朗朗读书声。我想起了是母亲牵着我的手，在这里把我交给了吴婉玉老师。当年，在这简陋的篮球场边上的那方矮矮的泥土台上，我第一次表演了诗朗诵，第一次登上了文艺舞台。我是在这里戴上红领巾的，第一次懂得了人生的追求和形成了人生的价值观。我也在这里被"戴过高帽"，第一次体味了人生的苦难和面对了社会的黑暗。我多少人生的"处女作"，是在这里的短短四年中书写发表的；我多少初涉社会的小角色，是在这乱石嶙峋的山脚下粉墨扮演。

我必须要再爬一次伏波山，从 1968 年年底我家搬到八角塘开始到"今天"，我几乎十三年如一日地在这里登高望远。

刚搬到八角塘的时候，此山山南的尼姑庵还在，但香火是不敢再有的了。随着"文革"期间"横扫一切牛鬼蛇神"的运动深入，原来还为我斟过茶水的和善老尼姑，突然有一天就不见了。尼姑庵也被捣毁了。在尼姑庵的木楼原址上，盖起了一座钢筋水泥的大门终日紧锁的"望江楼"，据说只有领导人和外宾才能进去。

在望江楼旁边的峭岩上，也就是当年供奉香火、佛像、神仙的石龛上面，人工凿出了一块近十米高的石壁，上面篆刻着"毛主席万岁"五个大字。年少

2013年9月2日上午，于北京人民大会堂。中共中央、全国人大、全国政协、中央军委在京举办了《纪念韦国清同志诞辰100周年座谈会》。韦国清同志夫人许其倩亲自邀请我作为韦国清同志"亲友"出席。照片中许其倩阿姨与我亲切会面。

中国人民解放军总政治部批准我调干入伍的通知。从1979年3月总政歌舞团正式给桂林发函商调我，同年4月桂林歌舞团给总政歌舞团回函同意，并附有政审材料、体检材料等，整整等待了两年，才盼来了这一纸通知。这期间我于1980年10月来到了北京，同年年底桂林歌舞团停发了我的工资，总政歌舞团领导批准我住在团里"死等"上级批准，这其中的苦涩、艰辛磨练了我的意志，造就了我的坚韧。

中国人民解放军 总政治部 直属政治部（通知）

郁钧剑调干入伍

总政歌舞团政治部：

经总政领导批准，同意调广西桂林市歌舞团演员郁钧剑到你团工作，并办理入伍手续。

的我与所有的桂林人一样，都特别吃惊地听说过这五个大字，是用了好几公斤的黄金来填写而成的。不过确实是，当这五个大字篆刻好以后，太阳一照，金光闪闪，十里之外都能看见。

在桂林，逢山必有洞，逢洞必讲古。像所有桂林的名山一样，伏波山的"还珠洞"也有神话传奇。说的就是一对贫穷爷孙，不贪不义之财，将捡到的夜明珠还给龙王的故事，以此传颂桂林人的美德。"还珠洞"里那根叫作"试剑石"的石柱，它长丈余，上粗下细，直垂地面，距地寸许有一条裂缝，也传说是皇帝试剑时一剑劈开的。还相传，当这根石柱若与地面相接，桂林就该出状元了。而自我懂事到现在，五六十年过去了，也没见石柱与地面相接。

"试剑石"旁边有张石桌，四张石鼓凳。这是我每次去洞里必坐的地方。

"试剑石"旁边有块凸出漓江水面约一米高的岩石，是每年夏天孩子们跳水的"最爱"。因其拱凸的石状像旧时的棺材头，孩子们就把它叫作"小棺材头"。离它四五米远处还有一块凸出漓江水面四五米高的岩石，孩子们就把它叫作"大棺材头"。因为太高，孩子中十有八九不敢跳。但弟仔敢。

最令我羞愧的是，我生在桂林，自幼下过漓江成百成千次，居然只会戏水，不会游水。

伏波山的北山腰有亭有堂，皆是有传说、有历史的古建筑，在这里的亭子前，可以望见八角塘边上我那简陋的家。按理说我应该常常登临这里，但偏偏我害怕登临这里。因为每次我看见八角塘边那简陋低矮、破漏陈旧的家，我都会泛起一股心酸。尤其是在兄长被抓关押的那段时间里，母亲和嫂子经常吵闹，我心烦赌气，不愿意见她们，常常好几个星期不回家，可是心里又惦念着家里的老老小小，那么只好爬到北山腰上，远远地看着那低矮的家门前，是不是平平安安。

沿着石径山道继续往上，就可攀登到伏波山顶。山顶上有一处方圆仅八九平方米大小的，用铁栏杆围住的平台。平台略向东南倾斜，其临江的东壁，陡峻如削，直插江中。我每次登临此处，脚下都有飘浮的感觉，感觉要往下"跃"了。因此，我自幼恐高。

那时候，与我一同登山的好友除了弟仔以外，还有一个友人叫罗祖乐，他在他家兄妹中排行老三，于是大家都叫他罗三。罗三比我长几岁，留着贝多芬式的长长卷发，在那个年代是需要有胆量的。满腹经纶的他，喜欢文章书写，假山树桩，梅瓶钟乳，还极爱唱歌。一九七几年（我记不清楚了），为了纪念抗战期间在桂林被日本飞机轰炸而逝世的音乐家张曙，中国音乐家协会在桂林举办了一场纪念音乐会，罗三还作为桂林的歌唱家担任了独唱，演唱了张曙先生的作品。

"文革"后，写过《在那遥远的地方》《达坂城的姑娘》《掀起你的盖头来》等曲子的音乐家王洛宾曾到过桂林，罗三全程陪同。罗三陪同他游漓江、逛阳朔；上叠彩、下"四湖"；品"三花"、尝米粉。王洛宾先生离开桂林后，给他留下了十多份新曲的手稿。2011 年是我从艺四十周年，曾回桂林在榕湖饭店宴会厅举办了一个小型纪念活动，邀请了当年我在桂林时的同仁好友一起"茶酒叙"，罗三也来了，还引吭高歌了一曲。临散场前，他面有难色地对我说，他最大的愿望是想把王洛宾先生留下的那些歌变成声音。但自己实在是无论从财力到精力都无能为力了。

2013 年，他就是在我每次登山，脚下都有飘浮感觉的那个地方，向着天堂，纵身一跃。

在伏波山上，我去得最多的地方是山南的"望江楼"。因为此楼楼门终日紧锁，几十级石阶通到此处，等于是死路一条，所以鲜有人迹。而这鲜有人迹的楼门前的平台，正好成了我独自徘徊的登高望远处。

晴空万里时我来过这里，遥望着沿江远去的船帆，写下了心驰神往的企

上世纪70年代初于桂林伏波山南侧。
我与史克林、杨俊新是好朋友，三人
朝夕相处经常在一起。我们的背后就
是下一张照片的尼姑庵的位置。

新中国成立前伏波山南侧旧照，可
见山上有木楼的尼姑庵，前面是码
头渡口，旧时可乘船过到漓江对岸。

盼；风雪交加时我也来过这里，聆听着风声雨声和伫看着漫天飞雪，写下了蹉跎岁月的悲情。那满满登登的好几本笔记本，记下了我那些年百余首诗词歌赋。这里的朝朝暮暮，陪伴我度过了数不清的五味杂陈的日日夜夜。

第三个必须去的地方同样是山。

那是八角塘我家北面的叠彩山，也是桂林所有名山中我最熟悉的山，熟悉到我能清楚地记得山上的每一条山道野径。

叠彩山有四个山头，靠近龙珠路和工人医院的山头叫于越山，它最矮。山头上有座长形的亭子，亭子下面有几棵能开喇叭状白色花朵的大树，听我幼儿园的黄老师说，这种白色的花朵去掉花蕊就能吃。1961 年前后，正值国家遭受经济困难，全国老百姓都过着缺食挨饿的日子，当时我正好寄宿在她家里，经常与她的女儿去亭子边捡这种白色的花，印象中此花用水淖过后可以凉拌吃。

亭子边就是此山最有名的风洞了，风洞里有一个石卧佛，传说只要摸了他的肚皮就不会感冒，小时候经过这里，我都会去摸摸他的肚皮。风洞旁边还有清代时期康有为来桂讲学的地方，使我在童年就知道了"公车上书，戊戌变法"的历史。风洞口上有近代书法家沈尹默手书"叠彩山"的石碑，沈尹老他那端庄隽秀的字体，也使我在童年就喜欢行书。风洞附近有唐宋以来的摩崖石刻数百件，更是我童年和少年时代流连忘返的地方。

由西往东穿过风洞，有一座也叫"望江楼"的两层楼亭子，站在亭栏边上，可见山下波光粼粼的漓江，由北向南蜿蜒而去。由此下行的山道，可通至当年的白崇禧公馆和东镇门，这是我童年住在东镇路时，登临叠彩山的必经之路。从望江楼旁的山道上行，可通至叠彩山的最高山头"明月峰"。明月峰上有一亭，名曰"拿云亭"。小时候读书少、学识浅，却也能感悟到这个名字起得好，起得妙，虽然说不出它的好、它的妙是什么。

叠彩山第三个山头与宝积山相望，中间只隔着一条中山北路，名叫"四望山"。在我上附中时，登上过宝积山顶，看见几乎与我平行的、近在咫尺的四望山顶，曾幻想过如果我是建筑家、园林家，或是富豪巨商，就一定设计或者投资，架一条拱桥或者索道连接两山，肯定能成为桂林的又一处风景名胜。哈哈，可惜我此生已无财力和精力，了此"宏图大业"了。

叠彩山的第四个山头是北面的"仙鹤峰"。站在山下仰观山峰，此峰的形状酷似仙鹤，正昂首北向，大有阵翻鸣噪之势。山腰有"仙鹤洞"，东西贯通。小时候我们也把仙鹤洞叫作"白鹤洞"，站在洞的西口，可望见山下城公寺塘边上的我家在东镇路的旧居。

我临行前爬叠彩山的最终目的就是要从仙鹤洞里看看我童年的旧居。因为蜜果厂的大门我是不愿意再进的，而此时的城公寺塘已经被填掉了，盖满了一座座的楼房。站在仙鹤洞上，看逼仄在群楼中的旧居，如同车厢中的火柴盒，显得是那么的弱小和可怜。

歌舞团的所在地，艺术馆的院子，也是必须重游的。临行前三天的一个晚上，我没有让人陪，独自一人静悄悄地在院子里转了一圈。

在艺术馆剧场里的舞台上，看见了被遗弃在墙角的破旧的平绒幕布，想起了当年是它开启了我的艺术人生。

剧院化妆室的门口，是舞美队木工小熊自己用几块废弃的布景搭成的蜗居，一使劲推，完全有可能会推倒那锁着的木门。此时木门边上还堆放着他为我带去北京的书柜修整后留下的废料。他人不在，我也没法与他道别了，也留下了一股惆怅离绪。

刚盖好不久便被停止使用的贵宾休息室，在改成我与陶建平、武桂元、黄明岗、谭玉民、金华六兄弟短暂的宿舍后，又改成了乐队排练室。隔着玻璃窗，我往里面眺望，只见排练后的椅子、谱架东倒西歪。但我仿佛也看见了，当年我们六兄弟在屋里打闹嬉戏的场面。

1978年冬于桂林叠彩山风洞前。此时好友张平（中）随中央民族歌舞图来桂林庆祝"广西壮族自治区成立二十周年"。演出结束后，短期内第二次重游桂林。习永光（左一）与我作陪。

　　我看见了，当年武桂元的床铺仍安放在宿舍里靠近卫生间的旁边，他敢光着屁股从床上跑到卫生间去。我看见了，当年黄明岗裹着被子睡觉，一个翻身翻大了，连人带被子翻下了床来。

　　我住在宿舍的门口，晚上躺在床上，能清楚地分辨着同房们晚归的脚步。"吧嗒吧嗒、吧嗒吧嗒"，感觉整个脚板都踏在地上的很重的脚步声，那是黄明岗回来了；轻盈的口哨与轻盈的脚步同时进屋的，那是金华回来了；陶建平的步幅比较大，他的脚步声也就缓而慢；谭玉民老成心细，他的脚步声就轻而紧；武桂元回来总是最晚，推开门后往往像是在踮着脚尖走，一声轻，一声重，我开玩笑说过他是"跛子"，他还特别不高兴。

　　歌队排练厅外的葡萄架上，又一年生机盎然了。占地新盖的两间琴房，南面那间是施光南老师曾经用过的大琴房，里面的钢琴不知被搬到了何处。另一间小琴房从盖好那天起，我就一直想做好事请人来把它裸露着砖块的墙壁，用灰浆批好，但一忙，又忘了请人。至今还裸露着砖块。里面的钢琴还在，但踏板坏了，耷拉在钢琴下，我在去北京前，也想过要把它修好，如今要走了，也来不及了。

　　歌队排练厅里没有灯光，那架团龄最老的橙黄色的钢琴静静地立在那里，烤漆的琴面在月光的反射下，发出了幽暗的光亮。我坐到了钢琴前，打开了琴盖，没有奏响它，思绪却在琴键上跳跃。我那上千个日日夜夜啊，是在这琴键上流逝掉的，我那么多么美好的少年花季啊，在这里绽放、凋零。

　　我静静地走到了解放西路上，望着院子里临街的两栋宿舍楼，望着那一扇扇依然亮着灯光的窗口，边走边数着，这是丁丽云的家，那是何宣金的家，这是杨俊新的家，那是阳秘书的家……一扇扇窗户，就是一双双眼睛。我突然地感到，今晚的窗户竟是如此的深情，今晚的眼睛竟是如此的湿润。

　　在那几天里，每当夜深人静，脑海里就闪现出一幕幕同学、老师、友人的身影，闪现出一幕幕旧居、故人、轶事的过往。然而，闪现得最多的是，从记事起就得到了的父母的恩重如山的关爱。

记得家里难得杀一回鸡，母亲总会把那只鸡腿切得宽宽大大留给我。一辈子不苟言笑的父亲，却在每次带我出街时，给我买吃东时，都喜笑颜开。

我想起了母亲在我童年时，反复不断地给我讲过两个故事，一个是教育孩子要诚实。

母亲说："很久以前，有个孩子有小偷小摸的毛病，刚开始只偷根葱、偷棵蒜回家，母亲不但不责怪，反而表扬他能干，会'顾家'。后来东西越偷越大，被官府捉拿后被判了杀头之刑。临刑前他提出想见母亲一面，狱头同意了。母亲来后，他提出想最后吸吮一口奶，母亲虽然不情愿，不理解，但最后还是应允了。结果没料到，孩子一口将母亲的乳头给咬掉了，顿时血流满地。狱头问孩子，为何如此恶毒？孩子泪流满面地说，当初我从偷葱、偷蒜时她放纵了我，没有教育我，才让我得到了今天的下场。"

长大后，我知道母亲的这个故事出自于中国古代的一则寓言，叫《芒山盗》。

另一个故事是教育孩子要懂得报恩。

母亲说："很久以前，一位十分贫穷的母亲，含辛茹苦地将一家孩子养大了，自己却因劳累终于病倒了。医生说医治她的病，必须要喝新鲜的鲤鱼汤，可是当时正是大雪纷飞，冰封万里的隆冬季节，上哪儿去找活鲤鱼啊？此话被母亲身边的儿子听到了，儿子毫不犹豫地挺身而出，飞快地跑到冰封的河面，脱掉衣服，裸胸扑在河面上，硬是用自己的体温，将厚厚的冰层融化。他的孝顺感动了苍天，只见从被他融化的冰窟窿里，跃出了一尾大鲤鱼。"

长大后，我也知道母亲的这个故事出自于中国古代《二十四孝》中的《卧冰求鲤》。

此时此刻，我悟到了母亲所讲的这两个故事的深远含义。

临行前，全家去照了一张全家福。等我从同学的告别宴上赶到照相馆时，全家已经等候多时了。我看见父亲穿了一件洗得发白了的蓝布中山装，气不打一处来，说你就不能换一件好一点的衣服？父亲低下了头没有言语，母亲在一旁喃喃地说，他没有再好的衣服了。

我一下子愣住了，一阵强烈的哽咽锁住了喉咙，不尽的愧意涌上了心头，自责的泪水，直往心里流。

临行前，父亲说你把你骑的那辆自行车带到北京去吧。说着他就使出了自己会修自行车的本事，将自行车上上下下、里里外外地收拾了一遍。在一旁帮忙的母亲说："你要走了，要到北京唱歌去了，妈妈和爸爸在你小时候教过你读诗，给你讲故事，唯独没有教过你唱歌。也从来没有想到过，你长大后会选择唱歌这个职业。今天，妈妈教你唱一首我小时候唱过的歌吧。"

母亲唱到："念故乡念故乡，故乡真可爱。天正晴风正朗，乡愁阵阵来。在他乡一孤客，寂寞又凄凉。我愿意回故乡，寻找旧生活。众亲友在一堂，重温孩时乐。"

母亲流泪了，父亲流泪了，我也流泪了。

终于挨到了要离开桂林的那天了，赴京的火车是在半夜十二点以后发车的，黄健、杨俊新、小光等一帮好友和我兄嫂侄女从下午起就聚在弟仔家里，又喝又唱，一直闹到起程时。

父母把我送到了八角塘的巷子口。

我一再劝他们留步，母亲泪眼婆娑，紧拉着我的手依依不舍。

父亲没有直视我，却望着漆黑的前方，仿佛是自言自语地在说："小时候就说过，要到好远好远的地方去，如今真的走了……"

1981年5月，桂林中国照相馆。这是我告别桂林前最后的一张"合家欢"，没有想到的是，这也是此生中最后的一张全家合影。

后 记

花了五个月的时间，完成了这部书稿。

前半部分的不少内容是我过去写的一篇篇散文，如今进行整理所得，许多地方大幅度地修改并重写。造成修改和重写的关键原因是，过去我在写这部分内容时多凭感性记忆，所以很多内容感性记忆多于准确信息。而且当时仅是一小篇一小篇地分别在写，也就没有太讲究准确的必要性。

如今把它系统地作为我在桂林生活了二十多年的"自传"，其准确性就必须得讲究了。在这几个月里，我几乎花费了一半以上的时间查阅各种桂林的历史资料以及我的日记、笔记，幸亏我当年有记日记和笔记的习惯，很多记忆都找到了出处。

在这几个月中，人很恍惚。由于读当时的日记多了，我一下子就回到了从前，一直恍惚在当年的人和事中。常常在梦里、在情里，觉得时光倒流了，我就是生活在当年了。每天晚上我都可以跟逝去的父母对话，跟逝去的彤团长等故人对话，都可以与往事沟通与连接，我觉得世界上是存在"通灵"的。

为了准确地记录下有很多日记上并没有记载的人和事，我曾多次通过打电话、发短信等现代通信手段向老同学、老朋友求证。在此，要特别感谢好友史克林、习永光、胡剑平等及中学同学李湘阴，尤其是胡剑平，身在美国还用短信回复我的询问。

　　此书稿写完后，我通读了六七遍，也修改了六七遍，仍感到挂一漏万、意犹未尽。比如说，我在《序》中写道："如果要我说，桂林什么是我最喜欢吃的东西？首推当然是米粉。"这可是句心里话，但在这部书稿里，我却还真的没有说得过瘾，真有点意犹未尽。

　　一眨眼，离开桂林将近四十年了，每次回到桂林必须完成的第一件事，就是每次一下飞机，还没等见到父母呢，就会在回家的路上，先在路边的米粉店里过一把桂林米粉瘾，常常一口气能吃它个四五两。

　　我听说过米粉源自黄河流域，桂林米粉的产生是因为秦朝时秦始皇统一中国，在兴安境内挖掘灵渠，以疏通漓江与湘江的水路运输，而由来自陕甘黄河流域的秦朝军队，将米粉的制作技术带来的。聪明能干的桂林先人将此技术发扬光大，使"桂林米粉"成为了当今"米粉世界"中独树一帜，并且独领风骚的品牌。

　　哦，难怪当今桂林的兴安县有"米粉节"。

　　如果要问我，为什么最喜欢吃桂林米粉？这个问题还真不好回答，实在要追究起来，那应该是来自童年的记忆，而且是我童年里最深刻的记忆。

　　我上幼儿园的时候，也就是我人生的味蕾刚开始有记忆的时候，就深刻地留下了桂林米粉的滋味。那时候，国家遭受着天灾人祸，没有东西吃，在幼儿园里，只有每个星期六的早点才是十来根素米粉。幼小的我和同学们竟然对这十来根一小碗的素米粉，都是每个星期盼三天，再回味三天。

　　当时桂林的街头是有挑着担子卖米粉的，尤其到了晚上，在城公寺一带就有这种"担子米粉"卖。一个老头，一挑担子，担子一头有个炉子，上面放着锅，锅里翻滚着冒着米粉的热水，锅旁边还放着装卤水的瓦缸；另一头放着一盏煤油灯，灯下有几个小碗，碗里装着剁辣椒、葱花末以及簸箕里成坨的米粉。米粉下面有一桶洗碗水，洗多了碗的水的颜色就跟卤水差不多了。那时候母亲是绝对不允许我去吃这种米粉担子的，她说太不卫生。但父亲带我是去吃过的，虽然没有卤肉、锅烧，但味道依然鲜美极了。那种似乎不可再有的滋味，至今仍长留在我的味蕾记忆里。

桂林米粉是用大米经浸泡、碾碎、蒸榨而成，形圆而细如绒线，极富韧性弹性，因而口感滑爽。做桂林米粉的米和水都很有讲究，米要用桂林附近特产的糙米，据说以灵川那边两江的米最好，而水一定要用漓江的水。如果用了北方的大米或者别的地方的水，做出来的米粉就易碎易断，口感也不好，吃起来渣渣的。由此可见，"一方水土养一方人"，这话说得绝妙。养人首先是水，水好人才好，好山好水的地方，必出好人才。由此推理，但凡食物只要水好，食物才好。桂林米粉如此，其他食物亦如此。比如说茅台酒，茅台酒厂就建在赤水河边，出了厂区，到了茅台镇，赤水河的河段变了，水质也变了，同在一个地区酿出的茅台酒，味道就相差了许多。

另外，吃桂林米粉还当讲究的是配料，一般有汤粉和卤粉两种配料，如汤粉中可用鸡汤、排骨汤，也可用牛腩汤、三鲜汤等盖浇。卤粉则要用鸡鸭猪牛肉或他们的内脏熬过的卤水浇拌，卤水中有一味必放的佐料是桂林独有的罗汉果，甘甜鲜美。卤粉最重要的是米粉面上配放的卤菜，有叉烧、牛腱肉，最有特点的是锅烧，这是一种油炸过的带皮的猪肉，又香又脆，很多人都爱这一口，但奇怪的是我最不喜欢。桂林还有一种极富盛名的米粉叫"马肉米粉"，除了它配放的卤菜是卤马肉片外，每碗只有几根米粉，也是它的特点。因为量少味美肉奇，往往吃起来一碗接一碗。我曾在桂林的官府宴会上吃过这种"稀罕"，并没有感到像传说中的那么独特，倒有一种盛名之下，其实难副的感觉。

无论汤粉或是卤粉，最后一道程序都是要再配上些许切碎的碧绿的香葱、通红的辣椒、黄黄的酸豆角，以及油炸黄豆或花生米。往往一碗米粉恨不得半碗配料。我问过卖米粉的老板，米粉实为经济小吃，为何如此繁杂？老板答非

所问 :"这叫色香味啊。"

近年来，在北京满大街都是桂林米粉店，最全盛时，但凡热闹一点的居民区，商务区几乎相隔几百米就会有一家店。进去一看，五六张简陋的桌子紧靠两边的墙壁，中间只留一条过道，让人明显地能读到人世间真有"档次"之分。入口一尝，发现这米粉既不是用桂林的米和水做的，也没有桂林人讲究的配料。进而一问，才知道开店的老板都是远离桂林几百里路远的中越边境的边民，老板和店员不仅连桂林话都不会讲，而且绝大部分人连正宗的桂林米粉都没吃过，甚至连桂林都没去过。

"桂林米粉"这么好的品牌，桂林人不去做，这算不算是"桂林人清秀有余，雄浑不足，散淡有余，进取不足，精明有余，成事不足"？

前几年我在附中的老同学，后来做到桂林市政协副主席的袁绪祥请我回桂林，在"市民大讲堂"中讲过一次讲座。我说到，桂林山水是被世人公认的人间仙境，国家也把它列于"中国首批历史文化名城""中国优秀旅游城市"。然而，摆在世人面前的这奇山秀水，并不是桂林人创造的，而是大自然赋予的！但是，历史文化桂林人是可以创造的，而且已经创造了不少，不少又在创造之中。

我们拿什么来证明和记载我们的创造呢？靠书本吗？不爱看书的人看不到。靠影视吗？若干年后忘记了。什么东西能够将这大自然赋予的山山水水一样，实实在在地摆在世人面前呢？有！艺术有载体，那就是雕塑。

桂林少有雕塑，一直是我耿耿于怀的事情。因为城市雕塑是一座城市文化文明最典型的象征。这种象征，在欧美被体现得淋漓尽致。近代的日本、新加坡也不甘落后。城市雕塑随处可见，连中国的伟人周恩来、鲁迅的纪念雕塑，就分别在日本的京都、仙台占有一席之地。二十多年前，袁凤兰女士在桂林当市长的时候，曾在南门桥头塑立过四尊民族歌舞雕像，据说很多人批评它不好，但我觉得总比没有好，因为每当人们经过那里看见它时，视觉的感受，就会让

1982 年秋，我与父母在因"落实政策"而新建在骝马山下的新居前合影留念。

人们牢牢地记住了雕塑这种艺术形式的存在，从而能够潜移默化地扩展受众的审美载体，提高人们的审美情趣与能力。

桂林能做城市雕塑的题材包罗万象。神话传说的、古代现代的应有尽有。就拿人物来说，也是数不胜数，因为来过桂林的文人墨客实在是太多了。如唐宋时期在桂林就留下过足迹或诗篇的大文豪、大诗人就有杜甫、韩愈、白居易、李商隐、黄庭坚、范成大、柳宗元等等。要说近代到过桂林的文化名人、政治名人那就更多了，除了文章里提到过的抗战时期到过桂林的文化名人欧阳予倩、郭沫若、夏衍、田汉、徐悲鸿、巴金等人，还有许多政治人物，如孙中山、康有为、周恩来、邓小平、陈毅等等，还出过像李宗仁、白崇禧这样的政治人物。假设我们在古南门榕树楼下的黄庭坚系舟处，塑上黄庭坚的像，在叠彩路口的八路军办事处前，塑上周恩来的像，在解放西路的艺术馆门口，塑上欧阳予倩、田汉的像，凡此种种人物塑像有朝一日或站或坐，或青铜或汉白玉，在桂林的各个文化风景名胜古迹处雕塑起，就会让前来桂林观光的中外游客在领略了举世闻名的桂林山水后，更领会到了比山水风光更为厚重的另一道景观，即文化文明在桂林无所不在。或许，这也是让世人更强烈地领略到桂林文化名城的名副其实，增添桂林历史文化旅游名城的含金量，对于桂林的老百姓来说，也能增添一份自豪感和凝聚力。

我爱人生，就自然会爱桂林，因为我出生于斯。我爱父母，也自然会爱桂林，因为父母葬在这里。

我一直在问自己，拿什么来回报桂林？在我从艺四十周年之际，在我的母校广西师大附中建立七十周年之际，我回母校成立了"郁钧剑奖学金"。该奖学金有点另类，它不像目前社会上大都数惯用于奖励贫困学生的奖金那样，而是要奖励那些品学兼优、刻苦励志的好孩子。几年来，已经有近百名这样的好孩子得到了这份温暖。不少还考取北大、清华。我不是大款，但我有一颗多大的款也买不来的慈悲心。

一句"意犹未尽"，让此后记中慷慨激昂的话又说了不少，悲凉伤感的话也说了不少，再说几句温暖贴心的话吧。

一是想告诉大家在我离开桂林的当年，我家就搬出了八角塘。那是因为我家在"文革"中被赶出东镇路的、那栋祖父留下来的居所，在时任中共中央统战部乌兰夫部长的亲自批准和桂林市委韩炳文副书记的亲自领导下，得到了"落实政策"。由市政府重新在骝马山下划地按东镇路旧宅的原面积、原质量并出资为我家新盖了居所。

二是想告诉大家我于1985年在北京成婚。婚姻是家里人介绍的。1986年女儿出生于青岛。

我的结婚喜宴一共举办了三次，第一次在济南姑妈家，第二次在青岛小杜父母家，第三次在桂林父母家。三次喜宴中只留下了唯一一张照片，那时候还不时兴拍喜宴照，更没有婚纱照。

在济南举办第一次喜宴的原由是，我与小杜的相识是1982年春节我在济南郁维修姑妈家过年时，由堂姐夫饶守坤（时任中国人民解放军济南军区司令）亲自"做媒"的。照片中我与小杜向堂姐姐顾民敬酒，在小杜与堂姐姐中间正埋头吃饭者为饶司令。

老话说，"世上没有不散的宴席"。因此，我戏说，"世上该有落笔的文章"。

在此文章落笔前的最后，我要感谢我在中央党校的同学、广西师范大学的梁宏校长，是他介绍我联络了广西师范大学出版社接洽我的这部书稿。因为广西师大是我母校的母校，又是在桂林，具有多重的合作意义和纪念意义。

同时，我还是要问自己，你拿什么来回报桂林？

回报乡愁，我嫌自己太轻；回报友情，我嫌自己太薄；回报山水，我嫌自己太浅；回报养育，我嫌自己太少。

回报多少才算是够？那是我一生对桂林的爱。

1985 年于北京。我与夫人杜镟。

1985 年年末，于山东济南姑妈家。为唯一的一张结婚喜宴照。

我在桂林工作学习生活共二十四年。
此组照片由满月起，每两年一张。
第二排左起为两岁始。

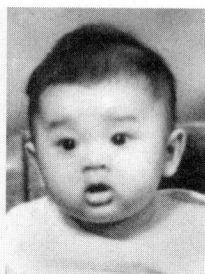

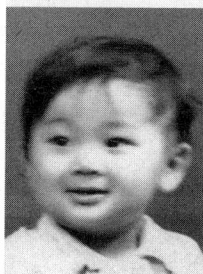

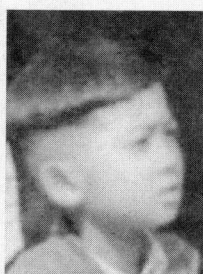

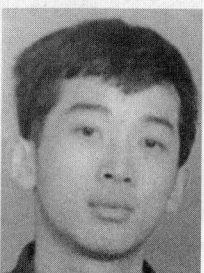